U0960187

宏观经济学

曹桂全　编著

天津大学出版社
TIANJIN UNIVERSITY PRESS

图书在版编目（CIP）数据

宏观经济学 / 曹桂全编著. -- 天津 : 天津大学出版社，2025. 5. -- ISBN 978-7-5618-7964-1

Ⅰ. F015

中国国家版本馆CIP数据核字第2025JB2779号

责任编辑 余莉花
责任印制 宋 磊

出版发行 天津大学出版社
地　　址 天津市卫津路92号天津大学内（邮编：300072）
电　　话 发行部：022-27403647
网　　址 www.tjupress.com.cn
印　　刷 廊坊市海涛印刷有限公司
经　　销 全国各地新华书店
开　　本 787mm×1092mm 1/16
印　　张 15.75
字　　数 397千
版　　次 2025年5月第1版
印　　次 2025年5月第1次
定　　价 55.00元

前 言

宏观经济学的学科地位

经济学是社会科学的基础学科之一。经济学门类众多，构成复杂，宏观经济学与微观经济学以及二者构成的西方经济学是一个基础理论学科。

第一，经济学是我国13个学科门类之一，宏观经济学是其中西方经济学的一个组成部分。13个学科门类包括哲学（01）、经济学（02）、法学（03）、教育学（04）、文学（05）、历史学（06）、理学（07）、工学（08）、农学（09）、医学（10）、军事学（11）、管理学（12）和艺术学（13）。经济学分为理论经济学（0201）和应用经济学（0202）两个一级学科，理论经济学又分为政治经济学、经济思想史、经济史、西方经济学（020104）、世界经济和人口资源与环境经济学，其中西方经济学由微观经济学和宏观经济学构成；应用经济学又分为国民经济学、区域经济学、财政学（含税收学）、金融学（含保险学）、产业经济学、国际贸易学、劳动经济学、统计学、数量经济学和国防经济学。可见，宏观经济学和微观经济学是理论经济学中西方经济学的内容，是理论经济学的重要学科之一。

第二，我国大学教育的经济学、管理学等学科广泛开设包括宏观经济学的西方经济学课程。大学本科教育设置较多的经济学学科专业包括经济学、经济统计学、国民经济管理、资源与环境学、商务经济学、能源经济、劳动经济学、经济工程、数字经济、财政学、税收学、国际税收、金融学、金融工程、保险学、投资学、金融数学、信用管理、精算学、国际经济与贸易、国际经济与合作等30个专业。西方经济学（包括微观经济学和宏观经济学）是各类经济学专业的专业基础课。实际上，西方经济学也是管理学科的重要基础课，是一些大学面向经济学、管理学学科之外专业的本科生、研究生的重要通识课。

第三，在中国图书分类中，宏观经济学与微观经济学属于经济学之经济基本问题的构成部分。按照《中国图书馆分类法》，经济（F类）是22个基本部类之一。经济进一步分为9类，即经济学（F0）、各国经济（F1）、经济计划与管理（F2）、农业经济（F3）、工业经济（F4）、交通经济（F5）、邮电经济（F6）、贸易经济（F7）、财政与金融（F8）等。经济学进一步分为10类，其中第一类为马克思主义政治经济学（F00），第二类为经济学基本问题（F01），宏观经济学（F015）和微观经济学（F016）是经济学基本问题的构成部分。可见，在中图分类中，宏观经济学与微观经济学处于经济类图书的第三个层次分类中，属于经济学的基本问题。此外，经济学分支学科（F06）有其较多的具体构成，例如，发展经济学（F061.3）、区域经济学

（F061.5）、资源经济学（F062.1）、技术经济学（F062.4）、公共经济学（F062.6）等，这些学科离不开宏观经济学和微观经济学提供的概念和理论基础。

本书的服务对象和内容构成特点

本书可以作为大学教育的经济学管理学专业教材或者参考用书，可以作为大学教育的通识课教材或者参考用书，也可以作为广大社会读者学习经济学的参考用书。基于此目的，本书是关于宏观经济学理论和政策的概论，共设 9 章，主要介绍宏观经济学的基本概念、基础理论、重要分析方法，介绍宏观经济运行，尤其是经济增长和国民收入决定的基本原理、宏观经济波动的原因和主要宏观经济政策手段等。在选题和结构安排上，有以下几个特点。

第一，以国民收入决定理论为核心。关于经济学的传统说法是，微观经济学是价格理论，而宏观经济学是国民收入决定理论，本书也遵从这一共识，将长期国民收入的增长（即经济增长）和短期国民收入决定作为宏观经济学的核心内容。但是，并不是说国民收入是宏观经济学的唯一变量、唯一指标，除此之外，宏观经济学还涉及物价水平、就业和失业、国际收支平衡问题，宏观经济管理的目标被概括为国民收入稳定、物价稳定、充分就业（低失业率）和国际收支平衡。国民收入决定是市场机制和政府机制共同作用的结果，是国民经济所有部门，即家庭部门、企业部门、政府部门和国外部门共同作用的结果，国民收入决定问题离不开国民经济诸经济部门行为，企业投资行为、家庭消费行为、政府财政行为等都是宏观经济学的重要内容。随着经济学的发展，宏观经济学还拓展了微观经济主体、价格机制的分析，从微观主体、一般市场价格机制分析宏观经济运行。国民收入决定理论虽然是宏观经济学的核心，但并不意味着宏观经济学只研究国民收入。

第二，突出宏观经济基本概念。无论是国民收入决定理论还是物价水平理论都是以相应的经济概念为基础的。只有明确事实、明确概念、明确分析对象，才能展开经济理论。本书第 1 章介绍总产出、物价水平和失业概念及其核算，属于国民经济核算理论的内容，涉及诸如国内生产总值、国民总收入、个人收入、个人可支配收入、物价水平、失业率等概念，还进一步涉及消费支出、投资支出、政府支出、进出口等概念，而这些概念是宏观经济学的具体研究对象。从历史上看，虽然宏观经济学产生于 1936 年出版的约翰·梅纳德·凯恩斯（John Maynard Keynes）《就业、利息和货币通论》，但同期西蒙·史密斯·库兹涅茨（Simon Smith Kuznets）等创立的国民经济核算理论对于宏观经济学的形成具有重要的支持作用。

第三，先长期、后短期。第 1 章介绍国民经济核算，包括总产出、物价水平、就业和失业等总量指标的核算；第 2 章介绍宏观经济的长期分析的经济增长理论；而第 5 章、第 6 章、第 7 章、第 8 章则介绍宏观经济的短期分析，分别介绍在总需求和总供给作用下的均衡国民收入决定和波动问题、总需求管理政策以及其他宏观经济稳定政策问题。国内教材一般采取先短期、后长期的顺序，而一些国外著名的经济学教材，尤其是美国经济学家 N. 格罗高利·曼昆（N.Gregory Mankiw）、弗雷德里克·S. 米什金（Frideric S.Mishkin）、罗伯特·H. 弗兰克（Roboert H.Frank）和本· S. 伯南克（Ben S.Bernanke）的宏观经济学教材均采取先长期、后短期的顺序。本书作者认为，先长期、后短期的顺序符合逻辑，因为短期宏观经济是在给定潜在产出下的宏观经济均衡以及均衡合意性问题，而经济增长理论恰好关注潜在产出的增长，在认识潜在产出决定之后研究短期均衡产出更加合理。

第四，突出货币金融制度。本书第 3 章、第 4 章分别介绍货币与货币市场、金融市场与金融制度的相关知识，作为制度因素，货币和金融制度对经济增长有重要影响。传统上，国内宏观经济学教材都将货币和货币市场知识配合宏观经济政策进行介绍，而金融市场和金融制度的知识则介绍较少。本书将突出介绍金融市场和金融制度的相关知识，并放在第 3 章、第 4 章的位置，在第 4 章还介绍了金融发展对经济增长的影响，表明货币和金融不仅涉及短期宏观经济问题，也关系到长期经济增长。货币和金融市场及其制度是短期均衡国民收入决定的因素，也是宏观经济政策的重要手段，这两章的内容是后续均衡国民收入决定理论和宏观经济政策的知识准备。这样的顺序安排相对合理。

第五，以国内经济为主，同时涉及必要的国际经济问题。第 1 章到第 8 章都是围绕国民经济主题展开，第 9 章专门介绍汇率、国际贸易、国际金融和开放条件下的宏观经济问题，包括长期经济增长和短期均衡总产出决定问题，也涉及开放条件下的宏观经济政策问题。当然，国际经济学的内容很多，本书重点介绍一些基本概念、基本理论和重点政策议题。

第六，以发展的眼光看待宏观经济政策理论。宏观经济政策理论是宏观经济学的重要内容，既有促进经济增长的公共政策，也有着眼于短期宏观经济稳定的宏观经济政策。促进经济增长的公共政策在第 2 章与经济增长理论一起介绍。在宏观经济稳定政策方面，第 7 章介绍总需求管理政策（即一般的财政政策和货币政策），第 8 章介绍宏观经济政策理论的发展，包括供给学派的财政政策、货币主义学派和理性预期学派关于宏观经济政策的观点、新凯恩斯主义的宏观经济政策等。这些宏观经济政策理论都是以一定的宏观经济状况为前提的，需要进行选择，而不存在唯一科学合理的宏观经济政策。

第七，兼顾中国经济实践。本书以介绍市场经济体制下的宏观经济理论为主，这些理论多数是在经济发达国家发展起来、由西方经济学家研究提出的，但并不等于说这些理论仅适用于西方经济。同时，宏观经济学具有认识和解决中国经济问题的应用价值，本书运用部分章节介绍中国社会主义市场经济体制下的宏观经济理论和政策实践，探索一些重要的中国宏观经济理论和政策问题。例如，第 1 章涉及中国国内生产总值核算，第 2 章介绍中国的经济增长和产业政策，第 3 章介绍中国货币银行制度，第 7 章介绍中国的财政政策和货币政策，第 9 章介绍中国的国际贸易政策、国际金融基本政策等。

第八，本书作为经济学的通识课程，属于入门级兼顾中级水平。宏观经济学一般有入门、中级和高级之分。本书属于概论性质的宏观经济学教材，服务于通识教育、素质教育，属于入门级兼顾中级的水平。与微观经济学相比，宏观经济学的内容体系相对开放，内容有所侧重。对于宏观经济学的一些前沿争论、深入分析的课题，没有列入本书内容，一些深入的数量分析和动态分析也没有列入本书。感兴趣的读者可以阅读相关论著，例如曼昆的《宏观经济学》（中国人民大学出版社 2016 年版）、孙敬水的《中级宏观经济学》（上海财经大学出版社 2008 年版）、米什金的《宏观经济学政策与实践》（机械工业出版社 2018 年版）、袁志刚和宋铮的《高级宏观经济学》（复旦大学出版社 2014 年版）等。

第九，本书提供了一些"经济学与经济制度"专栏和复习思考题。一些经济学上的重大发现、重大事件、重要人物具有重要影响，对于理解经济学的形成和发展也具有重要意义，为此，本书整理了一些关于经济史、经济学史和中国经济的事例，供读者学习参考。同时，各章最后提供了若干复习思考题，便于本书作为教材使用。

宏观经济学学习建议

学习宏观经济学，建议读者注意以下几个方面。

第一，坚持习近平经济思想。习近平经济思想是习近平中国特色社会主义思想的重要组成部分，例如，创新、协调、绿色、开放、共享的新发展理念，高质量发展思想，供给侧结构性改革思想，金融强国思想等。习近平总书记指出，要"重视对马克思主义政治经济学的学习、研究、运用"，要"把马克思主义政治经济学基本原理同改革开放新的实践结合起来，不断丰富和发展马克思主义政治经济学"。同时，"我们坚持马克思主义政治经济学基本原理和方法论，并不排斥国外经济理论的合理成分。西方经济学关于金融、价格、货币、市场、竞争、贸易、汇率、产业、企业、增长、管理等方面的知识，有反映社会化大生产和市场经济一般规律的一面，要注意借鉴。同时，对国外特别是西方经济学，我们要坚持去粗取精、去伪存真，坚持以我为主、为我所用，对其中反映资本主义制度属性、价值观念的内容，对其中具有西方意识形态色彩的内容，不能照抄照搬。经济学虽然是研究经济问题，但不可能脱离社会政治，纯而又纯。在我们的经济学教学中，不能食洋不化，还是要讲马克思主义政治经济学，当代中国社会主义政治经济学要大讲特讲，不能被边缘化"①。宏观经济学是关于市场经济规则的重要知识，值得学习；但也需要注意，经济学教材不同程度地以国外实践为分析对象，如何运用到中国社会主义市场经济体制中，需要一定的分析和甄别，不能照抄照搬。

第二，注重理论学习、历史分析、现实制度和实际情况相结合。本书主要是对宏观经济

① 习近平：《不断开拓当代中国马克思主义政治经济学新境界》，《求是》2020 年第 16 期，第 4~9 页。

学的一些基本概念、基本理论的阐释，也涉及少量历史事件。宏观经济学既是认识经济规律的基础，也是分析现实宏观经济的工具和方法，应当关注现实世界的经济状况、经济问题。宏观经济学的产生和发展还往往与一些重大历史事件有密切联系，比如宏观经济学的产生与大萧条（The Great Depression）密切相关，与凯恩斯1936年的著作《就业、利息和货币通论》密切相关；宏观经济理论与政策的变化与20世纪70年代西方发达国家的滞胀（经济增长停滞和通货膨胀居高不下同时发生）有关；宏观审慎规制的兴起则与美国次级抵押贷款以及相关金融衍生产品引发的金融危机有关。学习宏观经济学需要理解这些历史事件或者不久前发生的重大事件。相应地，学习宏观经济学也需要了解当前的宏观经济形势，了解当前的经济制度。为此，可以关注国家宏观经济管理机构的官方网站信息，例如，财政部网站（http://www.mof.gov.cn）、中国人民银行网站（http://www.pbc.gov.cn）、商务部网站（https://www.mofcom.gov.cn）以及国家统计局网站（https://www.stats.gov.cn），尤其是国家数据（国家统计局）（https://data.stats.gov.cn/）。当然，如荀子所言，“故不登高山，不知天之高也；不临深溪，不知地之厚也”，参加经济活动实践，也是重要的学习机会。

第三，注重学术沟通交流。读书和实践是学习的方法，学术交流和工作研讨是学习的途径。现代社会是开放社会，信息发达，更需要交流和沟通。荀子说，“学莫便乎近其人”。向师长讨教，与同行交流，也是学习和形成新思想的途径。这一点，凯恩斯的“马戏团”很值得参考和借鉴。“马戏团”即20世纪30年代凯恩斯在英国剑桥大学的同事们以及相关工商业人士组成的一个团体，对于形成、发展和宣扬《就业、利息和货币通论》起到了重要的促进作用。

第四，深入研究专业化的经济课题。本书作为一个学科的教材，更多地着重于知识的全面性、逻辑性和系统性，介绍了各个方面的宏观经济学概念和理论，但是并不能都作深入介绍。一本教材是知识的起点，是一个学科的知识基础，可以起到引导的作用。但很多深入的专门理论、前沿理论很难纳入教材，比如国民收入核算、国民经济统计、货币制度、金融制度、汇率制度、财政政策、赤字和债务管理、货币政策、金融危机、国际经济政策等各方面深入的专业知识，需要进一步按照感兴趣的领域和方向，进一步学习，才能到达学术前沿。除了上述参加学术交流和工作研讨的途径，另外一个途径就是专业的学术期刊。学术期刊是获取最新学术信息和研究成果的重要渠道，是研究者们交流思想、分享研究成果的重要平台，可以通过学术期刊了解最新的研究动态和趋势，扩大自己的学术视野；也可以通过学术期刊与同行进行更专业的交流和讨论，在学术期刊上发表论文，可以提升个人的学术声誉和影响力，并反过来强化或者修正自己的认识，激励自己进行进一步的深入研究。

致谢

本书作者于2001年取得经济学博士并于同年开始从事西方经济学、宏观经济学、公共经济学、经济理论与经济分析、公共财政学、现代经济理论等相关课程的教学工作。本书的编写包含了作者20多年的教学经验的积累,也体现了作者对经济学的理解和认识。本书是这些学习、体会、理解和认识成果的汇集,希望对经济学学科发展、经济学教学和知识普及起到积极作用。

在此过程中,作者长期担任天津大学管理与经济学部研究生课程"公共经济学"和公共管理硕士(MPA)的"公共财政学"的教学工作;作者受邀参与天津大学管理与经济学部陈通教授编写《宏微观经济学》教材,并一同参与清华大学黎诣远教授主持编写《西方经济学》教材;天津大学管理与经济学部任达教授作为金融系主任邀请作者为金融专业本科生讲授"宏观经济学"课程;天津大学管理与经济学部张永杰教授邀请作者参与讲授学部研究生"现代经济理论"课程;天津大学研究生院为开设研究生素质教育课程"经济理论和经济分析"设立专项研究课题,培养处负责人齐葳教授专门召开座谈会,天津大学管理与经济学部贾湖、张琴、刘大勇老师共同参与课题研究或者参与课程讲授。这些教材的编写、教学、教学研究工作,均为本书的编写积累了经验,学生的参与也促进了对教学内容的思考,并体现在本书之中。为此,谨向相关领导、各位老师和同学表示感谢。

在此过程中,作者曾经主持教育部人文社会科学规划项目"我国个人所得税收入分配调节作用的实证分析"(12YJA790004)、国家社会科学基金规划项目"完善政府再分配调节机制研究"(14BJY036),从开题到研究、相关论著出版,贯穿了2011年到2022年。这些研究集中于个人所得税、收入分配和政府再分配等财政学问题,也使作者体会到经济学基本概念和原理的重要性。为此,谨向教育部、国家哲学和社会科学规划办公室的相关支持表示感谢。

在此过程中,无论是教学,还是本书的编写,作者查阅了很多行家的著述,学到了很多经济学的知识,也得到很多有益的启发。为此,对于本书参考的经济学教材和其他论著的书目列于书后参考文献中,并向各位作者表示感谢。

在过去学习和积累的基础上,本书稿的整理从2024年3月开始,初稿完成后,得到天津大学出版社余莉花编辑的有利支持。《天津大学学报》郑建辉、天津大学出版社宋磊帮助联系和协调出版事宜。为此,谨向他们表示感谢。

作者对经济学的认知水平有限,书中难免存在不足和瑕疵,敬请同行和读者批评指正。

曹桂全

2025年3月

目 录

第1章 国民经济核算

国民经济核算的内容包括一国或者地区经济总产出、物价水平、就业和失业等总量指标。国民经济核算是认识宏观经济的基础,其本身也包含重要的经济原理。其中,一国经济总产出的核算也称国民收入核算,是国民经济核算的核心。本章的主题是国民经济核算,以国民收入核算为重点,介绍国民经济核算的主要指标及其核算原理和方法。

1.1 国民账户体系的开创

经济学的发展受数学影响很大,还形成了一门社会经济统计学。配第(William Petty)提出"政治算术",对爱尔兰的土地和财富进行调查,被誉为社会经济统计学创始人。新古典经济学的基础是产生于19世纪70年代的边际效用革命,与这个社会的经济时代有关,也与微积分在18世纪开始广泛应用有关。经济学的突破性发展往往与其他学科的进展相关,数学分析的应用是促进对经济体系认识深化的重要因素。宏观经济学的产生和发展则与国民账户体系建立、国内生产总值等总量测度指标形成有相互促进关系。

1.1.1 物质平衡体系与国民账户体系

什么是一国之财富?西方经济学史中的重商学派认为,一国财富应当用一国占用和支配的黄金来衡量。在此思想指导下,国家应当致力于贸易并且鼓励出口、限制进口,从而为国家积累黄金、积累财富。古典经济学则认为,一国财富应当用社会创造的各种产出来衡量。但是,究竟如何衡量一国之产出呢?

改革开放前,我国使用物质平衡核算体系(Material Product System, MPS),用工农业总产值、国民收入等指标衡量总产出。工农业总产值是MPS的核心指标,其通过加总所有企业单位的工农业产品产值得到。但是,MPS体系明显存在重复计算,因为有的企业生产的产品属于中间品,将投入其他企业生产过程中,将所有企业单位的产品产值加总得到的工农业总产值必然存在重复计算。那么,一个大企业内部生产具有投入-产出关系的多种产品和多个企业分别生产这些产品,计算的工农业总产值也将不同,而总产出应当是一样的。如何克服这个缺陷?当前,国民经济总产出普遍采用国民账户体系(System of National Accounts, SNA)[①],它依赖于西蒙·库兹涅茨(Simon Kuznets)和理查德·斯通(Richard Stone)建立的一国物品和服务产出的度量体系,这也是他们获得诺贝尔经济学奖的重要原因。SNA

① 有的教材称之为NIPA(National Income and Product Accounts),即国民收入和产出账户,见杰拉尔德·W.斯通:《经济学(宏观)》,杨海涛、邢祖礼等译,机械工业出版社,2013,第12-14页。

的核心指标是国内生产总值(Gross Domestic Products，GDP),它计算每个生产单位的增加值之和或者计算全社会最终产品和服务的价值之和,从而剔除对中间产品价值的重复计算。

SNA强调账户(accounts),因为相应的生产活动需要有记载并且能够被辨别,如果没有口径一致、内容详细的记录,核算GDP也是不可能的。为进行国民收入核算,一国政府需要企业和家庭规范记账。在企业和家庭规范记账的基础上,政府统计部门通过普查或者抽样调查将数据汇总起来进行计算。

对宏观经济的认识,首先要有指标、概念,并且能够测算。一国或者地区总产出、物价水平和失业指标的测量本身也是科学,而且这些指标有助于进一步认识宏观经济,为认识长期经济增长和短期总产出的决定等宏观经济理论提供概念基础。

经济学与经济制度:库兹涅茨、国民账户体系与国内生产总值

美国经济学家库兹涅茨因为设计出系统的收集和分析国民经济数据的方法而获得1971年的诺贝尔经济学奖。库兹涅茨1901年生于乌克兰，1922年移民美国，1926年进入哥伦比亚大学学习,获得了博士学位,后就职于美国国家经济研究局,从事国民收入核算和分析的研究。从1931年开始,他分别在宾夕法尼亚大学、霍普金斯大学、哈佛大学讲授经济学,1985年逝世。

第一次世界大战以前,对经济中各行业的产出进行估计以及一定程度地对经济总产出的估计是个别学者的工作。政府机构也试图度量各种经济活动,但鲜有成果。20世纪30年代大萧条发生时,可靠的宏观经济数据缺乏导致政府难以制定恰当的应对之策,报纸上只是传闻工厂倒闭、家庭和农场主失去抵押品以及对股市崩溃的观察。1933年,美国国会责令商务部对宏观经济指标进行评估,具体包括1929年、1930年每年的国民收入以及国民经济各部门的比例,国民收入以工资、租金、版税、红利、利润和其他种类收入形式进行分配的情况。1934年,库兹涅茨领导的一个经济学家小组和美国国家经济研究局合作发布了一份报告,该报告定义了沿用至今的标准经济总量指标,包括国民生产总值、国内生产总值、消费支出和投资支出等。后来,这些数据统计工作持续进行,而库兹涅茨也大量投入该项研究工作之中。到1947年,国民账户体系中的各项收入和支出组成部分的估计基本完成。这样,形成了一种基于国民账户体系的核算国民收入规模的方法,用以评价宏观经济表现,这是20世纪经济学最重要的发明之一。

(资料来源:杰拉尔德·W.斯通:《经济学(宏观)》,杨海涛、邢祖礼等译,机械工业出版社,2013,第12-13页。)

1.1.2 国民经济循环

国民经济是一个循环过程,或者说,将国民经济视为循环过程,这是国民收入核算的另外一个重要理念。假定国民经济是只有家庭部门和企业部门的两部门经济,图1.1展示了一个简单国民经济的循环过程。从家庭部门开始,按照顺时针方向展示实物循环,即投入、产品生产和产品销售活动。家庭部门向要素市场提供劳动等其他生产要素,进入企业后由企业组织生产,企业再将产品和服务向产品市场供应,在不考虑储蓄和投资的条件下,产品和服务全部为家庭部门购买。另一方面，从企业部门开始，按照逆时针方向展示货币流动，即收入和支出流动。企业部门通过要素市场向家庭部门提供劳动报酬，即工资等收入（租金、利息和利润等），家庭部门用获得的收入从产品市场购买企业部门生产的产品和服务，这些家庭部门的支出成为企业部门的收益，而企业部门的收益用于支付从家庭部门获得要素投入的报酬。

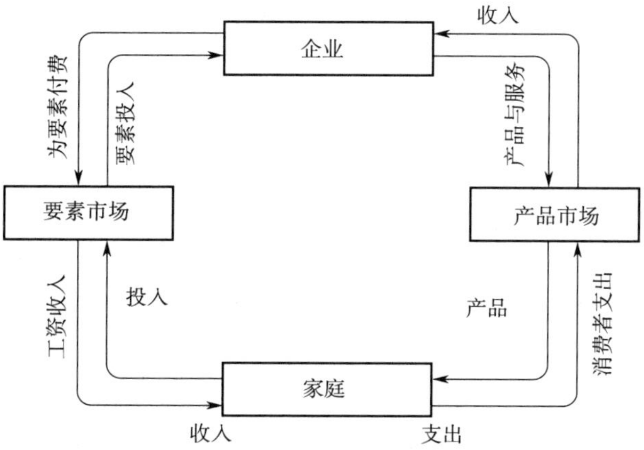

图 1.1　简单的两部门经济的国民经济循环

基于简单的国民经济循环，经济体的经济总量可以用总收入或者总支出衡量。在循环图的右侧，所有的支出都是对产品和服务购买的支出，这些支出总量反映经济总量；在循环图的左侧，所有的收入来源于企业对生产要素报酬的支付，这些收入总量也反映经济总量。总支出和总收入应当是相等的。

当然，这是一个简单的两部门经济的国民经济循环，实际宏观经济中的支出和收入形式更多更复杂，比如，家庭部门的收入还会形成储蓄，通过金融市场支持企业的投资，投资表现为其他企业生产资本品的购买支出；再比如，政府也参与经济活动，不仅使用家庭部门的生产要素，还购买产品市场的产品和服务。但是，宏观经济的总收入和总支出能够衡量经济总量的原理并没有改变，只是识别这些收入和支出更加复杂而已。

正是在国民收入账户和国民经济循环等经济原理的基础上，形成了国民收入核算的方法。

1.2　国内生产总值及其核算

国内生产总值是测度宏观经济总产出的主要指标，是国民经济核算的基础指标。

1.2.1　国内生产总值概念

国内生产总值度量的是一个国家或者地区一定时期（通常是一年或一个季度）内生产的所有最终产品和服务的市场价值总和。

认识国内生产总值的概念需要从市场价值、增加值等方面把握。

（1）市场价值。GDP 需要计算产品和服务的市场价值，没有市场价值的不计算。这样，市场化程度低的国家、地下经济猖狂的国家，总产出会被低估。在分工和市场化程度低的国家，家庭裁衣做饭，没有市场价值，不算入 GDP，而这些活动在分工和市场化程度高的国家，很大部分通过企业进行，具有市场价值，则算入 GDP。

（2）增加值。GDP 核算的是增加值，也就是新创造产品的价值。基于此，替代增加值的方法是计算最终产品和服务的价值，而中间产品因为其价值含在最终产品和服务之中而不计算。工农业总产值计算所有产品价值之和，存在重复计算，故 GDP 更加合理。例如，一些企业制作的面粉等原材料的市场价值为 100 元，面包企业用这些面粉等原材料制作的面包的市场价值为 150 元，则 GDP 计为 150 元。面包作为最终产品包含了面粉的价值，不应当将面粉和面包的价值同时计入 GDP；或者说面粉厂的增加值为 100 元，而面包厂制作的面包时，虽然市场价格为 150 元，但其中面粉 100 元是投入品价值，而不是面包厂创造的，面包厂创造的价值仅有 50 元的增加值。

（3）存货变动计入当期产出。存货变动为新增最终产品中没有在本期销售出去的部分，其市场价值有不确定性，但为核算总产出，将存货变动计入当期 GDP。在支出法中，存货变动按照投资计算在 GDP 中，称为存货投资。也就是说，新形成的存货尽管并没有在当前实现销售，但有市场价值，并且于当期生产，所以计入 GDP。例如，一个企业当年生产 10 000 台小汽车，销售了 9 000 台，价格为 10 万元，销售额为 9 亿元，存货 1 亿元。小汽车按照最终产品考虑，则该企业当年创造的 GDP 为 10 亿元，包括已经销售的小汽车（9 000 台）和存货增加部分（1 000 台）的市场价值。

（4）二手货交易带来的增加值计入产出。二手货交易的价值不能全部计入 GDP，金融资产交易价值也不能直接不计入 GDP，但是这些交易过程中的服务价值属于新创造的价值，应当计入 GDP。例如，A 通过中介卖掉了一辆小汽车 5 万元，支付给中介 1 000 元的服务费，5 万元小汽车的市场交易值并非都是当期创造的新价值，不能计入 GDP，但是其中 1 000 元服务费表示提供中介服务的市场价值，而且是新创造的市场价值，需要计入 GDP。

（5）服务属于最终产品。GDP 核算新生产的物品（即有形产品）的市场价值，也核算新提供服务（即无形产品）的市场价值。现代国家第三产业（服务业）占比很高，2023 年，我国第三产业占 GDP 的比重已经达到了 54.6%，而上海市第三产业占当地 GDP 比重达到了 75.2%。比较而言，在 MPS 体系下，工农业生产总值不考虑服务业的价值，这也是 MPS 与 SNA 的重大差别。

（6）GDP 是流量。一般来说，流量（flow）指一个时间段（时期）内发生的数量，如一条河流每小时的水流量；而存量（stock）指一个时间点上的数量，如一个湖泊在某个时刻的蓄水数量，是长时间积累的结果。GDP 是一定时期内新生产物品和服务的价值，属于流量。

（7）GDP 核算使用属地法。GDP 核算一国或者地区所管辖地理范围内新生产的产品和服务的价值，是为属地法。中国的 GDP 是在中国地域上创造的新价值，但并不一定是中国人所拥有的生产要素创造的，也不一定分配给中国居民和中国企业。为确定一国地域范围内的生产单位，创设了常住单位（resident unit）的概念。常住单位指在一国的经济领土范围内具有经济利益中心的经济单位。确定常住单位的一般条件是：拥有一定的经济活动场所；具有一定的经济活动规模；具有一定的经济活动时间，通常指一年以上。因此，一国的常住单位并不一定为该国国民所有，外国投资企业也可以成为本国的常住单位。按照支出法核算 GDP，属地法不仅要看地理位置，还要确定常住单位的归属，在一国境内且由一国常住单位创造的最终产品和服务的价值才属于该国的 GDP，中国的常住单位在中国境内创造的增加值才属于中国 GDP。

1.2.2　GDP 的核算方法

国内生产总值有增加值法、生产法、支出法和收入法四种核算方法。实践中，我国常用的方法是增加值法和支出法，而且增加值法经常用于快速核算（例如核算季度国内生产总值），而支出法核算则具有更加重要的地位。需要注意的是，快速核算并不是全面核算，比如可能仅统计规模以上（指单位生产能力达到一定水平以上）生产单位的增加值，并不完全反映总产出。支出法则对于认识经济的需求结构具有重要意义，在宏观经济分析和宏观经济政策制定中具有广泛应用。

1.2.2.1　增加值法

GDP 可以通过计算所有本国常住单位创造的增加值（Value Added，VA）的方法核算，此时，GDP 等于所有常住单位创造的增加值之和。

一个常住单位的增加值 VA_i 是其销售收入（TR_i）减除投入品的购买支出（TE_i），即：

$$VA_i = TR_i - TE_i \tag{1.1}$$

那么，GDP 则是一国所有 n 个常住单位的增加值的加总，即：

$$GDP = \sum_{i=1}^{n} VA_i \tag{1.2}$$

这里的投入品，指生产过程中使用的原材料、中间品，也包括购买的服务，但不包括投入的劳动，也不包括投入的资金形态的价值。假定一个国家有粮食公司、面粉公司和面包公司 3 个常住单位，分别生产粮食、面粉和面包，一年的生产和销售情况如表 1.1 所示。假定粮食公司的投入品没有市场价值，销售收入为 0.5 亿元，则其增加值为 0.5 亿元；面粉公司购入粮食公司的全部粮食，投入品价值为 0.5 亿元，生产和销售面粉的市场价值为 1.2 亿元，则面粉公司的增加值为 0.7 亿元；面包公司购入面粉公司的全部面粉，投入品价值为 1.2 亿元，生产和销售面包的市场价值为 2.0 亿元，则面包公司的增加值为 0.8 亿元；相应地，该国该年的 GDP 为 3 个公司的增加值之和即 2.0 亿元。

表 1.1　假设的一国 GDP 的增加值法核算（单位：亿元）

序号	生产单位	销售收入	投入品价值	增加值
1	粮食公司	0.5	0.0	0.5
2	面粉公司	1.2	0.5	0.7
3	面包公司	2.0	1.2	0.8
	总计	3.7	1.7	2.0

1.2.2.2　生产法（最终产品法）

生产法也称最终产品法，将一国一定时间内所有常住单位新生产的最终物品（final

product)的价值加总，就是 GDP。

这里最重要的是确定最终产品的范围。假定一国有 n 种最终产品，并有相应的数量(Q_i)和价格(P_i)数据，按照 GDP 的定义和生产法核算，有：

$$GDP = \sum_{i=1}^{n} P_i Q_i \tag{1.3}$$

在表 1.1 的例子里，只有面包公司生产的面包是最终产品，所以该国的 GDP 就是 2.0 亿元。

这里重要的是最终产品的概念。最终产品指生产过程的最后产品或者服务，不再进入生产过程或者一次进入生产过程而长期使用。相应地，中间产品(intermediate product)则指在最终产品的生产过程中使用的产品和服务，包括购入的原材料和其他投入品。

在 GDP 核算中，区分和处理最终产品和中间产品的主要规则以及生产法核算 GDP 需要注意以下几个方面。

(1)消费品(consumer goods)属于最终产品。消费品是最终产品，其价值计入 GDP。

(2)资本品(capital goods)视为最终产品考虑。资本品是协助其他产品和服务的生产而生产和使用的耐用品，例如厂房和机器设备。在 GDP 核算中，将资本品视为最终产品，当年生产的资本品计入当年 GDP。

(3)资本品价值计入当年 GDP 产生一些问题需要处理。与消费品不同，资本品不是一次被使用掉，而是逐渐折旧(depreciation)。假定一台机器使用 10 年后报废，按照直线折旧，年折旧率是 10%。一台机器价值 100 万元，每年折旧 10 万元作为折旧费，折旧费将计入生产成本和产品价格，10 年后获得的相应销售收入，可以重新购买一台新机器(忽略货币时间价值)，这是折旧费计入产品价格的理由。经济学家达成共识，将新生产出来的资本品视为最终产品计入当年 GDP，以全面体现经济的产出能力。比如，将当年生产 100 万元价值的机器计入当年 GDP。显然，当年新生产出来的资本品并不是当期就能被人们全部使用和从中获得该等数量的利益。在这个意义上，GDP 更多地反映社会生产成果，而不是社会福利。同时，折旧费加入新产品价格之中，也就计入了当年 GDP，这必然包含一定的重复计算，表明 GDP 并非生产净值。如果要计算国内生产净值，需要减除折旧费。

(4)中间产品的价值不计算为 GDP。中间品价值已经计入最终产品，所以不再将其价值单独计入 GDP，以避免重复计算。

(5)本年度生产的消费品和资本品均计入当年 GDP。如前所述，部分当年没有实现销售的消费品和资本品，以存货变动的形式均计入当年 GDP，其价值也按照已经销售部分的市场价格计算。

1.2.2.3 支出法

从最终产品的使用看，一定时期内最终产品的价值等于对其购买的支出之和，这是支出法核算 GDP 的基本原理。支出法核算 GDP 时，支出区分为(私人部门的)消费支出(C)、(私人部门的)投资支出(I)、政府购买支出(含政府消费性支出和政府投资性支出，G)和国内净出口(即国外净购买支出，简称净出口，NX)四个部分。

按照支出法，一定时间内，一国上述四个方面的支出数量之和就是 GDP，用公式表示为：

$$GDP = C + I + G + NX \tag{1.4}$$

图 1.2 展示了支出法核算 GDP 的四个部分的具体构成。

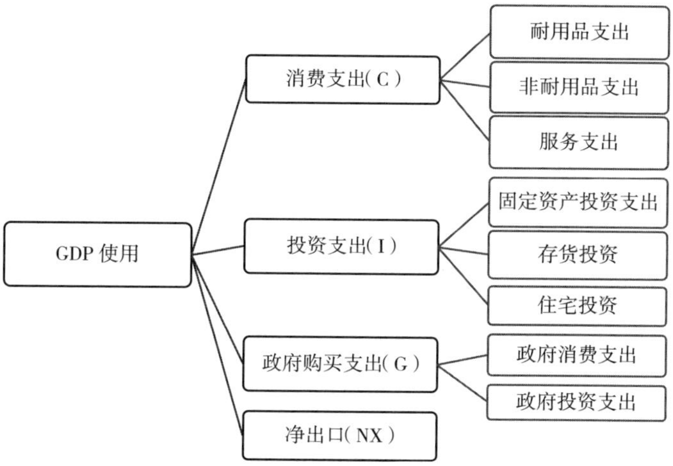

图 1.2 支出法核算国内生产总值使用的支出分类

(1)消费支出。具体地，消费品分为耐用品、非耐用品和服务，相应的消费支出分为耐用品消费支出、非耐用品消费支出和服务支出。

(2)投资支出。投资支出包括固定资产投资支出、存货投资和住宅投资支出。固定资产投资是主要项目，是企业形成新的生产能力的支出；存货投资并非一般意义上的投资，而是在支出法核算中对企业生产出来而没有在当年销售出去的部分最终产品的核算，列入投资支出计算到 GDP 中，称为存货投资而已；住宅投资并不是一般意义上形成社会生产能力的投资，但也视为投资支出。

(3)政府购买支出。政府购买支出分为政府消费性支出和政府投资性支出，前者包括政府购买使用期限一年以下的物品和劳务支出，而购买劳务支出的重要部分是支付国家工作人员工资和福利待遇支出；后者则指以政府为主体进行的投资支出。与政府购买支出相对应的是政府转移性支出，这部分支出是政府对居民的收入转移或者对企业的补贴，不是对最终产品的直接购买，所以不是支出法核算 GDP 的组成部分。

(4)净出口。净出口(Net Exports, NX)为一国一定时期内出口额减除进口额后的差额，体现国外部门对本国最终产品的净购买。出口(exports)指在本国生产的最终产品出口到外国，是国外部门对本国产品和服务的购买；进口(imports)指本国家庭、企业和政府购买国外生产的最终产品，其已经分别核算在消费支出、投资支出和政府购买支出之中，所以在使用支出法核算本国 GDP 时，应当减除出口额。在开放经济条件下，需要把外国对国内最终产品的购买，即出口额加上，同时从国内消费支出、投资支出和政府购买支出中减除对国外最终产品的购买即进口额。这样，支出法核算 GDP 最终体现为在消费支出、投资支出和政府购买支出的基础上，用净出口进行调整。如果 $NX > 0$，表明进出口拉动本国 GDP；如果 $NX < 0$，表明进出口缩小本国 GDP。

1.2.2.4 收入法

收入法从社会生产成果的分配角度进行国民经济总产出的核算。从一定时期社会生产成果的分配看，即从取得初次分配收入的角度看，社会生产的分配有三个部分。

（1）生产要素所有者获得的收入。生产要素所有者（劳动者和企业）获得初次分配收入的形式包括工资、租金、利息、利润等收入形式，这种生产要素所有者报酬也称为国民收入（national income）。

（2）政府的初次分配收入即间接税。间接税也称商品税、流转税，是对商品销售额或者增值额课征的税，具体包括销售税、消费税、增值税等税种。间接税属于政府收入，是政府参与初次分配获得的收入。

（3）折旧。如前所述，产品价格中包含折旧费，由企业留作补偿投资之用，并不分配给生产要素所有者或者政府。

上述要素所有者收入、间接税和折旧构成产品价格，都是 GDP 的组成部分。相应地，收入法核算 GDP 公式如下：

$$GDP = \text{国民收入} + \text{间接税} + \text{折旧} \tag{1.5}$$

在表 1.1 的例子中，粮食公司 0.5 亿元的增加值在初次分配环节将分配给职工（工资）、企业（企业留存利润、折旧）、金融机构（利息）、股东（利润）和政府（间接税），无论具体分配结构如何，其创造的可分配收入就是 0.5 亿元；类似的，面粉公司、面包公司也是如此，创造的可分配收入分别是 0.7 亿元和 0.8 亿元，总计 2 亿元就是 GDP。如果数据全面，可以将三个企业的工资、企业留存利润、折旧、利息、已分配利润、间接税分别加总，就可以得到收入法核算的 GDP。

实践中，收入法核算 GDP 的数据很难全面准确获得，所有要素所有者的收入、企业折旧很难全部真实统计，收入法不是核算 GDP 的主要方法。

1.2.3 国民收入恒等式

在市场条件下，正像前文中图 1.1 所示的那样，对于已经实现价值的最终产品，有 1 元的最终产品，就必然有 1 元支出进行购买；同时，有 1 元钱的最终产品，必然能使要素所有者、企业和政府获得 1 元钱的收入。因此，有 1 元钱的最终产品，就必然有 1 元钱的收入和 1 元钱的支出，总支出核算的 GDP 即总支出必然等于收入法核算的 GDP，即总收入，也等于增加值法或者生产法核算的 GDP。国民收入恒等式强调了收入法与支出法核算的 GDP 的一致性：

$$\text{总收入} = \text{总支出} = GDP \tag{1.6}$$

图 1.3 显示了四种核算 GDP 方法的一致性关系。当然，尽管理论上各种 GDP 核算方法的结果应当一样，但由于在实践中难以获得数据或者存在统计遗漏和误差的原因，各种方法核算的 GDP 会存在差异。

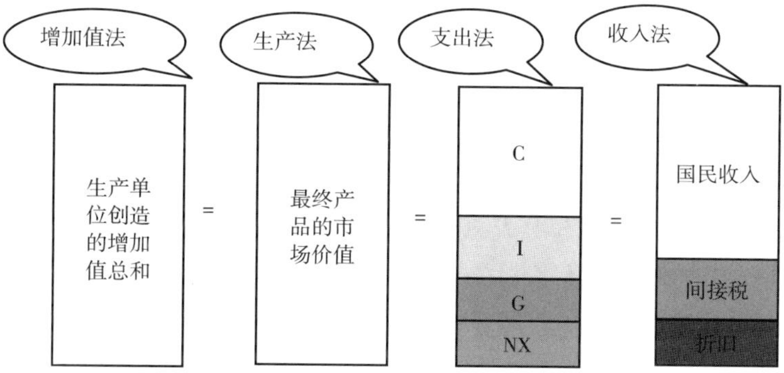

图 1.3　各种国内生产总值核算方式的一致性示意图

另外,应当注意, GDP 核算是“事后的(ex-post)”核算,并非“事前的(ex-ante)”计划。GDP 核算的是经济成果,而不是表明经济计划。在实践中,个别的经济计划与实际行为及结果不一定一致,宏观经济总收入计划与总支出计划也并不一定一致,但是,最后发生的总收入和总支出结果一定一致,这也是国民收入恒等式成立的道理。

经济学与经济制度:事前与事后

以需求和供给为例,事前的(ex-ante)需求也称计划的(planned)需求,指与不同的市场价格相对应,买方计划买入的商品数量,是一系列的数量,可以写为 $X^d = f(P)$,或者用需求曲线表示;事前的供给也称计划的供给,指与不同的市场价格相对应,买方计划提供和卖出的商品数量,也是一系列的数量,可以写为 $X^s = \phi(P)$,或者用供给曲线表示。事前的需求与事前的供给并不一定一致,只有在市场均衡时,需求量才等于供给量,也就是在需求曲线和供给曲线相交的位置上,二者才一致。事后的(ex-post)需求和供给指的是买卖双方已经银货两讫的成交量,也称已经实现的需求和供给,需求量和供给量是恒等的,买方买的数量正好是卖方卖的数量。

在宏观经济分析中,事前的总供给是总供给曲线,记为 $Z = \phi(P)$,事前的总需求是总需求曲线,记为 $D = f(P)$,这里的 P 表示一般物价水平。总需求量和总供给量也不一定一致,而只有在总需求曲线和总供给曲线交点上,总需求量才等于总供给量。事后的总供给量等于总需求量,是指已经实现的总需求、总供给,在这个意义上,需求量恒等于总供给,$Z \equiv D$。国民收入核算是事后结果的统计计算,各种计算方法实际上体现的是总需求或者总供给,因此是恒等的、一致的。

储蓄(S)和投资(I)是否相等? 20 世纪 30 年代,一些知名经济学家进行过争论,不久取得共识:如果讲事前的(计划的)储蓄和事前的(计划的)投资,它们是由不同的经济主体进行的,影响因素不一,显然可以不一致;但是,如果讲事后的储蓄和投资即从国民收入核算角度讲储蓄和投资,则二者必然一致,且有 $S \equiv I$。

(资料来源:宋承先:《现代西方经济学(宏观经济学)》,复旦大学出版社, 1994,第 500-501 页。)

1.2.4 我国支出法核算的 GDP

我国主要使用支出法核算 GDP。我国统计年鉴公布的是支出法核算的 GDP，其核算公式如下：

$$GDP = 最终消费 + 资本形成总额 + 货物和服务净出口 \tag{1.7}$$

按照国家统计局的解释，最终消费支出指常住单位为满足物质、文化和精神生活的需要，从本国经济领土和国外购买的货物和服务的支出①。最终消费包括居民消费和政府消费，即：

$$最终消费 = 居民消费 + 政府消费 \tag{1.8}$$

居民消费支出指常住住户在一定时期内对于货物和服务的全部最终消费支出，而政府消费支出指政府部门为全社会提供的公共服务的消费支出和免费或以较低的价格向居民住户提供的货物和服务的净支出，前者等于政府服务的产出价值减去政府单位所获得的经营收入的价值，后者等于政府部门免费或以较低价格向居民住户提供的货物和服务的市场价值减去向住户收取的价值。

资本形成总额包括固定资产形成总额（固定资产投资）和存货变动：

$$资本形成总额 = 固定资本形成总额 + 存货变动 \tag{1.9}$$

固定资本形成总额指常住单位在一定时期内获得的固定资产减处置的固定资产的价值总额。固定资产是通过生产活动生产出来的，且其使用年限在一年以上、单位价值在规定标准以上的资产，不包括自然资产、耐用消费品、小型工器具。固定资本形成总额包括住宅、其他建筑和构筑物、机器和设备、培育性生物资源、知识产权产品（研发支出、矿藏的勘探、计算机软件）的价值获得减处置。存货变动指常住单位在一定时期内存货实物量变动的市场价值，即期末价值减期初价值的差额，再扣除当期由于价格变动而产生的持有收益。

显然，我国支出法核算 GDP 的做法与宏观经济学中一般的核算内容存在一定差别。与一般支出法核算 GDP 公式相比，我国没有关于政府购买支出的独立统计，政府购买支出分别包括在最终消费和资本形成总额之中，而在最终消费中，区分了居民消费和政府消费，但资本形成总额中没有给出政府投资的数据，而是区分了固定资产投资和存货变动。表 1.2 给出了我国 2016 年到 2021 年的支出法核算 GDP 的结果。

表 1.2　我国支出法核算 GDP（2016—2021 年）（单位：亿元）

指标	2016 年	2017 年	2018 年	2019 年	2020 年	2021 年
支出法生产总值	745 980.5	828 982.8	915 774.3	990 708.4	1 025 628	1 145 283
最终消费	410 806.4	456 518.2	506 134.9	552 631.7	560 811.1	619 688.2
其中：居民消费	288 668.2	320 689.5	354 124.4	387 188.1	387 185.8	438 015.2
政府消费	122 138.3	135 828.7	152 010.6	165 443.6	173 625.4	181 673
资本形成总额	318 198.5	357 886.1	402 585.2	426 678.7	439 550.3	495 784.3

① 国家统计局：国民收入核算，https://www.stats.gov.cn/。

续表

指标	2016 年	2017 年	2018 年	2019 年	2020 年	2021 年
其中:固定资本形成总额	310 144.8	348 300.1	393 847.9	422 451.3	430 624.9	482 119.3
存货变动	8 053.7	9 586	8 737.3	4 227.4	8 925.4	13 664.9
货物和服务净出口	16 975.6	14 578.4	7 054.2	11 397.9	25 266.9	29 810.5
最终消费率(%)	55.1	55.1	55.3	55.8	54.7	54.1
资本形成率(%)	42.7	43.2	44	43.1	42.9	43.3
进出口贡献率(%)	2.2	1.7	0.7	1.1	2.4	2.6

资料来源:国家统计局:国家数据,https://data.stats.gov.cn/。

根据表 1.2,我国支出法核算 GDP 包括三项支出,即最终消费支出、投资支出(资本形成总额)和净出口。最终消费率、资本形成率和净出口对 GDP 的贡献率分别指三项支出占 GDP 的百分比。以 2021 年为例, GDP 的支出结构为:最终消费率为 54.1%,其中居民消费率为 38.24%,政府消费率为 15.86%;资本形成率为 43.3%,主要是固定资产投资支出的贡献而存货变动数量较小;进出口贡献率为 2.6%。

我国还核算最终消费、资本形成和净出口对 GDP 增量形成的贡献率。根据 2021 年国民经济和社会发展统计公报,全年国内生产总值 1 143 670 亿元,比上年增长 8.1%。其中,全年最终消费支出拉动国内生产总值增长 5.3 个百分点,贡献率为 65.43%;资本形成总额拉动国内生产总值增长 1.1 个百分点,贡献率为 13.58%;货物和服务净出口拉动国内生产总值增长 1.7 个百分点,贡献率为 20.99%。

1.3　其他总产出指标及其核算

除了 GDP 之外,衡量一国总产出的指标还有国民生产总值(GNP)、国民总收入(GNI)、国民收入(NI)以及居民收入(个人收入,PI)等。

1.3.1　国民生产总值(GNP)

国民生产总值(Gross National Products, GNP),指一国国民所拥有的生产要素在一定时期内创造的最终产品和服务的市场价值总和。

GNP 与 GDP 的区别在于, GNP 采取属人法,而 GDP 采取属地法。这里的属人法指凡是属于一国国民拥有的生产要素,无论其在国内还是国外创造的增加值,均属于该国国民生产总值;属地法则指凡在一国境内创造的增加值,无论是本国国民拥有的生产要素还是外国国民拥有的生产要素,均属于该国的国内生产总值。当然,如前所述,在实际国民经济核算中,所谓国民已经用常住单位替代。当前,我国已经不使用 GNP 指标核算国民经济总产出。

1.3.2　国民总收入(GNI)

国民总收入(Gross National Income, GNI),指一个国家或地区所有常住单位在一定时期内所获得的初次分配收入成果的总和。

国民总收入从国民生产总值指标改进而来，也采用属人法。但是，这里的属人法与GNP之下的属人法不同，而是引入了常住单位的概念，用常住单位替代国民。GNI与GDP都使用常住单位的概念，但GNI强调的是，只要是一国的常住单位，其在境内和境外创造的增加值均属于该国；而GDP强调的是，无论本国常住单位还是外国的常住单位，只要在本国境内创造的增加值均属于本国。另外，从核算方法看，GNI强调从收入的角度进行核算，而GDP强调产值。

GNI与GDP指标之间有明确的核算关系。在GDP的基础上，对常住单位从国外获得的收入进行调整，就可以得到GNI，具体关系如下：

$$GNI = GDP + \text{本国常住单位获得的国外净收入} \tag{1.10}$$

其中，本国常住单位获得的国外净收入为本国常住单位从外国获得的收入（FL）减除外国常住单位从本国获得的收入（FO），即：

$$\text{本国常住单位的国外净收入} = FL - FO \tag{1.11}$$

图1.4是这种关系的示例。中国GDP是100元，其中本国常住单位创造了90元，也就是说中国常住单位从本国获得90元收入，这90元属于中国的GNI；外国常住单位创造10元，分配给在中国的外国常住单位，不属于中国的GNI。同时，中国常住单位还在国外创造GDP并获得15元收入，属于中国的GNI。这样，中国常住单位的总收入即GNI为105元，大于中国GDP，其中本国常住单位的国外净收入是5元。

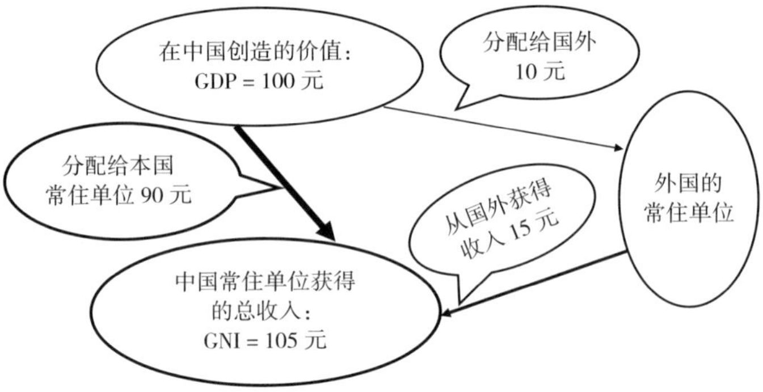

图1.4　GDP与GNI核算关系示意图

我国官方统计机构核算和公布国内生产总值和国民总收入两个总产出指标。2020年、2021年、2022年、2023年的国内生产总值分别为1 013 567亿元、1 149 237亿元、1204 724亿元和1 260 582.1亿元，而国民总收入分别为1 005 451.4亿元、1 141 230.8亿元、1 191 767.1亿元和1 249 990.6亿元[①]，国民总收入略低于国内生产总值，分别低0.8%、0.7%、1.08%和0.84%，表明国外净收入为负值，中国常住单位在外国获得的收入低于外国常住单位在中国获得的收入。

① 数据来源：国家统计局：国家数据，https://data.stats.gov.cn/。

1.3.3　国民收入

国民收入(National Income, NI),指一个国家或地区所有常住单位所拥有的生产要素获得的初次分配报酬,即非政府部门获得的初次分配收入。国民收入指标核算也使用属人法。

国民收入有劳动报酬、资本报酬(利息、股息)、租金、利润以及其他形式的要素收入,其中利润包括已分配利润和企业留存利润。简单地说,各种要素初次分配收入之和,就构成一国的国民收入。

国民总收入是在初次分配中核算的,与国民收入有明确的核算关系。国民总收入除了作为国民收入之外,还包括在初次分配过程中分配给政府的间接税、资本折旧额,所以,国民总收入与国民收入之间的关系为:

$$GNI = NI + \text{间接税} + \text{折旧额} \tag{1.12}$$

这里, NI 是本国常住单位中的国民(家庭和企业)获得的收入,间接税是政府获得的收入,折旧额留在企业,但与留存利润的性质不同。应当注意的是,这个国民总收入核算公式与收入法核算 GDP 虽然表示方法相同,但意思不同,GNI 使用属人法,而 GDP 使用属地法。

1.3.4　居民收入

居民收入即个人收入(Personal Income, PI),指居民(个人或者家庭)从初次分配中获得的要素收入和从政府再分配中获得的转移性收入。个人从市场分配(初次分配)和政府再分配获得收入,相应地,居民收入有两个指标,一个是居民初次分配收入,另一个是包括再分配收入在内的居民可支配收入(Disposable Personal Income, DPI)。

居民初次分配收入,是国民收入初次分配中分配给作为生产要素所有者的个人(家庭)的部分。居民收入初次分配的形式有工资(工资薪金)、利息、股息以及个人经营性收入等。从核算角度看,居民初次分配收入是从国民收入中减除企业所得税、企业缴纳的社会保险税费、企业留利(包括企业未分配的公积金、公益金)等后的余额。

居民再分配收入形成于政府再分配调节而发生居民转移性收入和居民缴纳税费的支出,一般指居民再分配净收入。居民再分配收入的形式包括从政府获得的社会保险收入、社会救助收入、社会福利收入等各种转移性收入,可以统称社会保障收入,也包括缴纳个人所得税、社会保险、财产税等直接税。

居民可支配收入,指一个国家或地区的所有个人在一定时间内获得的可以自主决定支出的收入,由居民初次分配收入经过政府再分配调节后形成。居民可支配收入是经过包括一系列分配形式的初次分配和再分配最后形成的,如图 1.5 所示,国民收入减除个人和企业缴纳的直接税(企业所得税、个人所得税、社会保障税、企业留利等),再加上政府对个人的收入转移(例如社会救济金、养老金等社会保险收入、社会福利收入等),就可以得到居民可支配收入。

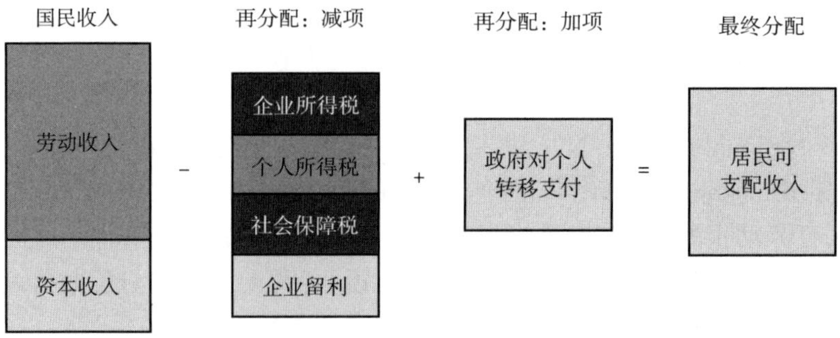

图 1.5　居民初次分配收入、政府再分配和居民可支配收入的关系

综合上述，不考虑国民收入中的企业收入部分，居民可支配收入一般计算公式为：

$$PDI = PI - \text{个人所得税} - \text{个人社会保障缴纳} + \text{政府对个人的收入转移} \quad (1.13)$$

居民初次分配收入和居民可支配收入是国内生产总值、国民总收入、国民收入的一部分。根据国家统计局统计公报，2021 年，中国全年人均 GDP 为 81 370 元，全年全国居民人均可支配收入为 35 128 元，占人均 GDP 的 43.17%；其中，城镇居民人均可支配收入为 47 412 元，占人均 GDP 的 58.27%；农村居民人均可支配收入为 18 931 元，占人均 GDP 的 23.27%。2022 年，我国全年人均 GDP 为 85 698 元，全年全国居民人均可支配收入为 36 883 元，占人均 GDP 的 43.04%；城镇居民人均可支配收入为 49 283 元，占人均 GDP 的 57.51%；农村居民人均可支配收入为 20 133 元，占人均 GDP 的 23.49%。

我国国内生产总值主要采用支出法进行核算，并不涉及居民初次分配收入和再分配收入，不包括居民收入核算。居民收入核算数据主要来源于国家住户抽样调查。在住户调查中，居民收入被分为工资性收入、财产性净收入、经营性净收入和转移性净收入四类。根据国家统计局统计公报，2022 年，全国居民人均可支配收入 36 883 元，其中人均工资性收入 20 590 元，占 55.83%；人均经营性净收入 6 175 元，占 16.74%；人均财产性净收入 3 227 元，占 8.75%；人均转移性净收入 6 892 元，占 18.69%。

1.4　国内生产总值的重要性与局限性

1.4.1　人均收入的重要性

在人类社会发展的过程中，人均收入的提高是重要方面。较高的人均实际 GDP 不仅与较高的物质生活水平相关，还与较高的健康状况和预期寿命、较高的教育水平联系在一起。表 1.3 显示了联合国开发计划署发布的《人类发展报告》（2015 年）关于不同发展水平国家的人均 GDP、预期寿命、平均上学年限、生活满意度的数据，各个国家按照人均 GDP 排序。数据显示，作为富裕国家的美国、德国等，预期寿命可以达到 80 岁，平均上学 13 年，生活满意度指数达到 7；而贫穷国家的孟加拉国、巴基斯坦等，预期寿命要低 10~20 岁，平均上学时间不到 6 年，生活满意度指数不到 6，比富裕国家低 20%~30%。因此，提高人均收入是国家发展的重要任务。

表 1.3　人均 GDP 与人民生活质量

国家	人均 GDP（美元）	预期寿命（岁）	平均上学年限（年）	生活满意度指数（0~10）
美国	52 947	79	13	7.2
德国	43 919	91	13	7.0
日本	36 927	83	12	5.9
俄罗斯	22 352	70	12	6.0
墨西哥	16 056	77	9	6.7
巴西	15 175	74	8	7.0
中国	12 547	76	8	5.2
印度尼西亚	9 788	69	8	5.6
印度	5 497	68	5	4.4
尼日利亚	5 431	53	6	4.8
巴基斯坦	4 866	66	5	5.4
孟加拉国	3 191	72	5	4.6

资料来源：N. 格里高利·曼昆：《经济学原理：宏观经济学分册（第 8 版）》，梁小民、梁砾译，北京大学出版社，2022，第 23-24 页。

1.4.2　世界银行关于收入水平的划分

当前，世界银行（World Bank）用人均国民总收入划分收入水平，把世界经济体划分四个收入组别，分别是低收入经济体、下中等收入经济体、上中等收入经济体以及高收入经济体。如表 1.4 所示，2023 年 7 月 1 日，按收入水平分类所采用的新阈值分别是 1 135 美元、4 465 美元和 13 845 美元。按照世界银行的统计，中国 2022 年人均国民总收入（GNI）为 12 850 美元，属于上中等收入国家。

表 1.4　世界银行关于经济体收入水平划分（2023 年）

类别	人均国民总收入（美元）
低收入经济体	<1 135
下中等收入经济体	1 136~4 465
上中等收入经济体	4 466~13 845
高收入经济体	>13 845

资料来源：世界银行：《世界银行更新全球经济体分类标准和 2024 财年贷款业务毕业线》，转引自财政部：https://gjs.mof.gov.cn/zhengcefabu/202307/t20230714_3896521.htm。

1.4.3　国内生产总值不等于社会福利和生活质量

但是，也应当看到，人均收入并不代表一切。福利经济学认为，社会福利是国民财富及其分配状态的函数。国民财富越多，福利越高；而收入不平等程度越低，福利越高。用人均GDP（per capita GDP）衡量国民财富，用基尼系数（G）衡量收入不平等，则社会福利函数为：

$$W = W(per\ capita\ GDP,\ G) \tag{1.14}$$

这表明，人均收入高的国家，如果收入不平等程度很高，社会福利并不一定很高。一国政府的作用一方面是促进经济增长，增加社会物质财富，“做大蛋糕”；另一方面也要通过政府再分配调节等手段“分好蛋糕”，实现社会公平，从而最终实现社会福利最大化。

人们还注意到，GDP没有考虑某些社会福利的影响因素，而这些因素有的是消极的，例如，环境破坏、资源消耗、生态恶化等；有的是积极的，如闲暇福利、非市场经济（如家庭中家务价值）等。所以，可以在GDP的基础上进行调整，或引入更加综合的指标，以反映社会发展质量。例如在GDP的基础上考虑环境恶化的消极影响，可以得到绿色GDP。更全面反映社会福利的指标之一是人类发展指数（Human Development Index，HDI）。印度经济学家森（Amartya Sen）关注贫困和改善穷人处境问题，提出了可行能力（capability）的概念，认为良好的生活需要各种不同的可行能力，例如能吃饱、保持健康、成为社会的一分子、安全等，社会发展应当是社会成员可行能力增加的过程。联合国使用的人类发展指数指标源于森为联合国设计的一种衡量发展的综合指标，涵盖了人均收入、预期寿命和识字率等，其内在理念是，发展包含收入、国民教育和健康等。使用HDI衡量，尽管沙特阿拉伯很富裕，但是斯里兰卡发展得更好。

1.5　物价指数及其核算

与个别产品价格不同，物价指数衡量的是一国或者地区的总体物价水平。总体物价水平可以是全部产品的物价水平，也可以是某类产品的物价水平。在统计学上，一般物价水平用指数指标衡量。具体地，常用的物价指数包括消费物价指数、生产物价指数和GDP缩减指数等。

1.5.1　消费物价指数的内涵和核算

1.5.1.1　消费物价指数的内涵

最常见的物价指数是消费物价指数（Consumer Price Index，CPI）。消费物价指数是反映居民生活费用的物价指标，指当期（当年）购买固定数量的产品和服务（一篮子产品和服务）的费用相对于某一固定年份（基年）购买该固定数量产品和服务的费用的相对数。

统计学上，CPI是一种固定权数的指数，权数来源于选定的固定商品和服务篮子，每种商品和服务具有一个固定的支出权重。固定权重的指数，统计学上称为拉氏指数。所以，消费物价指数在统计学上属于拉氏指数。

1.5.1.2　消费物价指数的核算

按照消费物价指数的内涵，CPI的计算原理如下：

$$CPI = \frac{\text{一篮子固定产品和服务按当年价格计算的价值}}{\text{一篮子固定产品和服务按基年价格计算的价值}} \tag{1.15}$$

对于一篮子产品和服务，假定基年的购买费用为1，当年的价格指数指在该年价格水平下购买同样一篮子产品的费用相对于基年的相对数。在统计实践中，经常设定基年的物价指数为 100。根据式 1.15，在一篮子产品和服务中，一种产品或者服务的数量为 Q_i，价格为 P_i，上标 0 表示基期，上标 1 表示当期，则 CPI 的计算公式如下：

$$CPI = \frac{\sum Q_i P_i^1}{\sum Q_i P_i^0} \times 100 \tag{1.16}$$

在实践中，统计部门监测有关产品价格（P_i），而固定每种产品和服务的权重（W_i），则 CPI 计算方法如下：

$$CPI = \frac{\sum W_i P_i^1}{\sum W_i P_i^0} \times 100 \tag{1.17}$$

无论基年物价指数为 1 或者 100，消费物价指数是相对数，是可比的。由于价格指数是一篮子产品价格的平均水平，是对不同产品的价格进行加权得到的，所以也称为一般价格水平、价格水平、物价水平。

1.5.1.3　消费物价指数的基本意义

消费物价指数反映消费品物价水平，反映居民生活成本的变化。以苹果和香蕉为例构成一篮子商品（表 1.5），以去年为基年，总费用为 50 元，物价指数定义为 100；今年的总费用为 54 元，相对于基年，今年的物价指数为 108，也就是说，物价水平或者说居民生活成本上涨了 8%，这个物价水平变化是苹果和香蕉两种产品价格变化按照其消费额比重加权计算的平均数。

表 1.5　消费物价指数与生活成本的例子

固定篮子	去年（基年）费用	今年费用
10 千克苹果	价格 1 元/千克，费用 10 元	价格 1 元/千克，费用 10 元
20 千克香蕉	价格 2 元/千克，费用 40 元	价格 2.2 元/千克，费用 44 元
总费用	50 元	54 元

1.5.1.4　通货膨胀率和核心通货膨胀

物价指数是可比的，可以使用消费物价指数计算一般物价水平的变化。一般物价水平变化的百分比，称为通货膨胀率。通货膨胀率是各种产品价格的平均变化水平。如果物价指数上升，称为通货膨胀；如果物价下降，则称之为通货紧缩。

$$\text{通货膨胀率} = \frac{\text{当年消费物价指数} - \text{基年消费物价指数}}{\text{基年消费物价指数}} \times 100\% \tag{1.18}$$

在表 1.5 的例子中，今年比去年物价水平上涨了 8%。显然，苹果价格没有上涨，而香蕉价格上涨了 10%，通货膨胀率是二者的加权平均数。

用 CPI 衡量的通货膨胀包括了各种因素引起的所有消费品的价格变动。当考察长期价格变动的影响因素时，可以将由于短期供求关系导致的价格波动从 CPI 中剔除掉，剩下的就是核心通货膨胀。一般来说，将食品和汽油两类商品从一篮子商品中剔除后计算消费物价指数，称为核心消费物价指数，相应计算的通货膨胀率称为核心通货膨胀率。食品价格受自然因素和世界价格的影响较大，而汽油价格受石油贸易和世界政治经济形势的影响较大，不是本国货币因素导致的，也不是本国政府容易治理的。对于核心通货膨胀，政府更有可能进行干预。

1.5.1.5 我国的消费物价指数

我国 CPI 每五年进行一次基期轮换。每次基期轮换后，调查分类目录、代表规格品和调查网点均有调整，分类权数也有变化，以反映居民消费结构的最新变动。当前，我国的居民消费物价指数选取的消费品包括八类：食品烟酒类、衣着类、居住类、生活用品和服务类、交通和通信类、教育文化和娱乐类、医疗保健类和其他用品和服务类。在公布居民消费物价指数的同时，也发布各类消费价格指数。消费物价指数的发布周期为月。当然，我国也公布每年的消费物价指数。表 1.6 给出了我国近十年的消费物价指数。可以看到，2014 年以来，我国居民消费物价指数上升缓慢，2019 年上升最高，但仅上升 2.9%；2023 年上升最低，只有 0.2%。消费物价指数偏低，表明消费需求增长疲软。

表 1.6 我国近年的消费物价指数（2014—2023 年）

年份	居民消费物价指数（上年=100）	年份	居民消费物价指数（上年=100）
2014	102.0	2019	102.9
2015	101.4	2020	102.5
2016	102.0	2021	100.9
2017	101.6	2022	102.0
2018	102.1	2023	100.2

资料来源：国家统计局：国家数据，https://data.stats.gov.cn/。

1.5.2 其他固定权数的价格指数

1.5.2.1 其他固定权数的物价指数

除了消费价格指数之外，还有如批发价格指数、生产资料价格指数等采用固定权数的物价指数。批发物价指数（Wholesale Price Index，WPI），是一种固定权数的物价指数，衡量企业销售产品的价格水平。批发物价指数上升，表明企业效益变好，经济上升。生产资料物价指数，也是一种固定权数的物价指数，衡量企业购买原材料的价格水平。生产资料物价指数上升，说明企业生产成本上升，当然也在一定程度上说明终端对原材料的需求旺盛。

除了消费物价指数外，我国公布的固定权重的物价指数包括工业生产者出厂价格指数、工业生产者购进价格指数等。工业品出厂价格指数是反映一定时期内全部工业产品出厂价格总水平的变动趋势和变动幅度的相对数，是一种典型的生产物价指数（Producer Price Index，PPI）。工业品出厂价格由生产成本、利润和税金三部分组成，它是工业产品进入流通领域的最初价格，是商业企业、物资部门制定批发价格、零售价格和物资供应价格的基础。工业品出厂价格指数的市场敏感度非常高。如果生产者物价指数比预期数值高时，表明有通货膨胀的风险。如果生产者物价指数比预期数值低时，则表明有通货紧缩的风险。工业生产者购进价格指数是指工业企业组织生产时作为中间投入的原材料、燃料、动力购进价格的指数（含增值税、运费、关税等）。工业生产者购进价格指数反映工业企业作为中间投入产品的购进价格的变化趋势和变动幅度。其中，工业生产者购进的产品指工业企业组织生产时作为中间投入的原材料、燃料、动力购进价格（含增值税、运费、关税等），反映工业企业的生产成本水平，其指数如果高于同期工业生产者出厂价格指数，表明企业经营压力增加，利润空间被进一步压缩。表 1.7 给出了我国近十年来工业出厂价格指数和购进价格指数。2014 年到 2023 年，工业生产者出厂价格指数与购进价格指数基本同向变动，但波动较大，前者上升幅度最大年份是 2021 年，为 8.1%，而下降幅度最大年份是 2015 年，下降 5.2%；后者上升幅度最大年份也是 2021 年，为 11%，而下降幅度最大年份也是 2015 年，下降 6.1%。总体上，工业价格指数下降年份较多，表明工业经济发展形势不乐观。

表 1.7　我国近年的工业物价指数

年份	工业生产者出厂价格指数（上年=100）	工业生产者购进价格指数（上年=100）
2014	98.1	97.8
2015	94.8	93.9
2016	98.6	98.0
2017	106.3	108.1
2018	103.5	104.1
2019	99.7	99.3
2020	98.2	97.7
2021	108.1	111.0
2022	104.1	106.1
2023	97.0	96.4

资料来源：国家统计局：国家数据，https://data.stats.gov.cn/。

1.5.2.2　CPI 和固定权重物价指数的不足

CPI 使用固定权数计算而导致其衡量一般物价水平存在不足，主要是高估生活成本上升水平。1996 年，美国的波斯金委员会报告指出，官方利用 CPI 计算的通货膨胀率具有高估的倾向，每年高估了 1~2 个百分点。具体有两方面的原因。一是存在质量调整偏差。计算 CPI 不能考虑产品质量的提高以及新产品的出现，从而高估了价格上涨。有些产品或者服务价格上涨是因为质量提高导致的，产品实际上已经发生变化，但统计上往往看不到产品质量的改进，而只是观察到了价格上升。二是存在替代偏差。当产品和服务价格上涨时，会产生替代效应，消费者减少对价格上涨产品的消费，而用价格没有上涨或者上涨较小的产品替代。但是，计算 CPI 使用一篮子固定商品，不能对权重及时调整，从而高估了价格上涨的影响。当然，其他固定权数的物价指数也存在类似问题。

1.5.3　GDP 缩减指数

1.5.3.1　GDP 缩减指数的内涵

GDP 缩减指数（GDP Deflator），也称 GDP 平减指数，是全面反映一国一定时间内所有物品和服务价格水平的物价指数,而不仅仅反映消费品或者生产资料的价格水平。

从理论上说，GDP 缩减指数更能全面准确反映一般物价水平的变化。但是,获得如此全面的数据具有时间上的滞后性。我国每年 3 月初公布上一年的 GDP 初步统计数,相应地也能够统计 GDP 缩减指数,但显然已经滞后两个月。比较而言，CPI、PPI 等物价指数采用固定权数计算方法,不再调查产品数量,只调查产品价格,统计结果更加迅速,被作为更经常性的物价水平衡量指标以反映物价水平变化。

1.5.3.2 GDP 缩减指数的核算

GDP 缩减指数用当年全部产品和服务数量作为权数对价格进行加权计算。因为每年的产品和服务的产量是变化的,因此 GDP 缩减指数是一种可变权数的物价指数,统计学上称为帕氏指数。在核算方法上,以基年的指数为 100,当年 GDP 缩减指数等于名义 GDP 对于实际 GDP 的相对数:

$$GDP\text{缩减指数} = \frac{\text{名义}GDP}{\text{实际}GDP} \times 100 \tag{1.19}$$

1.5.3.3 名义 GDP 与实际 GDP

名义 GDP(nominal GDP),指当年产量按照当年价格计算的 GDP。名义 GDP 的问题是不可比的,也就是说,不同年份的名义 GDP 不可以直接比较。表 1.8 中，2013 年名义 GDP 是 420 元,是 2009 年的 2.4 倍。但是,明显的,比萨和馅饼数量都仅增加了 1 倍。名义 GDP 中包含了价格因素,不仅反映实际产出增长,而且还包含了价格变化。

表 1.8 计算名义 GDP 的例子

年份	比萨			馅饼			名义 GDP（元）
	数量（千克）	价格（元/千克）	价值（元）	数量（千克）	价格（元/千克）	价值（元）	
2009	10	10	100	15	5	75	175
2013	20	12	240	30	6	180	420

实际 GDP(real GDP),指当年产量按照选定的基年的价格计算的 GDP。每一年实际 GDP 都使用相同的价格核算,剔除了价格变化的影响,使实际 GDP 是可比的,能够反映实际产出的增长。表 1.9 的例子中,以 2009 年为基年,2013 年实际 GDP 是 350 元,比 2009 年增长了 1 倍(100%),反映了实际产出的增长。

表 1.9 计算实际 GDP 的例子

年份	比萨饼			馅饼			实际 GDP（元）
	数量（千克）	价格（元/千克）	价值（元）	数量（千克）	价格（元/千克）	价值（元）	
2009	10	10	100	15	5	75	175
2013	20	10	200	30	5	150	350

将名义 GDP 和实际 GDP 计算过程表达出来,则式 1.19 就是:

$$GDP缩减指数=\frac{当年产量按照基年价格计算的名义GDP}{当年产量按照基年计算的实际GDP}\times 100 \quad (1.20)$$

对于表 1.8，可以计算得到 2013 年的 GDP 缩减指数为 120，表明比 2009 年物价水平上升了 20%。

1.5.3.4　GDP 缩减指数与 CPI 的比较

GDP 缩减指数反映了以基年价格计算的、全部物品和服务的价值相对于基年的变动。比如，基年为 100，某年 GDP 缩减指数为 110，表明价格整体上涨了 10%。在表 1.8 的例子中，2009 年的 GDP 缩减指数为 100，2013 年的 GDP 缩减指数为 120，价格整体上涨了 20%。GDP 缩减指数反映的价格比 CPI 更全面，但是不容易观测和及时取得，所以一国经济更常用 CPI、WPI、PPI 等固定权数物价指数监测物价变化。

统计学上，CPI 等固定权数的指数，称为拉氏物价指数，以基年的产量为权重，具体就是一篮子商品，即固定支出比重的一组商品。GDP 缩减指数属于可变权数的物价指数，称为帕氏物价指数，以当年的产量作权重，而当年的产量总是变化的，而价格是不变的，都使用基年的价格。

1.5.3.5　链式加权法

GDP 缩减指数持续使用固定年份作为基年，使用基年价格计算实际 GDP。但是，由于技术进步等导致的新产品不断出现，持续固定基年价格无法反映新产品出现导致的价格变化。1996 年，美国经济研究局提出核算实际 GDP 的链式加权法（chain-weighted measure）。它允许基年连续改变，用上一年作为基年，即用上一年价格计算当年实际 GDP 以及相应的 GDP 缩减指数，这样就能更好地更新价格信息和反映产品变化，使 GDP 缩减指数反映的物价水平更接近实际。

1.5.3.6　我国的国内生产总值指数

我国的官方统计中有国内生产总值指数指标，按不变价格计算，属于实际量，是直接可比的。根据不变价格选择不同，国内生产总值指数有两种，一种是以 1978 年为基期计算的定基指数，即 1978 年国内生产总值指数规定为 100，其他年份的指数使用 1978 年价格计算；另一种是以上一年为基期计算的指数，即上一年国内生产总值指数为 100，当年的指数使用上一年的价格计算。表 1.10 给出了 2014 年以来的我国国内生产总值和人均国内生产总值，同时给出了国内生产总值指数（以 1978 年为 100）和人均国内生产总值指数（以上一年为 100）。显然，在此基础上，容易直接计算相应的年增长率。

表 1.10　我国的国内生产总值和人均国内生产总值指数

年份	国内生产总值（亿元）	人均国内生产总值（元/人）	国内生产总值指数（1978 年=100）	人均国内生产总值指数（上一年=100）
2014	643 563.1	46 912	2 835.9	107.4
2015	688 858.2	49 922	3 035.6	107.0
2016	746 359.1	53 783	3 243.5	106.8
2017	832 035.9	59 592	3 468.8	106.9
2018	919 281.1	65 534	3 703.0	106.7

续表

年份	国内生产总值（亿元）	人均国内生产总值（元/人）	国内生产总值指数（1978 年=100）	人均国内生产总值指数（上一年=100）
2019	986 515.2	70 078	3 923.3	106.0
2020	1 013 567.0	71 828	4 011.2	102.2
2021	1 149 237.0	81 370	4 350.0	108.4
2022	1 204 724.0	85 310	4 478.4	103.0
2023	1 260 582.1	89 358	4 713.4	105.2

资料来源：国家统计局：国家数据，https://data.stats.gov.cn/。

注：表中的国内生产总值、人均国内生产总值按当年价格计算，国内生产总值指数、人均国内生产总值指数按照不变价格计算。

1.5.4 物价指数的其他应用

物价指数除了反映一般物价水平、一般物价水平变化（通货膨胀率）并用来计算实际经济增长之外，还有其他应用。

1.5.4.1 名义量的缩减化

物价指数可以对名义量进行缩减化，获得实际量，获得可比数据。可以运用物价指数计算实际量，而实际量是可比的。实际量、名义量与物价指数的基本关系为：

$$实际量=\frac{名义量}{物价指数} \tag{1.21}$$

考虑花费 100 元购买了价格是 10 元/个的商品，购买的数量是 100 元 ÷（10 元/个）=10 个。同样地，如果有一定的名义量支出，或者获得一定的名义量的收入为 X，而商品的价格指数即一般物价水平为 P，则相应的商品实际量是 X/P，不过这里的商品是一般商品，这是式 1.21 表达的意思。

名义量换算为实际量的过程之所以称为缩减化，是因为从历史上看，物价水平通常呈现上升的趋势。名义量缩减化的作用是获得可比的收入指标即实际量。以 1982—1984 年的美国平均价格为基年水平，其 CPI = 100，1930 年的消费物价指数为 16.7，2001 年的消费物价指数为 178。1930 年，棒球运动员巴布 · 鲁思年收入 8 万美元，换算为 1982—1984 年物价水平下的收入为：

$$鲁思的收入=\frac{1930年的收入}{1930年的消费物价指数}\times 100=\frac{8万美元}{16.7}\times 100=47.9万美元$$

2001 年，棒球运动员巴里·邦德年收入达到了 1 030 万美元，换算为 1982—1984 年收入为：

$$邦德的收入=\frac{2001年的收入}{1930年的消费物价指数}\times 100=\frac{1\,030万美元}{178}\times 100=578.6万美元$$

因此，尽管物价指数从 1930 年的 16.7 上升到 2001 年的 178，上涨了 9.66 倍；但是，邦德的收入比鲁思的收入高出 128.75 倍，比物价水平上涨得更多，最终导致棒球运动员的实际收入还是上涨了 11.08 倍。

1.5.4.2 指数化

指数化是考虑价格变化对工资、社会救济金等收入标准进行调整，使之反映计划实际。指数化是缩减化的相反操作。例如，美国政府 2010 年为接受救济者提供的收入支持是 1 000 美元/月，国会想在 2015 年维持 2010 年收入支持的购买力，而预测 2015 年比 2010 年的 CPI 上涨 20%，那么，2015 年的救济金水平可以进行如下调整：

$$2015\text{年的名义救济金}=2010\text{年名义量}\times\frac{CPI_{2015}}{CPI_{2010}}=1\,200\text{美元}$$

也就是说，2015 年的 1 200 美元相当于 2012 年 1 000 美元的购买力。

指数化具有重要的应用场景。我国的最低工资标准、基本养老金标准等都已经实行了一定程度的指数化调整，但是还有诸如个人所得税法的免征额等收入指标还没有实行指数化调整。我国 2018 年修正的个人所得税法规定，综合所得纳税人每年减除费用标准（免征额）为 6 万元，比之前从 2011 年开始适用的工资薪金所得纳税人每年减除费用标准 4.2 万元（每月 3 500 元）提高了 43%。但是，这个减除费用标准并不是逐年指数化调整。由于每年都有一定程度的物价变化，固定的 6 万元费用扣除标准已经经历了 2018 年、2019 年、2020 年、2021 年、2022 年、2023 年，直到 2024 年仍在使用，并不能完全反映纳税人家庭基本生活费用支出实际，实行指数化调整将是客观趋势，这样才能更好地确定免征额，实现使纳税人及其负担人口基本生活费用不纳税的功能目标。

一些国家实行指数化劳动合同，对工资水平进行指数化调整，再根据市场和企业效益变化考虑一个实际工资调整量，计划的工资水平计算方法为：

$$W_t=W_{t-1}(1+\pi)+\frac{\mathrm{d}W}{\mathrm{d}t} \tag{1.22}$$

其中，W 表示工资水平，下标 t 表示当期，t-1 表示上一时期，π 表示通货膨胀率，$\mathrm{d}W/\mathrm{d}t$ 表示工资实际调整量。

1.6 就业和失业及其核算

人口和劳动力是一国经济的重要资源，而劳动力及其就业或者失业情况则反映宏观经济状态。人口尤其是劳动力人口影响长期经济增长，而劳动力就业或者失业影响短期宏观经济稳定。就业和失业是国民经济核算工作的重要内容。

1.6.1 人口与劳动力的基础数据

人口是国家经济的重要资源。2023 年底，我国总人口数达到 140 967 万人。同时，人口也有一定的结构。2023 年，我国男性人口 72 032 万人，占 51.1%；女性人口 68 935 万人，占 48.9%；城镇人口 93 267 万人，占 66.16%，农村人口 47 700 万人，占 33.84%。从年龄结构看，14 岁以下人口 23 063 万人，占 16.36%；15 岁到 64 岁人口 96 228 万人，占 68.26%；65 岁以上人口 21 676 万人，占 15.38%[①]。

① 国家统计局：国家数据，https://data.stats.gov.cn/。

总人口中的一部分为劳动力人口。劳动力人口是一定年龄(例如16周岁)以上人口中可以就业的部分,而所谓可以就业指就业或者失业状态的人口,而既没有就业、也不属于失业的一定年龄以上人口,属于非劳动力人口。当然,一定年龄以上人口中,还有一部分是军人,不统计在民用人口的就业之中,如图1.6所示。

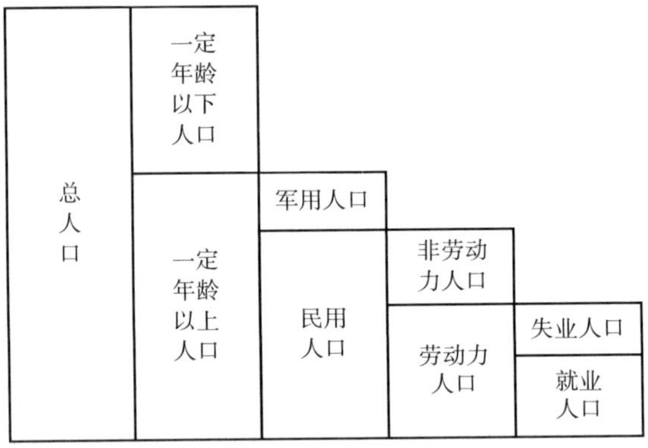

图1.6　人口构成与劳动力人口及其形态示意图

各国关于就业和失业定义的口径不完全一样。在我国,国家统计局通过劳动力调查获得劳动力人口、就业人口和失业人口,以及调查失业率数据。我国将16岁及以上人口划分为就业人口、失业人口、非劳动力人口三种状态。其中,就业人口指年满16周岁,为取得劳动报酬,在调查参考周内从事了1小时及以上劳动的人员,或由于休假等原因暂时未工作的人员;失业人口指年满16周岁,在调查参考周内没有工作,近期正在寻找工作,如有合适的工作机会能够马上开始工作的人员。就业人口与失业人口之和称为劳动力人口,其余16周岁以上的人口均为非劳动力人口。明显的,非劳动力人口包括在校学生、等待就读的学生、已经办理退休退职的原职工等人口。在校学生即使有工作意愿且有找工作行为,但不能马上开始工作的,也不符合失业人口定义,因为其不属于劳动力。

1.6.2　失业和失业率

一般而言,失业(unemployment)指劳动力人口中愿意并有能力为获取报酬而工作,但尚未找到工作的情况。如上所述,在我国就业调查中,失业人口定义为年满16周岁,在调查参考周内没有工作,近期正在寻找工作,如有合适的工作机会能够马上开始工作的人员。

美国的劳动统计关于就业人口和失业人口的统计略有差别。其中,就业人口,指上一周从事全职或者兼职工作(即使工作几小时也算),或者上周逢假期没有上班但是有正常工作的人口;失业人口,指上一周没有工作,但过去4周进行了寻找工作的努力。就业人口和失业人员总数为劳动力人口。劳动力人口之外人员,指上一周没有工作,也没有在过去4周寻找工作的人员。由于没有找工作,不被视为劳动力人口。

失业率是失业人口数量占劳动力人口的百分比,计算公式如下:

$$\text{失业率}=\frac{\text{失业人员数量}}{\text{就业人员数量}+\text{失业人员数量}}=\frac{\text{失业人员数量}}{\text{劳动力人口}} \tag{1.23}$$

在实际工作中,失业人口数据往往通过抽样调查获得。但是,实行失业抽样统计调查的国家官方统计的失业率可能低估了失业,原因有两个方面。

(1)忽视了丧志工人(discouraged worker)。在美国,愿意工作但是过去 4 周没有寻找工作的工人被视为劳动力以外人口而没有被统计在失业人口之中,但是,他们不找工作并不一定是不想工作、不能工作,而可能他们认为即使找工作但也不会找到工作,即成为丧志工人。

(2)高估了不情愿的兼职工人的就业。在就业人口中,希望自己做全职工作但实际做兼职工作的工人被视为就业人员,但是存在劳动不得其用的问题,并不是充分就业。

1.6.3　登记失业率与统计调查失业率

除了抽样调查之外,政府主管部门还可以通过登记获得失业人口数据。我国在较长一段时间内采取失业登记的方法获得失业人口数据,相应的失业率为登记失业率。20 世纪 80 年代,我国建立待业登记制度,尚没有使用失业的概念,没有工作的劳动力人口到劳动保障部门登记,计入待业人口,计算待业率。1994 年开始,我国正式使用失业的概念,将待业登记更名为失业登记,并计算和公布登记失业率。2021 年,我国城镇登记失业率为 4.0%,之后不再公布登记失业率。登记失业人员可以获得相应的失业保障,但如果失业人口没有去登记,就没有计算在登记失业人口之中,会低估失业率。

调查失业率是指通过劳动力抽样调查推算得到的失业率。我国从“十二五”时期开始进行失业调查工作, 2018 年第一次公布调查失业率的相关数据。根据人力资源和社会保障事业发展统计公报, 2019 年、2020 年、2021 年、2022 年和 2023 年的城镇调查失业率(年末调查失业率)分别为 5.2%、5.2%、5.1%、5.5%和 5.1%。

1.6.3　劳动参与率

劳动参与率(labor participation rate)指劳动力人口占劳动年龄以上人口的比例。统计计算公式为:

$$\text{劳动参与率}=\frac{\text{就业人员数量}+\text{失业人员数量}}{\text{工作年龄以上人口数量}}=\frac{\text{劳动力人口}}{\text{劳动年龄以上人口}} \tag{1.24}$$

我国没有公布劳动参与率的数据。表 1.11 给出了美国 2011 年 4 月的就业、失业和劳动参与率计算的数据,失业率达到 8.93%,而劳动参与率为 64.16%。

表 1.11　美国 2011 年 4 月的劳动就业和劳动参与统计

指标	数量(百万人)
就业人数	139.7
+失业人数	13.7
=劳动力人数	153.4
+劳动力外人数	85.7
=工作年龄以上人数	239.1

续表

指标	数量（百万人）
失业率	8.93%
劳动参与率	64.16%

资料来源：罗伯特·H. 弗兰克、本·S. 伯南克：《宏观经济学原理（第 5 版）》，潘艳丽、吴秀云等译，清华大学出版社，2013，第 156 页。

一国劳动参与率提高将有助于经济增长。影响劳动参与率的因素比较复杂，有经济发展阶段和经济周期等经济因素，比如在经济繁荣阶段，劳动参与率较高；也有社会保障制度、最低工资制度等社会文化因素，比如在社会保障健全的条件下，劳动参与率可能低一些。

复习思考题

1. 辨析以下各组概念。物质平衡体系和国民账户体系，中间产品和最终产品，工农业生产总值和增加值，存量和流量，国内生产总值（GDP）、国民生产总值（GNP）和国民总收入（GNI），居民（个人收入）和居民可支配收入，固定权重的物价指数与可变权重的物价指数，消费物价指数和生产物价指数，名义 GDP 和实际 GDP，就业率与劳动参与率，登记失业率与调查失业率。

2. 判断下列陈述的正确与错误。

（1）一个企业无论生产出多少数量的汽车，但是只有销售出去的汽车，才能计入 GDP。

（2）任何住房都存在房租价格，但是如果住房不出租而房主自己居住，房租价格就不能计入 GDP，而住房出租给他人居住则计入 GDP。

（3）一位原处于失业状态的工人，依靠政府发放每月 1 500 元救济金。现在，他找到了一份月工资 2 000 元的工作，则他对国民收入的贡献是每月 500 元。

（4）一位职工从股票市场上购买了价值 3 万元股票，因此他为宏观经济增加了 3 万元的投资。

（5）当某种消费品价格上升时，消费者会转而购买其他价格相对较低的商品，这将导致消费物价指数（CPI）估计的通货膨胀率过高。

（6）GDP 不适用衡量发达国家的经济福利，但是可以很好地衡量发展中国家的经济福利状况。

（7）居民从公司债券中得到的利息计入 GDP，而从政府公债中得到的利息不计入 GDP。

3. 试述 GDP 与 GNI 之间的区别与联系。

4.GDP 作为衡量一国社会经济福利的指标存在一些缺陷，请说明 GDP 没有考虑哪些对社会经济福利有积极影响或消极影响的因素。

5. 为什么政府转移支出不计入 GDP，而间接税计入 GDP？

6. 什么是国民收入恒等式？其有何意义？

7. 国民收入核算中为何有名义量和实际量的差别？二者的一般关系如何？

8. 某海岛只生产龙虾和苹果，两种产品都属于最终产品，附表给出了 2006 年和 2007 年的产量和价格。假定 2006 年为基年，计算：① 2006 年和 2007 年的名义 GDP 和实际 GDP；② 2007 年 GDP 的名义增长率和实际增长率；③ 2007 年的 GDP 平减指数。

物品	2006 年		2007 年	
	数量	价格	数量	价格
龙虾	1 000 千克	20 元/千克	1 100 千克	25 元/千克
苹果	500 千克	10 元/千克	525 千克	12 元/千克

9. 某海岛典型的家庭消费包括橘子汁和布，去年（基年）的支出结构为橘子汁 40 元和布 25 元，假定该支出结构保持不变。去年橘子汁和布的价格分别是 4 元和 5 元，今年的价格是 4 元和 6 元。计算：①消费物价指数（CPI）的权数；②今年的消费物价指数；③今年的通货膨胀率。

第 2 章 经济增长理论与增长政策

虽然用国内生产总值等价值量衡量一国总产出，但其依据是实物，其来源是物质生产和物质生产力。经济增长理论研究一国经济的物质生产和生产能力的决定因素，属于宏观经济学的长期理论，其认为经济增长来源于要素投入、技术和制度等因素，是生产率不断提高的结果，而不直接受货币数量和市场价格因素的影响。

2.1 经济增长与长期经济分析

2.1.1 宏观经济的短期和长期分析

宏观经济学以一国总产出的决定为主要研究对象，并将其区分为长期经济（分析）和短期经济（分析）。长期经济分析关注决定一国经济产出能力的劳动、资本、技术等因素，侧重于经济的供给方面；短期经济则关注在给定一国经济产出能力的条件下，均衡总产出（即GDP）如何决定及其合意性，这决定于总需求和总供给的均衡关系，并且主要决定于总需求方面。

经济增长理论研究长期经济，属于长期经济分析，即研究一国经济总产出能力的决定，并具体分析劳动、资本、技术进步等因素的作用及其机制。总量生产函数是研究经济增长的重要工具，尤其是分析资本对经济增长的重要作用。基于总量生产函数理论，还可以进行经济增长核算，认识经济增长的源泉，发现技术进步的关键作用。但是，对于制度对经济增长作用的分析更多的是理论分析、国际比较分析。在此基础上，可以形成关于政府促进经济增长的政策认识。

2.1.2 长期经济问题

有些经济问题是长期经济问题，长期经济增长理论有助于认识这些问题。社会进步的背后往往明显或者隐含地显示经济增长的决定性作用。乔治·华盛顿（George Washington，1732—1799）是美国开国总统。是现今美国中产阶级的普通一员生活好呢，还是华盛顿时期美国的富人生活好呢？华盛顿活了 67 岁，而当时人均寿命只有 40 岁；在 2022 年，美国人均预期寿命为 77.5 岁。作家史蒂芬·安布罗斯的《刘易斯和克拉克探索记》中写道，1801 年，没有什么东西比马跑得更快，但马也只有在赛马场上才会跑得很快，而一般路面并不适合马奔跑。从美国波士顿市到纽约市的公路是最好的，但轻载马车走完这 175 英里（1 英里

=1 609.34 米）的路程需要三天三夜。这根本无法与现代驾驶汽车在高速公路上行驶相比，在高速公路上驾驶汽车只需要 3 个小时就能完成这段旅程。

人类历史发生了巨大变化，而物质财富的积累是重要方面，经济增长给人们生活提供了巨大便利。那么，为什么会有经济增长？而且，即使从当今世界的横截面看，各国的经济能力差距巨大。2018 年，美国人均 GDP 为 62 606 美元，而南苏丹只有 303 美元，富国和穷国之间差距巨大。那么，为什么存在如此大的差别呢？1952 年，我国人均 GDP 只有人民币 119 元，1980 年为 468 元，2000 年为 7 942 元，而 2022 年达到了 85 698 元，创造了中国经济增长的奇迹。那么，经济增长和物质进步如何取得的呢？这是宏观经济学的经济增长理论要回答的问题。

2.1.3　经济增长率的重要性

观察表 2.1 中，1870—2008 年间若干国家的人均实际 GDP（美元）增长，英国人均国内生产总值在 1870 年位于第一位，而到了 1913 年，美国处于第一位。从 1870 年到 2008 年期间的经济增长率看，美国为 1.9%，而英国是 1.5%，正是这个不起眼的增长率差别，使美国超越了英国。其他国家的经济增长也表明了这一点，只要有较高的长期增长率，人均收入就会达到较高水平。中国和印度 1870 年的收入水平基本相当，分别是 530 美元和 533 美元，但中国的增长率为 1.9%，而印度是 1.3%。到了 2008 年，中国人均国内生产总值达到了 6 725 美元，而印度只有 2 975 美元，中国是印度的 2.26 倍。日本人均国内生产总值在 1870 年只有英国的 23.1%，但日本的经济增长率比英国高 1 个百分点，导致 2008 年日本人均国内生产总值接近于英国，是英国的 96.1%。加纳 1870 年的人均 GDP 是美国的 18%，而经济增长率比美国低 0.9 个百分点，导致 2008 年的人均 GDP 只有美国的 5.3%，收入差距进一步扩大。

表 2.1　若干国家的人均 GDP 增长（以 2000 年美元计算）

国别	1870 年	1913 年	1950 年	1979 年	1990 年	2008 年	年均增长率（%）		
							1870~2008	1950~2008	1979~2008
美国	2 445	5 301	9 561	18 789	23 201	31 178	1.9	2.1	1.8
英国	3 190	4 921	6 939	13 167	16 430	23 721	1.5	2.1	2.1
德国	1 839	3 648	3 881	13 993	15 929	20 801	1.8	2.9	1.4
日本	737	1 387	1 921	13 163	18 789	22 816	2.5	4.4	1.9
中国	530	552	448	1 039	1 871	6 725	1.9	4.8	6.7
巴西	713	811	1 672	4 890	4 920	6 429	1.6	2.3	0.9
印度	533	673	619	895	1 309	2 975	1.3	2.7	4.2
加纳	439	781	1 122	1 210	1 062	1 650	1.0	0.7	1.1

资料来源：罗伯特·H. 弗兰克、本·S. 伯南克：《宏观经济学原理（第 5 版）》，潘艳丽、吴秀云等译，清华大学出版社，2013，第 176 页。

一般来说，如果经济年增长率为 X%，则初始经济水平翻番的时间为 72/X。也就是说，如果经济增长率为 2%，经济总量需要 36 年翻一番；如果经济增长率为 4%，经济总量 18 年翻一番；如果经济增长率为 8%，经济总量 9 年翻一番。

改革开放以来，中国国内生产总值和人均国内生产总值均经历了较快的增长过程。如表 2.2 所示，1978 年，国内生产总值为 3 678.8 亿元，而 2023 年达到 1 260 582.1 亿元，很多年份的年增长率达到 8%以上，成为经济总量居于世界第二的大国。人均国内生产总值也从 1978 年的 385 元增长到 2023 年的 89 358 元，很多年份的年增长率也达到 7%以上，已经进入上中等收入国家行列。经济保持较高速度增长，这是中国成为经济大国和进入中上等收入国家行列的关键原因，显示了长期经济增长的重要性。

表 2.2　改革开放以来中国的经济增长

年份	国内生产总值(亿元)	增长率(%)	人均国内生产总值(元)	增长率(%)
1978	3 678.8	11.7	385	10.2
1980	4 587.6	7.8	468	6.5
1985	9 098.9	13.4	866	11.9
1990	18 872.9	3.9	1 663	2.4
1995	61 339	11.0	5 091	10.1
2000	100 280.1	8.5	7 942	7.6
2001	119 863.1	8.3	8 717	7.6
2002	121 717.4	9.1	9 506	8.4
2003	137 422	10.5	10 666	9.4
2004	161 840.2	10.1	12 487	9.5
2005	187 318.9	11.4	14 368	10.7
2006	219 438.5	12.7	16 738	12.1
2007	270 092.3	14.2	20 494	13.6
2008	319 244.6	9.7	24 100	9.1
2009	348 517.7	9.4	26 180	8.9
2010	412 119.3	10.6	30 808	10.1
2011	487 940.2	9.6	36 277	9.0
2012	538 580	7.9	39 771	7.1
2013	592 963.2	7.8	43 497	7.1
2014	643 563.1	7.4	46 912	6.8
2015	688 858.2	7.0	49 922	6.4
2016	746 395.1	6.8	53 783	6.2
2017	832 035.9	6.9	59 592	6.3
2018	919 281.1	6.7	65 534	6.3
2019	986 515.2	6.0	70 078	5.6
2020	1 013 567	2.2	71 828	2.0

续表

年份	国内生产总值(亿元)	增长率(%)	人均国内生产总值(元)	增长率(%)
2021	1 149 237	8.4	81 370	8.4
2022	1 204 724	3.0	85 310	3.0
2023	1 260 582.1	5.2	89 358	5.4

注:表中国内生产总值、人均国内生产总值为名义量,但增长率(比上一年的增长率)按照实际量计算。
资料来源:国家统计局:国家数据,https://data.stats.gov.cn/。

当然,从表 2.2 也可以看到, 2010 年及其之前,中国经济增长率更高,较多年份达到 10%;而 2011 年开始,经济增长率有所下降,不再能够达到 10%的年增长率,总体上维持在 6%左右,甚至总体上存在下降趋势,这是我国经济发展需要关注的问题。

需要说明的是,严格地说,经济增长是潜在生产能力(潜在 GDP)的增长。表 2.2 的数据为一些年份的名义 GDP 的和实际增长速度,并不是潜在生产能力。潜在生产能力(潜在 GDP)需要估计,不能直接用 GDP 直接替代,这是需要研究的问题。

2.1.4　经济增长分析框架

经济增长的决定因素总体上可以分为生产投入因素、技术因素和制度因素,如图 2.1 所示。投入因素的重要性显而易见,生产过程就是投入转化为产出的过程,劳动和资本投入是生产的基本要素,这也是经济学早期的认识。随着社会发展,经济学研究发现,技术因素和制度因素在长期增长中也具有重要作用,成为宏观经济学的经济增长理论的重要内容。当然,比较而言,经济学关于投入要素对经济增长的作用的认识更成熟,关于技术进步对经济增长的作用的认识次之,而关于制度对经济增长的作用则最不成熟。但是,尽管如此,技术和制度对经济增长有时会起到更为关键的作用。对此总结,美国经济学家库兹涅茨说:“一个国家的经济增长,可以定义为给居民提供种类日益繁多的经济产品的能力长期上升,这种不断增长的能力是建立在先进技术以及所需要的制度和思想意识之相应调整的基础上的。”

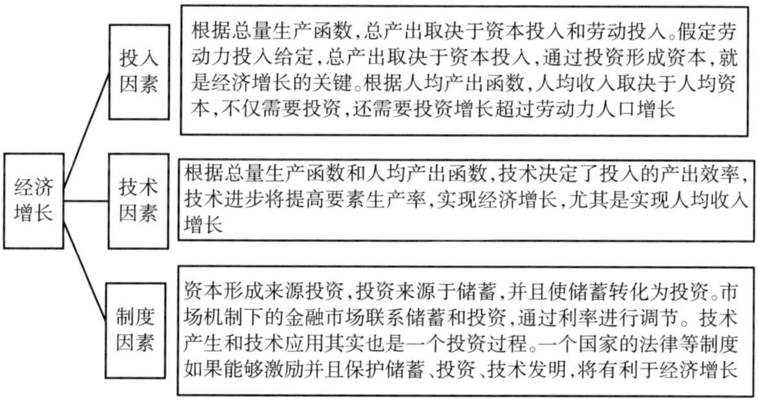

图 2.1　经济增长分析框架

2.2 经济增长的总量生产函数分析

经济增长源于实际经济,可以用生产函数进行分析。与微观经济学中的生产函数不同的是,经济增长中的生产函数是总量生产函数即总体经济的生产函数,而不是个别企业或者行业的生产函数。

2.2.1 总量生产函数

总量生产函数(aggregate production function)表示一国经济的总产出与要素投入之间的函数关系。K、L 分别表示一个国家或地区中所有的资本存量和劳动力数量，F 表示技术的函数关系即投入-产出。一般来说,Y 表示总产出,总量生产函数为:

$$Y = F(K, L) \tag{2.1}$$

这里假设资本和劳动都将被充分利用,相应的总产出是潜在总产出,或者说是潜在GDP。总量生产函数表示给定资源条件下的最大可能产出。如果资本和劳动的实际使用低于存量水平,则表示资源没有充分利用,经济就没有在生产函数上运行。

如果资本、劳动以及技术给定,相应总量生产函数为静态总量生产函数;如果资本、劳动以及技术随时间而变,则为动态总量生产函数。一般来说,动态总量生产函数引入时间因素,资本、劳动和技术随时间而变化,表示为:

$$Y_t = F_t(K_t, L_t) \tag{2.2}$$

经济分析中,经常使用科布-道格拉斯生产函数(Cobb-Douglas production function)。该生产函数表示为:

$$Y = AK^{\alpha} L^{1-\alpha} \tag{2.3}$$

其中，α 表示资本的收入份额，$1-\alpha$ 表示劳动的收入份额。在美国经济中,二者长期稳定在 0.3 和 0.7。A 为技术因子,或者称为全要素生产率(total factor productivity),反映资本和劳动的总体生产能力。如果其他条件不变,A 提高 5%,则总产出也会提高 5%。

科布-道格拉斯生产函数的特点是:①规模收益不变(constant return to scale),所有投入提高相同的比例(倍数),则总产出也提高相同的比例(倍数)。假定资本和劳动都提高到原来的 m 倍,则总产出也扩大 m 倍。②边际产品递减(diminishing marginal product),假定其他投入不变,一种投入的边际产品随着投入增加而逐渐降低。

2.2.2 全要素生产率

资本和劳动的收入份额、资本和劳动的数量都可以通过经济统计获得,而技术因子 A 则是未知的。如果已知总产出、资本和劳动的收入份额、资本和劳动的数量,则全要素生产率可以计算得到,为:

$$A = \frac{Y}{K^{\alpha} L^{1-\alpha}} \tag{2.4}$$

如果总产出 $Y = 10$ 万亿美元,资本投入 $K = 10$ 万亿美元,劳动力投入数量 $L=1$ 亿人,资

本的收入份额 $\alpha = 0.3$，则可以计算出全要素生产率 $A = 0.2$，其量纲可以考虑为元/(元·人)，即每人每元投入的产出价值，而 $A = 0.2$ 表示每人每元投入的产出为 0.2 元，当然这表示一定时间内生产的技术关系，也就是生产率。

2.2.3　人均收入的决定因素

为简便，假定每个人都是劳动力，则人均产出(收入)就是 Y/L。假定一国的总量生产函数为：

$$Y = AK^{0.3}L^{0.7} \tag{2.5}$$

则人均产出(收入)为：

$$y = \frac{Y}{L} = A\left(\frac{K}{L}\right)^{0.3} = Ak^{0.3} \tag{2.6}$$

其中，k 为人均资本(K/L)。据此，一个国家的穷富(人均产出的高低)由两个因素解释。①全要素生产率(A)。全要素生产越高，则人均产出越高，国家越富裕。②人均资本(k)。人均资本越高，则人均产出越高，国家越富裕。当然，对于同样的资本数量，人口越多，人均资本越少，则人均产出越低，国家就相对越穷。

表 2.3 给出了一些国家 2011 年相对于美国的人均收入及其决定因素。按照上式 2.6 进行估计，并以美国人均资本为 1，其他国家人均资本按照对美国人均资本的比例(倍数)核算，最后的人均收入也相对美国人均收入衡量。数据表明，中国人均资本只有美国的 26%，全要素生产率是美国的 28%，因此人均收入是美国的 19%。

表 2.3　一些国家相对于美国的人均收入

国家	人均资本	全要素生产率	人均收入
尼日利亚	0.02	0.18	0.05
印度	0.06	0.19	0.08
中国	0.26	0.28	0.28
巴西	0.25	0.33	0.22
阿根廷	0.36	0.46	0.34
意大利	0.93	0.70	0.68
日本	1.05	0.70	0.71
法国	0.81	0.79	0.74
英国	0.61	0.88	0.76
德国	0.83	0.86	0.82
美国	1.00	1.00	1.00

资料来源：弗雷德里克·S. 米什金：《宏观经济学政策与实践(原书第 2 版)》，杨澄宇译，机械工业出版社，2017，第 37-38 页。

2.2.4 供给冲击与人均产出

很多时候，一个国家或地区的生产在既定生产率或者生产率缓步提升中进行，资本存量、劳动力资源和其他生产投入品的数量稳定或者缓步增加，人均产出随之缓慢增长。

但是，生产率有时会产生较大或者很大的变动，导致总量生产函数的变动，称为供给冲击（supply shocks）。供给冲击分为正向冲击（positive supply shocks）和负向冲击（negative supply shocks），前者增加供给能力（生产能力），后者降低供给能力（生产能力）。

从供给冲击的来源看，可以分为四类。

（1）技术冲击。快速的技术进步导致全要素生产率大幅上升。从历史上看，技术革命发生时，将导致人均产出一段时间的快速增长。

（2）自然环境冲击。地理条件等自然条件影响生产率，自然环境、生态环境、自然灾害都严重改变生产条件，从而影响生产率。

（3）能源冲击。能源是没有写在总量生产函数中的投入品。在能源供给大幅改变的条件下，生产条件和生产率也将大幅改变，从而影响生产函数和生产率。

（4）战争和其他社会冲击。战争导致基础设施被破坏，资本存量减少，产出减少。社会的政治动荡也影响生产投入，从而影响产出；即使不影响资本、劳动和技术存量，但劳动投入、资本使用大幅下降。另外，人口周期决定劳动存量、劳动参与率，从而也影响总产出和人均产出。

例如，一国原来的人均产出函数为$y=0.2k^{0.3}$，由于技术进步，形成正向供给冲击，人均产出函数变为$y=0.25k^{0.3}$，人均产出曲线上移，如图 2.2 所示，在任何人均资本条件下，人均产出都将增加。

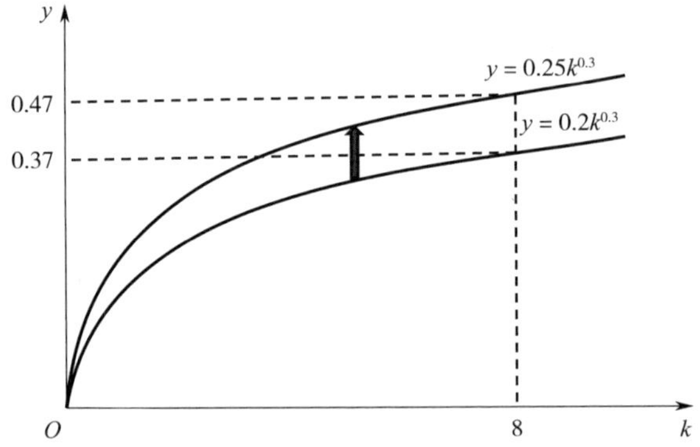

图 2.2 技术进步引起的正向供给冲击

2.2.5 实际经济周期理论

经济周期（business cycle）指经济总产出上升和下降的周期性波动。宏观经济的一个重要研究目的是解释经济周期。基于总量生产函数理论和供给冲击的分析，可以形成对经济周期的看法，这就是实际经济周期（Real Business Cycle，RBC）理论。

实际经济周期理论是现代宏观经济学提出的关于经济增长和经济周期的理论之一。该理论认为，经济周期来源于总供给的变化而不是总需求，不是来自货币而是来自实际经济。实际经济，是针对货币经济而言的。货币经济周期模型用货币冲击解释经济周期；而实际经济周期理论则用经济中的非货币方面解释经济周期，因此是"实际的（real）"。石油冲击、自然灾害、战争、人口增长、技术创新等供给冲击引起宏观经济波动，这些冲击是随机的、不容易预期的，是随机游走的（random walk）。总供给冲击引起货币需求变化和总支出变化，转向新的均衡，形成经济周期性波动。

显然，这个经济周期具有很大的不确定性。实际经济周期理论认为，试图消除经济周期的宏观经济政策会有损经济稳定，所以，不应当对宏观经济进行所谓逆经济风向的相机抉择的政府干预，而这是短期宏观经济政策尤其是凯恩斯主义经济学的重要主张。当然，如果经济周期是由于短期总需求和总供给矛盾引起的，则另当别论。

实际经济周期理论还认为，是技术冲击而不是货币冲击作为主要冲击因素，总产量和就业的波动是由生产技术大的随机变化引起的，而包括货币在内的各种传导机制不过是使最初的技术冲击扩散开来。货币干扰不能对大多数产量变化作出成功的解释，实际因素引起的随机变化是任何宏观经济波动的核心因素。没有必要关注有关总物价水平的不完全信息，而这在早期货币幻觉模型中起着关键的作用。最后，实际经济周期理论整合了增长理论与波动理论，打破了宏观经济分析中的短期与长期的二分法。

2.3　储蓄、投资、资本形成和经济增长

人均资本是决定人均产出的重要因素。那么，如何形成更多的资本呢？从长期来看，资本形成是投资的结果，而要增加投资和形成资本，就必须将收入中的一部分形成储蓄，并且使储蓄转化为投资。储蓄越多，储蓄转化为投资越有效，投资积极，资本形成多，经济增长速度就越快，人均产出就越高。

2.3.1　资产负债表原理

对于任何经济主体，无论个人、家庭、企业还是政府甚至国家（全国），其资产（assets）、负债（liabilities）和财富（wealth）均有如下的恒等关系：

$$财富（净资产）= 资产 - 负债 \tag{2.7}$$

其中，资产指经济主体拥有或者控制的，预期能够带来经济利益的资源；负债指经济主体一定时期后必须偿还的经济债务；财富指经济主体具有所有权的一切物质资产和金融资产的价值总和，也称净资产（net assets）。

资产负债表（Balance Sheet）表示经济主体在一定日期（即某个时点上）的财务状况，即资产、负债和财富状况的会计报表。例如，张三 2012 年 1 月 1 日的资产负债表如表 2.4 所示。该资产负债表显示，2012 年 1 月 1 日，张三拥有资产 6 280 元，包括现金、支票账户、股票构成的金融资产以及汽车、家具构成的实物资产；负债总计 3 250 元，包括教育贷款和信

用卡借款，净资产为 3 030 元，负债与净资产合计 6 280 元。

表 2.4　张三的资产负债表（2012 年 1 月 1 日，单位：元）

资产		负债和净价值	
现金	80	教育贷款	3 000
支票帐户	1 200	信用卡借款	250
股票	1 000		
汽车	3 500		
家具	500		
小计	6 280	负债总计	3 250
		净价值	3 030

2.3.3　资产的分配使用和财富的变化

从动态看，资产的分配使用将导致资产负债表和财富的变化。财富变化的原因包括储蓄（savings）变化、资产收益或者损失：

$$财富的变化 = 储蓄 + 资产收益 - 资产损失 \tag{2.8}$$

首先看储蓄的变化。储蓄指一个时期内收入中没有用于当期支出（即消费）的部分，因此储蓄是收入和支出平衡后的结果。在表 2.2 的例子中，假定张三每月收入是 300 元，消费支出了 280 元，每月就有了 20 元的储蓄。所以，储蓄（S）为收入（Y）减除消费（C）后的余额：

$$S = Y - C \tag{2.9}$$

储蓄率（s）是收入中用于储蓄的比率，即：

$$s = \frac{S}{Y} = \frac{Y - C}{Y} \tag{2.10}$$

储蓄形成了新的资产，并最终增加了财富。假定张三增加了 20 元储蓄，导致其资产增加；同时股票价格上升到 1 500 元，形成了张三 2012 年 2 月 1 日的资产负债表（表 2.5）。可以看到，资产增加了 520 元，负债没有变化，净资产也相应增加了 520 元。

表 2.5　张三的资产负债表（2012 年 2 月 1 日，单位：元）

资产		负债和净价值	
现金	100	教育贷款	3 000
支票帐户	1 200	信用卡借款	250
股票	1 500		
汽车	3 500		
家具	500		
小计	6 800	负债	3 250
		净价值	3 550

再看资产收益和损失。资产收益(return on assets)指资产价值上升,使资产增加,并最终利于财富增加。资产收益有不同形式,如存款利息、股息、红利和资本利得(capital gain)。资产损失(losses of assets)指资产价值贬值,资产减少,并最终使财富减少。表 2.3 中,除了储蓄增加 20 元使现金从 80 元上升到 100 元之外,股票价值从 1 000 元增加到 1 500 元,意味着张三获得了 500 元的资本收益(具体属于资本利得)。这样,总资产增加了 520 元。由于没有其他资产和负债变化,张三的财富最终也从 3 030 元变为 3 550 元,增加了 520 元。

借贷是否引起资产和财富变化? 借贷暂时不会引起财富变化,但引起资产和负债变化。如果张三 2012 年 1 月期间增加贷款 1 000 元且没有当期支出,在资产端会使现金或者支票账户增加 1 000 元,使总资产增加 1 000 元,总资产变为 7 800 元;同时,贷款 1 000 元也使得负债端新增 1 000 元的负债,使负债增加 1 000 元,负债变为 4 250 元,而财富(净资产)维持 3 550 元不变。当然,贷款是为偿付负债或者增加消费或者购买新资产的,会在之后的时期导致财富变化。

2.3.4　储蓄与经济增长

2.3.4.1　私人部门储蓄、公共部门储蓄和国民储蓄

根据支出法核算 GDP 的公式:

$$Y = C + I + G + NX \tag{2.11}$$

不考虑国外部门,$NX = 0$; Y 为当期收入; C 为家庭部门的当期支出; G 包括政府消费和政府投资,考虑政府投资规模较小[①],将政府购买支出全部看成政府消费,从而作为当期支出;I 为私人部门的非当期支出。根据储蓄的定义,一国的储蓄为收入减除当期支出,而一国的储蓄即国民储蓄为总收入减除消费和政府购买支出,即:

$$S = Y - C - G \tag{2.12}$$

从另外角度看,国民储蓄由私人部门储蓄和公共部门(政府)储蓄构成。其中,私人部门储蓄(S_{PRI})由家庭部门储蓄(S_H)和企业部门储蓄(S_E)构成,等于总收入减除净税收(T)和私人部门消费,即:

$$S_{PRI} = S_H + S_E = Y - T - C \tag{2.13}$$

这里的 T 为公共部门净税收,等于政府总税收减除政府对个人的转移支付和债务利息支付(该等转移支付和利息支付给家庭部门和企业部门),即:

$$T = \text{总税收} - \text{政府对个人转移支付} - \text{政府债务利息支付} \tag{2.14}$$

公共部门的储蓄(S_{PUB})即政府当期的盈余,等于当期净税收减去政府购买支出,即:

$$S_{PUB} = T - G \tag{2.15}$$

国民储蓄等于私人部门储蓄和公共部门储蓄之和,由此可以重新推导出式 2.12,即:

$$S = S_{PRI} + S_{PUB} = (Y - T - C) + (T - G) = Y - C - G \tag{2.16}$$

2.3.4.2　私人部门储蓄对资本形成和经济增长的影响

西方发达国家经济发展史表明,随着经济增长、居民收入增长以及社会保障水平提高,居民储蓄随之下降,并最终导致储蓄率呈现下降趋势。1960 年以来,美国国民储蓄率从

① 在美国,政府预算中的投资支出很小。这里忽略政府投资,目的是简化模型。

21%降低到 2010 年的 11%,其中企业储蓄稳定在 10%左右,私人储蓄有所下降,而政府储蓄从 20 世纪 70 年代开始变为负值,只有 90 年代末出现一段时间的正值。

表 2.6 给出了 2000—2023 年我国城镇居民可支配收入和居民消费、居民储蓄情况。需要说明的是,表中的储蓄率为居民住户调查数据,人均储蓄由居民人均可支配收入减除居民人均消费支出得出,储蓄率为人均储蓄占可支配收入的比重,为居民储蓄率。居民储蓄率达到 35%以上,是比较高的储蓄水平,有利于长期经济增长。

表 2.6　我国的城镇居民可支配收入与储蓄率(2000—2023 年)

年份	人均可支配收入(元)	人均消费支出(元)	人均储蓄(元)	居民储蓄率(%)
2000	6 256	5 027	1 229	19.65
2001	6 824	5 350	1 474	21.60
2005	10 382	8 068	2 314	22.29
2006	11 620	8 851	2 769	23.83
2010	18 779	13 821	4 958	26.40
2011	21 427	15 554	5 873	27.41
2015	31 995	21 392	10 603	33.14
2016	33 616	23 079	10 537	31.35
2020	43 834	27 007	16 827	38.39
2021	47 412	30 307	17 105	36.08
2022	49 283	30 391	18 892	38.33
2023	51 821	32 994	18 827	36.33

注:对于储蓄率有不同的计算方法,这里的储蓄率为居民储蓄占可支配收入的比率。
资料来源:国家统计局:国家数据,https://data.stats.gov.cn/。

2.3.4.3　公共部门储蓄对资本形成和经济增长的影响

公共部门储蓄决定于政府财政预算。政府财政预算有盈余预算、平衡预算和赤字预算。受经济发展阶段和凯恩斯主义经济学的影响,很多国家经常实行赤字预算,导致公共部门负储蓄,并降低了国民储蓄,成为国民储蓄的抽水机,也成为不利于资本形成和经济增长的因素。改革开放后,我国也逐渐实施政府财政赤字预算,尤其是 2008 年开始实施积极财政政策,财政赤字大幅上升。2018 年之后,我国允许地方政府发行公共债务,地方政府债务开始增加。表 2.7 给出了我国 2014—2023 年中央政府债务余额情况。可以看到,在这期间,政府债务余额逐年以超过 10%的速度增长,中央政府负债率(中央政府债务余额占 GDP 的比率)呈现上升态势,从起初的 14.82%上升到期末的 23.86%。在一定程度上,政府负债率的上升虽然体现了短期政府稳定宏观经济的努力,但负债率上升不利于长期经济增长。

表 2.7　我国中央政府债务余额与债务率（2014—2023 年）

年份	国内生产总值（亿元）	中央政府债务余额（亿元）	债务增速（%）	负债率（%）
2014	645 648	95 655.45	—	14.82
2015	692 093	106 599.59	11.44	15.4
2016	745 980.5	120 066.75	12.63	16.1
2017	828 982.8	134 770.15	12.25	16.26
2018	915 774.3	149 607.41	11.01	16.34
2019	990 708.4	168 038.04	12.32	16.96
2020	1 025 628.4	208 905.87	24.32	20.37
2021	1 145 282.9	232 697.29	11.39	20.32
2022	1 202 471	258 692.76	11.17	21.51
2023	1 258 647.3	300 325.5	16.09	23.86

资料来源：国家统计局：国家数据，https://data.stats.gov.cn/。

注：中央政府债务是我国政府债务的一部分而不是全部。除中央政府债务外，还有地方政府债务，而且地方政府债务除法定债务外，还有隐性债务。这里给出的仅是中央政府债务，没有给出地方政府债务。

2.3.5　哈罗德-多马经济增长模型

20 世纪 40 年代前后，英国经济学家罗伊·哈罗德（Roy Harrod）和美国经济学家埃弗塞·多马（Evsey Domar）分别提出了经济增长模型，强调了储蓄对经济增长的作用，其实质结论具有一致性，被称为哈罗德-多马模型。

2.3.5.1　哈罗德-多马经济增长模型的假定条件

哈罗德-多马经济增长模型包括以下一些假定。

（1）全社会生产的产品只有一种，并同时具有消费品和资本品的性质和用途。这种假定当然是模型简化的需要。

（2）只有劳动和资本两种生产要素，且不可以相互替代。在经济增长过程中，资本-劳动比率保持不变，从而资本-产出比率也保持不变。

（3）规模报酬不变（constant returns to scale）。总量生产具有规模报酬不变的性质，投入增长一倍，产出也随之增长一倍。

（4）不考虑技术进步。也就是说，该模型分析在给定技术条件下的经济增长。

（5）不考虑资本折旧。在这种条件下，新增储蓄转化为资本，而不用补偿折旧，全部增加新的生产能力。

2.3.5.2　经济增长率的决定

从资本的供求即储蓄和投资出发，考察经济增长的条件。按照国民收入核算理论，宏观经济均衡时，储蓄（S）必然转化为投资（I），投资形成资本，据此可以得出经济增长率的决定方程。

从储蓄方面看，其决定于国民收入（Y）和储蓄率（s），其中储蓄率是国民储蓄占国民收入的比重。储蓄为：

$$S = sY \tag{2.17}$$

从投资方面看，资本存量（K）与国民收入保持一个固定比例关系，表示为资本-产出系数。资本-产出系数（v），或称资本-产出比率，指一个社会实现单位产出所需要的资本数量：

$$v = \frac{\Delta K}{\Delta Y} \tag{2.18}$$

其中 ΔY、ΔK 分别表示国民收入、资本存量的变化量（增量）。所以，资本增量（ΔK）是国民收入增量的一个固定比例，即：

$$\Delta K = v\Delta Y \tag{2.19}$$

在不考虑折旧条件下，没有补偿投资，全部投资都转化为资本增量，所以有：

$$I = v\Delta Y \tag{2.20}$$

经济增长达到稳态的条件是，在储蓄率和资本-产出比例给定时，储蓄全部转化为投资，即：

$$I = sY = v\Delta Y \tag{2.21}$$

由此，可以导出相应的经济均衡增长率（g）为：

$$g = \frac{\Delta Y}{Y} = \frac{s}{v} \tag{2.22}$$

该式表明，储蓄率越高，经济增长越快；资本-产出系数越高，也就是单位产出所需要的资本数量越高，也就是资本的产出效率越低，经济增长越慢。例如，假定储蓄率为 9%，而资本-产出比率为 3，则稳态的经济增长率为 3%；如果资本-产出系数不变，而储蓄率上升到 12%，则经济增长率相应提高到 4%；如果储蓄率不变，资本-产出比率下降，降低为 2，也就是说，一个单位产出只需要 2 个单位的资本，则稳态经济增长率上升为 4.5%。

2.3.5.3 经济增长路径

进一步地，哈罗德提出有保证的增长率（warrantred rate of growth）、实际增长率（real rate of growth）和自然增长率（natural rate of growth）的概念，用来解释经济增长稳态的条件和经济波动的原因。

有保证的增长率（g_w）即上述式 2.22 表示均衡增长率，而相应满足有保证增长率的储蓄率和资本-产出比率为合意的（desired）储蓄率（s_w）、合意的资本-产出比率（v_w）：

$$g_w = \frac{s_w}{v_w} \tag{2.23}$$

实际储蓄率由家庭部门行为决定，假定总是合意的，而企业需要对投资数量进行调整，直到满足储蓄全部转化为投资的水平上（如式 2.17 所示）。但是，企业投资受很多因素影响，实际投资并不一定能够达到储蓄水平，也就是说，实际投资不一定使资本-产出比率达到现有技术决定合意的资本-产出比率上，从而实际经济增长率就不一定在有保证增长率的水平上。实际增长率（g）由实际储蓄率、实际投资决定的实际资本-产出比率决定，因此可能偏离有保证的增长率。

自然增长率（g_n）指在人口变化而技术不变的条件下，一国经济能够达到的最高经济增长率。此时的储蓄率为社会最合适储蓄率（s_n），而资本-产出比率仍由相应技术决定，为合意的资本-产出比率（v_w），所以，自然增长率为：

$$g_n = \frac{s_n}{v_w} \tag{2.24}$$

哈罗德指出，自然增长率由技术和人口决定，如果技术不变，自然增长率就完全由人口决定，并等于人口增长率。如果一国经济要达到充分就业状态，就需要经济稳定增长，而这个稳定增长，就是实际增长率等于有保证的增长率且等于自然增长率，即：

$$g = g_w = g_n \tag{2.25}$$

要实现这个条件，意味着不仅要使投资适应经济增长，还要适应人口变化，适应技术变化。但是，实现式 2.25 结果的机制并不存在。

2.3.5.4　多马模型与哈罗德模型的差别

在多马建立的模型中，以 I 和 ΔK 分别代表投资和资本增量，s 代表储蓄率，σ 代表资本的生产率或投资效率，即单位资本带来的产出增量。资本的生产率是资本-产出比率的倒数，

$$\sigma = \frac{\Delta Y}{\Delta K} = \frac{1}{v} \tag{2.26}$$

也就是说，假定资本产出-比率为 3，则资本生产效率为 1/3，即单位资本能带来 1/3 单位的产出增量。如果资本-产出比率降低为 2，则资本生产效率为 1/2，即单位资本能够带来 1/2 的产出增量。

多马模型的基本公式为：

$$g = \frac{\Delta Y}{Y} = \sigma s \tag{2.27}$$

因此，多马引入资本的生产率以替代哈罗德模型中的资本-产出系数，而二者不过是一个倒数关系，多马模型与哈罗德模型的实质意义完全一样。

2.3.5.5　哈罗德-多马经济增长模型的意义

哈罗德-多马模型是较早的经济增长理论，对经济增长的决定因素和增长路径进行了探索，也对后来的经济增长理论具有启发价值。

第一，提出了投资（也称为资本积累）作为经济增长的关键因素。这种思想既继承了古典经济学强调资本积累重要性的观念，也突出了凯恩斯经济学重视投资的观念，将凯恩斯宏观经济学的均衡概念加以运用，对经济增长的原因和趋势进行了探讨。

第二，突出了资本-产出比率（资本-产出系数，或者作为其倒数的资本生产率）及其与技术进步关系在宏观经济中的重要地位。给定技术，则有一个合意的资本-产出比率，而实际投资是向这个比率趋向的过程，并随着技术进步而变化，实际经济增长过程体现了资本-产出比率变化即技术进步的过程。这个认识很有价值，暗示了如果没有技术进步，经济增长仅随着人口或者劳动力的增长而增长且人均产出增长将出现停滞的观念，而这是后来索洛模型的重要结论。

第三，揭示了经济增长过程的不稳定性。该模型指出，投资将使实际资本-产出比率趋向合意资本-产出比率、技术不变时使实际增长率趋向自然增长率、技术进步时还要向新的合意资本-产出比率变动，这个过程并没有很好的机制，实际的经济增长将出现很大波动。哈罗德甚至认为，实际增长率、合意增长率和自然增长率之间没有必然的联系，经济增长过

程中可能出现实际增长率偏离自然增长率越来越大的结果。经济学家形容说，式 2.25 的条件像是在“锋刃”上行走，哈罗德均衡的经济增长就像在锋刃上运行，要求条件太高，蕴藏着极大的不稳定性。

2.4 新古典经济增长理论

利用总量生产函数，在哈罗德-多马模型的基础上，新古典经济增长理论，即索洛经济增长模型，建立了新古典经济学假设，对经济增长规律作出进一步的解释，尤其是说明技术进步对经济增长的重要性。美国经济学家罗伯特·索洛（Robert Solow）和澳大利亚经济学家特雷弗·斯旺（Trevor Swan）创立了解释经济增长的索洛模型（或称为索洛-斯旺模型），也称为新古典经济增长理论。该模型考察经济体的全部资源充分用于生产时的经济增长，即潜在生产能力增长，衡量经济增长的指标是人均产出。

2.4.1 人均产出函数及相关假设

一个封闭经济体的总产出决定于资本（K）和劳动（L）投入，给定技术，则总量生产函数为：

$$Y = F(K, L) \tag{2.28}$$

假定生产函数具有规模报酬不变的性质，并假定全部人口均为劳动力，则在所有投入为 $1/L$ 倍时，有：

$$\frac{Y}{L} = F\left(\frac{K}{L}, 1\right) \tag{2.29}$$

即产出也是原来的 $1/L$ 倍。定义人均产出（y）为：

$$y = \frac{Y}{L} \tag{2.30}$$

人均资本（k）是每个劳动力支配和使用的资本数量，为：

$$k = \frac{K}{L} \tag{2.31}$$

则有人均产出函数：

$$y = F(k, 1) \tag{2.32}$$

进一步变化函数关系（技术关系），人均产出是人均资本的函数，即：

$$y = f(k) \tag{2.33}$$

人均资本的边际产量为：

$$MPK = f(k+1) - f(k) \tag{2.34}$$

按照新古典经济学的一般情形，假定资本的边际产量递减，则人均产出曲线向右上方倾斜，但逐渐变得平缓，如图 2.3 所示。

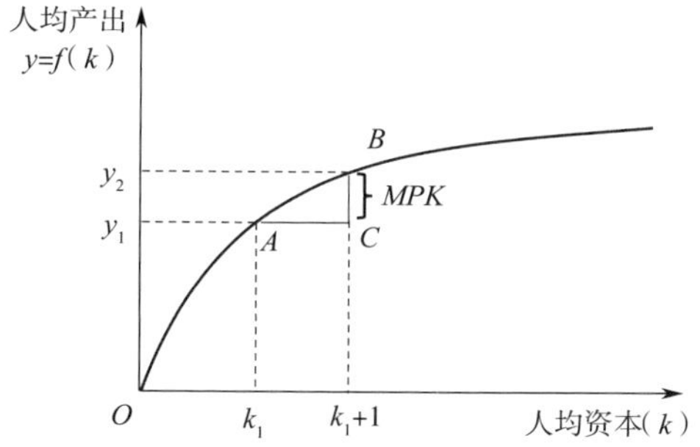

图 2.3　人均产出的生产函数

2.4.2　储蓄、投资和资本积累

不考虑政府部门和国外部门，从支出的角度看，人均产出必然被用于消费和投资支出，人均产出等于人均消费(c)和人均投资(i)之和：

$$y = c + i \tag{2.35}$$

当期人均产出(即人均收入)中没有消费的部分称为人均储蓄，假定储蓄率为 s，人均消费则为(1-s)y，代替式 2.35 中的人均消费，并经过整理，可以得到人均投资与人均产出的关系式：

$$i = sy = sf(k) \tag{2.36}$$

该式表明，人均投资等于人均储蓄；也就是说，当期收入中没有用于消费的部分用于投资支出，储蓄全部转化为投资。这是关于长期经济增长过程的一个重要假设，表示资源充分利用而没有闲置；在现代经济条件下，这不仅意味着总供给和总需求平衡，还意味着金融市场非常有效。

投资是资本存量变化的来源。但是，引起资本存量变化的还有资本折旧。为简化，假定资本按照固定的折旧率(δ)进行，则资本存量的变化为投资(资本存量变化)减除折旧，这就是资本积累(capital accumulation)。资本积累指形成新的物质资本的过程，也就是提高资本存量的过程。

人均资本发生变化时，人口和劳动力数量也会发生变化。考虑这个方面，投资形成的资本的一部分将用于为新增劳动力装备资本，并不提高人均资本。在这种情况下，资本积累包括资本广化(capital widening)和资本深化(capital deepening)。资本广化是为新劳动力配置的资本和用于补偿折旧的资本的统称，并不提高人均资本，也不提高人均产出。资本深化则使所有劳动力的人均资本提高，从而能够提高人均产出，是真正的资本积累。

一个经济体人均资本变化(Δk)来源于储蓄，但资本广化不提高人均资本，而为新增人口(人口增长率为 n)装备资本(nk)，折旧为 δk。衡量人均资本增长的资本积累方程为：

$$\Delta k = sf(k) - (n+\delta)k \tag{2.37}$$

也就是说，人均资本积累为新增投资(资本存量增加)减除资本广化。

2.4.3　经济增长的稳态

经济增长的稳态(steady state)指人均资本不再变化，从而人均产出在现有技术、人口数量条件下不再增长。显然，经济增长处于稳态时意味着 $\Delta k=0$，也就是：

$$sf(k)=(n+\delta)k \tag{2.38}$$

稳态条件下，投资全部用于满足资本广化的需要，不再形成新的资本深化，人均产出不再增加。在图 2.4 中，横坐标为人均资本（k），纵坐标表示人均储蓄（sy）、人均产出（y）和资本广化（$(n+\delta)k$），并画出了人均储蓄曲线、人均产出曲线和资本广化曲线。在人均储蓄曲线与资本广化曲线交点的位置（D）上，达到经济增长的稳态。

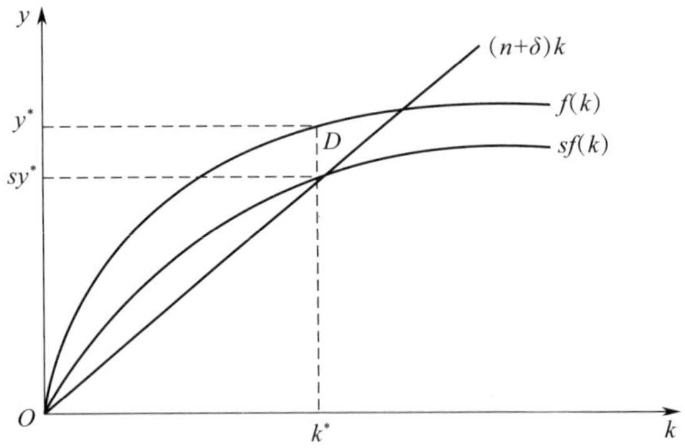

图 2.4　经济增长稳态条件及其相应的人均资本和人均产出

给定人均生产函数、折旧率、储蓄率、人口自然增长率，根据式 2.38，可以计算出稳态的人均资本和人均产出，从而确定稳态的经济水平。例如，人均生产函数为 $y=\sqrt{k}$，储蓄率 $s=0.3$，资本折旧率 $\delta=0.1$，人口自然增长率 $n=0$，则可以计算得到稳态的人均资本为 $k^*=9$，人均产出为 $y^*=3$，如图 2.5 所示，横轴表示人均资本，纵轴表示人均产出、人均储蓄和资本广化，稳态的人均资本处于储蓄函数（曲线）与资本广化函数（曲线）相交的位置。

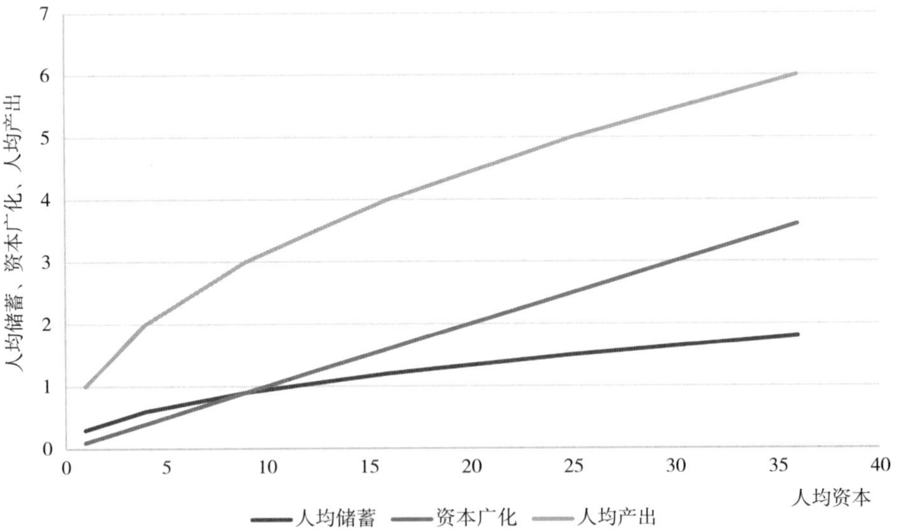

图 2.5　稳态的人均资本和人均产出

应当注意，一般情况下，在达到稳态条件下，总产出仍然增加。根据总量生产函数，由于人口（假定全部为劳动力）仍然增加，投资需要为新增人口配备资本，总产出将随之增长。上述的例子假定没有人口增长，达到稳态时不仅人均产出不再增长，总产出也不再增长。

2.4.4 资本积累的黄金律水平

上述模型中，人口自然增长率、储蓄率、折旧率都是给定的，在既定技术的人均产出函数之下，存在一个确定的稳态。如果考虑时间过程，高储蓄率显然会更快使经济增长达到稳态。但是，是不是储蓄率越高越好呢？如果储蓄可以进行社会选择，那么社会应当选择什么样的储蓄率呢？

如果技术不变，稳态的人均产出是确定的，但社会福利不是直接决定于人均产出，而是直接决定于人均消费。在既定的人均产出之下，人均消费最大化是社会追求的目标，用人均消费衡量社会福利更科学合理。达到人均消费最大化（c^*）时的人均资本（k^*），称为资本积累的黄金律水平（golden rule level of capital）。根据前述，在达到经济增长稳态时，人均消费为人均产出减除投资，而投资等于资本广化，所以有：

$$c^* = f(k^*) - (n+\delta)k^* \tag{2.39}$$

上式中的消费最大化的条件是人均产出曲线和资本广化曲线的斜率相等，即：

$$\frac{\mathrm{d}f(k^*)}{\mathrm{d}k^*} = MPK = n+\delta \tag{2.40}$$

也就是说，人均资本的边际产量等于人口增长率与资本折旧率之和。但是，这不是一个必然的过程，而是需要一个合适的储蓄率。例如，考虑人均产出函数为 $y=\sqrt{k}$，则人均资本的边际产量为：

$$MPK = \frac{\mathrm{d}f(k)}{\mathrm{d}k} = \frac{1}{2\sqrt{k}} \tag{2.41}$$

假定资本折旧率 $\delta = 0.1$，人口自然增长率 $n = 0$，带入式 2.39，计算得到 $k^* = 25$。这个达到消费最大化的人均资本数量即资本积累的黄金率水平。另外，达到稳态时，有：

$$sf(k^*) = (n+\delta)k^* \tag{2.42}$$

代入资本折旧率和人口增长率的数值，可得到：

$$s = 0.1\sqrt{k^*} \tag{2.43}$$

可见，稳态的人均资本水平与储蓄率相关，而当达到符合黄金律水平的稳态的人均资本时，储蓄率为 $s = 0.5$，即 50%。也就是说，50%的储蓄率是达到资本黄金律水平的储蓄率。

2.4.5 技术进步与人均产出的增长

新古典经济增长理论的另外一个重要方面是阐述技术进步在经济增长中的作用。上述人均生产函数中技术是给定的。现在考虑含有技术进步的生产函数，引入技术因子 A，$A > 1$，且 A 是时间的函数，随时间而变化。在索洛模型中，技术进步的作用体现为扩大劳动，使 L 单位的劳动提供 AL 单位的有效劳动（effective labor），总产出的生产函数写为：

$$Y = F(AL,\ K) \tag{2.44}$$

技术进步使既定劳动力数量的有效劳动量扩大,将带来产出扩大和人均产出的提高,体现技术进步的作用。为此,构造一个新的总量生产函数,其人均资本和人均产出按照有效劳动计算,分别为 Y/AL 和 K/AL,相应地,人均产出生产函数写为有效劳动的平均产出函数:

$$y = f(k) \tag{2.45}$$

与没有技术进步相比,在有技术进步的稳态条件下,需要为有效劳动装备资本,而按照劳动力(L)计算的人均资本和人均产出将提高更多,从而提高人均产出。假定技术进步带来的 A 的增长率为 g,则包含技术进步的资本积累方程为:

$$\Delta k = sf(k) - (n + g + \delta)k \tag{2.46}$$

与没有技术进步相比,此时需要为有效劳动装备资本(gk)。当平均产出达到稳态时,有:

$$sf(k) = (n + g + \delta)k \tag{2.47}$$

这里的 gk 体现技术进步的有效劳动的人均资本随着技术进步而增长,并使人均资本提高,从而不断提高人均产出。如果没有技术进步,人均资本不再增加,从而人均产出不再增加;而一旦存在技术进步,人均资本将按照 g 的速度增加,并带来人均产出的增加。从这个意义上来说,技术进步是经济增长的源泉。

表 2.8 对这个关系进行了比较。在包含技术进步的经济增长中,达到稳态时,有效劳动的平均资本不再增长,有效劳动的平均产出不再增长,但是人均产出将按照技术进步增长率增长,比如技术进步增长率为 10%,则人均产出也增长 10%;同时,总产出按照人口自然增长率和技术进步增长率之和增长,例如人口自然增长率 1%,则总产出的增长率将达到 11%。

表 2.8　有技术进步的索洛模型下的经济增长稳态

变量	表达式	稳态增长率
有效劳动的平均资本	$k = K / AL$	0
有效劳动的平均产出	$y = \frac{Y}{AL} = f(k)$	0
人均产出	$\frac{Y}{L} = Ay$	g
总产出	$Y = yAL$	$n+g$

2.4.6　新古典经济增长理论的意义

新古典经济增长模型表明,在经济增长过程中,体现以下规律:

(1)人均资本是人均产出的直接决定因素。经济中的资源分为劳动和资本,人均资本的增加提高了劳动生产率,而通过投资扩大资本,将提高人均产出。

(2)储蓄是资本积累和经济增长的来源。储蓄率越高,人均资本越多,人均产出越高,这是人均收入的重要决定性因素。但是,如果技术不变,储蓄率决定的是增长速度,并不决定稳态的人均产出水平。

（3）人口增长过快将削弱人均产出增长。人口增长越快，人均资本越少。其他条件不变，人口增长率高的国家，人均产出将更低。当然，技术水平相同的国家，在稳态水平下，人均产出将相同，而人口越多，总产出将越多。

（4）资本折旧率过高不利于经济增长。其他条件相同，尤其是资本品供给相同的条件下，资本折旧率高的国家，需要更多的资本广化，这不利于资本深化，不利于提高人均资本，人均产出将更低，经济增长速度相对较慢。

（5）人均消费和社会福利目标更加重要，但与经济增长可以兼得。人均消费最大化是社会福利的衡量指标，相应的储蓄率为资本积累的黄金律，应当按此确定经济增长计划。

（6）各经济体的人均产出在技术不变的条件下将趋同。给定技术，在资本边际产品递减约束下，不同经济体（国家）都将逐渐达到相同的人均产出水平，而穷国将经历一个增长率更高的过程。

（7）技术进步是长期经济增长的决定性因素。在存在技术进步条件下，技术进步导致有效劳动扩大，达到稳态时，尽管有效劳动不再增长，但按劳动力人口计算的人均资本和人均产出仍将随着技术进步而增长。由于技术进步，经济将从一个人均产出的稳态迈向更高人均产出的稳态。技术进步是人均产出（以及人民生活水平）提高的长期原因，经济发达国家持续的经济增长是由技术进步导致的，各国经济发展水平的不同很大程度上是由其技术水平不同决定的。长期持续的经济增长必然来自技术进步，技术进步是长期经济增长的源泉。

但是，在索洛模型中，技术进步被视为一个外生变量，没有解释如何获得技术进步，也没有说明穷国究竟是否能够追赶上富国，或者说，没有解释富国为什么能够一直都是富国。这为后来的内生经济增长理论留下了空间。

2.5 内生经济增长理论

2.5.1 新古典经济增长模型的局限性

索洛模型是乐观的，由于资本的边际收益递减，富裕国家从资本积累中获取的收益很快耗尽，而贫穷国家将在既有技术阳光的普照下，通过资本积累，增长速度更快，其生活水平会逐渐赶上富裕国家。第二次世界大战后的 30 年间，欧洲国家经历了普遍快速的发展，与美国的差距逐渐缩小，被认为是对这种观点的证明。但是，仍有很多发展中国家和不发达国家仍处于贫穷之中，技术水平并没有提高。索洛模型没有说明技术进步来自何方，而是假定技术就像阳光一样，一旦一国拥有技术，其他国家也可以使用。实践中有各种因素阻碍穷国获得既有技术和技术进步，从而并不必然能够实现快速经济增长和赶上富裕国家。那么，技术进步来源于何方就是一个重要的问题。当然，人们认识到，生产的技术进步可以来源于社会基础研究的成果的应用，即科技成果转化，也可以来源于企业的研究和开发成果，还可以来源于国外的技术转让和其他引进方式。而在经济学史上，内生经济增长理论则认为，技术进步来源于经济体系本身，这甚至使之成为后来知识经济的重要概念基础。

2.5.2 内生技术进步的概念和简单模型

20 世纪 90 年代,美国经济学家保罗·罗默(Paul Romer)提出,技术是经济体系内生的,技术进步与阳光普照并不相同。索洛模型中因为资本富裕而经济减速的地方,新知识和技术的发现和扩散将使其获得新的增长,而贫穷经济体没有新技术而增长缓慢,并不能自动赶上富裕国家,这就是内生经济增长理论的核心观点。

内生经济增长理论强调了技术进步的内生性,也就是说,技术进步源于经济体系本身。成本经济现象中有学习曲线(learning curve)的概念,平均成本随累积产量增加而呈现下降趋势,这实际上源于工人的经验积累和学习,也是一种技术进步,是"干中学(learning by doing)"的技术进步,也属于内生的技术进步。

内生经济增长理论的简单模型是 AK 模型,显示了技术进步的持久性。总量生产函数为:

$$Y = AK \tag{2.48}$$

其中 A 表示技术因子且为假定为正常数, K 为资本存量。根据索洛模型,资本积累方程为:

$$\Delta K = sY - \delta K = sAK - \delta K \tag{2.49}$$

其中 s 为储蓄率,δ 为资本折旧率。资本的增长率(g_K)为:

$$g_K = \frac{\Delta K}{K} = sA - \delta \tag{2.50}$$

根据总量生产函数,总产出与资本存量同步增长,经济增长率(g)与资本增长率也相同,即:

$$g = g_K = sA - \delta \tag{2.51}$$

在这种条件下,只要储蓄率达到一定水平,即:$s > \delta / A$,经济就将持续增长, $g > 0$。也就是说,即使没有外生的技术进步,经济也将持续增长,这被认为来源于经济活动本身存在的技术进步,即内生技术进步。

2.5.3 内生经济增长理论的意义

经济体系是一个知识系统,知识具有累积性,知识产生知识。穷国没有过去的知识积累,可能总在后面学习、模仿,并不能必然缩小与富裕国家的发展差距。知识和技术孕育在劳动者和资本设备之中,在生产过程中产生新的知识和技术,技术产生技术,技术进步是内生的,这也被称为知识经济(the knowledge economy)。知识经济被认为是内生技术进步的源泉,会使经济持续增长,而经济增长则建立在新技术的持续发现和使用上。因此,一个国家为保持经济增长,既要重视技术引进,吸收国际先进技术成果,但也不能完全依赖国外技术,应当根据本国实际,重视基础研究和科技成果转化,重视研究和开发,鼓励创新,在某些领域争取走在世界科学技术前沿。

经济学与经济学家的故事：罗默、知识的外溢效应与内生经济增长

20 世纪 50 年代索洛建立了表明技术进步作用的经济增长理论，但不幸的是，索洛没有对技术进步本身作出解释。20 世纪 80 年代开始，一种理解经济增长中技术变化的方法开始流行，它关注知识的增加过程，并认为技术进步带来的新知识具有重要特征和意义，其代表人物是罗默。在 1986 年的一篇开创性论文中，罗默集中研究了知识的“公共物品”特征。他认为，一个企业的研究和开发工作对其他企业生产具有正的外部效应，比如准时制库存系统（just-in-time intentory system，JIT），该系统的开发和应用降低了运营成本并迅速传播到各个行业；网景（Netscape）公司开发的图形浏览器使得互联网的交流方式发生了革命性的变化。所有由私人企业开发的创新性产品都具有公共物品的特性，企业无法将其利益完全内部化，一些利益流入整个经济系统之中。一个企业开发的新技术迅速成为公共物品，相应资本的利益表现出递增的特点，而非早期人们所认为那样的利益递减。尽管只有一个企业从事技术开发或者创新活动，但其产生的利益却由成百上千的企业共享，数百万企业所从事的数量庞大的研究和开发活动加起来就构成了经济增长的推动力量。一旦灵感和知识被创造出来，它们就几乎毫无代价地传播给其他人。尽管劳动、资本是经济增长的重要因素，但是技术进步及其蕴含的知识传播才是经济增长的主要源泉。在当代社会经济之中，理念和技术的创立及其在企业和国家间传播带来了经济增长。

（资料来源：杰拉尔德·W. 斯通：《经济学（宏观）》，杨海涛、邢祖礼等译，机械工业出版社，2013，第 56-67 页。）

2.6　经济增长来源核算

劳动、资本和技术进步都是经济增长的来源。实际经济中，究竟何种因素对经济增长的贡献更大，这需要进行测量。测量需要各种估计技术。经济增长来源核算有两种方法，即劳动生产率方法和全要素生产率方法。

2.6.1　劳动生产率方法

一般来说，劳动生产率指单位劳动的产出。宏观经济学的劳动生产率（P）用劳动力的平均产出衡量，即：

$$P=\frac{Y}{L} \tag{2.52}$$

其中，Y 表示总产出，L 表示就业人口（劳动力人口）。用 N 表示总人口，劳动参与率（R）为就业人口占总人口的比重，即：

$$R=\frac{L}{N} \tag{2.53}$$

而人均产出为：

$$\frac{Y}{N}=\frac{Y}{L}\times\frac{L}{N}=P\times R \tag{2.54}$$

也就是说，人均产出是劳动生产率与劳动参与率的乘积。变换一下，总产出取决于劳动生产率和劳动力数量，即：

$$Y=\frac{Y}{L}\times L=P\times L \tag{2.55}$$

总产出对时间求导数，得到经济增长为：

$$\frac{\mathrm{d}Y}{\mathrm{d}t}=\frac{\mathrm{d}P}{\mathrm{d}t}\times L+\frac{\mathrm{d}L}{\mathrm{d}t}\times P \tag{2.56}$$

进一步得到总产出增长率为：

$$\frac{\mathrm{d}Y}{\mathrm{d}t}/Y=\frac{\mathrm{d}P}{\mathrm{d}t}/P+\frac{\mathrm{d}L}{\mathrm{d}t}/L \tag{2.57}$$

也就是说，总产出增长率为劳动生产率增长率与劳动力增长率之和。相应地，人均产出增长率为：

$$\frac{\mathrm{d}y}{\mathrm{d}t}/y=\frac{\mathrm{d}P}{\mathrm{d}t}/P+\frac{\mathrm{d}R}{\mathrm{d}t}/R \tag{2.58}$$

也就是说，人均产出增长率取决于劳动生产率增长率和劳动参与率增长率。一般情况下，提高劳动参与率是不可能持久实现的，提高人均产出的根本途径是提高劳动生产率。假定劳动参与率不变，则人均产出增长决定于劳动生产率的增长，即：

$$\frac{\mathrm{d}y}{\mathrm{d}t}/y=\frac{\mathrm{d}P}{\mathrm{d}t}/P \tag{2.59}$$

人均产出最终决定于劳动生产率。只有提高劳动生产率，才能提高人均产出。

2.6.2 全要素生产率方法

全要素生产率方法也称索洛残值法。考虑柯布-道格拉斯总量生产函数：

$$Y=A\times K^{\alpha}L^{1-\alpha} \tag{2.60}$$

总产出增长率表示为：

$$\frac{\Delta Y}{Y}=\alpha\times\frac{\Delta K}{K}+(1-\alpha)\times\frac{\Delta L}{L}+\frac{\Delta A}{A} \tag{2.61}$$

其中指数 α 和 1-α 分别为资本和劳动获得报酬的比重。用 G_Y、G_K、G_L、G_A 分别表示总产出、资本、劳动和技术的增长率，则有：

$$G_Y=\alpha_K\times G_K+(1-\alpha)\times G_L+G_A \tag{2.62}$$

对于一个经济体，其总产出增长率、资本增长率、劳动增长率都可以观察到；技术增长率（G_A）被称为全要素生产率（Total Factor Productivity, TFP），用于解释不能归因于资本和劳动投入导致的总产出变化，也就是生产函数变化，它带来社会生产投入和产出关系的变化。全要素生产率不能观察到，但可以核算得出，用公式表示如下：

$$TFP=G_Y-\alpha\times G_K-(1-\alpha)\times G_L=G_Y-[\alpha G_K+(1-\alpha)G_L] \tag{2.63}$$

全要素生产率是经济增长率中不能用要素增长解释的部分，并且由索洛最早提出，因此也被称为索洛残值(余值)。

这样,在经济增长中,全要素生产率的贡献率为:

$$\frac{TFP}{G_Y}\times 100\% \tag{2.64}$$

要素投入的贡献率:

$$\frac{\alpha G_K+(1-\alpha)G_L}{G_Y}\times 100\% \tag{2.65}$$

2.6.3　美国和中国经济增长中的全要素生产率贡献

表 2.9 给出了测算美国经济增长来源的结果。1949—2008 年,美国总产出年均增长率为 3.5%,总体上呈现阶段性下降趋势,其中起飞时期(1948—1970)增长率最高,年均增长率为 4%;重组时期(1970—1982)增长率最低,只有 2.9%;扩张时期(1982—2009)的经济增长率恢复到 3.4%。从增长来源看,整个期间,资本增长率接近或者超过经济增长率,尤其是在重组时期,资本增长率达到 4.7%,大大超过总产出增长率 2.9%;劳动投入增长明显低于经济增长率,但劳动增长率呈现上升趋势;全要素生产率呈现下降趋势,与经济增长率变化一致,但是更不稳定,尤其是重组时期全要素生产率增长缓慢,从前期的 1.8%下降到 0.5%。总体上,其间全要素生产率对经济增长的贡献率为 34.28%,而起飞时期较高,达到 45%;重组时期大幅下降,贡献率最低,只有 17.24%;扩张时期有所回升,达到了 32.35%。

表 2.9　美国经济增长的核算(1948—2008 年)

时间	增长率(%)				全要素生产率贡献率(%)
	产出	资本	劳动	全要素生产率	
起飞期(1949—1970)	4.0	3.9	1.4	1.8	45.00
重组期(1970—1982)	2.9	4.7	1.5	0.5	17.24
扩张期(1982—2009)	3.4	4.0	1.8	1.1	32.35
总体期间	3.5	4.1	1.6	1.2	34.28

资料来源:迪安·克鲁肖:《货币金融学》,丁志杰、贾书培译,机械工业出版社,2012,第 198-200 页。

根据李展(2023)的测算(表 2.10),1980—2018 年,中国经济的年均增长率为 8.3%,其中 6.3% 来自资本投入的增长、1.1% 来自劳动投入的增长、0.9%来自 TFP 增长率,三者对中国经济增长的贡献度分别为 75.9%、13.25%和 11.84%。尤其应当注意的是,TFP 增长对经济增长的贡献率呈现下降趋势,1980—2001 年的贡献率为 18.60%,2002—2007 年的贡献率降为 11.32%,而 2008—2018 年的贡献率进一步降低为负值。比较而言,印度同期的 TFP 对经济增长的贡献率比较稳定,保持在 33%以上;当然,日本同期的 TFP 对经济增长的贡献率则更加不稳定。

表 2.10　中国、日本和印度经济增长的核算(1980—2018 年)

国别	期间	经济增长率(%)	资本投入增长率(%)	劳动投入增长率(%)	TFP 增长率(%)	TFP 贡献率(%)
中国	1980—2001	8.6	5.6	1.4	1.6	18.60
	2002—2007	10.6	8.1	1.3	1.2	11.32
	2008—2018	6.5	6.8	0.4	-0.7	-10.77
	1980—2018	8.3	6.3	1.1	0.9	10.84
日本	1980—2001	2.3	1.6	0.5	0.3	13.04
	2002—2007	0.7	0.3	0.4	-0.1	-14.07
	2008—2018	0.7	0.0	-0.1	0.7	100.00
	1980—2018	1.6	0.9	0.3	0.4	25.00
印度	1980—2001	5.6	2.5	1.2	1.9	33.93
	2002—2007	7.9	4.0	1.1	2.8	35.44
	2008—2018	7.8	4.5	0.7	2.6	33.33
	1980—2018	6.3	3.0	1.1	2.1	33.33

资料来源:李展:《全要素生产率在亚洲主要经济体增长中的作用解析》,《财贸研究》2023 年第 11 期,第 42-50,83 页。

值得注意的是,经济增长波动较大期间,尤其是经济增长缓慢期间,TFP 增长显得缓慢,对经济增长的贡献率明显缩小。姚洋(2018)明确指出了这个问题,并认为索洛残值方法存在弊端,是导致这个问题的根源[①]。具体表现在四个方面。一是索洛残值方法包含了大量的统计误差,而且这个误差不一定是随机误差。二是如何度量劳动和资本是一个突出问题。比如资本折旧以及折旧率如何估算、不同人力资本的劳动力如何加总等,不同的做法会导致测算结果的巨大差异。三是索洛残值方法无法考虑嵌入式技术进步。所谓嵌入式技术进步是指附着在劳动力和资本上的技术进步,例如,当发展中国家引入一套生产设备时,更多将其看作资本存量的增加,而不是技术进步,尽管其中包含了重要的技术进步。四是使用索洛残值方法测算全要素生产率时无法剔除经济波动的影响。如图 2.6 所示,中国 1992—2015 年的数据表明,全要素生产率(TFP)的增长率基本与 GDP 增长率正相关,经济增长缓慢的时期,测算的全要素生产率及其对经济增长的贡献也明显下降。

① 姚洋:《发展经济学》,北京大学出版社,2013,第 171-173 页。

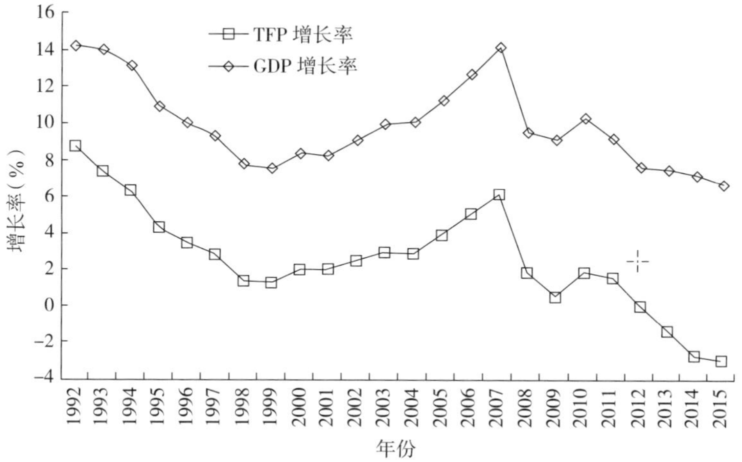

图 2.6　中国全要素生产率（TFP）与 GDP 增长（1992—2015）

资料来源：姚洋：《发展经济学》，北京大学出版社，2013，第 172 页。

2.7　制度与经济增长①

2.7.1　经济学中的制度概念

除了投入要素、技术进步外，制度也是决定经济增长的重要因素。对经济增长的研究一般遵循以下顺序：首先，经济增长是利用经济中投入要素的过程，尤其是资本的使用和人均资本提高促进了经济增长；其次，经济增长有赖于技术进步，如果没有技术进步的差异，世界各国经济发展水平将趋同；最后，推动投入要素充分利用、推动技术进步及其发挥作用的制度也是关键因素，这些制度有利于或者阻碍了要素的使用、技术进步及其发挥作用。

通常而言，制度是一个国家和社会运行所依赖的成文规定或不成文约定俗成（非正式制度），是所有经济主体（个人、企业和政府）在经济活动和其他社会活动中需要遵守的正式或非正式规则。从经济学的角度看，市场经济的核心是交易（transaction），经济制度是关于交易的制度和促进交易的制度。1934 年，美国经济学家约翰·康芒斯（John Commons）开始将交易作为一个经济学范畴，将交易与生产相对应，生产是人对自然和自然物的活动，而交易是人与人之间的活动，生产和交易构成了人类社会经济活动的全部。康芒斯将交易分为三类：买卖交易，即市场上经济主体之间的平等交换关系；管理交易，即长期契约规定下的上下级之间的非平等交易，表现为上下级之间的命令与服从关系，是管理关系；限制交易，表现为法律意义上政府与个人、企业之间的关系，是政府对市场交换关系、企业管理关系的限制和干预。上述三种交易分别称为市场交易、企业交易和政府交易，而对这些交易规则做出安排就是制度。因此，经济学更加关心与交易有关的制度。

1937 年，罗纳德·哈里·科斯（Ronald H. Coase）发表《论企业的性质》一文，提出交易成本（交易费用，transaction cost）的概念，其运用新古典经济学的成本-效益方法分析经济制

① 关于制度对经济增长的作用的内容尚没有统一的认识，本节内容不构成规范的经济学教科书，仅供学习者参考。

度，开创了制度研究的先河，被称为新制度经济学（New Institutional Economics）。在此基础上，经济学家能够运用经济学方法分析经济制度乃至其他政治制度、法律制度、社会制度的构成、运行效率及其变迁。1990年，科斯说，“能够明确区分和标志当代制度经济学的并不是他们讲制度，而是他们利用正统经济理论分析制度的构成和运行，并且发现这些制度在经济体系运行中的作用”①。

当然，制度也是变化的。但是，在一定时间内，多数个人、企业和政府对制度施加的影响有限，而是需要按照制度规定的规则行事。因此，从经济学看，制度是经济运行的外生变量，是相对稳定的。正式制度具有强制性，如果个人或企业不按制度规则行事，就会受到惩罚；非正式制度是社会普遍认可的规范和共识，虽然违反了非正式制度规则不会受到强制性惩罚，但会引起社会的排斥和反感，将不利于经济活动开展。在这个意义上，传统文化、各地风俗等可以视为一种非正式制度，其对经济活动具有很大的影响。

2.7.2 制度的内容及其对经济增长影响机制

一些经济学家对制度的内容及其如何决定经济增长进行了阐述。托尔斯坦·B. 凡伯伦（Thorstein B Veblen）把制度理解为在人们主观心理基础上形成的思想和习惯，制度由大多数人普遍接受的固定思维习惯和行为方式组成。制度是同环境相适应的，随着人口、技术和知识的变化，制度也将发生变化。在制度不能及时变化时，就会出现制度与环境之间的矛盾，不利于社会经济发展。

康芒斯认为，制度的概念有不确定性，古典经济学没有探讨的东西有时都被理解为制度，如果一定要概括的话，可以将制度解释为“集体行动控制个体行动”，而集体行动的范围很广，种类繁多，但最主要的是法律制度，其他方面则包括“无组织的习俗”以及各种机构，例如家庭、股份公司、同业协会甚至国家等。在集体行动中，最重要的是法律制度，其对个体行动进行控制，以使个体行动的结果对其他人有益。经济关系的本质是交易，交易过程中的利益冲突只有依靠法律制度才能解决。国家和法律机构是交易契约的仲裁人，应当依靠法律管理经济。

道格拉斯·诺斯（Douglas North）提出，制度是一个社会的游戏规则，是人为设计的对人们之间相互交易的一组约束，由社会认可的非正式约束（如习俗、人们自愿遵守的行为规范等）和国家规定的正式约束（法律规范）以及它们的实施机制构成。制度界定了人们的选择空间，约束了人们的相互关系，减少了环境的确定性，节省交易费用，有利于提高资源配置效率。制度是社会博弈的规则，而组织是社会博弈的参加者，组织的出现反映了制度母体提供的机会。如果制度鼓励海盗，海盗组织就会出现；如果制度鼓励生产活动，生产活动的组织即公司就会出现。制度和组织的相互作用决定了经济演进。进一步地，有效率的经济组织是经济增长的关键，而有效率的经济组织需要有相应制度安排和确立所有权，以形成一种激励，将个人的经济努力变成私人收益率接近社会收益率的活动。当私人能够获得其行为所产生的大部分收益时，私人就会有动力去经营；反之，虽然私人的经营活动产生了较大的社会效益，但自己只能得到很小的一部分，他就没有动力去经营。因此，能够整合私人利益和

① 转引自林红玲：《制度·经济效率·收入分配》，经济科学出版社，2002，第5页。

社会利益的制度，处理好利益分配，才能有利于经济增长。

西奥多·W. 舒尔茨（Theodore W. Schultz）认为，制度是一种行为规则，涉及社会、政治及经济行为。其中，执行经济功能的制度包括：降低交易成本的制度，例如货币市场、期货市场；影响生产要素所有者配置风险的制度，例如合同、分成制、合作者、公司、保险等；提供职能组织与个人收入流之间联系的制度，例如财产法、劳动者保护法等；确立公共物品的生产和使用的制度，例如高速公路、机场、学校、农业实验站。好的经济制度和经济组织将促进经济增长。

达尤·阿西莫格鲁（Daron Acemoglu）和詹姆斯·A. 罗宾逊（James A.Robinson）认为，制度的作用在于提供了一种有效的激励，不同的制度提供了不同的激励框架，导致个人和企业做出不同的选择，从而影响了经济增长。每个社会都是由国家和公民共同形成和实施的一系列经济和政治制度推动的。经济制度形成经济激励，包括受教育的激励、储蓄和投资的激励、创新并采用新技术的激励等。政治过程则决定了人们生活在什么样的经济制度之下，与经济制度一样影响经济增长。

此外，制度的另一个作用机制是通过预期对经济社会产生影响。预期在决策中发挥着十分重要的作用，好的制度能够使企业和个人形成稳定的预期，稳定的预期则有助于企业和个人做出长期规划（包括教育投资、固定资产投资、技术创新投资的长期规划等）。坏的制度或朝令夕改的制度则会扰乱预期，使企业和个人无法有效地做出长期决策。很多推动经济增长的投资周期都很长，如果企业和个人没有稳定的预期或者没有好的预期，必然难以做出投资决策。

2.7.3　经济增长的制度选择

制度经济学提出了“制度是重要的”，并且分析制度影响经济增长机制、不同国家或地区的制度差异如何形成等问题，解释了制度为什么重要。

2.7.3.1　产权界定与资源配置效率

产权（property rights）是制度经济学首先强调的制度，并且在微观经济学中已经有所阐述，产权界定有助于资源配置效率。在法律上，产权即财产所有权（ownership），指所有人对财产的所有权以及相应的占有权、使用权、收益权、处分权等权能。《牛津法律大辞典》解释说，产权亦称财产所有权，是指存在于任何客体之中或之上的完全权利，它包括占有权、使用权、出借权、转让权、用尽权、消费权和其他与财产相关的权利。把产权等同于所有权，进而把所有权解释为包括广泛的因财产而发生的人们之间社会关系的权利约束，也是制度经济学的倾向。斯韦托扎尔·平乔维奇（Svetozar Pejovich）指出，产权是因存在着稀缺物品及其特定用途而引起的人们之间的关系，产权详细表明了在人与其他人之间的相互关系中，所有的人所必须遵守的与物相对应的行为规则，或承担不遵守这种准则的处罚成本，这些规则构成产权。产权包括四方权利：使用属于自身资产的权利和在一定条件下使用他人的资产权利，即使用权；从资产中获得收益的权利，即收益权；调整资产的形式和本质的权利，即处置权；全部让渡或部分让渡资产的权利，即交易权。哈罗德·德姆塞茨（Harold Demsetz）从功能出发定义产权，认为产权即指使自己或他人受益或受损的权利，产权是社会的工具，其意义来自这样一个事实:在一个人与他人做交易时,产权有助于他形成那些他可以合理持有的预期。

科斯定理(Coase Theorem)阐明了产权界定与资源配置效率的关系。科斯定理的内容虽然由科斯于 1960 年提出,但科斯定理则由乔治·斯蒂格勒(George Stigeler)于 1966 年提出。科斯在论文《社会成本问题》中提出,“如果定价制度运行毫无成本,最终的结果将不受法律状况的影响。但是,如果存在市场交易成本,合法权利的初始界定将对经济制度的运行效率产生影响”。在微观经济学中,产权界定的作用通过外部性问题的解决来说明:在没有界定产权的条件下,外部成本没有得到考虑,社会成本与私人成本不一致,或者社会利益与私人利益不一致,外部性将导致资源配置低效率,市场均衡产量偏离最优产量,价格不能反映外部性,即价格不能反映行为的全部社会成本或者社会利益;在界定产权的条件下,如果交易成本为零,则市场能够消除外部性,外部性反映在价格之中,社会成本与私人成本一致、社会利益与私人利益一致,价格能够达到有效率产量,且无论产权如何界定;如果交易成本不为零,则不同的产权界定导致不同程度的资源配置效率,产权界定将影响资源配置效率。一般来说,交易成本是客观存在的,产权界定将影响资源配置效率,产权界定即产权制度是重要的,应当建立有利于资源配置效率的产权界定制度。从制度与效率的角度看,不仅需要产权界定的制度,还要选择有利于资源配置效率的产权界定的制度。

2.7.3.2 产权制度、社会秩序与经济增长

与科斯等的新制度经济学不同,诺斯更加侧重于从经济史和经济计量的角度研究制度对经济增长影响的宏观经济学。诺斯通过对欧洲经济史的研究发现,新古典理论关心的是市场的运作并假设市场运作所需条件的存在,但不关心市场是如何演变的;而且,它是一个静态的理论,而我们需要一个动态的、并能解释经济在时间上演化的理论。诺斯与罗伯特·托马斯(Thomas Thomas)提出,“制度是经济增长的根本原因”。一般经济增长理论中所谓经济增长的动力主要着眼于经济系统本身的内生要素,比如储蓄、投资、教育等。中长期来看,这些都是经济系统的内生变量。诺斯通过研究欧洲经济史,发现了制度这个经济系统的外生变量,并尝试用制度来解释经济增长,把经济学研究推到了一个新领域。

诺斯用经济学的成本-收益方法研究制度的产生、演变及其对经济的作用。斯诺提出的第一个命题是关于产权的重要性。诺斯认为,欧洲兴起的主要原因在于建立了产权。欧洲的中世纪属于封建社会,土地属于公有制(三田制),农奴或半农奴给领主们打工,土地属于领主。由于黑死病的暴发,人口数量大幅下降,农奴开始要求自己的权利,劳动力价格随之上升,而土地开始趋于私有化。这个明确的产权有利于日后的经济增长。广泛观察其他国家经济史,可以得到类似的经验,英国、荷兰的兴起和法国、西班牙的衰落从正反两个方面提供了经验证据。

诺斯提出的第二个命题是代表可信承诺的法律制度的重要作用。英国资产阶级革命建立了一套法律制度,也建立了一种可信承诺。例如,《权利法案》使英王失去了很多权利,但增加了英王可以借款的选择,而英王借款需要议会同意,这意味着国王做出了“可信承诺”,国会至上和习惯法中的所有权将政治权力置于擅长利用新经济机会的那些人手中,这构造出一个现代的英国,有利于经济增长。其他有效率经济组织的创建也起到了积极作用,英国 17 世纪制定了《专利法》,股份公司兴起,建立了商业银行, 1694 年创办了中央银行,这都是

促进经济增长的制度因素。法律制度在西方有悠久的历史,被制度经济学引入经济增长分析之中,成为影响经济增长的因素。

诺斯和其他合作者合著了《暴力与社会秩序》,提出用社会秩序(social order)来解释整个人类社会的演进。他们希望构造一种新的诠释体系,其核心概念就是社会秩序。国家的任务是设法克服暴力、控制暴力,然后建立起社会秩序。社会秩序有限制性秩序与开放性秩序的区别,前者以限制进入来克服暴力,后者以经济和政治竞争来消解暴力。比较而言,后者的经济表现优于前者。从历史上看,早期建立的是限制性秩序,但这不是一个好的社会秩序,好的社会秩序应当是开放性秩序,一个国家必须过渡到开放性秩序才能获得发展。

2.7.3.3 包容性制度与汲取性制度

阿西莫格鲁和罗宾逊[①]认为,不同国家之所以在经济成就上存在差别,是由于采用了不同制度、采用了影响经济运行的不同规则以及不同的激励制度。所有的政治制度和经济制度都可以划分为包容性(inclusive)和汲取性(extractive)的制度。包容性制度能够促进经济增长:包容性经济制度允许和鼓励多数人参与经济活动,并尽最大努力发挥个人才能和技术,能够让个人自由选择;包容性经济制度具有保护私有财产、公正的法律制度和提供公共服务的特征,能够为人们的交易和签约提供基础,还允许企业自由进入及允许个人自由选择职业。相反,汲取性经济制度则不具有包容性经济制度的特征,其目的在于从社会一部分人那里攫取收入和财富,并让另外一部分人受益。

关于包容性经济制度和汲取性经济制度的形成需要从政治制度上寻找答案,经济制度都是由政治过程创造出来的。所有制度都是由社会选择和创造的结果,不同国家和地区之所以选择了不同的经济制度,是因为具有不同利益和目标的人做出了如何构建社会的决策。包容性政治制度具有多元性特征,广泛听取多方声音,很多群体都可以对政治决策产生影响;汲取性政治制度则把权力集中在少数人手中,并且掌握权力的人对权力运用很少加以限制。经济制度和政治制度有四种组合,即包容性政治制度和包容性经济制度、汲取性政治制度和包容性经济制度、汲取性政治制度和汲取性经济制度、包容性政治制度和汲取性经济制度。包容性政治制度和包容性经济制度之间容易出现良性循环,使经济持续繁荣。汲取性政治制度和汲取性经济制度之间则可能产生恶性循环,导致市场主体没有动力去扩大生产经营和开展技术创新,经济最终停滞不前。汲取性政治制度和包容性经济制度难以长期共存,它意味着进行了经济制度变革而政治制度没有变化,包容性经济制度很快会因汲取性政治制度而变成汲取性经济制度,这样的国家即使在一段时期内实现了经济增长,长期来看增长也很难持续。实施包容性政治制度和汲取性经济制度的国家几乎不存在,因为政治制度已经是包容性的,经济制度就不会是汲取性的。

包容性制度的思想在我国《周易》中有所表达。《周易》称:“当位以节,中正以通。天地节而四时成;节以制度,不伤财不害民。”这里的关键词“节”,主张统治者重在有所节制,处中守正则行事畅通;天地有所节制而一年四季才能形成,统治者以典章制度为节制,就能不浪费资财也不残害百姓。

---

① 值得注意的是,阿西莫格鲁、约翰逊和罗宾逊获得了 2024 年诺贝尔经济学奖,以表彰他们证明了制度与经济繁荣之间关系。

2.8 促进经济增长的公共政策

2.8.1 经济增长的直接原因和根本原因

影响经济增长的原因是复杂的,可以分为直接原因和根本原因。直接原因指纳入总量生产函数的诸如资本、劳动等投入要素和技术进步,这是纳入经济增长模型的因素。根本原因是导致在不同国家和地区对经济增长产生不同作用的因素,诸如国家制度、社会文化和地理条件等,这些因素没有纳入经济增长模型之中。很大程度上,经济学以混合经济体制为背景,政府和市场在资源配置中均发挥作用,而且需要在该发挥作用的时候发挥作用,这是一个制度问题。一般促进经济增长的公共政策主要针对直接原因而言,但也指出了建立适合经济增长的制度的重要性。

国内主流的经济学教材将促进经济增长的公共政策分为鼓励技术进步、鼓励资本形成、增加劳动供给和建立适当制度四个方面[①]。美国著名经济学家曼昆则从优化储蓄率、配置经济的投资、建立合适的制度和鼓励技术进步四个方面进行讨论,其中投资涉及公共投资和产业政策的作用以及教育与人力资本,而在技术进步中涉及经济全球化问题[②]。

但是,间接原因并不只有制度。为解释不同国家经济增长的差别,还有地理条件假说、文化假说和无知假说等,尽管这些因素本身不可轻易改变,但是在制定一国经济增长战略以及具体经济政策时考虑这些因素,有时也是重要的。

地理条件假说认为,贫穷国家和富裕国家的巨大差距是由地理条件差异造成的。一些贫穷国家聚集在南北回归线之间,而富裕国家则集中在温带。18 世纪后期,法国学者孟德斯鸠(Montesquieu)论及地理条件假说,认为热带气候使人懒散、缺乏求知欲、不愿努力工作,导致处于热带地区的经济体较为贫穷。经济学家杰弗里·萨克斯(Jeffrey Sachs)也对地理条件假说作出解释,认为热带地区的一些疾病,如疟疾,对人的健康产生影响,进而对生产效率产生了极大的负面影响。热带土壤还不适合高产农业,农业产量较低,对处于热带地区的经济体产生了较大拖累。贾雷德·戴蒙德(Jared Diamond)提出,从 500 年前开始的近现代社会以来,各大洲之间就出现了经济不平等,根源在于不同地区有不同的植物和动物物种,这影响了不同地区的农业生产率。地理条件假说具有一定的宿命论色彩,但事实上也有地理条件相对恶劣的国家和地区经历了从贫穷到富裕的改变,这表明地理条件对经济增长的影响不是绝对的,或者说,根据现有地理条件而选择合适的经济增长政策和经济发展战略才是重要的。

文化假说将经济增长与文化联系起来,认为宗教、信仰、价值观和伦理等文化因素对经济增长发挥了重要作用。德国社会学家马克斯·韦伯(Max Weber)在著作《新教伦理与资本主义精神》中写道,新教改革及新教伦理在助推西欧现代工业社会的崛起中发挥了重要作用。他指出,在任何一个宗教成分混杂的国家,只要稍看一下其职业情况的统计数字,几乎

① 西方经济学编写组:《西方经济学(第 2 版,下册)》,高等教育出版社、人民出版社,2019,第 278-281 页。

② 曼昆:《宏观经济学(第 9 版)》,卢远瞩译,中国人民大学出版社,2016,第 194-200 页。

无一例外地可以发现:工商界领导人、资本占有者、近代企业中的高级技术工人,尤其是受过高等技术培训和商业培训的管理人员,绝大多数都是新教徒。一个国家根深蒂固的文化价值观,尤其是传统文化观念,的确对经济发展等具有重要影响。文化价值观深入社会人心、凝聚人心,也支配人们的经济决策,而重视市场观念、商业、创新的文化则在一定时期内有利于经济增长。影响经济增长的文化因素是存在的,但是文化相对稳定,同时有些文化观念在不同国家具有相同的变化方向,比如义利观念,而西方国家摆脱传统义利观念较早,对西方世界经济的崛起具有很大影响。

无知假说认为,贫穷国家之所以穷是因为他们不知道如何使国家致富。例如,穷国之所以贫穷,是因为他们有太多的市场失灵,而经济学家和政策制定者却不知道如何消除市场失灵,甚至有时无知并不会让他们变得更加谨慎;相反,无知有时会让他们变得更加盲目自信。文化价值观会掩盖一些无知。显然,无知不是一成不变的,就如制度并非一成不变的一样,但如何摆脱无知、改革不合理的制度,世界各国和地区有成功的经验,也有失败的教训。可以肯定的是,学习和改革是促进经济增长的重要路径。

2.8.2 促进经济增长的一般公共政策

基于对经济增长的认识、总量生产函数分析、经济增长来源分析,为促进经济增长,一国促进经济增长的政策可以从促进投资、增加劳动供给、促进技术进步、完善市场机制、更好地发挥政府作用等方面考虑。

2.8.2.1 促进投资,增加资本存量

工具、机器等一切物质资本的发明和使用是提高生产力的基本手段。要实现经济增长,必须促进资本形成,提高资本存量,发挥物质资本在经济中的作用。

(1)鼓励储蓄,保证一定的储蓄率。经济增长依赖于人均资本,资本来源于储蓄。只有一定的储蓄率才能支撑投资。经济学家提出,低收入国家为实现经济起飞,需要使储蓄率和投资率达到 10%以上。

(2)加强公共投资,促进基础设施建设。基础设施对于提高生产率具有重要的支撑作用,但基础设施是全社会资本而不是某个企业的资本,需要政府投资来实现。中国有句话叫“要想富,先修路”,讲的就是这个道理。公共基础设施不仅包括道路,还包括城市各种管网设施、能源设施、通信设施以及公共服务设施等。

(3)建立和完善金融市场。金融市场是联系投资和储蓄的资源配置机制,利率是联系今天和未来的重要变量。健全的货币市场和金融市场是投资和经济发展的重要条件。发展中国家尤其要建立和完善金融市场和金融制度。本书第 3 章、第 4 章具体介绍金融市场的有关知识,并强调金融市场对经济发展的重要作用。

(4)充分利用土地等自然资源。土地(包括森林、矿藏、水利等)等自然资源不仅是生产的重要条件,也是重要的原材料。总量生产函数中没有引入土地等自然资源,主要考虑其属于禀赋因素,但并不是其不重要。

2.8.2.2 增加劳动供给,提高劳动质量

一切经济增长都离不开人口和劳动。要实现经济增长,不仅要保证劳动投入数量,还要

提高劳动质量,科学规划人口发展。

(1)积极利用现有劳动力,促进就业,完善劳动工资、劳动合同和劳动保护制度。维持劳动和劳动参与,提高就业率和劳动参与率,需要建立健全人口政策、劳动政策、社会保障政策。

(2)重视教育和培训,增加人力资本。劳动生产率的提高除了依靠人均物质资本之外,也需要劳动者提高劳动技能、掌握现代科学技术知识、管理能力,这就需要重视教育。既要鼓励人民接受教育,也要鼓励企业和其他组织开展教育培训,还需要国家举办公共教育,为教育提供充足的财政投入。

2.8.2.3 发展科教,鼓励创新,促进技术进步

技术进步在现代经济增长中发挥着越来越重要的作用。既要重视基础研究和应用研究,也要重视知识在生产中的应用和创新。

(1)重视科学技术,鼓励研发、创新,形成科学技术成果,促进成果转化。技术进步是经济增长的最终源泉。一国不可能长期依赖国外技术和引进技术。国家应当在政策上重视科学研究,实现基础研究、应用研究和开发研究的合理布局,鼓励企业技术创新,促进企业技术进步,使经济增长更多建立在技术进步的基础上,用技术进步改善生产函数,提高全要素生产率。

(2)积极对外开放,引进外资和技术。各国科学技术发展不平衡,低收入国家、发展中国家可以通过对外开放,积极引进发达国家先进技术、直接投资,充分利用现有科学技术水平,提高本国劳动生产率,促进经济增长。中国改革开放后,重视引进发达国家的先进技术和管理经验,重视引进外资,对经济增长起到了积极作用。

(3)重视和培养企业家才能及其发挥的环境。管理和组织也是技术进步的组成部分,能够改进生产函数。企业组织是依赖企业家组织建立的,企业生产和决策依赖企业家才能。家庭是社会的细胞,企业是经济的细胞。经济增长来源于生产,生产由企业和企业家组织。重视和培养企业家才能,建立有利于企业家才能发挥作用的营商环境,有利于促进经济增长。

2.8.2.4 更好发挥市场配置资源作用

制度对一国经济增长具有重要的制约或者推动作用。现代经济的主流是混合经济。我国的中国特色社会主义市场经济体制,充分发挥市场机制在资源配置中的基础性作用,也可以更好地发挥政府的作用。市场经济需要完善产权激励机制、交易机制、法律保护制度。市场经济也离不开政府规制,但政府规制范围和力度的选择并不是一成不变的,如何选择加强规制和放松规制,是一个重要而复杂的政策课题。政府还承担着提供公共物品和服务、矫正市场失灵的职能,需要完善财政税收制度,加强预算管理。良好的公共经济与有效的市场经济协同,才能更好地促进经济增长。

2.8.2.5 更好发挥政府作用

现代经济中,在促进投资、提高劳动质量、发展科学教育事业、发挥市场配置资源作用方面,政府都具有重要作用。政府不仅需要促进投资,还要适当提供公共投资,提供有利于经济发展的物质基础设施。政府要建立有利于教育和培训发展的政策,支持高等教育,还要承担举办基础教育的职责,提高全民族素质,提高劳动质量。政府需要建立有利于科学研究和

技术进步的政策,积极支持基础研究,鼓励创新,促进科技成果转化,允许专利等知识产权参与市场收入分配。要正确处理好政府与市场的关系,履行好政府在资源配置、再分配调节、稳定宏观经济、建立开放的国际经济环境的职能,优化营商环境,完善民事和商事法律制度,促进经济发展。

经济学与经济制度:中国构建高水平社会主义市场经济体制

中国共产党第二十届中央委员会第三次全体会议于 2024 年 7 月 18 日通过了《中共中央关于进一步全面深化改革、推进中国式现代化的决定》(以下简称《决定》)。《决定》提出,聚焦构建高水平社会主义市场经济体制,充分发挥市场在资源配置中的决定性作用,更好发挥政府作用,坚持和完善社会主义基本经济制度,推进高水平科技自立自强,推进高水平对外开放,建成现代化经济体系,加快构建新发展格局,推动高质量发展。高水平社会主义市场经济体制是中国式现代化的重要保障。必须更好发挥市场机制作用,创造更加公平、更有活力的市场环境,实现资源配置效率最优化和效益最大化,既“放得活”又“管得住”,更好维护市场秩序、弥补市场失灵,畅通国民经济循环,激发全社会内生动力和创新活力。

《决定》分坚持和落实“两个毫不动摇”、构建全国统一大市场和完善市场经济基础制度三个大的方面部署了深化经济体制改革的任务。

(1)坚持和落实“两个毫不动摇”

《决定》指出,毫不动摇巩固和发展公有制经济,毫不动摇鼓励、支持、引导非公有制经济发展,保证各种所有制经济依法平等使用生产要素、公平参与市场竞争、同等受到法律保护,促进各种所有制经济优势互补、共同发展。

在发展公有制经济方面,《决定》提出,深化国资国企改革,完善管理监督体制机制,增强各有关管理部门战略协同,推进国有经济布局优化和结构调整,推动国有资本和国有企业做强做优做大,增强核心功能,提升核心竞争力。在发展非公有制经济方面,《决定》指出,坚持致力于为非公有制经济发展营造良好环境和提供更多机会的方针政策。制定民营经济促进法。深入破除市场准入壁垒,推进基础设施竞争性领域向经营主体公平开放,完善民营企业参与国家重大项目建设长效机制。支持有能力的民营企业牵头承担国家重大技术攻关任务,向民营企业进一步开放国家重大科研基础设施。《决定》还提出,完善中国特色现代企业制度,弘扬企业家精神,支持和引导各类企业提高资源要素利用效率和经营管理水平、履行社会责任,加快建设更多世界一流企业。

(2)构建全国统一大市场

《决定》指出,推动市场基础制度规则统一、市场监管公平统一、市场设施高标准联通。加强公平竞争审查刚性约束,强化反垄断和反不正当竞争,清理和废除妨碍全国统一市场和公平竞争的各种规定和做法。规范地方招商引资法规制度,严禁违法违规给予政策优惠行为。建立健全统一规范、信息共享的招标投标和政府、事业单位、国有企业采购等公共资源交易平台体系,实现项目全流程公开管理。提升市场综合监管能力和水平。健全国家标准体系,深化地方标准管理制度改革。

《决定》提出,完善要素市场制度和规则,推动生产要素畅通流动、各类资源高效配置、市场潜力充分释放。构建城乡统一的建设用地市场。完善促进资本市场规范发展基础制度。培育全国一体化技术和数据市场。完善主要由市场供求关系决定要素价格机制,防止政府对价格形成的不当干预。健全劳动、资本、土地、知识、技术、管理、数据等生产要素由市场评价贡献、按贡献决定报酬的机制。推进水、能源、交通等领域价格改革,优化居民阶梯水价、电价、气价制度,完善成品油定价机制。

《决定》还提出,加快培育完整内需体系,建立政府投资支持基础性、公益性、长远性重大项目建设长效机制,健全政府投资有效带动社会投资体制机制,深化投资审批制度改革,完善激发社会资本投资活力和促进投资落地机制,形成市场主导的有效投资内生增长机制。完善扩大消费长效机制,减少限制性措施,合理增加公共消费,积极推进首发经济。

(3)完善市场经济基础制度

《决定》重视完善市场经济的基础制度,提出,完善产权制度,依法平等长久保护各种所有制经济产权,建立高效的知识产权综合管理体制。完善市场信息披露制度,构建商业秘密保护制度。对侵犯各种所有制经济产权和合法利益的行为实行同责同罪同罚,完善惩罚性赔偿制度。加强产权执法司法保护,防止和纠正利用行政、刑事手段干预经济纠纷,健全依法甄别纠正涉企冤错案件机制。

《决定》还提出,完善市场准入制度,优化新业态新领域市场准入环境。深化注册资本认缴登记制度改革,实行依法按期认缴。健全企业破产机制,探索建立个人破产制度,推进企业注销配套改革,完善企业退出制度。健全社会信用体系和监管制度。

(资料来源:"中共中央关于进一步全面深化改革、推进中国式现代化的决定",新华网, http://www.news.cn/politics/20240721/cec09ea2bde840dfb99331c48ab5523a/c.html, 2014-11-15。

2.8.3 中国的产业政策

我国的经济增长政策内容更加全面,除了考虑经济增长因素外,还考虑产业结构、投资政策、人口政策、国际收支政策等,其中产业政策处于核心地位。我国产业政策包括产业结构政策、产业组织政策、产业技术政策和地区产业政策等。

2.8.3.1 产业和产业政策的概念

产业主要有三种划分方法。①两大领域、两大部类分类法。即分为物质资料生产部门和非物质资料生产部门两大领域、两大部类。②三次产业分类法。即分为第一产业(农业,含种植业、林业、牧业和渔业等)、第二产业(工业,含采掘、制造、能源和建筑业等)和第三产业(服务业,指第一、二产业以外的产业,包括流通部门和服务部门)。③资源密集程度分类法。分为劳动密集型产业、资本密集型产业和技术密集型产业。

要实现经济发展,必须调整产业结构,促进产业结构的优化升级,这就需要制定和实施产业政策。产业政策是政府通过对资源在各产业间配置过程的干预,调节市场机制的缺陷和不足,促进经济增长的手段和策略,包括产业结构政策、产业技术政策、产业组织政策和地区产业政策。

2.8.3.2　产业结构政策

产业结构是指各产业的构成以及各产业之间的联系和比例关系。在经济发展的不同阶段,不同产业受到技术、需求等因素的影响和制约,而在增长速度、就业人数、规模以及对整体经济增长的作用方面表现出差异,从而形成不同的产业结构。产业结构是经济结构的核心。产业结构是经济发展的结果,也是经济发展的要求。1978 年,我国国内生产总值中第一、第二、第三产业的占比分别为 27.7%、47.7%和 24.6%;到 2000 年,占比分别变为 14.7%、45.5%和 39.8%;到 2022 年,占比进一步变化为 7.3%、39.9%和 52.8%,第一产业、第二产业占比明显下降,第三产业占比上升[①]。

产业结构政策是指政府通过产业结构调整,实现产业结构优化,促进各产业协调发展,满足社会需要,实现经济增长。产业结构优化是一个相对概念,不是指产业结构水平的绝对高低,而是在国民经济效益最优的目标下,根据本国的实际情况,通过产业结构调整,使之达到与本国实际相适应的产业结构和产业发展状态。产业结构目录是产业结构政策的具体手段之一。《产业结构调整指导目录》是引导社会投资方向、政府管理投资项目,制定实施财税、信贷、土地、进出口等政策的重要依据。目录由鼓励、限制和淘汰三类目录组成,上述三类之外且符合国家有关法律、法规和政策规定的为允许类,不列入目录。2005 年由国家发展和改革委员会第一次发布,2011 年、2013 年和 2019 年分别进行了修订或修正;2023 年 12 月修订发布了新版《产业结构调整指导目录(2024 年本)》,自 2024 年 2 月 1 日起正式施行。

2.8.3.3　产业组织政策

产业组织政策是指政府为发展经济、提高资源配置效率,实现资源在产业内部、企业内部的有效、合理配置,通过经济、法律和必要行政手段,对市场的竞争程度、企业组织形式加以干预的产业政策。产业政策的目标是充分利用规模经济发展经济和充分发挥市场竞争活力,提高资源配置效率,促进经济增长。产业组织政策具体包括促进竞争和限制垄断的政策、提高企业竞争力的政策和发展中小企业的产业政策。

产业组织政策的内容和手段多样,比如发展中小企业的产业政策包括一般政策和特定政策。一般政策以中小企业整体为对象,其目的在于通过弥补中小企业在劳动力、资本、技术、信息等方面的不利条件,促进中小企业发展,包括劳动就业和培训政策、金融政策及为中小企业提供指导和服务。特定政策则是指对特定产业、特定中小企业群体实施的扶植政策。

2.8.3.4　产业技术政策

产业技术政策是指政府为促进经济增长、产业结构优化,适应科技革命、知识经济和国际竞争的形势,制定推动技术创新能力和提高产业技术水平的政策。

2009 年,工业和信息化部、科技部、财政部、国家税务总局共同研究制定了《国家产业技术政策》。《国家产业技术政策》以推进我国工业化和信息化为核心,促进相关产业的自主创新能力提高,实现产业结构优化和产业技术升级。在技术领域方面,加强引进技术的消化吸收再创新,重点研究产业发展的核心、关键共性技术,着力实现重大技术装备的国产化,满足国民经济发展的需要,满足国家工程建设的需要,保障国家经济安全;加快淘汰高消耗、高污染的落后工艺技术和生产能力,大力发展循环经济,逐步构建节约型的产业结构和消费结

① 数据来源:国家统计局:国家数据,https://data.stats.gov.cn/。

构，形成绿色产业技术体系。

2.8.3.5 区域产业政策

区域产业政策是国家产业政策的区域化，也是国家地区发展战略的组成部分。区域产业政策按照统筹规划、因地制宜、发挥优势、分工合作、协调发展的原则，处理好地区之间的关系、各地区与国民经济总体的关系，实现地区间优势互补、共同发展，也力图克服地区产业同构现象，减少重复引进、重复建设，避免小而全、大而全，提高地区经济效益。经济区是以地域为分工基础、客观形成的不同层次、各具特色的经济区域。政府对全国或特定区域进行经济区划，阐明各区域经济发展的条件、特点和问题，确定其在国民经济中的地位、发展方向，以有利于实现中央政府对各地区进行宏观调控，有利于地方政府制定地区发展规划，为企业经济活动提供指导。

党的二十大报告提出："深入实施区域协调发展战略、区域重大战略、主体功能区战略、新型城镇化战略，优化重大生产力布局，构建优势互补、高质量发展的区域经济布局和国土空间体系。推动西部大开发形成新格局，推动东北全面振兴取得新突破，促进中部地区加快崛起，鼓励东部地区加快推进现代化。支持革命老区、民族地区加快发展，加强边疆地区建设，推进兴边富民、稳边固边。推进京津冀协同发展、长江经济带发展、长三角一体化发展，推动黄河流域生态保护和高质量发展。高标准、高质量建设雄安新区，推动成渝地区双城经济圈建设。健全主体功能区制度，优化国土空间发展格局。"

复习思考题

1. 辨析以下各组概念。经济增长和经济发展，生产率和全要素生产率，资本深化和资本广化，内生的技术进步和外生的技术进步，产业组织政策、产业结构政策和产业技术政策。

2. 根据新古典经济增长模型，解释人口增长在经济增长中的作用。

3. 如何理解知识传播在经济增长中的作用？

4. 如何理解和认识实际经济周期理论？

5. 经济发达国家和发展中国家的经济增长政策在哪些方面会出现差异？

6. 在新古典增长模型中，总量生产函数为 $Y = K^{1/3}L^{2/3}$，Y、K、L 分别表示总产出（总收入）、资本投入量、劳动投入量。求解下列问题：

（1）稳态时的人均资本量和人均产量。

（2）用这一模型解释一国富裕或者贫穷的原因。

（3）与黄金律相对应的储蓄率。

7. 已知一国宏观经济如下情况：资本增长率 $G_K= 2\%$，劳动增长率 $G_L= 0.8\%$，产出增长率 $G_Y= 3.1\%$，资本的国民收入份额 $\alpha = 0.25$。在这些条件下，技术进步对该国经济增长的贡献为多少？

8. 我国社会主义市场经济体制改革的基本要求是"发挥市场在资源配置中的决定性作用，更好发挥政府作用"。那么，结合当前经济实际，为促进经济增长，说明我国经济体制改革的重点是什么？

9. 假定一个国家决定减少消费而增加投资，那么，简述下列问题：

(1)这种政策变化如何影响经济增长？

(2)哪些群体从该政策变化中收益？哪些群体受损？

10. 高储蓄率会导致一国经济快速增长吗？它是暂时的还是持久的？

11. 18 世纪著名经济学家亚当·斯密曾经写道："使一个国家从最野蛮状态进入最富裕状态的必要条件不过是和平、轻税和较好的司法行政系统而已，其余都是自然而然的事情。"你如何看待斯密所言的经济增长的三个条件。

第3章

货币、货币体系与货币市场

货币是现代经济中的重要工具，产品和服务价格指用货币表示的价格。但是，物品和服务价格并不一定用货币表示，货币也不仅仅用来表示物品和服务价格，还具有其他重要职能。本章介绍货币形成、货币职能、货币体系和货币市场。货币是市场经济中的交易媒介和计价单位，而货币市场涉及货币供给量和利率，是宏观经济的重要变量，也是宏观经济政策的重要工具。只有了解货币，才能认识现代经济的运行。

3.1 货币及其职能

3.1.1 货币形成和演变

货币（money）是一般等价物，是具有计价、交易、支付和价值储存作用的金融资产。现代经济中的货币是法偿货币，即国家信用货币。从历史上看，货币有其自身的演变过程，大致经历了商品货币、代用货币、信用货币、纸币和法偿货币（国家信用货币）几个阶段。

3.1.1.1 物物交换与无货币时代

最开始的商品交易是物物交换，没有一般等价物，没有专门的货币。实现物物交换是很麻烦的事情。A与B交换，需要A所需要的商品（例如食品）恰好B有，同时B也恰好需要A有的商品（例如衣服），并且双方有交换空间以愿意交换。

3.1.1.2 商品货币

在物物交换中，当一种商品被广泛接受用来交换其他商品的时候，产生了作为一般等价物的商品货币（commodity money），货币就产生了。当然，商品货币并不一定只有一种。在商品货币的条件下，货币具有与其他商品类似的内在价值，仅仅是因为其更容易携带、储存、分割、稳定等特点而成为货币。许多商品担当过商品货币的角色，但长期演变的结果是黄金成为典型的商品货币，因为黄金具有良好商品货币的特征。我国近代之前，金银是主要的商品货币，同时政府垄断发行铜钱等作为辅币。

3.1.1.3 代用货币

代用货币指商业银行发行的票据。中国古代钱庄发行的银票就是一种代用货币。票据以商品货币（主要指金银）为基础，由其承担支付职能更加便利，是货币史上的重要创新。

3.1.1.4　信用货币

在发行代用货币过程中，商业银行发现可以发行多于商品货币（存款，即作为主要商品货币的金银）的票据，因为商户或者储户并不同时取款或者支付。这种不以现有商品货币（金银存款）为基础的票据称为银行券，属于信用货币。与代用货币不同，信用货币创造了新货币。这也是货币史上的重要创新。

3.1.1.5　纸币

银行券具有很大的风险，存在兑付危机。国家逐渐垄断了这种具有信用货币特征的银行券的发行权，称为纸币，具体由中央银行发行或者授权特定的商业银行发行。国家保证纸币可以兑换为商品货币（例如黄金），称为商品本位、黄金本位（gold standard），也就是说，纸币以黄金为基础。美国早期政府承诺，国民 1 美元可以兑换 1/20 盎司（1 盎司=28.35 克）黄金。从这个意义上说，纸币是一种信用货币。

3.1.1.6　法偿货币

金本位看起来很好，但也存在很大的局限和难题。第一，随着经济的发展，人口增长和贸易规模扩大，黄金的供应量无法满足货币的需求，经常出现货币短缺和金融市场不稳定的情况。第二，在国际贸易和金融市场规模不断扩大的背景下，金本位制度的局限性凸显，特别是在经济危机时期，黄金的固定价格无法适应市场供求的变化，导致货币体系崩溃和经济混乱。第三，在金本位制度下，各国的货币政策受到黄金供应的制约，无法独立应对国内经济状况。随着各国经济的发展，对货币政策的独立性需求越来越强烈。放弃金本位制度，可以使各国能够根据自身经济状况制定货币政策，更好地调控经济，促进经济增长和稳定。美国 1931 年放弃了对外国政府兑换黄金，纸币演变为法偿货币（fiat money）。法偿货币简称法币，“fiat”的意思是“就是这样的”“法偿的”，货币失去了商品货币的内在价值，而仅仅因为政府规定它是钱。货币成为一种依赖国家信用的法定货币，即国家信用货币。

在法币之下，货币分为纸币和硬币，其中硬币为辅币，二者发行机制可能不完全一样。美国纸币由美国联邦储备系统（Federal Reserve System，简称美联储，Fed）负责发行，但不允许通过购买支出流向社会；而硬币由财政部负责发行，允许通过兑换进入社会。由于铸造硬币的成本低于货币表示的价值，这时的货币被称为表征货币（token money），负责发行货币的机构有利可图。当政府负责发行货币且通过购买行为进入流通，政府实际上获得了被称为铸币税（seigniorage）的收入。据说美国财政部铸造 25 美分的硬币只需要 7 美分的成本，从而获得铸币税。当然，如果一国政府或者通过中央银行发行纸币直接购买或者进行其他支付行为而进入流通，则政府获得的铸币税更多。实际上，这也是一些国家发生恶性通货膨胀的一般原因。

3.1.2　货币的职能

现代货币能够起到三个方面的作用，称为货币职能。

（1）交换媒介（medium of exchange），指货币作为一种普遍接受的交换介质。支付工具是货币交换媒介能力的体现。

（2）计价单位或记账单位（unit of account），指货币作为一种衡量价值的标尺，简单地说,货币为商品标价。

(3)价值储藏(store of value),指货币随着时间流逝而能够保持购买力,能够表征财富,并由于其方便储存而具有价值储藏作用。储存货币可以代替储存物品,而其持有和保存成本低。当然,货币也存在不稳定尤其是贬值的风险。即使在现代国家,黄金虽然退出了日常交换媒介、计价单位职能,但是仍然保留了价值储藏职能。

另外,有的国家货币被其他国家作为国际贸易的结算货币,这时,该国货币具有世界货币职能。

3.1.3 货币的定义

从现代意义上说,货币是指被人们普遍接受的一种资产,具有法定的用于物品和服务交易的支付作用和清偿债务的能力。也就是说,货币往往强调其作为支付工具和清偿债务的作用,并在此基础上发展了电子支付等方式。通常,货币指国家发行的纸币和硬币;当然,在现代经济条件下,货币还有其他形式。

3.2 货币体系及其性质和作用

3.2.1 货币体系的构成

货币体系指决定和影响货币供应量的组织和机制。从组织上看,货币体系由中央银行(central bank)、商业银行和公众构成,他们共同影响社会货币供应量。其中,中央银行负责货币发行,并通过货币政策影响商业银行、公众行为,是货币供给的主导者;商业银行通过存贷关系参与货币创造,其行为受经济形势、中央银行货币政策影响;公众指中央银行和商业银行之外的个人和组织,其行为影响货币供应量,例如,持有现金的意愿(流动性偏好)、储蓄和借贷行为等。

3.2.2 中央银行

3.2.2.1 中央银行的作用

中央银行是一国管理货币发行、实施货币管理和货币政策的官方机构。中央银行的职能和作用包括发行的银行、银行的银行和政府的银行三个方面。

(1)发行的银行。指中央银行垄断纸币的发行权,制定货币政策,控制经济中的货币供应量。中央银行发行的初始货币称为基础货币(basic money)。经济中的基础货币表现为两种形式,一是公众留存的现金(C);二是商业银行留存的准备金(R),准备金是商业银行吸收的存款但没有放贷出去的部分。那么,基础货币(B)是现金和准备金之和,即:

$$B = C + R \tag{3.1}$$

(2)银行的银行。中央银行向商业银行和其他金融机构提供办理存款(准备金存款)、贷款业务(贴现贷款),是最后贷款人。中央银行作为商业银行的最后贷款人,指在商业银行出现支付危机时，中央银行为其提供贷款甚至接管，以维护货币和金融稳定。

（3）政府的银行。中央银行为政府提供各种服务，包括代理国库、经办政府财政收支、代表政府执行金融管理职能等。

当然，各国中央银行的组织机构形式和具体作用并不完全相同。下文将分别介绍美国的中央银行和中国的中央银行。

3.2.2.2　中央银行的资产负债表

中央银行的资产负债表便于我们理解其职能如何发挥。在表 3.1 中，中央银行持有的资产形式有黄金和外汇储备（国际储备资产）、贴现贷款（中央银行对商业银行的贷款）、购买并持有的政府债券以及其他资产。流通中的现金作为中央银行发行的债务，包括公众持有的现金和商业银行等存款机构的库存现金（没有交付中央银行的超额准备金）。中国人民银行发行的未偿付的央票（即中央银行票据，类似于一种债券）也是负债。中央银行另一种负债是商业银行在中央银行的存款准备金，包括法定存款准备金和超额准备金。法定存款准备金是商业银行按照法定要求留存或者缴存到中央银行的存款。

表 3.1　中央银行的资产负债表结构

资产	负债和净资产
黄金和外汇储备	负债
贴现贷款	现金
政府债券	银行票据
其他资产	银行准备金存款
总资产	净资产

3.2.2.3　美国的中央银行

美国于 1913 年成立的联邦储备系统是美国的中央银行，负责货币发行和执行货币政策。美联储最初的权力不大，因为总体背景仍然是经济自由主义。1929—1933 年，美国发生大萧条，其中重要原因是货币银行体系不健全，比如银行和证券混业经营、由于担心通货膨胀而导致货币供给量不足，中央银行没有担负最后贷款人的角色。大萧条期间，大量银行倒闭，产生恐慌。为此，美国逐渐完善中央银行制度，美联储担负起更多的稳定货币的职能。美联储设立理事会、公开市场操作委员会、咨询委员会等机构，下辖 12 家联邦储备银行。理事会由 7 名理事组成，由总统指定、参议院认可，是联邦储备系统的决策机构。联邦公开市场委员会（Federal Open Market Committee，FOMC）负责决定货币政策的关键工具及公开市场业务，由理事和 5 名联邦储备银行主席组成。联邦顾问委员会由联邦储备银行管辖区域的银行家组成。联邦储备银行负责货币发行和对成员银行进行监管。

经济学与经济制度：美国联邦储备系统的产生

美国联邦储备系统（Federal Reserve System）是美国的中央银行，是为监管商业银行体系和调节经济中的货币供应量而设立的机构，简称美联储（Fed）。1791 年，在亚历山大·汉密尔顿(Alexander Hamilton)[①]的呼吁下,美国国会第一次特许成立美国第一银行,是美联储的前身。汉密尔顿的目标是建立有效的中央政府,用以管理经济和货币供给,促进工业化,为公共基础设施建设融资。但是,托马斯·杰弗逊(Thomas Jeffson)总统不信任银行并担心中央政府过于强大,反对美国第一银行的发展,并终止了第一银行的特许经营权。杰弗逊也反对政府发行债务,建议把平衡预算修正案写入宪法。之后,美国随之发生严重的通货膨胀,美国国会于1817年特许成立美国第二银行,为国家提供更好、更统一的货币。但是,安德鲁·杰克逊(Andrew Jackson)总统鄙视金融,撤销了第二银行的特许权。因此,在19世纪的大部分时间中,美国与欧洲的多数国家不同,没有行使最后贷款人职责的中央银行,因此经常出现挤兑恐慌和信贷短缺。他们担心政府的银行会和华尔街合谋向人民施以暴政。1907年再次出现严重的商业银行倒闭事件,成立中央银行再次摆上国会的议程,但是公众对中央银行的不信任并未消除。在此环境之下,1910年11月的一天晚上,罗德岛的共和党参议员尼尔森·奥尔德里奇(Nelson Aldrich)等人秘密集会,起草了后来被称为《联邦储备法》的草案,这份草案深刻地改变了美国经济。国会并没有通过这份法案,但是,它为真正的《联邦储备法》奠定了基础。1913年,伍德罗·威尔逊(Woodrow Wilson)总统签署法律,正式通过了《联邦储备法》,建立了美国的中央银行制度。

[资料来源:本书作者根据曼昆《经济学原理(宏观经济学分册)》北京大学出版社(梁小民、梁砾译)2020年版第29章相关内容整理]。

3.2.2.4 我国的中央银行

1995年3月18日,《中华人民共和国中国人民银行法》颁布实施,首次以国家立法形式确立了中国人民银行作为中央银行的地位。中国人民银行是国务院组成部门,是中华人民共和国的中央银行,是在国务院领导下制定和执行货币政策、维护金融稳定、提供金融服务的宏观调控部门。除了负责货币发行之外,我国中央银行还担负财政收入和支出的管理,即代理国库职责;还具有作为最后贷款人以稳定货币支付体系的职责。

我国实行国库集中收付制度。国库集中收付制度,也称为国库单一账户制度,包括国库集中支付和收入收缴。在此制度之下,财政部门代表政府在中央银行设置国库单一账户体系,所有的财政性资金均纳入国库单一账户体系收缴、支付和管理。财政收入通过国库单一账户体系,直接缴入国库;财政支出通过国库单一账户体系,以财政直接支付和财政授权支付的方式,将资金支付到物品和服务供应者或用款单位;未支用的资金均保留在国库单一账户,由财政部门代表政府进行管理运作,降低政府筹资成本,为实施宏观调控政策提供可选择的手段。

最终贷款人(Lender of Last Resort),是指在商业银行发生资金困难而无法从其他银行或金融市场筹资时,中央银行对其提供资金支持,承担最后贷款人角色,避免银行破产倒闭。在该制度之下,当商业银行有清偿能力但暂时流动性不足时,中央银行通过贴现窗口或公开市场购买等方式向银行发放紧急贷款,缓和公众对现金短缺的恐慌。在商业银行面临严重

① 汉密尔顿是美国政治家、经济学家,是美国开国元勋之一,是《美国宪法》起草人和签署人之一,曾担任美国第一任财政部部长。

风险时，中央银行可以依法接管，或者委托有关银行接管，对商业银行实施管制。

经济学与经济制度：中国人民银行的职责

中国人民银行是中国的中央银行，其主要职责为：

（一）拟订金融业改革、开放和发展规划，承担综合研究并协调解决金融运行中的重大问题、促进金融业协调健康发展的责任。牵头国家金融安全工作协调机制，维护国家金融安全。

（二）牵头建立宏观审慎管理框架，拟订金融业重大法律法规和其他有关法律法规草案，制定审慎监管基本制度，建立健全金融消费者保护基本制度。

（三）制定和执行货币政策、信贷政策，完善货币政策调控体系，负责宏观审慎管理。

（四）牵头负责系统性金融风险防范和应急处置，负责金融控股公司等金融集团和系统重要性金融机构基本规则制定、监测分析和并表监管，视情责成有关监管部门采取相应监管措施，并在必要时经国务院批准对金融机构进行检查监督，牵头组织制定实施系统重要性金融机构恢复和处置计划。

（五）承担最后贷款人责任，负责对因化解金融风险而使用中央银行资金机构的行为进行检查监督。

（六）监督管理银行间债券市场、货币市场、外汇市场、票据市场、黄金市场及上述市场有关场外衍生产品；牵头负责跨市场跨业态跨区域金融风险识别、预警和处置，负责交叉性金融业务的监测评估，会同有关部门制定统一的资产管理产品和公司信用类债券市场及其衍生产品市场基本规则。

（七）负责制定和实施人民币汇率政策，推动人民币跨境使用和国际使用，维护国际收支平衡，实施外汇管理，负责国际国内金融市场跟踪监测和风险预警，监测和管理跨境资本流动，持有、管理和经营国家外汇储备和黄金储备。

（八）牵头负责重要金融基础设施建设规划并统筹实施监管，推进金融基础设施改革与互联互通，统筹互联网金融监管工作。

（九）统筹金融业综合统计，牵头制定统一的金融业综合统计基础标准和工作机制，建设国家金融基础数据库，履行金融统计调查相关工作职责。

（十）组织制定金融业信息化发展规划，负责金融标准化组织管理协调和金融科技相关工作，指导金融业网络安全和信息化工作。

（十一）发行人民币，管理人民币流通。

（十二）统筹国家支付体系建设并实施监督管理。会同有关部门制定支付结算业务规则，负责全国支付、清算系统的安全稳定高效运行。

（十三）经理国库。

（十四）承担全国反洗钱和反恐怖融资工作的组织协调和监督管理责任，负责涉嫌洗钱及恐怖活动的资金监测。

（十五）管理征信业，推动建立社会信用体系。

（资料来源：中国人民银行官网，http://www.pbc.gov.cn/，2024-11-9。）

3.2.3 商业银行

3.2.3.1 商业银行及其业务

商业银行是一种金融企业,以经营存款和贷款为主要业务。此外,商业银行还有其他业务,例如票据贴现、信用卡业务、保管业务、结算业务、代收代支等委托业务。

中国商业银行法规定,商业银行是指依照本法和《中华人民共和国公司法》设立的吸收公众存款、发放贷款、办理结算等业务的企业法人。商业银行本质上是一种金融中介机构,其运行方式如图 3.1 所示。商业银行从家庭、企业、政府和其他组织吸收存款,为之支付存款利息;然后商业银行利用自己的专业能力,向家庭、企业、政府和其他组织贷款,收取贷款利息,赚取利差和服务费。储蓄机构是与商业银行类似的一种金融机构,但储蓄机构只吸收存款,不能向公众发放贷款,只是将存款贷给商业银行。

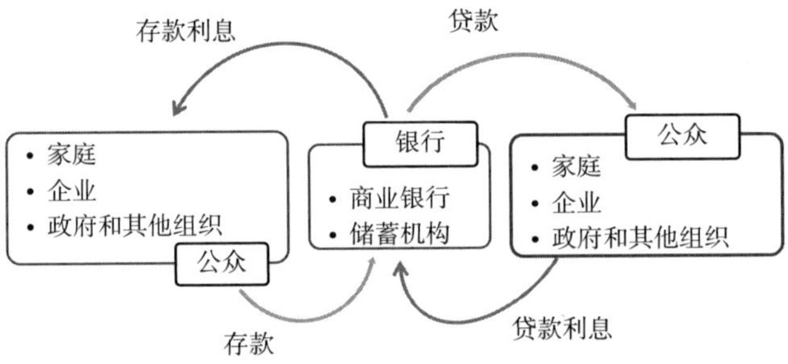

图 3.1 商业银行的存贷业务

除了存款和贷款业务外,商业银行可以经营下列部分或者全部业务:办理国内外结算;办理票据承兑与贴现;发行金融债券;代理发行、代理兑付、承销政府债券;买卖政府债券、金融债券;从事同业拆借;买卖、代理买卖外汇;从事银行卡业务;提供信用证服务及担保;代理收付款项及代理保险业务;提供保管箱服务;经国务院银行业监督管理机构批准的其他业务。其经营范围由商业银行章程规定,报国务院银行业监督管理机构批准。商业银行经中国人民银行批准,可以经营结汇(外汇结算)、售汇(销售外汇)业务。

3.2.3.2 商业银行的存贷业务与资产负债表

商业银行的存贷业务呈现在资产负债表上。考虑新投资设立一家商业银行,注册资本 10 000 万元,未经营前的资产负债表如表 3.2 所示。

表 3.2 新设立的商业银行的资产负债表

资产		负债和净资产	
建筑和设备	5 000 万元	负债	0 元
现金	5 000 万元	净资产	10 000 万元
资产总计	10 000 万元	合计	10 000 万元

假定该商业银行开始营业,吸收了 500 万元存款,并为之开设支票账户。这样,在资产

负债表的资产端增加存款 500 万元，资产扩张到 10 500 万元；同时在负债端增加支票账户 500 万元，负债从 0 增加到 500 万元，净资产和负债合计也扩张到 10 500 万元。此时的资产负债表如表 3.3 所示。

表 3.3　开始经营的商业银行的资产负债表

资产		负债和净资产	
建筑和设备	5 000 万元	负债	
现金	5 000 万元	支票账户	500 万元
存款	500 万元	净资产	10 000 万元
总资产	10 500 万元	负债和净资产合计	10 500 万元

3.2.3.3　对商业银行的监管制度

银行业受政府监管[①]。商业银行监管主要有三项制度。

（1）开办商业银行，需要经过银行监管部门审批。需要一定的资本金。我国设立全国性商业银行的注册资本最低限额为 10 亿元人民币，设立城市商业银行的注册资本最低限额为 1 亿元人民币，设立农村商业银行的注册资本最低限额为 5 000 万元人民币。注册资本应当是实缴资本。

（2）银行经营过程中需要一定的资本充足率（capital adequacy ratio）。资本充足率是保证银行等金融机构正常运营和发展所需要的、银行资本对其资产总额的比率。各国金融管理当局一般都有对商业银行资本充足率的管制，目的是监测银行抵御风险的能力。

（3）商业银行的存款法定准备金率（required reserve ratio）。国家法律规定的银行必须留存的准备金对存款的最低比率，为法定准备金率。设定法定准备金的目的是保证商业银行有最低的应对储户提款的能力。“2024 年 2 月 5 日，我国金融机构平均存款准备金率约为 7%，较 2018 年初的 14.9%降低了 7.9 个百分点。其中，大型银行（包括大型国有银行）存款准备金率为 8.5%，中型银行（包括股份制银行等）为 6.5%，小型银行（包括 4000 多家农村商业银行、农村合作银行、农村信用社和村镇银行等）为 5%”[②]。我国金融机构在中央银行缴存存款准备金有一定的利息率，2024 年 8 月，存款准备金年利率为 1.62%，超额存款准备金年利率为 0.72%。

3.2.4　公众

公众的行为尤其是资产选择行为影响货币供应量。公众持有资产有各种形式，比如持有货币、购买和持有证券、购买和持有不动产等。其中，公众持有货币包括持有现金和在银行存款，存款有支票存款（活期存款）、储蓄存款（定期存款）、大额存单等形式。宏观经济学关心公众尤其是居民持有现金的数量，该行为影响银行的货币创造和货币供应量。如果公

①　我国的银行业由国家金融监管总局负责监管，但一些商业银行的行为也受中国人民银行监管，例如，银行间债券市场、货币市场、外汇市场、票据市场、黄金市场及上述市场有关场外衍生产品。

②　中国人民银行：存款准备金，http://www.pbc.gov.cn/rmyh/4027845/index.html。

众持有现金，则该现金暂时退出经济循环；如果公众以存款形式持有货币，则银行获得存款并进行放贷，为经济发展提供货币资金并且参与货币创造。

从货币市场看，公众持有现金和活期存款（能够使用开支票等方式进行快捷支付），称为货币需求，将影响货币市场利率。货币需求体现为流动性需求，即持有流动性的需求，因为现金和活期存款实际上是一种流动性，能够灵活用于支付和购买其他资产或者物品。如果公众购买和持有证券资产，能够为投资提供支持。公众的证券需求上升，证券价格上升，有利于企业融资。如果公众增加持有货币，货币需求增加，反而导致货币供应量缩小，预期经济不乐观。

3.3 货币供应量统计口径及其计量

3.3.1 货币供应量

货币供给量（money supply），即货币存量、货币流通量，指一国在某一时点上，国民经济各部门持有的流通手段和支付手段的货币总和，表现为居民、机关团体、企事业单位和城乡居民所拥有的现金和金融机构的存款等各种金融资产。

货币不仅指现金，公众的银行存款可以用于支付的部分也是货币。定义货币不同口径的标准是流动性。流动性即各种货币形态转化为现金所需要的时间和成本，反映了各种货币形态作为流通手段与支付手段的方便程度。现金具有最高的流动性，当然是货币；其他具有流动性的资产在一定程度上可以算作货币，这样货币就有了不同的衡量口径。

一般来说，根据货币的流动性，划分货币供给量的层次指标主要有三个：流通中的现金（M_0）、狭义货币（M_1）和广义货币（M_2）。

（1）现金，即公众手中持有的现金。现金是具有充分流动性的货币。

（2）狭义货币，是基础的货币计量形式，包括现金和支票账户存款。支票账户存款指随时可以开支票提取或转账的银行存款。我国居民有活期存款账户，没有支票存款账户，但活期存款可以很容易取出来用于支付，而且在电子支付的条件下，已经相当于支票账户。所以有：

$$M_1 = M_0 + \text{支票账户存款} \tag{3.2}$$

狭义货币是流动性很强的货币，其主要职能是支付，尽管我国的活期存款有较低的利息，也有一定的价值储藏职能。

（3）广义货币，是在狭义货币的基础上，再加上定期存款和货币市场基金等。其中，定期存款也称为储蓄存款，是约定一定期限才能提取的存款。货币市场互助基金（Money Market Mutual Funds）是一种起源于美国的创新性的投资工具，主要吸收小额投资，用于在货币市场进行投资。投资者可以获得基金的利润分配，其诞生是为了规避对定期存款的利息上限，在 20 世纪 70 年代被引入市场。总之，货币市场基金指投资于货币市场上短期（一年以内）有价证券的一种投资基金，具有一定的流动性。所以有：

$$M_2 = M_1 + \text{储蓄存款} + \text{货币市场基金} \tag{3.3}$$

广义货币的流动性相对较差，价值储藏职能更重要，但能够较方便地换为现金进行支付，尤其是进行证券投资。

3.3.2　货币供应量统计实践

各国对 M_1 的内涵定义大致相同，M_2 的定义则不尽相同。我国的货币供应量分为三个层次。

（1）M_0，称为流通中的现金。

（2）M_1，称为货币，在流通中的现金的基础上，加上单位活期存款（如企业的定期存款和自筹基建存款之外的存款、机关存款等），即：

$$M_1 = M_0 + \text{单位活期存款} + \text{个人存款} \tag{3.4}$$

（3）M_2，称为货币和准货币，在货币的基础上，再加上单位定期存款、其他存款（如外币存款和信托类存款）。

$$M_2 = M_1 + \text{个人储蓄存款} + \text{单位定期存款} + \text{其他存款} \tag{3.5}$$

表 3.4 为 2024 年上半年我国货币供应量指标。以 2024 年 1 月为例，流通中的现金为 121 398.54 亿元，狭义货币为 694 197.88 亿元，是流通中的现金的 5.72 倍；广义货币为 2 976 250.2 亿元，是狭义货币的 4.29 倍。以 2023 年国内生产总值 126.06 万亿元为基数，流通中的货币量是 GDP 的 9.63%，狭义货币是 GDP 的 55.07%，广义货币是 GDP 的 236.1%。从时间序列看，2024 年 2 月到 6 月，比上月变化为减少 0.32%、减少 3.14%、增加 0.09%、减少 0.21%、增加 0.58%。

表 3.4　中国 2024 年上半年的货币供应量（单位：亿元）

货币指标	2024 年 1 月	2024 年 2 月	2024 年 3 月	2024 年 4 月	2024 年 5 月	2024 年 6 月
货币和准货币（M2）	2 976 250.2	2 995 572.97	3 047 952.16	3 011 941.98	3 018 506.73	3 050 161.54
货币（M1）	6 941 97.88	665 916.09	685 808.9	6 600 65.69	646 842.47	660 610.52
流通中货币（M0）	121 398.54	121 009.93	117 210.5	117 310.55	117 062.72	117 736.77

资料来源：中国人民银行官方网站（http://www.pbc.gov.cn/）。

美国的货币供应量有三种指标，即通货、M_1 和 M_2，其关系和构成见表 3.5 所示。2013 年，美国国内生产总值（GDP）为 16.88 万亿美元，通货占 GDP 比重为 6.65%，M_1 占 GDP 比重为 14.94%，M_2 占 GDP 比重为 62.74%。

表 3.5　美国的货币供应量（单位：10 亿美元）

货币指标	2013 年 6 月
M_1=通货	1 123.0
+旅行支票	3.7
+活期存款	944.9

续表

货币指标	2013 年 6 月
+其他支票存款	451.0
M_1 总计	2 522.6
M_2=M_1	121 009.93
+小额定期存款	567.7
+储蓄存款和货币市场存款	6 857.1
+货币市场共同基金	651.5
M_2 总计	10 589.9

资料来源：弗雷德里克·S. 米什金：《宏观经济学政策与实践（原书第 2 版）》，杨澄宇译，机械工业出版社，2018，第 72 页。

3.4 商业银行的部分存款准备金制度及存款创造

货币体系中的一个重要环节是商业银行具有货币创造作用，而这与部分存款准备金制度相关。

3.4.1 部分存款准备金制度

银行存款准备金（Reserve，R），指商业银行没有贷出去的存款，其主要功能是用于满足公众提款和支付。商业银行留存部分存款作为准备金，存款准备金仅占存款的一个比例，例如 10%，称为部分准备金制度。

在现代国家货币制度下，中央银行对部分准备金制度进行监管，规定准备金率的最低要求，这就是法定准备金率（reserve ratio，rr），即中央银行对商业银行吸收的存款规定一个最低限度的准备金比率，作为控制银行贷款规模和速度，进而控制货币供给量的工具。

实际经营中，商业银行留存的准备金可能超过法定准备金数量，称为超额准备金，包括银行为日常支付留存的准备金（法定准备金不能使用）、银行想放贷而没有贷出去的存款、留下部分存款以吸收更好的贷款客户、商业银行怠于放贷而形成的准备金等。

3.4.2 商业银行的存款创造与简单存款乘数

部分准备金制度使商业银行具有存款创造作用。考虑商业银行按照法定准备金率留存准备金，没有超额准备金。商业银行吸收初始存款为 R，法定准备金率为 rr，则初始存款经过多次存贷，且假定公众不留存现金，初始存款将全部转变为准备金，最终存款（D）与初始存款、法定准备金率将有如下关系：

$$\frac{R}{D} = rr \tag{3.6}$$

即：

$$D = \frac{R}{rr} \tag{3.7}$$

例如，初始存款 100 元，$rr = 10\%$，则最终存款为 1 000 元。这表明商业银行的存贷行为对初始存款具有放大作用，最终存款大大超过初始存款数量。这个关系用存款乘数（K_D）衡量，存款乘数表示最终存款总量与法定准备金之间的倍数关系。假定商业银行没有超额准备、公众不留存现金，这时的存款乘数称为简单存款乘数，是商业银行最大的存款乘数。计算公式如下：

$$K_D = \frac{D}{R} = \frac{1}{rr} \tag{3.8}$$

简单存款乘数是法定准备金率的倒数，当 $rr = 10\%$时，简单存款乘数为 10。显然，法定准备金率越低，存款乘数越大，存款创造能力越强。例如，当 $rr = 5\%$时，存款乘数上升为 20。

3.4.3　公众行为、超额准备金对商业银行存款创造的影响

公众实际上留存部分现金而并不全部存入银行，中央银行发行的基础货币并不都能按照上述存款乘数通过商业银行放大。为方便，考虑公众留存现金（C）为存款的一个比例 c，即：

$$c = \frac{C}{D} \tag{3.9}$$

在公众留存现金的情况下，现金不参加存款创造，存款乘数将缩小。显然，商业银行如果存在超额准备金，这部分货币不能进行存款创造，商业银行货币创造能力也将下降，存款乘数也将缩小。

3.4.4　货币乘数

考虑近似于狭义货币的货币，其货币供给量为公众持有现金和商业银行的存款之和：

$$M = C + D = (1 + c)D \tag{3.10}$$

假定商业银行无超额准备金，中央银行发行的基础货币一部分转化为银行法定准备金（R），一部分为公众持有的现金（C），则有：

$$B = C + R = (c + rr)D \tag{3.11}$$

由于商业银行的存款创造作用，货币供应量大于基础货币。货币乘数（K_B）指单位基础货币创造的货币供给量，表示货币供应量与基础货币的倍数关系，具体关系如下：

$$K_B = \frac{M}{B} = \frac{1 + c}{rr + c} \tag{3.12}$$

显然，如果公众不留存现金，则货币乘数就是简单存款乘数，$K_B = K_D$。如果公众留存现金，货币乘数将降低，因为现金不参加存款创造。例如，$rr = 10\%$，如果 $c = 0$，则货币乘数为 10；同样 $rr = 10\%$，但是 $c = 10\%$，此时货币乘数降低为 5.5。

3.5 中央银行控制货币供应量的工具

中央银行负责货币发行、提供基础货币,可以通过决定基础货币的数量来决定货币供应量。在实践中,中央银行通过一些货币政策工具操作,在既定的基础货币数量条件下,决定社会的货币供应量。货币政策工具主要是公开市场业务(或者称公开市场操作)、调整法定准备金率和调整贴现贷款利率。此外,还有一些辅助工具。各国货币政策工具也不完全一样。

3.5.1 公开市场业务

公开市场业务(open market operation),也称公开市场操作,指中央银行在二级证券市场上买进或卖出债券(主要是政府债券)用以增加或减少基础货币,从而影响货币供应量的一种政策手段。

公开市场业务包括公开市场购买和公开市场出售两种情形。公开市场购买,也称为公开市场正操作,指中央银行从公众手中买进债券,非货币的债券变为货币,使基础货币增加,扩大货币供应量。公开市场出售,也称公开市场逆操作,指中央银行向公众售出债券,公众持有的货币变为非货币的债券,使基础货币减少,减少货币供应量。

美国联邦准备系统主要通过买卖政府短期债券进行操作。我国流通中的政府债券数量有限,中国人民银行专门发行了一种票据来实现公开市场操作,这就是中央银行票据(Central Bank Bill),简称央票。央票是中央银行为调节商业银行超额准备金而向商业银行发行的短期债务凭证,其实质是中央银行债券,称为“票据”是为了突出其短期性特点。中国人民银行已发行的央行票据期限最短的 3 个月,最长的也只有 3 年。中央银行发行央票,将收回基础货币,减少货币供应量;中央银行进行央票回购(或者到期收回),则相当于投放货币,增加货币供应量。中央银行要为其发行的票据支付利息,但央行本身无需融资,支付利息属于中央银行调控经济的成本。当然,中央银行在二级市场上买卖证券(国债)也并非以获得投资回报为目的,而是控制货币供应量和实施货币政策。

3.5.2 调整法定准备金率

法定准备金率影响商业银行创造货币的数量,从而影响货币供应量。中央银行提高法定准备金率时,银行准备金增加,存款乘数和货币乘数变小,货币供应量减少。相反,中央银行降低法定准备金率时,银行准备金减少,存款乘数和货币乘数变大,货币供应量增加。

一般来说,法定准备金率调整对货币供应量的影响较大,而货币供应量大幅波动不利于经济稳定。基于此,美国控制货币供应量和执行货币政策主要使用公开市场业务工具。在一段时间内,我国则比较注重法定准备金率的使用。2007 年之前,法定准备金率相对稳定,调整周期较长(表 3.6)。2007—2008 年期间,为抑制经济过热,曾经较大幅度提高法定准备金率,从 2007 年 1 月的 9.5%提高到 2008 年 6 月的 17.5%,上调 14 次,作为经常性工具,调整比较频繁。之后,对法定准备金率进行了一定的下调,2008 年 12 月下调至 15.5%。之后,

2010年和2011年又多次上调法定准备金率，2011年6月上调到21.5%，达到高峰。再以后，法定准备金率则呈现下调趋势，2016年2月法定准备金率调整到17%，并持续到2018年。

表3.6 中国人民银行规定的法定准备金率（1985—2016年）

序号	时间	法定准备金率（%）	序号	时间	法定准备金率（%）
1	1985年	10	24	2008年5月	16.5
2	1987年	12	25	2008年6月	17.5
3	1988年9月	13	26	2008年10月	17
4	1998年3月	8	27	2008年12月	16
5	1999年11月	6	28	2008年12月	15.5
6	2003年9月	7	29	2010年1月	16
7	2004年4月	7.5	30	2010年2月	16.5
8	2006年7月	8	31	2010年5月	17
9	2006年8月	8.5	32	2010年11月	18
10	2006年11月	9	33	2010年12月	18.5
11	2007年1月	9.5	34	2011年1月	19
12	2007年2月	10	35	2011年2月	19.5
13	2007年4月	10.5	36	2011年4月	20.5
14	2007年5月	11	37	2011年5月	21
15	2007年6月	11.5	38	2011年6月	21.5
16	2007年8月	12	39	2011年11月	21
17	2007年9月	12.5	40	2012年2月	20.5
18	2007年10月	13	41	2012年5月	20
19	2007年11月	13.5	42	2015年2月	19.5
20	2007年12月	14.5	43	2015年4月	18.5
21	2008年1月	15	44	2015年8月	18
22	2008年3月	15.5	45	2015年10月	17.5
23	2008年4月	16	46	2016年2月	17

资料来源：根据《中国经济网》2020年1月20日《金融机构存款准备金率历年变动一览》（http://finance.ce.cn/sub/2020/dxjz/hczqxgyd/202003/13/t20200313_34485797.shtml）和《华夏时报网》2011年12月1日《央行三年来首度下调存款准备金率》（https://www.chinatimes.net.cn/article/26620.html）的数据整理。

注：2008年不同的金融机构设立差别存款准备金率，本表数据为大型银行的法定准备金率。

2018年以来，中国人民银行18次下调存款准备金率（图3.2），共提供长期资金约14.4万亿元。截至2024年9月27日，金融机构平均法定存款准备金率约为6.6%，较2018年初降低了8.3个百分点。其中，大型银行（指国有大型银行）的存款准备金率为8.0%，中型银行（指股份制商业银行）的存款准备金率为6%，小型银行（包括4 000多家农村商业银行、农村合作银行、农村信用社和村镇银行等)的存款准备金率为 5.0%。

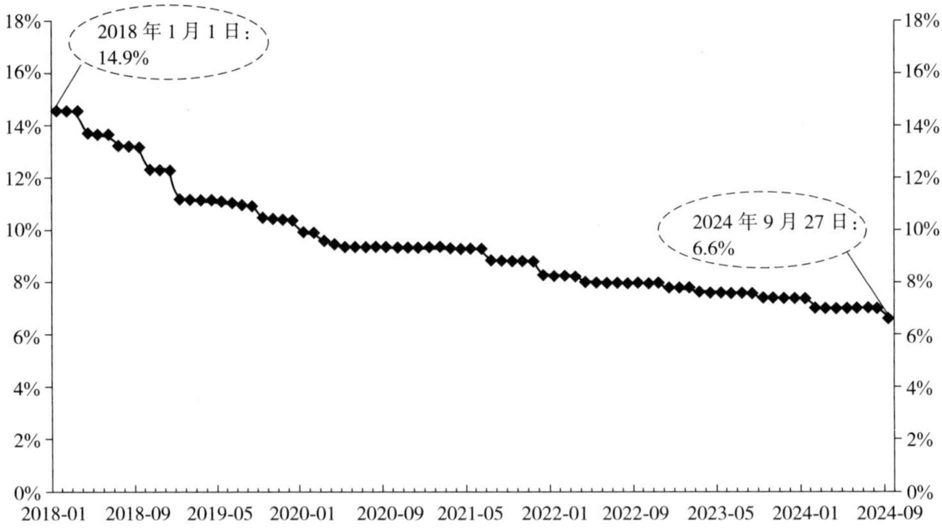

图 3.2　我国金融机构平均法定存款准备金率变动情况(2018—2024 年)

资料来源:中国人民银行官方网站(http://www.pbc.gov.cn/)。

我国中央银行对商业银行和存款机构缴存的准备金支付利率(称为准备金利率),分为法定准备金利率和超额准备金利率。该利率尤其是超额准备金利率对货币供给也有一定影响。该利率越高,会有更多准备金缴存到中央银行,货币供应量相应减少;该利率越低,激励商业银行放贷,提供更多货币供给量。

3.5.3　调整再贴现贷款利率

中央银行对商业银行的贷款称为贴现贷款,相应的利率为贴现贷款利率。贴现,即商业银行对客户的未到期票据提前支付并收取利息的行为,相应的利率为贴现利率。中央银行对商业银行的再贴现贷款,以中央银行对金融机构持有的未到期已贴现商业汇票予以贴现的方式进行,故称为再贴现。商业银行向中央银行贷款的目的是补充法定准备金,其结果是扩大货币供给量。

按照中国人民银行的解释,再贴现是人民银行对金融机构持有的已贴现票据进行贴现的业务,自 1986 年开办, 2008 年开始发挥结构性功能,重点用于支持扩大涉农、小微和民营企业融资。发放对象包括全国性商业银行、地方法人银行和外资银行等具有贴现资格的银行业金融机构。属于长期性工具[①]。自 2024 年 1 月 25 日起,中国人民银行再贴现利率为 1.75%。

中央银行提高或者降低贴现贷款利率具有不同的政策方向。中央银行提高贴现贷款利率,表明中央银行不鼓励商业银行到中央银行贷款,试图减少或者抑制基础货币发行,减少

① 中国人民银行官网:“货币政策工具,具体工具介绍”(截至 2024 年 6 月末), http://www.pbc.gov.cn/zhengcehuobisi/125207/125213/4634692/4634697/5412489/index.html。

货币供应量。因此，提高贴现贷款利率表明中央银行不希望商业银行贷款，释放紧缩的信号。中央银行降低贴现贷款利率，表明中央银行支持商业银行到中央银行贷款，意图是扩大基础货币发行，增加货币供应量，释放刺激经济的信号。

3.5.4　我国货币政策工具的创新

实践中的货币政策工具还有其他各种方式。我国的货币政策内涵比较宽泛，不仅着眼于稳定宏观经济，而且还力图促进经济增长和落实产业政策。最重要的形式是由中央银行为商业银行和金融机构提供资金，扩大货币供给。再贷款就是其中之一，指中央银行向商业银行和金融机构以各种形式提供贷款。

中国人民银行还创新再贷款方式，其中之一是常备借贷便利（Standing Lending Facility，SLF），于 2013 年初创设，由有资格的商业银行向中央银行申请。常备借贷便利是中国人民银行正常的流动性供给渠道，主要功能是满足金融机构期限较长的大额流动性需求，对象主要为政策性银行和全国性商业银行，期限为 1~3 个月，利率水平根据货币政策调控、引导市场利率的需要等综合确定。常备借贷便利以抵押方式发放，合格抵押品包括高信用评级的债券类资产及优质信贷资产等。常备借贷便利的主要特点是：①由金融机构主动发起，金融机构可根据自身流动性需求申请常备借贷便利；②常备借贷便利是中央银行与金融机构的“一对一”交易，针对性强；③常备借贷便利的交易对手覆盖面广，通常覆盖存款金融机构。2024 年 9 月 27 日，中国人民银行公布，隔夜、七天、一个月的常备借贷便利的利率分别为 2.35%、2.50%和 2.85%。

中国人民银行还创立了中期借贷便利（Medium-term Lending Facility，MLF）。中期借贷便利创立于 2014 年 9 月。中期借贷便利是中央银行提供中期基础货币的货币政策工具，对象为符合宏观审慎管理要求的商业银行、政策性银行，可通过招标方式开展。发放方式为质押方式，需提供国债、央行票据、政策性金融债、高等级信用债等优质债券作为合格质押品。中期借贷便利利率发挥中期政策利率的作用，通过调节向金融机构中期融资的成本以对金融机构的资产负债表和市场预期产生影响，引导其向符合国家政策导向的实体经济部门提供低成本资金，促进降低社会融资成本。根据中国人民银行公布的消息，为维护银行体系流动性合理充裕，2024 年 9 月 25 日，人民银行开展 3 000 亿元中期借贷便利（MLF）操作，期限 1 年，最高投标利率 2.30%，最低投标利率 1.90%，中标利率 2.00%。操作后，中期借贷便利余额为 68 780 亿元[①]。

为支持国家开发银行加大对“棚户区改造”重点项目的信贷支持力度，2014 年 4 月，中国人民银行创设抵押补充贷款（Pledged Supplemental Lending，PSL），为开发性金融支持棚户区改造提供长期稳定、成本适当的资金来源。抵押补充贷款的主要功能是支持国民经济重点领域、薄弱环节和社会事业发展而对金融机构提供的期限较长的大额融资。抵押补充贷款采取质押方式发放，合格抵押品包括高等级债券资产和优质信贷资产。

① 中国人民银行官网：《2024 年 9 月中期借贷便利开展情况》，http://www.pbc.gov.cn/zhengcehuobisi/125207/125213/125446/125873/5467117/index.html。

3.6 货币市场与凯恩斯货币利息理论

现代经济条件下，货币市场属于金融市场之一。货币市场指交易期限在 1 年及 1 年以内的资金等金融产品交易的金融市场，其中典型的是同业拆借市场，即商业银行间调剂资金的市场。但在货币理论中，货币市场的作用并不是一般金融市场的融资作用，而是作为一个在中央银行控制之下、在公众参与之下的政策市场，决定货币供应量和一般利率水平，从而成为影响短期宏观稳定经济运行的重要机制。凯恩斯的货币利息理论的目的是通过货币市场将货币与实体经济联系起来，揭示货币在宏观经济尤其是决定总需求、总产出中的作用。

3.6.1 凯恩斯货币市场的特点

货币市场是短期金融市场，受中央银行的控制，并影响其他金融市场，被看作是典型的政策市场。货币市场的特点有以下几个方面。①货币市场是指交易期限在 1 年以内、以短期金融工具为媒介进行资金融通的金融市场，以及由此所形成的供求关系及其运行机制的总和。②货币市场是典型的以机构投资者（如商业银行、基金公司等）为主体的市场，其主要功能是保持资金的流动性，一方面满足资金需求者的短期资金需要，另一方面为资金充裕者的闲置资金提供盈利机会。③我国货币市场主要包括同业拆借市场、回购市场、票据市场等，其中同业拆借市场是货币市场的核心。④货币市场是金融市场基础利率形成的市场，中央银行通过参与该市场，进行货币供给量控制和利率控制，从而使货币市场成为一个政策市场。

新古典经济学认为，储蓄和投资构成的资本市场决定利息率。在该新古典经济学基础上的资本市场强调的是实物经济，资本市场利率也是实际利率，根源于物质资本的产出回报。凯恩斯认为，现代经济是货币经济，不能完全用实物经济解释，提出了利率是放弃货币流动性的报酬并由货币市场决定的思想。凯恩斯认为，利率反映了人们的流动性偏好，应当建立货币经济的货币市场理论，以解释货币利率的形成机制；货币市场利率调节使最具流动性的资产即货币供求平衡，而投资受利率影响，中央银行可以控制货币供给和调节利率，实施货币政策，从而调控总需求，稳定宏观经济。

3.6.2 货币市场需求

3.6.2.1 货币市场需求

货币需求是公众选择以货币形式持有资产的数量。公众之所以持有货币，是因为货币具有最高的流动性。具体地说，公众持有货币有交易动机、预防（谨慎）动机和投机动机三种动机。

交易动机指持有货币以满足日常现金支付的需要，预防动机指持有货币以备不时之需，而投机动机指持有货币以在适当的时候能够买入资产（例如债券）获利。广义而言，人们作为价值储藏手段而持有货币也属于这种类型的货币需求。货币利率低的时候，证券（例如债券）的价格高，预期资本收益（capital gain）由于证券价格上升而下降，公众更愿意持有货币以等待投资机会。

相应地，货币需求包括交易性货币需求和投机性货币需求。交易性货币需求指基于交易动机和预防动机产生的货币需求，交易性货币需求量与收入成正比，收入越多，交易性货币需求量越多。投机性货币需求则指基于投机动机产生的货币需求，投机性货币需求量与利率成反比。

3.6.2.2　货币市场需求曲线

一个社会的货币需求量（L）是总收入（Y）和货币市场利率（r）的函数，可以构建一个简单的货币需求函数：

$$L = L_1 + L_2 = L(Y,\ r) \tag{3.13}$$

其中，L_1 是交易性货币需求，与总收入（Y）成正比；L_2 是投机性货币需求，与利率（r）成反比。简单的线性货币需求函数为：

$$L = kY - hr \tag{3.14}$$

其中 k、h 是正的系数。k 反映货币需求量对总收入的敏感性，而 h 反映货币需求量对利率的敏感性。

给定收入，货币需求量是利率的减函数，这种关系称为货币需求曲线。如图 3.3 所示，货币需求曲线（MD）向右下方倾斜，利率越高，货币需求量越少；利率下降，货币需求量增加。

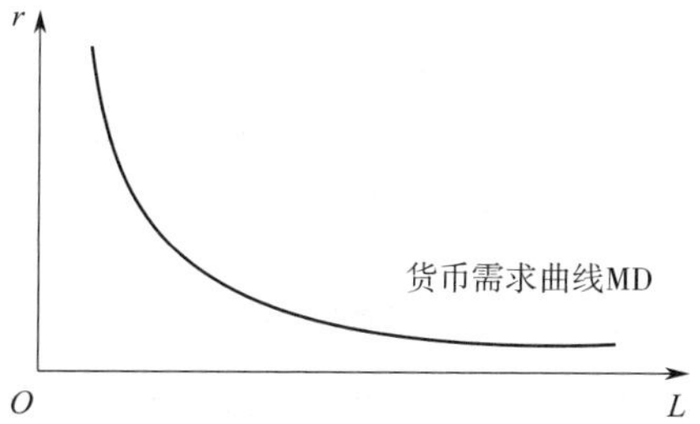

图 3.3　货币需求曲线

总收入的变化导致货币需求曲线移动。如果总收入增加，货币需求曲线将向右移动；总收入减少，货币需求曲线向左移动。

3.6.2.3　流动性陷阱

凯恩斯特别强调货币需求量与利率关系的一个特殊情形。投机货币需求量与利率反向变化，债券价格也与利率反向变化。在利率非常低的时候，人们持有货币的成本很低，而债券价格已经非常高，预期债券价格不会上升，投资债券获利机会很小，人们将持有货币而不购买债券，债券需求量非常小而货币需求量非常大。这意味着在非常低的利率水平上，利率很难继续下降，货币需求曲线趋向于一条平行线。此时，即使收入增加，人们也不会去购买债券和投资，而会持有货币，即持有流动性，这就是所谓的流动性陷阱（liquidity trap），意味着非常高的流动性需求和非常低的债券需求（从而投资需求）。流动性陷阱的政策含义是，在这种条件下，即使增加货币供给，也无法刺激投资，货币政策将是无效的。

3.6.3　货币市场均衡与利率决定

3.6.3.1　货币供给的外生性与货币供给曲线

货币供给量的内生性或者外生性是宏观经济学的一个重要课题。货币供给的内生性指货币供给量由经济体系自身决定，经济需要更多的货币，就会产生更多的货币，例如商业银行创造货币就是一种货币内生性的经济机制。货币供给的外生性指货币供给量不受经济体系内部因素的制约和中央银行以外的经济部门左右，而完全受中央银行控制，中央银行可以根据政府的金融政策和经济形势的需要而决定货币供应量。

凯恩斯经济学假定货币供给是外生的，货币供应量是政策变量，货币供给曲线是一条与利率无关的垂直线，如图 3.4 中的 MS 曲线。中央银行可以通过货币政策工具，增减货币供应量，移动货币供给曲线。

3.6.3.2　货币市场均衡和利率的决定

在货币市场上，在一个利率水平上，货币需求量（L）和中央银行确定的货币供给量（M_0/P）相等，实现货币市场均衡，此时的利率（r_0）为均衡利率，如图 3.4 所示。

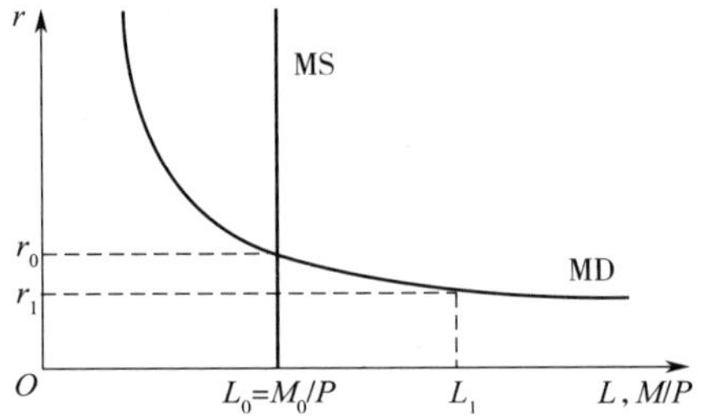

图 3.4　货币市场均衡与均衡利率

注意，在图 3.4 中，货币需求量是实际货币需求量，其中的利率为实际利率。相应地，将名义货币供给量（M_0）换算为实际货币供给量即 M_0/P，这里 P 为一般价格水平。

货币市场均衡机制与一般市场均衡有共性，也有特殊性。当现行利率低于均衡利率时，$r_1 < r_0$，货币需求量大于货币供给量，$L_1 > M_0/P$，利率将上升。为什么呢？首先，货币需求量大于供给量，是由于利率太低即公众持有货币的机会成本太低造成的，只有利率上升，才能消除过多的货币需求量，回到与货币供给量相等的水平，这与一般市场均衡原理一致。其次，货币市场均衡的调节机制还有特殊性，这与债券价格与利率负相关的关系有关。货币需求量大于供给量，意味着公众实际持有的货币量少于意愿持有的货币量，那么，公众将增加出售债券等资产以获得更多的货币，债券市场的债券供给上升，债券价格将下降，从而导致利率上升，利率上升导致货币投机需求减少，使货币需求量沿着货币需求曲线回到均衡水平。

3.6.3.3　中央银行控制货币供给和利率

中央银行可以调控货币供给量和市场利率。假定中央银行增加货币供给量到 M_1，货币供给曲线右移，利率将下降，如图 3.5 所示。货币供给量增加导致利率下降的机制与上述货币市场均衡机制类似。增加货币供应量后，在原均衡利率水平（r_0）上，货币供给量大于货币需求量，即 $M_1/P > L$，公众可以持有更多货币，但是公众不会全部以货币形式持有，而是将部分货币用于购买债券等资产，债券市场上债券需求增加，债券价格上升，债券价格上升导致利率下降，投机货币需求增加，货币需求沿货币需求曲线向右下方移动，直到有一个新的均衡利率（r_1），货币需求量与供给量相等。

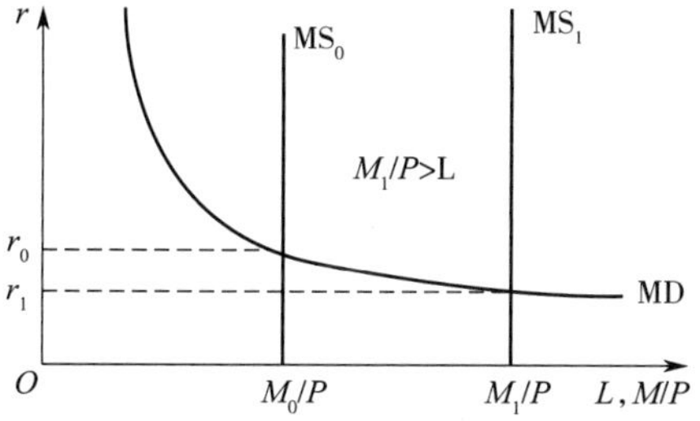

图 3.5　中央银行调控货币市场利率

3.7　我国的货币市场和市场利率

3.7.1　基准利率制度

我国货币市场利率经历了从基准利率（benchmark interest rate）到基础利率（base interest rate）的变化。基准利率是一种中央银行制定的政府指导价，允许商业银行和其他贷款机构在此基础上实行一定浮动。基础利率则是银行同业拆借市场的一种市场报价利率。从基准利率到基础利率的变化表明我国货币市场利率形成机制的变化，即利率市场化。

基准利率是中央银行规定的商业银行存款和贷款普遍参照的利率，其他利率水平或金融资产价格均可根据这一基准利率水平确定。我国曾经实行基准利率制度。根据中国人民银行网站，自 1991 年起，我国公布 6 个月、6 个月至 1 年、1 至 3 年、3 至 5 年、5 年以上贷款基准利率；自 2014 年 11 月 22 日起，贷款基准利率期限档次简并为 1 年以内、1 至 5 年和 5 年以上三个档次；2015 年 10 月 24 日最后一次发布金融机构贷款基准利率。表 3.7 给出了中国人民银行曾经发布的金融机构贷款基准利率表。

表 3.7　中国人民银行金融机构贷款基准利率（%）

发布时间	贷款期限		
	1 年以内	1 至 5 年	5 年以上
2014 年 12 月 22 日	5.6	6	6.15
2015 年 3 月 1 日	5.35	5.75	5.9
2015 年 5 月 11 日	5.1	5.5	5.65
2015 年 6 月 28 日	4.85	5.25	5.4
2015 年 8 月 26 日	4.6	5	5.15
2015 年 10 月 24 日	4.35	4.75	4.9

资料来源：中国人民银行官网（http://www.pbc.gov.cn/）。

我国利率市场化改革从 20 世纪 90 年代中期起步。2003—2004 年,人民银行在贷款利率市场化方面连续迈出重要步伐,对金融机构人民币贷款利率实行"上限放开、实行下限管理"。自 2019 年 8 月 20 日起,中国人民银行授权全国银行间同业拆借中心于每月 20 日 9 时 30 分公布贷款市场报价利率(基础利率),中国人民银行贷款基准利率标准取消。

根据中国人民银行网站, 1990 年以来,我国公布金融机构存款基准利率,包括活期存款基准利率和定期(3 个月、6 个月、1 年、2 年、3 年和 5 年)存款基准利率。自 2014 年 11 月 22 日起,人民银行不再公布金融机构人民币 5 年期定期存款基准利率。表 3.8 为 2014 年 11 月 22 日以来中国人民公布的金融机构存款基准利率。2015 年 10 月 24 日公布金融机构存款基准利率后,不再公布新的存款基准利率,推进利率市场化。

表 3.8　中国人民银行金融机构存款基准利率(%)

发布时间	存款期限					
	活期	3 个月	6 个月	1 年	2 年	3 年
2014 年 12 月 22 日	0.35	2.35	2.25	2.75	2.35	4.00
2015 年 3 月 1 日	0.35	2.10	2.30	2.50	3.10	3.75
2015 年 5 月 11 日	0.35	1.85	2.05	2.25	2.85	3.50
2015 年 6 月 28 日	0.35	1.60	1.80	2.00	2.60	3.25
2015 年 8 月 26 日	0.35	1.35	1.55	1.75	2.35	3.33
2015 年 10 月 24 日	0.35	1.10	1.30	1.50	2.10	2.75

资料来源:中国人民银行官网(http://www.pbc.gov.cn/)。

2004 年 10 月 29 日,中国人民银行决定允许金融机构人民币存款利率下浮,所有存款类金融机构对其吸收的人民币存款利率可在不超过各档次存款基准利率的范围内浮动,人民币存款利率实现了"放开下限,管住上限"的目标[①]。2015 年 10 月 23 日,中国人民银行称,放开存款利率上限的市场条件也已成熟;人民银行仅对活期存款和一年以内(含一年)定期存款利率保留基准利率 1.5 倍的上限管理,距离放开利率管制只有一步之遥;对商业银行、农村合作金融机构、村镇银行、财务公司等金融机构不再设置存款利率浮动上限,标志着我国利率管制基本放开。取消对利率浮动的行政限制后,并不意味着央行不再对利率进行管理,但是利率调控会更加倚重市场化的货币政策工具和传导机制[②]。

3.7.2　银行间同业拆借市场和同业拆借利率

各银行在日常经营活动中经常发生头寸不足(资金需求量大于闲置量)或盈余,为了互相支持业务的正常开展,并使多余资金产生短期收益,自然产生银行同业之间的资金拆借交易。这种交易活动一般没有固定的场所,主要通过电讯手段成交。商业银行间存在一个调

① 2005 年 1 月 3 日,中国人民银行官网,《利率市场化介绍》, http://www.pbc.gov.cn/zhengcehuobisi/125207/125213/125440/125832/2804864/index.html。

② 2025 年 10 月 23 日,中国人民银行官网,《央行有关负责人就降息降准以及放开存款利率上限答记者问》, http://www.pbc.gov.cn/zhengcehuobisi/125207/125213/125440/125832/2968751/index.html。

剂余缺的市场，即银行同业拆借市场（inter-bank market）。美国的联邦基金市场是一种同业拆借市场，因为参加者均为联邦储备银行会员而得名，拆借的目的是满足准备金要求。联邦基金市场是美国最重要的货币市场，于 1921 年设立。该利率称联邦基金利率，是金融市场利率之一，也是重要的基础利率。该利率并不是官方利率，但是美联储通过对该市场的干预影响市场利率，其他利率会与联邦基金利率同步变动，所以联邦基金利率又是一个重要的政策信号。

经济学与经济制度：美国的联邦基金利率

美国联邦基金利率是一个重要的货币政策利率，什么是联邦基金利率？它有什么作用？下面是围绕这一问题的几个问答。

问：什么是联邦基金利率？

答：联邦基金利率（federal funds rate）是银行间相互贷款时收取的短期利率。如果一家银行发现其准备金不足，而另一家银行有超额准备金，那么后一家银行就可以贷给前一家银行一些准备金。这种贷款是暂时的，通常只有一夜。这种贷款价格就是联邦基金利率。

问：联邦基金利率与贴现率有什么不同？

答：贴现率是银行通过贴现窗口直接从美联储借款支付的利率。从联邦基金市场贷款是从美联储贷款获得准备金的一种替代方式，这个利率为贴现率。银行用哪种贷款取决于市场价格。实际上，贴现率与联邦基金利率是密切相关的。

问：联邦基金利率只对银行重要吗？

答：不是。虽然只有银行才能在联邦基金市场上直接借钱，但这个市场对经济的影响广泛。金融体系的各个部分高度相关，不同类型的贷款利率也密切相关。当联邦基金市场利率下降或者上升时，其他利率也往往同向变动。

问：美联储要对联邦基金利率做些什么呢？

答：近年来，美联储给联邦基金利率设定了一个目标。联邦公开市场委员会每六周开一次会议，将决定提高或者降低这个目标利率。

问：美联储如何能使联邦基金利率盯住其确定的目标？

答：尽管实际的联邦基金利率是由银行间贷款市场的供求关系决定的，但美联储可以用公开市场操作影响这个市场。例如美联储运用公开市场操作购买债券时，其就将准备金注入了银行体系；由于银行体系有了更多的准备金，需要借入准备金的需求就少了，这样就降低了联邦基金市场利率。相反，美联储运用公开市场操作卖出债券时，就从银行体系抽走了准备金，准备金不足的银行就变多了，这样就将提高联邦基金市场利率。

问：公开市场操作影响货币供给吗？

答：绝对影响。当美联储宣布联邦基金利率变动时，它承诺利用必要的公开市场操作干预市场的变动，这些公开市场操作将改变货币供给。联邦公开市场委员会改变联邦基金利率目标的决策也是改变货币供给的决策，这是一枚硬币的两面。在其他条件相同时，联邦基金目标利率下降意味着货币供给扩张，而联邦基金目标利率上升意味着货币供给紧缩。

[资料来源：N. 格里高利·曼昆《经济学原理（宏观经济学分册）》，北京大学出版社，梁小民、梁砾译，2020，第 160-161 页]。

我国的银行同业拆借市场的利率为上海银行间同业拆放利率（Shanghai Interbank Offered Rate，简称 Shibor），以位于上海的全国银行间同业拆借中心为技术平台计算、发布并命名，是由信用等级较高的银行组成报价团自主报出的人民币同业拆出利率计算确定的算术平均利率，是单利、无担保、批发性利率。报价银行是公开市场一级交易商或外汇市场做市商，利率由全国银行间同业拆借中心授权为 Shibor 的发布人。目前，对社会公布的 Shibor 品种包括隔夜、1 周、2 周、1 个月、3 个月、6 个月、9 个月及 1 年。表 3.9 给出了 2024 年 11 月 8 日一个时点的上海银行间同业拆放利率。实际上，一段时间以来，同业拆放利率呈现下降趋势。

表 3.10　上海银行间同业拆放利率（2024 年 11 月 8 日）

期限	Shibor（%）	涨跌（BP）
O/N	1.461 0	+14.2
1 W	1.645 0	+9.00
2 W	1.800 0	+2.30
1M	1.799 0	-0.40
3M	1.864 0	-0.60
6M	1.895 0	-0.60
9M	1.909 0	-0.60
1Y	1.920 0	-0.50

资料来源：上海银行间拆放利率官方网站（https://www.shibor.org/shibor/index.html）。

注：①期限分别为隔夜、1 周、2 周、1 个月、3 个月、6 个月、9 个月及 1 年。② BP 是指基点 Basis Point，用于金融方面，衡量债券和票据利率改变量的度量单位。1 个基点等于 0.000 1，即一个百分点的百分之一。

3.7.3　贷款基础利率

贷款基础利率（Loan Prime Rate，简称 LPR）由各报价行按公开市场操作利率（主要指中期借贷便利利率）加点形成的方式报价，由全国银行间同业拆借中心计算得出，为银行贷款提供定价参考。目前，LPR 包括 1 年期和 5 年期以上两个品种。贷款基础利率是商业银行对其最优质客户执行的贷款利率，其他贷款利率可在此基础上加减点生成。自 2019 年 8 月 20 日起，中国人民银行授权全国银行间同业拆借中心于每月 20 日 9 时 30 分公布贷款市场报价利率（基础利率），中国人民银行贷款基准利率标准取消，贷款基础利率成为社会广泛参照的利率标准。表 3.10 给出了 2019 年 12 月 20 日的贷款基础利率，表 3.11 给出了 2024 年 10 月 21 日发布的贷款基础利率。

表 3.10　我国的贷款基础利率（2019 年 12 月 20 日）

期限	贷款基础利率（%）
1 年	4.15
5 年	4.80

资料来源：上海银行间拆放利率官方网站（https://www.shibor.org/shibor/index.html）。

表 3.11　我国的贷款基础利率（2024 年 10 月 21 日）

期限	贷款基础利率（%）
1 年	3.10
5 年	3.60

资料来源：上海银行间拆放利率官方网站（https://www.shibor.org/shibor/index.html）。

可以看到，市场利率呈现下降趋势。2019 年 12 月，一年期限的贷款基准利率为 4.15%，2024 年 10 月下降到 3.10%；相应地，五年期限的基础贷款利率从 4.80%下降到 3.60%。

复习思考题

1. 辨析以下概念：商品货币与法定货币，流动性，狭义货币与广义货币，同业拆放利率与贷款基础利率，准备金，法定准备金率，公开市场操作，最后贷款人，存款乘数与货币乘数，交易性货币需求和投机性货币需求。

2. 如何理解货币的流动性？为什么说货币需求是流动性需求？

3. 解释货币供给量的决定机制。

4. 中央银行如何控制货币供应量？为什么说中央银行控制货币供应量与控制利率是一回事？中央银行能够完全控制货币供应量吗？

5. 商业银行如何参与货币创造？哪些因素影响商业银行参与货币创造的能力和意愿？

6. 为什么会发生银行挤兑？

7. 假定一个社会的存款比例为 $r_c = 0.38$，实际准备金（含法定准备金和超额准备金）率 $r_r = 0.18$。请计算：

（1）货币乘数。

（2）假定增加 100 亿元的基础货币，社会的货币供应量将变化多少。

8. 假定一个社会的法定准备金率是 0.12，没有超额准备金，公众对现金的需求量是 1 000 亿元。回答下列问题：

（1）假定总准备金是 400 亿元，货币供给是多少？

（2）假定总准备金仍是 400 亿元，若中央银行把准备金率提高到 0.2，货币供给变动多少？

（3）假定中央银行买进 10 亿元政府债券，存款准备金率仍是 0.12，货币供给变动多少？

第4章 金融产品、金融市场与经济增长

货币和货币市场是十分重要的，货币供应量决定利率水平，货币市场对短期宏观经济稳定具有重要意义。但货币和货币市场只是金融市场的一部分，现代经济开发了诸如贷款、债券、股票等金融产品，开拓了金融市场，提供了配置资源的工具。金融市场的发展不仅关系到短期宏观经济稳定，还作为一种经济制度影响长期经济增长。本章介绍金融产品和金融市场，并阐述金融发展对经济增长的作用以及金融危机问题。

4.1 金融产品和金融市场

4.1.1 金融和金融市场的基本作用

金融（finance），即资金融通，指资金盈余方（资金供给方）将资金通过市场机制提供给资金赤字方（资金需求方）的经济活动。资金盈余方提供资金的目的是获得利息等利益，资金需求方则为了获得资金使用权从而进行相应的投资、支付等经济活动，但需要为资金使用提供利息支付等回报。

与产品市场实现产品交易一样，金融市场提供金融交易。金融市场是实现资金等金融产品交易的市场。交易对象包括货币资金、外汇、债券和股票等有价证券、黄金等贵金属等金融产品，其交易主体是借款人（资金需求方、赤字方）、贷款人（储蓄者、资金盈余方）和各种金融中介。

为什么有金融市场？金融市场有何种价值？设想有两个人，有着不同的收入禀赋，第一期收入为（100，0），第2期为（0，100）。在偏好凸性的条件下，后者向前者借款以在第一期也能够有收入进行消费等经济活动，可以改善双方的效用，即使利率为0也是如此。实际生活中，一个50岁的中年人想储蓄以在退休后有经济来源，而一个20岁的年轻人想在刚参加工作时就拥有房子。二者相互交换其禀赋，就可以分别获益。在当期，前者为资金供给方，后者为资金需求方。类似的众多的主体形成资金市场的需求和供给，进行资金借贷，这就是资金借贷市场。实际上，资金借贷的形式很多，不一定是货币贷出、借入关系，而是包括借贷、债券发行和交易、股票发行和交易等多种形式，这就是不同的金融产品。但其实质有相同之处，都是资金需求方和供给方之间的交易。

4.1.2　金融产品的构成要素

金融产品一般包括七个构成要素，为金融产品分析提供了一个框架。

（1）发行者。金融产品的卖主即发行者。发行者通过出售金融产品取得收入、获得资金，但发行者要承担一定的义务。

（2）认购者。投资者从金融市场上购买金融产品，向发行者提供资金。

（3）期限。金融产品的期限有长短之分，货币市场上的产品期限比较短，低于 1 年；而资本市场上的产品期限比较长，多于 1 年。

（4）价格和收益。金融产品的价格有票面价格和市场价格之别。票面价格是合同中规定的名义价格，市场价格则是金融产品在市场上的交易价格，相当于认购者实付、发行者实收的价格。金融产品的价格又分为一级市场价格和二级市场价格。金融产品的价格与金融产品为投资者带来的收益密切相关。

（5）风险。金融产品的投资风险是由于对未来的不确定性而产生的预期收益损失的可能。按照经济学原理，风险越高的金融产品，其发行价格越低。

（6）流动性。流动性是金融产品的重要质量指标，流动性越低，价格也就越低，那些不可流通的金融产品在市场上只能以较低的价格发行。

（7）权利。金融产品作为一种财产权凭证，赋予持有人与该产品类别相对应的权利。不同金融产品的权利性质和内容不同。债券持有人作为债权人，拥有到期时获得本金和利息的权利以及公司破产时剩余财产的优先索偿权。股票持有人作为公司的股东（所有权人），有权参加股东大会，有权选举公司董事以及有权参与公司重大事项的决策等，拥有剩余索取权，但在公司破产时的索偿权排在债券持有人之后。

4.1.3　金融产品的类型

金融产品（financial products），指实现资金融通过程的各种载体，包括货币、有价证券（股票、债券等）、黄金、外汇等。金融产品是金融市场的交易对象，供求双方通过市场竞争原则形成金融产品价格，最终完成交易，达到融通资金的目的。

金融产品具有所谓“一物四名”的特点，一种金融产品根据不同使用者、不同目的、不同作用等，有四种不同的名字，即金融产品、金融资产（financial assets）、金融工具（financial instruments）和有价证券（securities）。以股票为例，对市场而言，股票是金融产品；对发行者而言，股票是金融工具，通过发行股票获得资金；从持有者而言，股票是金融资产；就自身性质而言，股票又是有价证券。

金融产品也可以根据所有权、收益固定性、债券收益的独立性、交易期限等特征进行分类，如图 4.1 所示。

- 金融产品
  - 根据产权性质
    - 权益证券(equity security),如股票
    - 债务证券(debt security),如债券、贷款
  - 根据收益固定性
    - 固定收益证券,债券
    - 非固定收益证券,如股票
  - 根据债券收益独立性
    - 基础证券,如股票、债券
    - 衍生证券,如共同基金
  - 根据交易期限
    - 短期证券,如货币市场基金
    - 长期证券,如股票

图 4.1　金融产品的分类

(1)根据产权性质,金融产品分为权益证券(equity security)和债务证券(debt security),前者的典型是股票,后者的典型则是贷款、债券。

(2)根据收益的固定性,分为固定收益证券和非固定收益证券,前者如债券,发行人需要按照约定支付利息;后者如股票,其股息决定于发行公司的利润和相应决策,不是固定的。

(3)根据收益的独立性,分为基础证券和衍生证券(derivative security),股票、债券和贷款都是基础证券,而以股票、债券、贷款为基础而发行的证券,则是衍生债券,其收益受基础证券市场的影响。

(4)根据交易期限的长短,分为短期证券和长期证券,前者如一年以下期限贷款、货币市场基金、发行期限不满一年的债券等,后者的典型是股票和发行期限一年以上的债券。

从金融工具的角度看,金融产品可以分为货币市场工具、资本市场工具和金融衍生工具(financial derivative instrument)。其中,货币市场工具指期限小于 1 年的债务工具,包括中央政府发行的短期国库券和其他短期债券、地方政府发行的短期债券、银行承兑汇票、银行发行的可转让定期存单、商业本票(基于合法交易行为所产生的交易性本票和经金融机构保证的融资性本票)、商业承兑汇票等,是短期融资工具。资本市场工具包括债务证券即债券和权益证券即股票。金融衍生工具是在资金贷款、债券、股票等传统金融工具的基础上衍化和派生的,以杠杆和信用交易为特征的金融工具。金融衍生工具是建立在基础产品或基础变量之上的,其价格随基础金融产品的价格(或数值)变动而变动。当然,基础产品是相对的,包括现货金融产品(如债券、股票、银行定期存款单等),也包括金融衍生工具。随着金融发展,作为金融衍生工具基础的变量还包括利率、汇率、各类价格指数、通货膨胀率,甚至天气(温度)指数等。

4.1.4　金融市场的构成要素和类型

4.1.4.1　金融市场的特点

一般来说,金融市场具有以下特点。

(1)金融市场是以资金为交易对象的市场,使交易各方获得利益,并实现资金融通,有利于资源配置。可以说,金融市场使储蓄资金配置给愿意使用并且能够提供最高回报的投

资者(资金使用者)。在现代经济条件下,形成了一系列丰富的金融产品,促进了资金融通,也促进了经济发展。

(2)金融市场交易之间不是单纯的买卖关系,而主要是借贷关系,体现了资金所有权和使用权相分离原则。因此,金融市场的价格往往体现资金使用价值(收益),而不是资金本身的价值,而资金的使用价值与时间、风险等密切相关。

(3)金融市场可以是有形市场,也可以是无形市场。比如外汇市场通过银行间以电子、网络方式进行竞价形成汇率。

(4)金融市场有众多的中介机构。相比于产品市场,金融市场更为复杂,一些金融产品是人为设计的,具有不同目的,并不全部直接提供资金交易。基于这种复杂性,个人甚至单位参与市场往往需要通过各种中介机构进行。这些中介机构包括金融中介机构,还包括会计和审计、资产评估、法律等行业的中介机构。

4.1.4.2　金融市场的构成要素

一个金融市场一般包括资金需求方(证券供给方)、资金供给方(证券需求方)、金融产品、金融机构和价格等要素,如图 4.2 所示。

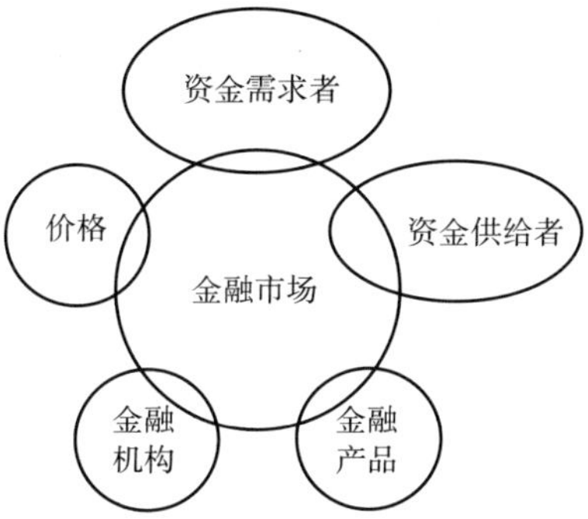

图 4.2　金融市场的构成要素

与一般产品市场相比,金融市场上经常性地有一个要素,即金融机构(financial institution),其发挥中介作用。金融机构指从事金融服务的中介机构,包括商业银行、证券公司(投资银行)、保险公司、信托公司、基金管理公司等。金融机构是金融市场的参与者,也是服务者,甚至是金融市场的促进者,因为其对金融市场上金融产品的交易起到服务和促进作用,故经常性地被称为金融中介。

4.1.4.3　金融市场的分类

首先,根据交易的期限,金融市场划分为货币市场和资本市场。货币市场是指交易期限在 1 年及 1 年以内的资金等金融产品交易的金融市场。其中典型的是同业拆借市场,即商业银行间调剂资金的市场。资本市场是指交易期限在 1 年以上的金融市场,如长期贷款、证券发行和交易市场,也包括黄金市场等,典型的是证券市场。证券市场包括有集中交易的交易所交易和不进行公开竞价交易的柜台交易。

其次,根据资金在需求方和供给方之间的转移关系,金融分为直接金融(direct finance)和间接金融(indirect finance),如图 4.3 所示。

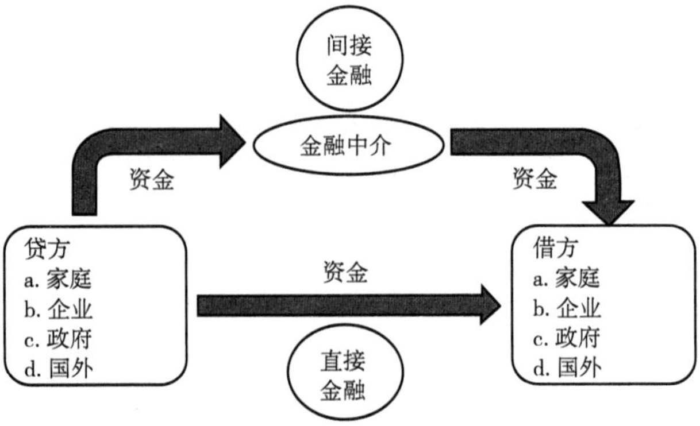

图 4.3 直接金融与间接金融

直接金融指资金盈余方（贷款方）与资金赤字方（借款方）直接进行资金融通，资金直接转移给赤字方使用。直接金融交易标的也称为证券或金融工具，典型是股票（equities）和债券（bonds），形成贷款方对借款人未来收入或者资产的索取权，在证券交易所（exchanges）交易，其发行依赖于证券公司即投资银行（investment bank）。间接金融指资金盈余方将资金提供给金融中介（financial intermediation），再由金融中介按照其意愿将资金提供给资金赤字方，资金转移是间接的，盈余方与赤字方没有直接联系。商业银行贷款是典型的间接金融，商业银行、保险公司、养老基金、金融公司、共同基金、对冲基金也都属于从事间接金融的金融中介。

4.2 贷款、债券和股票

金融产品种类繁多，本节介绍银行贷款、债券、股票这三种基础金融产品。

4.2.1 银行贷款

贷款（bank loans）是商业银行对客户借出的资金。在实践中，个人、企业或者公共部门向银行申请贷款，银行根据按照国家规制和双方协议，约定一定的利率和贷款条件，贷放一定数量资金并约定归还期限，这些经济行为构成贷款。

4.2.1.1 银行贷款的意义

对于贷款，从不同的方面理解，也就具有不同的意义。

（1）从银行（贷款人）的角度看，贷款是商业银行提供的金融产品，其获得的收益为存贷利差。在存款利率方面，我国央行发布存款基准利率，各商业银行在此基础上浮动；在贷款利率方面，以贷款市场报价利率（LPR）作为基础利率，各商业银行参照基础利率自主制定。

（2）从借款人角度看，贷款满足其当前企业生产经营的需要或者家庭消费的资金需要，贷款为借款人资金的跨期配置提供了机制。当然，借款人要为贷款支付利息。

（3）银行贷款来源于储户存款，存款人从银行获得利息。

（4）从市场看，贷款实现资金盈余方与资金赤字方的交易，实现了资金的资源配置，帮助市场参与者实现资金的跨期配置，有利于提高经济效率。

4.2.1.2　银行贷款的类型

根据不同的划分标准，银行贷款具有各种不同的类型。

（1）按偿还期不同，可分为短期贷款、中期贷款和长期贷款。短期贷款是指贷款期限在 1 年以内（含 1 年）的贷款。短期贷款一般用于借款人生产、经营中的流动资金需要。短期贷款的利率比较低，资金供给和偿还比较稳定，但不能满足企业长期资金的需要。长期贷款指贷款期限 1 年以上的贷款，能够满足企业投资的需要。在我国，除了短期贷款，还有中期贷款和长期贷款之分。中期贷款指贷款期限在 1 年以上（不含 1 年）五年以下（含 5 年）的贷款，而长期贷款指贷款期限在 5 年（不含 5 年）以上的贷款。

（2）按贷款用途或对象不同，可分为工商业贷款、农业贷款、消费者贷款、有价证券经纪人贷款等等。当然，具体根据国家政策，银行贷款还可以有具体划分，大学生贷款、创业贷款、中小企业贷款等。

（3）按贷款担保条件不同，可分为票据贴现贷款、票据抵押贷款、商品抵押贷款、信用贷款等。票据贴现贷款，是指贷款人以购买借款人未到期商业票据的方式发放的贷款，贷款利率较低。票据抵押贷款，指借款人以未到期票据作为抵押品获得商业银行贷款。商品抵押贷款指借款人将合格的实物资产抵押给银行获得贷款，不动产和一些特定的动产（例如汽车、机器设备、存货等）都可以作为抵押商品。住房抵押贷款是一种特殊的商品抵押贷款。信用贷款是不需要借款人提供抵押而是依靠借款人的信誉获得的贷款。

（4）按利率约定方式不同，可分为固定利率贷款和浮动利率贷款。

4.2.2　债券

4.2.2.1　债券的特征

债券指发行人承诺在将来的特定时间偿付债券所有者一定数量现金（本金和收益）的合约。银行贷款也可以视为一种债券，但一般情况下，债券是公司、政府和家庭的融资工具，是向公众直接借款而不是向银行借款。债券也是一种重要的投资产品，投资人通过利息（interest）和资本利得（capital gain）获得回报。在美国，2008 年，金融中介是最大的债券发行者，占 33%；其次是家庭，占 26%；公司占 21%；政府占 16%；外国人占 4%。金融中介也是最大的债券持有人，占 72%；外国人占 15%，家庭占 7%，政府占 5%，公司占 1%。可见，很大一部分债券是在金融中介之间交易的。

债券在三个方面存在差别而有所不同。一是债券有一定期限，债券到期时，发行人要偿付本金和利息。债券期限并不相同，短期债券只有几个月，而长期债券则长达数十年，甚至还有永久债券。永久债券承诺永久付息（例如按年），但不偿付本金。一般债券是可以转让的，投资人不一定要持有债券期满时才收回本金并取得利息。二是债券与贷款一样存在信用风险，发行人具有无法支付利息甚至偿付本金的可能性。比较而言，与企业债券相比，政府债券的风险相对较低，因而政府债券的固定利息率也相对较低。而且债券本身根据发行人的信用可以区分不同信用等级的债券，财务不稳定的公司可以发行垃圾债券进行融资，垃圾债券的利息率高但风险程度更高。三是税收待遇的不同。大多数债券的利息都属于应税所得，需要缴纳企业所得税或者个人所得税，但是美国州和地方政府发行的债券一般不用为利息所得支付所得税，因而地方政府债券的利息率也就相对比较低。

4.2.2.2 债券的发行和交易

债券涉及发行市场和交易市场。发行市场在发行人和投资人之间进行，由证券交易所组织，证券公司参与，接受证券监管机构监管。交易市场是二级市场，在证券交易所进行，证券公司参与，接受监管部门监管。

债券市场的参与人扮演不同的角色，代表不同利益。①发行人。发行人是资金需求者，是一级市场债券供给者。发行人包括公司、政府和外国人。发行债券都需要一定的条件，符合条件的公司、政府、外国人才能发行债券。②投资人。投资人是资金供给者，是债券需求者。投资人包括公司、政府、家庭和外国人。有的债券投资人也需要一定的条件，有的债券针对一定对象发行。③证券交易所。证券交易所负责债券上市的审核和批准，组织竞价交易。④证券公司。证券公司为发行人提供中介服务。此外，会计师事务所、律师事务所、资产评估机构也提供相应服务。⑤证券监管机构和其他机构。这些机构负责审核债券发行的审核和批准，以及债券交易的监管[①]。

4.2.2.3 债券收益率与价格

债券利息率有两种方式，一种是固定面值作为发行价格（例如 100 元），同时约定到期收益率（例如 10%）；另一种是约定到期偿付的本息值（例如 110 元），通过市场确定发行价格，如果发行价格为 100 元，相当于约定到期收益率为 10%；如果发行价格高于 100 元，则到期收益率低于 10%。例如，发行价格为 105 元，债券购买人需要支付 105 元，到期时的收益为（110-105）=5 元，到期收益率为 4.76%。

影响债券到期收益率的因素有几种。①期限。期限越长，到期收益率越高，这主要与风险有关。②风险。发行人信用风险越高，约定的到期收益率越高；当然，如果风险过高，债券发行可能失败。③税收待遇。地方政府债券免税，所以约定的到期收益率比较低。④市场流动性。如果当时市场流动性充足、利率低，则到期收益率也低。到期收益率越高，发行价格越低。

二级市场债券价格与市场利率的关系密切。假定一种永久债券，没有到期日，年固定收益率为 d（1 元钱债券的收益）。假定当前的市场利率为 i，作为计算收益未来值的贴现率，1 元钱债券的当前价格（P_B）等于未来无限期固定收益的现值之和：

$$P_B=\sum_{j=1}^{\infty}\frac{d}{(1+i)^j}=\frac{d}{i} \tag{4.1}$$

一笔债券（比如面值 100 元）的年固定收益为 D（比如 5 元），当前市场利率 i 保持不变，该债券的当前价格则为：

$$P_B=\sum_{j=1}^{\infty}\frac{D}{(1+i)^j}=\frac{D}{i} \tag{4.2}$$

所以，二级市场债券价格与市场利率成反比。其机制是：如果市场利率上升，未来变得更重要，要求更高的贴现率，导致固定收益债券的收益变得不值得，债券需求下降，债券价格将下降；反之，如果市场利率下降，债券变得具有吸引力，债券价格将上升。

---

① 这里的债券指企业债券，中国的政府债券发行需要由国务院或者地方人民政府依法批准。

假定 2012 年 1 月 1 日发行价格和面值均为 1 000 元债券，票面利息率 5%，2 年期，每年支付利息一次。4%是当时货币市场利率。2013 年 1 月 1 日支付了一次利息之后，市场利率上升到 5%，2013 年新发行债券利息率为 6%。那么，2012 年，如果债券持有人打算卖掉债券，如何确定价格呢？2012 年债券的价格 P_B 决定于购买新债券和持有旧债券等价：

$$P_B(1+6\%)=1050 \tag{4.3}$$

上式右边表示 2012 年旧债券的价值，左边表示按照 2013 年 6%的市场利率购买新债券的等价价格，有：

$$P_B=\frac{1050}{1+6\%}=991 \tag{4.4}$$

也就是说，2012 年票面和发行价格 1 000 元的债券，在 2013 年值 991 元。因为市场利率上升，导致债券价格下降，债券价格与市场利率成反向变化。这个关系可以这样理解：同样资金现在可以获得 6%的收益率，而旧债券固定收益只有 5%，只有降价才能卖出去。

4.2.3　股票

4.2.3.1　股票的特征

股票（stock）是权益证券，是使股票所有者成为股票发行公司的所有者（股东）的合约，是表示对公司所有权的凭证。发行股票是公司重要的融资方式，而股票是一种证券投资产品，投资人通过获得股利（红利，dividend）和资本利得（capital gain）的方式取得回报。在美国，2008 年，公司是最大的股票发行者，占 63%；其次是金融中介，占 19%；外国人占 18%。金融中介是最大的股票持有人，占 42%；家庭占 37%，外国人占 12%，政府占 9%。

4.2.3.2　股票的发行和交易

股票发行与债券发行的市场参与者、监管者类似，除了发行人与投资人作为交易主体外，还有证券公司、交易所、政府证券监管机构、其他中介服务参与，如图 4.4 所示。

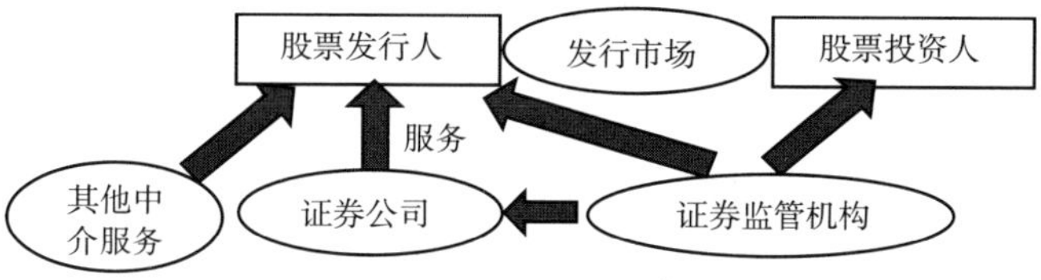

图 4.4　股票发行市场及其参与者

股票交易是指已发行股票的交易，为二级市场。如图 4.5 所示，是一些新的股票、投资者从原来的股票投资者那里购买股票，前者进行股票投资，后者则是收回股票投资。股票价格反映发行股票企业的经营状况，如果企业经营状况恶化，则股票价格上升，股票投资者亏损。

图 4.5　股票交易市场及其参与者

4.2.3.3 股票与债券的比较

债券与股票在合约条款、到期期限、收益支付方式、收益确定方式、清偿顺序不同，如表4.1所示。

表 4.1 股票与债券的比较

特征	债券	股票
合约条款	支付利息和偿付本金的承诺	股东获得所有权和股利的权利
到期期限	合约约定具体日期，除非永久债券没有到期日	没有到期日，可以转让
收益支付方式	定期支付利息，到期支付本金	支付股利
收益确定方式	合约规定利息数量	公司决定股利支付数量和时间
发行公司破产时的分配顺序	债权人先于股东获得偿付	股东后于其他权利人获得偿付

4.2.3.4 股票的收益与价格

股票价值和发行价格取决于很多因素，比如公司的价值及其预期、经营风险、货币市场利率等。在其他条件给定的条件下，股票发行价格决定于公司价值预期，而公司价值对于股东来说就是股利（d），股利指每股分配的收益。

股票的每股预期股利用 d_j 表示，市场利率 i_j 作为贴现率，则股票的价值（PV_S）为未来股利流的现值：

$$PV_S = \sum_{j=1}^{\infty} \frac{d_j}{(1+i_j)^j} \tag{4.5}$$

为简便，假定各期的股利相同均为 d，市场利率不变均为 i，则股票价值为：

$$PV_S = \sum_{j=1}^{\infty} \frac{d}{(1+i)^j} = \frac{d}{i} \tag{4.6}$$

那么，股票的预期股利越高，股票价值越高；市场利率越低，股票的价值越高。与股票价值一样，股票价格取决于很多因素，比如公司的价值及其预期、经营风险、货币市场利率等。在其他条件给定的条件下，股票价格决定于公司价值预期。股票的预期股利越高，股票价格越高；市场利率越低，股票的价格越高，股价与市场利率反向变化。

在证券投资中，有一个重要概念，即市盈率。市盈率（price earnings ratio，简称 P/E）指股票价格除以每股收益得到的比率，即：

$$P/E = \frac{d}{P} \tag{4.7}$$

每股收益即每股利润，比如，当前股价为 50 元，每股利润 1 元，市盈率为 50，其实类似于利润率 2%。也就是说，市盈率是利润率的倒数。股票市场经常关注的新闻信息是股票价格、股息和市盈率。市盈率并非确定的投资准信号。高市盈率表明，相对于公司近期收益，公司股票价格是高的，这既可能表明公司预期未来收益增加，也可能表明当前股票价格被高估了；相反，低市盈率表明，相对于公司近期收益，公司股票价格是低的，这既可能因为人们预期公司未来收益降低，也可能表明当前公司股票价格被低估了。

股票投资可以分为两种类型：一种是时刻关注股票价格及其走势，期望从股票买卖中赚取价差(资本利得),这就是一般所称的股票投机即短期投资;另一种投资者购买并持有一些公司的股票,是因为认为公司运营良好,希望从公司获得更多股息,并不在意股票价格的日常波动,这被称为长期投资。

4.3 金融机构

4.3.1 金融机构及其种类

金融机构,指从事金融服务的中介机构,包括商业银行、证券公司(投资银行)、保险公司、信托公司、基金管理公司等。金融机构对金融市场上金融产品的买卖交易起到促进作用,所以也称为金融中介。

根据是否可以吸收存款,金融机构分为存款金融机构和非存款金融机构。前者可以吸收公众存款,监管要求比较高。后者不允许吸收公众存款,监管要求相对低。据此,金融机构可以进一步划分,如图 4.6 所示。存款金融机构包括商业银行、储蓄机构、信用合作社等,非存款金融机构包括金融公司、共同基金、证券公司、货币市场基金、保险公司等。

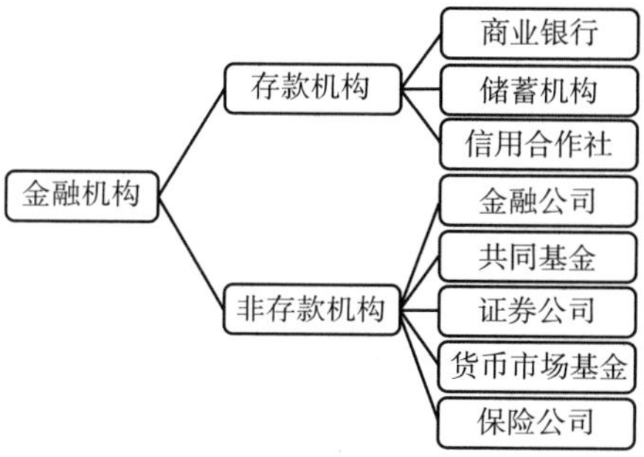

图 4.6 金融机构的分类

4.3.1.1 商业银行

商业银行是金融市场的主角之一,为资金盈余方提供多样化存款账户,而后通过贷款或者购买证券的方式将资金贷给资金需求者。商业银行不仅为私人部门服务,也为公共部门服务,其存款和贷款面向家庭、公司和政府部门。我国的商业银行包括中国工商银行、中国建设银行、中国银行、中国农业银行、交通银行等国有银行、股份制银行以及小型银行(例如农村信用社、村镇银行等)。

4.3.1.2 储蓄机构

储蓄机构(thrift institutions),主要业务是吸收存款并将资金贷给特定的资金需求者,比如提供居民住房抵押贷款,但不向一般工商企业发放贷款。中国邮政储蓄银行原来是典型的储蓄机构,仅吸收存款、不发放贷款,存款转贷给其他商业银行,但当前已经改革为商业银行。

4.3.1.3 信用合作社

信用合作社是实行合作制的金融机构。信用合作社实行会员制,仅为社员提供服务,是合作性质的。信用合作社是非营利性的,不以营利为目的。我国早期有城市信用合作社,属于集体所有制金融机构,但大多已经改制为商业银行。

4.3.1.4 金融公司

金融公司是专司提供特定金融服务的金融机构。金融公司通过发行证券筹集资金,并贷款给个人或者小型公司。金融公司一般具有自己的细分市场。美国的一些金融公司隶属于大型跨国公司。

4.3.1.5 共同基金

共同基金通过向资金盈余者出售基金份额筹集资金,用于投资有价证券,形成一定的资产组合。投资者购买基金份额,相当于委托基金公司进行投资。各种共同基金的投资方向不一样,可以投资于货币市场工具,也可以投资于资本市场工具(债券和股票)。

4.3.1.6 证券公司

证券公司是提供证券发行和其他投资者委托服务的金融机构,是资本市场主要参与者。证券公司也被称为投资银行。证券公司从事四种业务:①作为撮合证券交易的经纪人(broker),收取佣金;②有价证券发行的承销服务;③作为证券的自营商(dealers);④公司并购或其他重组业务的咨询服务。美国投资银行承担证券公司的业务。证券公司有经纪公司和综合公司两种,前者仅为投资者提供经纪业务,后者则还有自营业务。

4.3.1.7 货币市场基金

货币市场基金(Money Market Funds, MMF),指以货币市场上短期(1 年以内)有价证券即货币市场工具为投资对象的一种投资基金。这些短期货币工具包括国库券、商业票据、银行定期存单、银行承兑汇票、政府短期债券、企业债券等短期有价证券。货币基金采取红利转投资的分红方式,基金每份单位始终保持在 1 元,超过 1 元后的收益会按时自动转化为基金份额,拥有多少基金份额即拥有多少资产。

4.3.1.8 保险公司

保险公司为死亡、疾病以及意外事故提供保险服务,向投保人收取保费,为投保人理赔。保险公司是金融市场的重要参与者,其将保险资金的一部分投资于证券市场以获得收益。

4.3.1.9 养老金

公司或者政府部门为员工提供养老金计划,雇主或者雇主和雇员分期缴纳养老基金,在养老金计划受益人退休后提供养老金收入。养老基金管理者将基金投资于证券市场,是金融市场的重要参与者。

4.3.2 金融机构的资金来源和运用

不同金融机构资金的来源不同,资金的使用和去向也不一样,见表 4.2 所示。例如,商业银行的资金主要来源于家庭、企业和政府机构的存款,资金主要运用方式是向家庭和企业提供贷款,以及购买政府债券和公司债券。其他金融机构资金的来源和运用不同。

表 4.2 金融机构资金的来源和运用方向

金融机构类别	资金来源	资金运用
商业银行	家庭、企业和政府机构存款	购买政府债券和公司债券；向企业和家庭发放贷款
储蓄机构	家庭、企业和政府机构存款	购买政府债券和公司债券；发放住房抵押贷款；向企业和家庭发放贷款
信用合作社	合作社会员	向会员发放贷款
金融公司	向家庭、企业出售债券	向家庭和企业发放贷款
共同基金	向家庭、企业和政府机构发行基金	购买中长期政府债券、公司债券
货币市场基金	向家庭、企业和政府机构发行基金	购买短期政府债券、公司债券
保险公司	保险费和证券投资收益	购买中长期政府债券、公司债券
养老基金	雇主和雇员缴纳	购买中长期政府债券、公司债券

在金融机构的资产负债表中，负债体现资金来源，资金运用体现为资产，资本（capital）或者净价值（net worth）为资产减除负债的余额。金融机构运营的目标是提高资产价值，降低负债的成本，最后提高净价值。

4.4 可贷资金市场与利率

4.4.1 可贷资金市场

前文介绍了金融产品、金融机构及其作用。为了从总体上认识金融产品和金融机构以及金融市场的作用，可以建立一个金融市场模型，以解释金融市场如何协调经济中的储蓄（资金供给）和投资（资金需求）。为了简化，假定经济中只有一个金融市场，并称之为可贷资金市场（market for loanable funds）。简言之，可贷资金是资金供给方（资金盈余方）选择储蓄并将资金提供给市场，而不是自己进行当前消费的收入；可贷资金是投资者（可贷资金需求方、资金赤字方）选择为新投资项目筹集资金而需要借入的资金数量；可贷资金市场存在一个利率，既是储蓄的收益率，又是投资的资金成本，是可贷资金市场的价格。实际经济并不是一个金融市场，而是多种类金融产品、多形式的金融市场，但简化的可贷资金市场有利于从总体上认识金融市场的本质。

4.4.2 可贷资金市场需求

可贷资金的需求来自家庭、企业、政府和国外部门，其作为资金赤字方，计划从市场获得资金。资金的用途可以是家庭用于抵押贷款购买住房，可以是企业筹集资金用于购买新设备或者建立新工厂，也可以是政府发行债券弥补财政赤字。有时笼统地把这些借入和使用资金的行为称为投资，投资是可贷资金需求的用途，尽管其中实际上包括了家庭部门部分资金需求用于当期消费。

可贷资金需求量与利率成反向变化，可贷资金市场需求曲线向右下方倾斜，如图 4.7 中的 LFD 曲线。

（1）家庭部门最重要的可贷资金需求是购买住房的贷款，其次是购买汽车等消费贷款。给定收入，家庭部门的可贷资金需求量与利率成反向变化，利率越高，家庭部门将减少当前消费而减少资金需求。

（2）企业需要可贷资金进行长期固定资产投资和短期支付。如果利率上升，长期投资需要更高的内部贴现率（必要收益率），可行投资项目减少，投资将减少，可贷资金需求也减少。所以，企业投资的可贷资金需求量也与利率呈现反向变化。

（3）政府在财政赤字时需要可贷资金。一般认为中央政府发行债券不受利率的影响，而地方政府债券受利率影响，利率越高，需要支付的债券利息也更高，将使地方政府减少可贷资金需求，减少发行债务数量。但是，政府对可贷资金的需求往往是刚性的。

（4）国外的可贷资金需求。如果中国可贷资金市场利率相对于国外利率高，国外部门对中国可贷资金的需求量将减少。

4.4.3 可贷资金市场供给

可贷资金的供给指储蓄者（资金盈余方）向金融市场提供资金，目的是获得相应的利益回报。可贷资金供给量与利率成同向变化，可贷资金市场需求曲线向右上方倾斜，如图 4.7 中的 LFS 曲线。

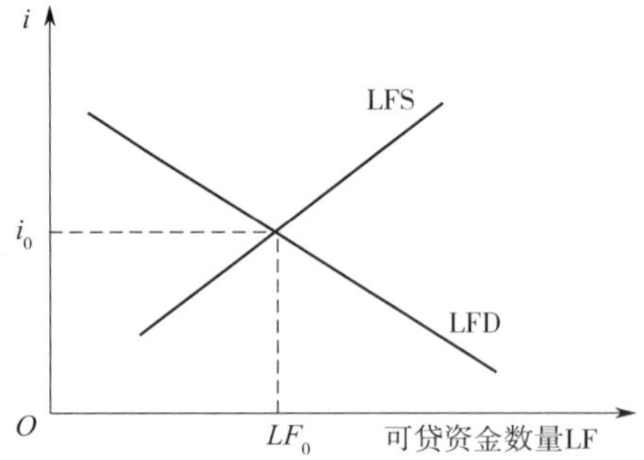

图 4.7 可贷资金市场的需求、供给与均衡

（1）家庭部门的可贷资金供给。家庭部门是最大的可贷资金提供者，家庭储蓄是可贷资金的主要来源。根据跨期消费原理，利率上升，未来消费更有吸引力，可贷资金供给量增加。即使在利率很低的条件下，家庭也将保持一定的储蓄，以满足未来消费的需要。

（2）企业和政府部门的可贷资金供给。企业和政府在收入现金流大于支出现金流时提供可贷资金供给，但总体上是可贷资金的净需求者。

（3）国外部门的可贷资金供给。如果中国利率相对高于国外利率，国外部门将通过购买中国的证券并向中国提供可贷资金供给，国外部门的可贷资金供给与中国利率成正向关系。

4.4.4 可贷资金市场均衡及其变动

在一个利率水平上，可贷资金需求量与供给量相等，实现市场均衡，此时的利率为市场均衡利率。在图 4.7 中,可贷资金需求曲线 LFD 与可贷资金供给曲线相交,决定了均衡利率 i_0 和均衡可贷资金数量 LF_0。

市场利率之外的影响可贷资金需求和供给的因素将导致可贷资金需求曲线或者供给曲线移动,从而导致市场均衡的变动。影响可贷资金市场均衡主要的因素有以下方面。

(1)经济增长。家庭和企业部门对经济增长预期乐观,可贷资金需求将增加,需求曲线右移。当收入增加尚不能带来储蓄同步增加时,利率上升。一般来说,在经济繁荣时期,企业投资需求旺盛,利率将上升。

(2)预期通货膨胀。如果预期通货膨胀更高,家庭部门的消费支出增加,减少储蓄,可贷资金供给曲线左移;家庭和企业的资金需求增加以实现当前购买,可贷资金需求增加,可贷资金需求曲线右移,这将促进利率上升。对此,费雪(Philip A. Fisher)提出,经济中的名义利率(i)将随着通货膨胀上升而上升,即费雪效应(Fisher effect):

$$i = r + \pi^e \tag{4.8}$$

式中的 π^e 表示预期通货膨胀率,r 表示实际利率。

(3)货币政策。中央银行的货币政策将影响可贷资金数量。中央银行增加货币供应量时,可贷资金供给增加,利率将下降;中央银行减少货币供应量时,利率将上升。这与凯恩斯货币市场均衡的变动是一致的。

(4)政府财政预算平衡。政府财政预算赤字或者赤字增加时,将增加可贷资金需求,使利率上升。如果中央银行没有采取扩大货币供给量的货币政策,市场可贷资金供给量没有变化,那么,利率上升将减少家庭和企业部门的可贷资金需求,这就是挤出效应(crowding-out effect),包括对企业投资的挤出。如果政府支出创造了较多收入,下阶段将促进可贷资金供给,挤出效应可能不明显。

(5)国外经济。如果国内经济相对于国外经济增长放缓,国际资本将从本国流出,减少对本国可贷资金需求,市场利率将下降。由于国际金融体系中存在大量投机资金(即所谓的"热钱"),国内经济的不景气可能导致国内可贷资金市场的急剧变化。

因此,分析和预测金融市场的变动,需要对家庭部门、企业部门、政府部门和国外部门的资金需求和供给行为进行分析,需要对经济增长预期、通货膨胀预期、货币政策、政府财政预算平衡(财政政策)以及国外经济形势进行全面分析。

4.5　证券交易市场分析

任何一种金融产品(证券)都有市场和价格,也可以进行市场需求和供给分析。但是,在证券市场上,证券作为交易的对象,与货币市场、可贷资金市场以资金作为交易对象不同;货币市场、可贷资金市场的价格是资金价格即利率,而证券市场的价格是证券价格,即股票价格、债券价格。证券与一般物品与服务不同,也与资金不同,其市场需求、供给和均衡价格有特殊性。

4.5.1 证券发行市场和价格

以债券市场为例进行分析。假定一个企业需要 1 年的融资,通过发行债券的方式进行。单位债券到期支付给债券持有人 100 元,那么债券的发行价格如何决定呢?

首先看债券的需求。债券的票面价值 100 元与债券的市场价格(P_B)的差额($100-P_B$)为债券收益即利息。债券的需求来源于提供资金的人,如果债券价格高,则收益低,债券需求量将减少。这里需要注意的是,购买债券相当于提供资金供给。所以,债券需求量与债券价格反向变化。

再看债券的供给。债券发行人是债券供给方,其发行债券的目的是获得资金,尤其是获得低成本的资金。债券发行价格越高,到期需要支付的收益(利息)越少,发行人就越愿意发行更多的债券,债券供给量就会越多。发行债券相当于资金需求。所以,债券供给量与债券价格同向变化。

债券市场价格是由其市场需求和供给共同决定的。假定债券价格为 90 元, 100 元债券的收益(利息)是 10 元,收益率(利息率)就是 11.11%。假定债券数量为 10 万份,企业就获得了 900 万元的融资。债券市场价格越高,债券的收益率就越低,发行人获得资金的成本也就是越低。例如,如果债券价格为 95 元, 100 元债券的收益为 5 元,收益率为 5.26%,发行 10 万份债券能够获得 950 万元的融资。这再一次表明,债券价格与利息率成反比,债券价格越高,利息率越低;债券价格越低,利息率越高。同时,利息率越低,表明资金供给活跃,融资成本也越低。

在图 4.8 中,债券市场需求曲线 BS 和债券市场供给曲线 BD 的交点决定了债券发行量和发行价格,每张债券面值 100 元,发行量是 10 万份,发行价格是每张 90 元。

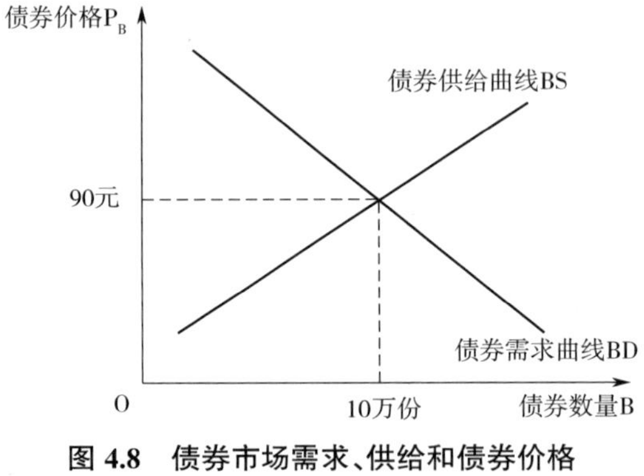

图 4.8 债券市场需求、供给和债券价格

4.5.2 证券交易价格

上述所论属于债券发行定价过程,属于发行市场。债券发行后进行的交易则属于二级市场。二级市场交易的证券价格决定的机制与证券定价类似。仍以债券为例。债券称为固定收益证券,这是指发行时的承诺而言,也就是说,发行时,发行人承诺债券到期时为持有人支付 100 元，发行价格如果为 90 元，相当于债券收益率（利息率）为 11.11%。但是，很多债券是可以流通的，这时的交易价格会与发行价格不同。

假定债券到期前，可贷资金市场上资金充裕，市场利率下降，债券需求增加，债券价格将上升，比如上升到 98 元，见图 4.9 所示。这如何影响债券持有人的收益和行为呢？如果债券持有人到期按照约定获得 100 元的支付并结清债券权益，债券价格变化对其不产生影响，其收益率仍然是 11.11%。但是，比较而言，由于市场利率下降，11.11%的收益率相对提高了，这是市场利率变化和债券交易价格变化产生的实质影响。债券发行半年后，如果债券持有人在债券交易市场按照 98 元的价格出售债券，每一份 100 元的债券可以获得 8 元收益（相对于买入价格 90 元而言），其半年的收益率为 8.89%，而年收益率将高达 17.78%。这样，如果债券价格上涨如此之多，债券持有人大多会出售债券获益，而不必等待债券到期获得 11.11%的收益率。假定新的买入人持有至到期日，获得收益 2 元，半年收益率是 2.04%，年收益率是 4.08%。显然，这反映市场利息率大幅下降，即使收益率 4.08%的债券仍然有利可图，否则就不会有相应的债券市场需求并使债券价格上升如此之多。

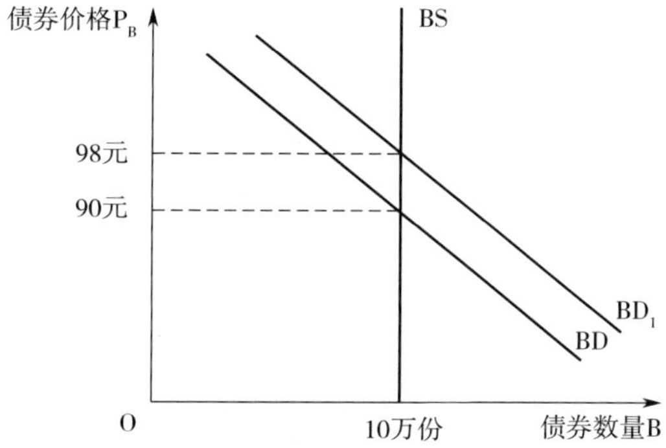

图 4.9　债券交易市场需求、供给和债券价格

4.6　金融危机与宏观审慎管理

金融的发展也会带来新的问题，其中突出的问题是金融危机。为此，对金融体系需要进行宏观审慎的管理。

4.6.1　金融体系中的信息不对称

在金融体系中，存在信息不对称导致的严重问题。贷款人不了解借款人的还款能力，这种信息不对称导致金融领域的逆向选择（adverse selection）和道德风险（moral hazard）。金融市场中的逆向选择表现为：风险高的借款人往往积极寻求贷款并获得成交，而贷款发生后，贷款人的风险上升。金融市场中的道德风险表现为：借款人利用贷款人不能有效监督的条件，不遵守合同约定，从事高风险的活动，给贷款人带来了高风险。

4.6.2 金融摩擦与金融危机

为避免风险损失，贷款人会提高利率以获得一个更高的信用差价（credit spread），即实际贷款利率与能够归还的安全贷款的利率之差，这导致本来可以贷款的人得不到贷款，整个经济资金紧张，资产价格下跌，利率上升，股市下跌，企业破产，工人失业，即金融危机（financial crisis），见图 4.10。

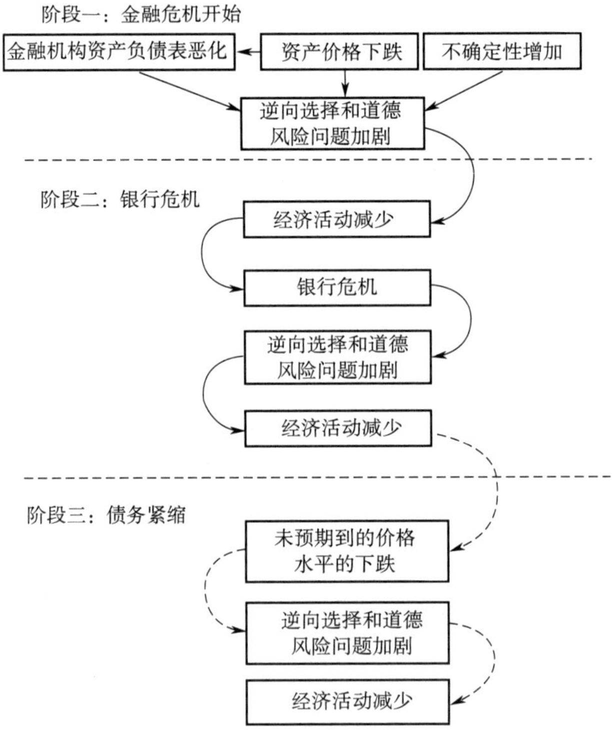

图 4.10 金融危机的形成过程和影响

资料来源：弗雷德里克·S. 米什金：《宏观经济学：政策与实践（原书第 2 版）》，杨澄宇译，机械工业出版社，2017，第 265 页。

金融危机存在去杠杆和债务紧缩两个关键环节。金融创新后信贷繁荣，然后因风险上升而去杠杆（deleveraging）。利息是按照名义值确定的，价格水平下降导致实际债务价值上升，企业净资产下降，导致债务紧缩，并传导到实体经济。

4.6.3 美国大萧条

美国大萧条是金融危机的典型案例。人们对其成因至今还有一些不同的看法，但逐渐认识到货币政策和金融传导起到了很大的作用。美国大萧条大致经历了四个环节。

（1）流动性紧缩和股市崩溃。1928—1929 年，美国股市的价格翻了一番。美联储认为存在过度投机，实施了紧缩货币政策，提高了利率，导致股市大幅下降，出现股市崩盘。

（2）银行恐慌。1930 年，股市已经回升一半，信贷市场开始稳定，但中西部干旱带来农业减产这一平常的不景气情况却产生了严重的影响。农场主无法偿还贷款，银行资产负债表恶化，年底出现银行挤兑，引起广泛的银行恐慌，股市随之转向下跌，银行倒闭规模扩大，美国1/3银行破产。1933年3月，富兰克林·罗斯福（Franklin Roosevelt）总统宣布银行放假，并说："我们唯一应当恐慌的，就是恐慌本身。"

（3）信息不对称加剧。留在金融市场上的银行为减少损失，开始收取更高的利息，信贷息差加大，信贷规模下降，投资支出下降，总需求下降，实际GDP下降。

（4）债务紧缩影响实体经济。1930年开始的债务紧缩，最终导致价格水平下降了25%，债务负担加重，企业净资产减少，这进一步导致借贷能力下降，投资下降，产出下降，导致经济危机，总产出下降，失业率高达25%。

4.6.4 金融危机与经济危机

现代经济高度依赖于金融体系，当期投资和消费依赖于对未来经济的预期，金融危机将导致经济危机。经济向好，企业加大投资，预期资产价格上升，家庭消费增加。金融危机产生的恐慌则导致对未来经济预期降低，投资和消费信心下降，流动性减少，企业贷款难度增大，消费者持币观望，总需求下降；企业订单减少，资金供应紧张，从而减少生产，裁减雇员，失业增加，市场供给出现萎缩，实体经济下行。

金融危机影响实体经济的两个关键是流动性和预期。一是流动性。金融危机之下，流动性下降，资产价格下降，支持经济主体支出的资金减少，企业资金链断裂，总需求下降。二是预期。金融危机之下，人们对未来经济预期下降，消费和投资信心下降，二者相互作用，总供给同时下降，生产萎缩。

4.6.5 资产泡沫、明斯基时刻与宏观审慎规制

4.6.5.1 资产泡沫

资产泡沫（asset bubble），指资产价格超过其内在价值。资产泡沫有两种形成机制。

（1）信贷驱动的资产泡沫。信贷宽松时，个人和企业容易获得资金，抬高资产价格，产生泡沫；资产（包括抵押物）价值上升，导致个人和企业能够获得更多的贷款；价格上升也改善了金融机构的资产负债表，能够提供更多的放贷，进一步推升对资产的需求。房地产是被追逐的资产之一。

（2）乐观预期驱动的资产泡沫。人们购买股票仅仅是因为相信股票价格会上涨从而获得投资收益，这就是一种预期导致的资产泡沫，曾任美国美联储主席的艾伦·格林斯潘（Alan Greenspan）称之为"非理性繁荣"，比如20世纪90年代的科技股泡沫。

4.6.5.2 明斯基时刻

海曼·明斯基（Hyman Minsky）是美国经济学家凯恩斯的学生。他继承了凯恩斯关于"动物精神"导致投资波动的观点，认为投资是在深度不确定性背景下进行的。他也继承了凯恩斯关于货币经济的观点，认为很多经济理论忽视了货币和银行。货币和通过贷款创造货币的银行为经济提供了动力，但也会导致经济危机。资本主义在发展的同时也变得不稳定，投资者和银行一起豪赌未来，谨慎的资本主义让位给大胆的资本主义，变成鲁莽的资本

主义，众人想多借钱，银行也愿意借，推动了经济危机的形成。

美国的次级贷款（指次级抵押贷款，subprime mortgage loan）[①]就是如此。次级贷款是投机借贷（speculative lending），贷款以房价不会下跌、利率不会上升为赌注。美国次贷危机（subprime crisis）从2006年春季开始显现，2007年8月开始席卷美国、欧盟和日本等世界主要金融市场。危机期间，次级抵押贷款机构破产，投资基金被迫关闭，股市剧烈震荡，引起金融风暴，致使全球主要金融市场出现流动性不足危机。次贷危机的前10年，美国房价翻了一倍，房价和证券价格之间形成上升螺旋，形成了巨大的泡沫。泡沫最终要破灭，这被称为明斯基时刻。一旦房价下跌，有的借款人还不上，需要以高利息借款；也有的借款人还款已经不划算，宁愿将房子交给银行。次贷危机中还有金融衍生品的重要作用，住房次级贷款抵押证券就是一种金融衍生品，以住房贷款为基础发行，因为是次级贷款，证券的收益率较高，住房价格上升之时给投资人带来高回报。但是，当住房价格下降之时，证券价格一泻千里。一些持有这些证券的投资机构相继破产，比如雷曼兄弟公司（Lehman Brothers Holding Inc.）。政府开始救助，是拿纳税人的钱去帮助银行、贷款机构、投资机构。政府赤字上升。纳税人并不愿意这样，因而也有了美国那样的"占领华尔街"运动。鲁莽的金融资本主义付出了代价。

经济学与经济制度：明斯基时刻

21世纪初，美国得克萨斯州圣安东尼奥市，一位女士在自家房屋墙上刷上大字："救命！拍卖房屋！"一家银行准备接收房屋的所有权，因为该女士无法按期偿还贷款。在英国伦敦，职员们捧着纸箱走出投资银行雷曼兄弟的办公室，因为银行刚刚破产了。2010年，希腊雅典的议会受到上千人围攻，因为议会计划通过削减工资和退休金的议案。世界金融体系震荡影响了世界经济，当时流行令人沮丧的词语：全球金融危机、次贷危机、大衰退。当20世纪90年代很多经济学家为"大缓和"而欢呼，因为这是一个低通胀而经济增长稳定的时代，但美国人明斯基则表达了其不同的看法；当危机发生后，人们想起了他，并把这场金融危机称为"明斯基时刻"（the Minsky moment）。

20世纪80年代，自由经济主义回潮，认为不受约束的经济将十分稳定，不会发生疯狂的加速和崩溃。明斯基则认为，资本主义经济面临危机。投资是在深度不确定性的背景下进行的，今天建造一个工厂，但很难知道开工后5年能否赚钱。投资有赖于人们的乐观情绪，即凯恩斯所称的"动物精神"，而不是来自对未来盈利可能性的数学计算。当动物精神受到扼制之时，投资就会下降，经济就会走向衰退。

凯恩斯尤其强调货币经济带来的不确定性。一个人卖给另一个人土豆，另一个人可以去买围巾，但他们需要知道多少土豆换多少围巾。在货币经济下，似乎只要有了货币，一切都容易得到解决，但实际上货币也很难很好地发挥这个作用。尤其是，货币和通过存贷机制创造货币的银行，虽然为交换和经济发展提供了动力，但也成为导致经济危机的根源。银行为生意人提供了贷款，都希望赚到钱，在赌未来。开始的时候，银行很警觉，审

① 美国抵押贷款市场的次级（Subprime）及优惠级（Prime）以借款人的信用条件作为划分界限，形成了两个层次的市场。信用低的人申请不到优惠贷款，只能在次级市场寻求贷款。贷款购房者在次级市场的贷款利率通常比优惠级抵押贷款高2~3个百分点。

查生意人的信用和生意盈利的可能性。但是，逐渐地，谨慎的资本主义让位给大胆的资本主义，更多人要借钱，银行也愿意借，银行只有借出钱才有利可图。为此，银行创造出名目众多的贷款，最终努力将钱借给偿还能力有限的人。美国的次级贷款就是如此。明斯基称之为“投机借贷”（speculative lending）：贷款以房价不会下跌、利率不会上升为赌注。进一步地，大胆的资本主义变成鲁莽的资本主义。银行开始向那些偿还能力很差的人（收入最低甚至拥有无法偿还贷款记录的个人）借贷，唯一的期待是房价不下降，银行和借款人都将赌注押在房地产价格上面。在危机爆发前的 10 年时间内，美国房价上涨了一倍。这激发了这种投机借贷。明斯基将这种借贷称为“庞氏金融”（Panxi fiance），这个词来源于意大利的诈骗犯查尔斯·庞兹，他的诈骗方案就是通过制造泡沫让越来越多的投资者上当受骗。

金融市场的创新导致了投机和庞氏骗局，其中一个重要的金融创新就是证券化（securitisation）。贷款被制造成为可以买卖的证券，由于住房贷款是次级（subprime）贷款，相应的证券也具有高风险、高回报的特征，而在房价上升的推动下，人们看到的是高回报而看不到高风险，衍生证券受到欢迎。由于证券化，圣安东尼奥市的这位已贷款女士的还款不一定要交给贷款银行，而可以还给伦敦的投资银行雷曼兄弟，因为投资银行购买了部分包含这位女士贷款的证券。当这位女士等很多贷款人停止还款时，这家投资银行宣布破产了。银行间相互减少甚至停止借贷，因为担心其他银行会破产，也减少向有偿还能力的人发放贷款，不信任的情绪充斥市场，货币开始萎缩了，出现了金融危机。

经济衰退之际，一些国家按照凯恩斯经济学的建议，增加政府开支，扩大赤字。但是，赤字和政府开支增加并不总是有效的，希腊就是这样的典型。为达到欧盟援助的条件，希腊政府被迫开始紧缩财政，削减公共服务和福利开支。但是，这损害了广大民众的利益，抗议者走上了街头。

金融危机以及随之而来的衰退与贪婪的借贷和银行直接相关，而背后的制度因素是以金融为基础的资本主义。第二次世界大战后几十年的经济增长种下了危机的种子，资本主义变得更加大胆和鲁莽，纽约的华尔街和伦敦通过花哨的金融产品刺激经济，鼓励投机，特别是 20 世纪 80 年代政府取消了一系列对银行行为的限制。这是金融危机的制度根源。

（资料来源：尼尔·基什特尼：《经济学通识课》，张缘、刘婧译，民主与建设出版社，2019，第 261-269 页。）

4.6.5.3　宏观审慎规制

美国经济学家格林斯潘任美联储主席时期，坚持不干预资产泡沫，认为究竟什么时候资产泡沫会破裂很难判断，而且用紧缩性货币政策刺破泡沫的成本也相当高，高利率会导致经济衰退。后来，形势发生变化，主张干预资产泡沫、避免金融危机和经济危机发生的政策被提出来，这就是宏观审慎规制（macro-prudential regulation）。宏观审慎规制利用规制政策影响货币市场的整体运行，阻止直接导致信贷繁荣的高风险行为以应对资产泡沫，稳定金融。具体来说就是需要对资产泡沫形成过程进行监测和干预，比如监管信贷标准、控制信贷增长等。

2019 年 2 月,中国人民银行设立宏观审慎管理局。宏观审慎管理政策(a system of prudent macro management)包括:建立宏观审慎政策框架和基本制度,以及系统重要性金融机构评估、识别和处置机制,对金融控股公司等金融集团和系统重要性金融机构基本规则拟订、监测分析、并表监管;外汇市场宏观审慎管理,研究、评估人民币汇率政策;拟订并实施跨境人民币业务制度,推动人民币跨境及国际使用,实施跨境资金逆周期调节,协调在、离岸人民币市场发展;推动央行间的货币合作,提出人民币资本项目可兑换政策建议。中国人民银行、中国银行保险监督管理委员会、中国证券监督管理委员会 2018 年 11 月联合印发了《关于完善系统重要性金融机构监管的指导意见》,重视系统重要性金融机构监管。主要通过两条途径完善系统重要性金融机构监管。一方面,对系统重要性金融机构制定特别监管要求,以增强其持续经营能力,降低发生重大风险的可能性。相关部门采取相应审慎监管措施,确保系统重要性金融机构合理承担风险、避免盲目扩张。另一方面,建立系统重要性金融机构特别处置机制,推动恢复和处置计划的制定,开展可处置性评估,确保系统重要性金融机构发生重大风险时,能够得到安全、快速、有效的处置,保障其关键业务和服务不中断,同时防范“大而不能倒”风险。

4.7　发展中国家的金融发展与经济增长

4.7.1　发展中国家的特点

在经济发达国家,货币与实质资本之间存在替代关系,即保有的货币余额多些,实质资本数量就会少些;反之,若在一定的收入水准下增加实质资本的数量,人们保有的货币余额就相应减少。经济学家罗纳德· I. 麦金农(Ronald I. Mckinnon)认为,这种替代关系的假说并不适用于经济相对落后的发展中国家。发展中国家的经济部门之间大都是“分割”的,即企业、政府机构和居民等经济单位相互隔绝,各部门既无法获得统一的土地、劳动力、资本品及一般商品价格,也难以获得同等水平的生产技术。尤其是发展中国家的金融市场不健全,资本市场落后,间接金融的机能也比较薄弱,众多的中小企业要进行投资和技术改革,只有通过内源融资,即依靠自身积累货币的办法来实现。在金融产品、金融机构、金融市场不健全的条件下,投资者在投资前必须积累很大一部分货币资金,计划投资规模越大,所需积累的实质货币余额就越多,所需要积累的时间也越长。因此,在发展中国家货币与实质资本的关系是同步增减的互补关系,而不是经济发达国家的替代关系。

4.7.2　金融压制与金融深化

长期以来,经济学家们一直将发展中国家经济发展迟缓的原因归结为“资本匮乏”,认为发展中国家若要实现经济发展,要么提高储蓄率,要么引进外资,以加速资本形成。在经济增长理论中,资本积累被看作是经济增长的决定因素,而发展中国家经济发展的核心问题是提高资本形成率。但是,这些增长理论对于实践的解释显得力不从心。1973 年,麦金农和爱德华· S. 肖(Edward S.Shaw)提出了一个开创性的观点,认为发展中国家的贫困不仅在于资本的稀缺，而且在于金融市场的扭曲，造成了资本利用效率低下，最终抑制了经济增长。为此，他们提出一套关于金融抑制（financial repression）和金融深化（financial deepening）的理论进行解释。

金融深化论也称金融自由化，是关于发展中国家金融与经济发展的关系的一种理论。该理论认为，发展中国家要发挥金融对经济发展的促进作用，必须放弃他们所奉行的金融压制政策，推行金融深化。也就是说，政府当局应放弃对金融市场和金融体系的过分干预，放松对利率和汇率的控制，并有效地抑制通货膨胀，使金融和经济形成相互促进的良性循环。通过金融深化，整个金融体系特别是银行体系便能大量吸收储蓄存款，并以适当的贷款利率来满足经济各部门对资金的需求。这样，金融体系本身可以得到扩展，并推动整个经济发展。金融深化能够扩大金融中介的作用，降低国家对外债和外援的依赖，汇率由市场决定，将使黑市活动消失。金融管制放松后，民间金融机构也能合理发展，金融体系和经济发展之间会出现良性循环的局面。

金融深化理论论证了金融深化与储蓄、就业与经济增长的正向关系，指出了金融抑制的危害，认为发展中国家经济欠发达是因为存在着金融抑制现象，主张发展中国家以金融自由化的方式实现金融深化，促进经济增长。金融自由化政策针对金融抑制的问题，主张减少政府干预，确立市场机制的基础作用。金融深化理论主张改革金融制度，改变政府对金融的过度干预，放松对金融机构和金融市场的限制，增强国内的筹资功能以改变对外资的过度依赖，放松对利率和汇率的管制使之市场化，从而使利率能反映资金供求，汇率能反映外汇供求，促进国内储蓄率的提高，最终达到抑制通货膨胀，促进经济增长的目的。

4.7.3　金融深化与经济增长

金融体系和经济增长之间的因果关系，是 20 世纪 60 年代宏观经济学发现的最引人注目的实证关系。一些学者的实证研究发现，1960 年时金融部门比较发达的国家，在之后的 30 年中都经历了比较快的经济增长，而其他国家则不尽相同。有的研究发现，与金融体系不发达的国家相比，金融体系较为发达国家的新设立企业更多。还有研究发现，在发展中国家中，如果私人信贷规模增加一倍，则经济年均增长率提高 2 个百分点。还有的研究指出，金融体系发展好的国家，使低收入阶层也能够获得贷款，使其收入增长超过人均水平，从而改善不平等[①]。

金融体系促进经济增长的机制有三个方面。

（1）金融市场是储蓄转化为投资的渠道，金融深化支持了投资。经济增长的一个重要条件是有高储蓄率而且需要将储蓄转化为投资，而金融市场正是储蓄转化为投资的关键渠道，并且这里聚集了庞大资本，促进了大规模投资和资本积累，而这正是经济增长所需要的。

（2）金融市场是有利于投资的资源配置机制。金融市场着眼于未来，从而在现在和未来之间配置资源，促进了投资，也促进了消费，从而拉动了经济增长。如果没有或者缺乏在现在和未来之间配置资源的金融市场，消费、投资和经济活力将大打折扣。

（3）金融市场提供了风险管理机制。金融市场建立了风险管理机制，提高了资源配置

① 弗雷德里克·S. 米什金：《宏观经济学政策与实践（原书第 2 版）》，机械工业出版社，2018，第 259-261 页。

效率,从而促进了投资和经济增长。

4.7.4 中国金融市场发展

1978 年中国开始经济改革,金融体制改革和金融市场发展是重要内容,金融产品、金融机构和金融市场得到发展,并呈现与经济增长同步的态势。其中,出现了一些标志性事件。

(1)中央银行的建立。1978 年,中国人民银行总行从财政部分离出来而独立,标志着现代中国金融体系建设的开始。

(2)商业银行的建立。1984 年 1 月 1 日,中国工商银行成立,中国人民银行不再办理针对企业和个人的信贷业务,成为专门从事金融管理、制定和实施货币政策的机构。

(3)股票发行。1984 年 11 月 14 日,上海飞乐音响股份有限公司公开向社会发行了不偿还的股票,这是改革开放后第一支发行的股票。

(4)证券交易所成立。1990 年 11 月,第一家证券交易所,即上海证券交易所成立,中国证券市场的发展开始了一个崭新的篇章。

(5)政策性银行的建立。1994 年 3 月至 4 月,中国国家开发银行、中国进出口银行、中国农业发展银行三大政策性银行成立,标志着政策性银行体系基本框架的建立。

(6)期货交易所建立。1999 年 5 月,上海期货交易所正式成立。

(7)证券法颁布实施。1999 年 7 月,《中华人民共和国证券法》正式实施。

(8)资本市场对外开放。2002 年 12 月,《合格境外机构投资者境内证券投资管理暂行办法》正式实施,合格境外机构投资者(Qualified Foreign Institutional Investor, QFII)制度出现,这是中国资本市场全球化的重要一步。

(9)《证券投资基金法》的颁布和实施。2004 年 6 月,《中华人民共和国证券投资基金法》颁布实施。

(10)金融期货交易所成立。2006 年 9 月,中国金融期货交易所成立,这是我国首家金融衍生品交易所。

经济学与经济制度:上海证券交易所

上海证券交易所(以下简称上交所)成立于 1990 年 11 月 26 日,同年 12 月 19 日开业,受中国证监会监督和管理,是为证券集中交易提供场所和设施、组织和监督证券交易、实行自律管理的会员制法人。

上交所致力于创造安全、规范、透明、开放、有活力、有韧性的市场环境,主要职能包括:提供证券集中交易的场所、设施和服务;制定和修改上交所业务规则;按照国务院及中国证监会规定,审核证券公开发行上市申请;审核、安排证券上市交易,决定证券终止上市和重新上市等;提供非公开发行证券转让服务;组织和监督证券交易;组织实施交易品种和交易方式创新;对会员进行监管;对证券上市交易公司及相关信息披露义务人进行监管,提供网站供信息披露义务人发布应依法披露的信息;对证券服务机构为证券发行上市、交易等提供服务的行为进行监管;设立或者参与设立证券登记结算机构;管理和公布市场信息;开展投资者教育和保护;法律、行政法规规定及中国证监会许可、授权或者委托的其他职能。

经过 30 余年的快速成长，上交所已发展成为拥有股票、债券、基金、衍生品 4 大类证券交易品种、市场结构较为完整的证券交易所；拥有可支撑上海证券市场高效稳健运行的交易系统及基础通信设施；拥有可确保上海证券市场规范有序运作、效能显著的自律监管体系。依托这些优势，上海证券市场的规模和投资者群体也在迅速壮大。

截至 2022 年末，沪市上市公司家数达 2 174 家，总市值 46.4 万亿元；2022 年全年股票累计成交金额 96.3 万亿元，股票市场筹资总额 8 477 亿元；债券市场挂牌 2.68 万只，托管量 15.9 万亿元；基金市场上市只数达 614 只，累计成交 18.8 万亿元；股票期权市场全年累计成交 6 475 亿元；基础设施公募 REITs 产品共 16 个，全年新增 9 个项目，募集资金 342 亿元。

经过 30 余年发展，目前上交所已经成为全球第三大证券交易所和全球最活跃的证券交易所之一。截至 2022 年底，上交所股票总市值、IPO 筹资额分别位居全球第 3 名、第 1 名。

（资料来源：上海证券交易所，“交易所简介”，http://www.sse.com.cn/aboutus/sseintroduction/introduction/。）

经济学与经济制度：金融强国的关键要素

“加快建设金融强国”是 2023 年 10 月召开的中央金融工作会议立足中国式现代化建设全局作出的战略部署。习近平总书记在 2024 年 1 月 16 日省部级主要领导干部推动金融高质量发展专题研讨班开班式上，进一步将“六个强大”确定为金融强国建设的基本条件和关键核心要素，从而为建设金融强国确立了战略任务，为推动金融高质量发展指明了实践路径。

习近平总书记强调，“金融强国应当基于强大的经济基础，具有领先世界的经济实力、科技实力和综合国力，同时具备一系列关键核心金融要素，即：拥有强大的货币、强大的中央银行、强大的金融机构、强大的国际金融中心、强大的金融监管、强大的金融人才队伍”。

强大的货币。货币不仅是金融体系的根基和核心，而且还是国家综合实力、国际核心竞争力和国家治理能力的体现。货币具有价值尺度、流通手段、贮藏手段、支付手段和世界货币五种职能。强大的货币是金融强国的基石，一方面表现为本币相对于其他国家货币的市场汇率保持稳定或升值，另一方面表现为它可以在国际贸易、国际投融资活动中充当计价货币、支付货币和结算货币，还可以成为国际储备货币。

强大的中央银行。中央银行作为政府的银行、发行的银行、银行的银行，负责货币发行，调节货币供应和流通，调控金融活动，推进金融改革，实施宏观审慎管理，着力实现币值稳定、充分就业、金融稳定、国际收支平衡四大任务。中央银行是金融体系的中枢，对经济发展全局发挥着基础性的关键作用。中央银行履职不到位，对货币管理得不好，就会导致通货膨胀和资产泡沫，或者发生通货紧缩，引发经济金融危机。强大的中央银行不仅能够管好货币总闸门，提供高质量金融基础设施服务，防止发生严重通货膨胀或通货紧缩以及系统性金融风险，实现维护经济稳定和国家金融安全的目标，而且还能够支持经济转型升级，促进经济高质量发展，确保我国现代化进程顺利推进，是国家治理体系和治理能力现代化的高度体现。

强大的金融机构。金融机构作为现代金融市场的重要组成部分，是金融体系赖以正常运行的组织条件。金融机构的存在对货币的需求和供给、货币的流通和运作产生了深远的影响，也为现代经济发展提供资金支持和保障。商业银行、投资银行、保险公司、资产管理公司等是最重要的金融机构。强大的金融机构，一是要具有强大的服务实体经济能力，能为重大战略、重点领域、薄弱环节等实体经济提供高效金融服务；二是要具有强大的风险防控能力，能够抵御金融风险的冲击，保持稳健、高效经营；三是要具有强大的国际竞争力，形成国际一流的金融机构，在国际金融市场中具有定价权和话语权。

强大的国际金融中心。国际金融中心是指聚集了大量金融机构和相关服务产业，不仅能够全面集中地开展国际资本借贷、债券发行、外汇交易、保险等金融服务业，而且还能够提供便捷的国际融资服务、高效的国际支付结算服务、活跃的国际金融交易的城市。强大的国际金融中心是金融强国的重要标志，它不仅拥有发达、活跃的离岸/在岸货币交易中心、股票交易市场、大宗商品的定价和交易中心，而且还拥有国际投资和资产管理中心、全球金融科技中心，拥有一流的营商环境、基础设施、人力资本、城市声誉。

强大的金融监管。金融监管就是政府通过制定一系列规则，并授权相应的机构来执行这些规则，从而规范参与金融活动的各方的行为。金融监管是防范和化解金融风险的主要措施，也是金融公平公正交易顺利进行的必要条件和重要保证。强大的金融监管是金融强国建设的有力保障。强大的金融监管，一是要有震慑力和权威性，金融监管要"长牙带刺"、有棱有角；二是要依法将所有金融活动全部纳入监管，全面强化机构监管、行为监管、功能监管、穿透式监管、持续监管，消除监管空白和盲区，提高监管前瞻性、精准性、有效性和协同性。

强大的金融人才队伍。党的二十大报告指出，要实施人才强国战略，"培养造就大批德才兼备的高素质人才，是国家和民族长远发展大计"。金融领域专业性强、复杂程度高、知识密集度高，建设金融强国，建设规模宏大、结构合理、素质优良的人才队伍至关重要。强大的金融人才队伍，就是拥有一批具备广阔国际视野，掌握系统化和前沿金融知识，拥有强大实践能力和强烈社会责任感的金融人才，拥有一支政治过硬、能力过硬、作风过硬、堪当重任的人才队伍。

（资料来源：胡海峰：《围绕关键核心金融要素加快建设金融强国》，《中国党政干部论坛》，2024年第2期，第11-15页。）

复习思考题

1. 辨析以下概念。直接金融和间接金融，贷款、债券和股票，金融深化和金融抑制，共同基金，货币市场基金，资产泡沫，股票市盈率，宏观审慎规制。

2. 什么是金融？为什么现代经济会形成庞大的金融市场体系？
3. 如何理解债券和股票的内在价值？
4. 什么是股票市盈率？市盈率高低能准确表明股票的内在价值吗？
5. 以美国次贷危机为例说明金融危机的形成机制。
6. 为什么发展中国家发展金融市场可以带来经济增长？
7. 试论我国金融监管体系的构成和完善。

第5章 短期国民收入决定

在潜在产出给定的短期宏观经济条件下，考虑不同的价格条件和其他条件，可以分别研究宏观经济总产出如何决定的问题，这属于短期国民收入决定理论。短期国民收入决定理论不仅有助于理解经济增长的具体过程，还有助于认识消费、投资等宏观经济变量，认识短期宏观经济波动尤其是总产出的波动，并在这些认识的基础上制定宏观经济稳定政策。

5.1 国民收入决定理论的不同假设和模型

国民收入决定理论包括不同假设条件下的均衡总产出决定模型，但都假定潜在产出水平给定，相对于长期经济增长，都属于短期宏观经济分析。当然，短期分析的假定又有差别，包括以下三种假定和相应的国民收入决定模型。

（1）假定价格水平给定（价格刚性），宏观经济能够提供与总收入相适应的货币数量，货币市场与利率的变动不影响总产出，均衡总产出将决定于总支出计划，这就是简单国民收入决定模型。

（2）假定价格水平给定，考虑货币市场与利率变化对总支出的影响，均衡总产出决定于产品市场和货币市场的同时均衡，这就是产品市场和货币市场同时均衡的 IS-LM 模型。

（3）给定潜在产出，考虑产品市场、要素市场和货币市场乃至金融市场，考虑价格变化，价格水平影响很多变量，并体现在影响总需求量和总供给量上，均衡总产出将决定于总需求与总供给，并且与价格水平同时决定，这就是总需求-总供给模型。当然，总需求-总供给模型也因为价格水平变化的灵活性而有所不同，一般的总需求-总供给模型假定价格是充分灵活的，而新凯恩斯主义的总需求-总供给模型假定价格是黏性的。极端言之，如果价格水平是完全刚性的，这时的总需求-总供给模型就是凯恩斯萧条模型，实际上回到了简单国民收入决定模型。

5.1.1 短期分析和长期分析

考虑潜在产出发生变动时，属于宏观经济的长期，相应的宏观经济学属于长期分析，其主题是经济增长理论和政策等。当潜在产出给定不变时，属于宏观经济的短期，相应的宏观经济学属于短期分析，其主题是均衡国民收入决定与宏观经济稳定政策，包括均衡国民收入决定理论以及总需求管理政策等宏观经济政策。

5.1.2　产品市场的简单国民收入决定理论

国民收入决定理论都属于短期分析，但是短期还有不同的情形。给定潜在产出，但是对货币市场、物价水平是否作为内生变量有不同的假设，从而建立了不同的均衡国民收入决定模型。超短期的情形是指，不仅潜在产出给定，还假定价格不变（价格刚性）。在超短期，不考虑货币市场，实际上假定货币市场利率能够适应实物经济的需要而提供相应的货币量，此时，均衡总产出由总需求方面（称为计划的总支出）决定，均衡总产出可能偏离潜在产出，导致经济紧缩或者扩张，需要政府干预。该理论在宏观经济学中称为简单国民收入决定理论、总支出-总收入模型或者产品市场国民收入决定理论，是凯恩斯宏观经济学的基础内容。

5.1.3　产品市场和货币市场同时均衡的国民收入决定理论

同样是超短期，假定潜在产出不变，价格水平不变，但是考虑货币市场的变动及其对计划总支出的影响，产品市场和货币市场共同决定的是均衡总产出。此时，货币市场与产品市场相互作用，货币市场和利率变化成为均衡国民收入决定的重要因素。该理论在宏观经济学中称为 IS-LM 模型，其核心内容是解释货币市场及其利率对均衡国民收入的决定作用，也是凯恩斯宏观经济学的重要内容。

5.1.4　价格灵活性的总需求-总供给模型

给定潜在产出的短期，但考虑价格灵活变化，即价格可变而且价格具有充分灵活性，总需求量和总供给量受物价水平影响，均衡总产出由总需求和总供给共同决定，产品市场和货币市场乃至金融市场均对均衡总产出产生影响，这就是总需求-总供给模型。在该模型中，价格水平成为关键变量，是宏观经济学的标准的短期。如果价格充分灵活，均衡总产出将很快达到均衡产出，无需政府实施宏观经济稳定政策。总需求-总供给模型不仅分析均衡总产出的决定，还分析物价水平的决定，可以用于通货膨胀问题分析。这种模型是理性预期学派和新古典宏观经济学派使用的分析工具。

5.1.5　价格黏性的总需求-总供给模型

给定潜在产出，价格可变但调整缓慢，即具有价格黏性，物价水平不能充分灵活迅速调整总需求量和总供给量以使均衡总产出达到潜在总产出水平，仍需要政府实施宏观经济稳定政策，这种情形属于黏性价格的总需求-总供给模型，也属于典型的短期，但具有黏性价格。

短期分析主要关注均衡总产出的决定，尤其关注是否能够达到潜在产出，以及在不能达到潜在总产出的条件下如何实施宏观经济政策予以干预。鉴于总产出与就业呈现正相关关系，短期就业问题可以在上述国民收入决定模型中予以考虑。而对于通货膨胀问题，也可以在总需求-总供给模型的框架内进行分析，研究何以发生通货膨胀以及如何治理通货膨胀问题。当然，失业和通货膨胀问题也有其他方面的因素，例如失业与人口周期、经济周期有关，而通货膨胀与货币制度有关,不能完全与国民收入决定问题一同分析。

5.2 简单国民收入决定理论

简单国民收入决定理论表明,经济主体计划的总支出是均衡总产出的决定因素。计划的总支出的实质是不考虑价格水平的总需求,简单国民收入决定理论的实质是阐述总需求决定均衡总产出的原理。

5.2.1 计划的总支出

计划的总支出(Planned Aggregate Expenditure, PAE),或者称为总支出计划,是指一定时期内经济中所有经济主体计划购买最终产品和服务的数量。根据国民收入核算原理,计划的总支出由消费支出、投资支出、政府购买支出和净出口四个部分构成:

$$AE = C + I + G + NX \tag{5.1}$$

该式与支出法核算 GDP 类似,但是含义不同。这里的消费(C)、投资(I)、政府购买(G)和净出口(NX)都是计划的支出,是"事前的(ex-ante)",而在国内生产总值核算中,都是"事后的(ex-post)"。计划的总支出由计划的消费支出、计划的投资支出、计划的政府购买支出和计划的净出口构成。

5.2.2 消费支出

计划的消费支出是家庭部门在一定时间内计划购买消费品的支出数量,经常简称为消费支出、消费计划甚至消费。宏观经济中消费包括家庭部门的消费和政府消费,这里的消费仅指家庭部门的消费,而政府消费属于政府购买支出的组成部分。消费支出如何决定?这是宏观经济学的重要课题,这里介绍凯恩斯消费函数和持久消费函数。

5.2.2.1 凯恩斯消费函数

给定价格水平,消费支出受诸如生计需要、收入、偏好、利率、预期等因素的影响。为简便,将生计需要、偏好、预期等纳入自主消费,忽略货币市场的利率因素,可以构建一个简单的消费函数,即凯恩斯消费函数,消费支出(C)是国民收入(Y)的函数:

$$C = \bar{C} + MPC \times (Y - T) \tag{5.2}$$

这里的 $\bar{C}$ 为自主消费,由给定的因素例如生计需要、偏好、预期等决定,为一个不变量,尤其是不受国民收入的影响;MPC 为边际消费倾向(Marginal Propensity to Consume),表示消费增加量占相应的收入增加量的比率;Y 表示国民收入;T 为家庭部门缴纳的净税收即税收减除从政府部门获得的对个人收入转移,而 Y-T 表示居民可支配收入(Y_d)。

消费支出可以理解为由两个部分即自主消费和引致消费(induced consumption)构成,引致消费由家庭部门的可支配收入和边际消费倾向决定,即式 5.2 右侧的第 2 部分。

5.2.2.2 边际消费倾向和平均消费倾向

边际消费倾向在凯恩斯消费函数中具有重要地位。根据上述定义,边际消费倾向的定义式为:

$$MPC = \frac{\Delta C}{\Delta Y_d} \tag{5.3}$$

凯恩斯认为，边际消费倾向是递减的，收入低的个人将更大部分收入用于当前消费，而收入高的个人将更少部分收入用于当前消费。随着收入增加，消费也将增加，但不如收入增加的那么多。边际消费倾向递减是导致消费支出乃至计划的总支出不足的重要原因。

平均消费倾向（APC）表示消费支出占可支配收入的比重，即：

$$APC = \frac{C}{Y_d} \tag{5.4}$$

由于边际消费倾向递减，平均消费倾向当然也是递减的。

5.2.2.3　凯恩斯消费函数和消费支出曲线

在一般的消费函数中，假定边际消费倾向给定不变。为简化，边际消费倾向记为 b，自主消费记为 a，，则凯恩斯消费函数写为：

$$C = a + b(Y - T) \tag{5.5}$$

进一步将净税率即净税收占国民收入的比率记为 t，则凯恩斯消费函数写为：

$$C = a + b(1 - t)Y \tag{5.6}$$

以国民收入为横坐标，消费支出为纵坐标，可以画出消费支出曲线。由于边际消费倾向给定，消费支出曲线是一条直线，而由于国民收入增加导致消费支出增加，消费支出曲线向右上方倾斜，如图 5.1 所示。

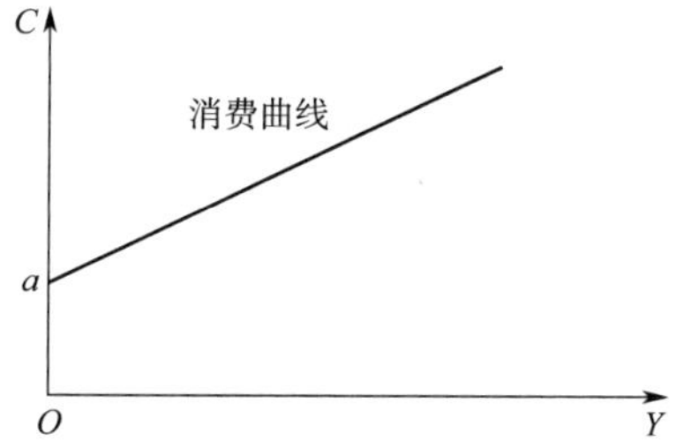

图 5.1　凯恩斯消费曲线

5.2.2.4　影响消费支出的其他因素

除了国民收入和税收外，影响消费的因素还有以下几种。①实际利率。利率上升，未来消费更有价值，居民将增加储蓄，减少当前消费。②财富效应。股市繁荣，资产价格上升，居民将增加当前消费。③家庭负债。如果家庭负债率较高，当前消费支出会相对下降。④预期。如果预期乐观，即对未来经济前景看好，自发消费会增加，导致消费增加。⑤社会保障水平。社会保障水平提高也会导致居民的乐观预期，从而增加当前消费。

上述因素变化将导致消费曲线移动。例如，利率上升，消费曲线左移；股市繁荣，消费曲线右移；预期乐观，消费曲线右移；社会保障水平提高，消费曲线右移。

5.2.2.5　持久消费函数

凯恩斯消费函数将计划的消费支出与当期收入联系起来，一旦收入出现波动，将引起消费支出波动，而消费支出影响总产出，从而解释经济波动尤其是总产出的波动。

但对消费函数也有不同的认识。1957 年,美国经济学家米尔顿·弗里德曼(Milton Friedman)提出,消费平滑化是消费行为的特征,并提出持久收入假说(permanent income hypothesis),建立了一种新的消费函数。其核心的观点是,消费是持久收入的函数,而临时收入(transitory income)不影响消费决策,消费是稳定的。持久收入是长期的、有规律的固定收入,一般指稳定在 3 年以上的收入,例如正常的工资收入。暂时收入指一时的、非连续性的偶然收入,例如得到的遗产收入。持久收入可以用过去与未来预期的收入进行加权计算,时期越近,加权数越大。理性人从长期的角度来安排自己的消费,也就是考虑持久收入以决定消费计划,而不是单纯按现期收入决定消费计划。

基于此,弗里德曼认为,消费支出是持久收入的一个比例,而持久收入是稳定的,消费也是稳定的。持久消费函数可以写为:

$$C = bY_P \tag{5.7}$$

式中 Y_P 为持久收入。根据该函数,消费为持久收入的一个比例(边际消费倾向),如果持久收入和边际消费倾向不变,则消费支出也不变。

因此,消费函数的不同形式决定了消费是否稳定,关系到计划总支出是否稳定以及宏观经济是否稳定,关系到政府是否应当干预消费。本章介绍的国民收入决定理论属于凯恩斯宏观经济学,使用凯恩斯消费函数,消费计划容易波动,并影响计划总产出的稳定,需要政府干预。

5.2.3 投资支出

计划的投资支出由对资本品的购买支出和预期的存货变动构成。在简单国民收入决定模型中,往往忽略存货变动,投资支出全部考虑为资本品的购买支出。计划的投资支出常常简称为投资支出、投资计划,也经常简称投资。

5.2.3.1 投资支出的决定因素

投资的决定因素有以下几种。①实际利率。实际利率上升意味着投资成本增加,投资将减少;或者说,利率上升,投资的必要收益率将上升,可投资项目变少。②预期收益。产品需求增加,价格上升,表明企业预期收益将增加,企业将增加投资。投资是长期的,如果企业家的市场预期乐观,投资将增加。凯恩斯认为企业家预期具有“动物精神(animal spirits)”的性质,易受乐观悲观情绪影响,波动较大。当然,预期收益与资本所用于生产的行业的需求有关。③税收和补贴。税收优惠和财政补贴有利于企业增加投资,反之将抑制投资。当然,影响投资的因素还有法治环境、生态环境、生活环境、国际环境等制度因素。在简单国民收入决定模型中,主要考虑影响投资的直接经济因素。

5.2.3.2 投资函数

考虑投资是实际利率的减函数,忽略其他因素,简单的投资函数可以写为:

$$I = e - dr \tag{5.8}$$

这里 e 表示自主投资(autonomous investment),r 表示实际利率,d 是反映投资对利率反应敏感程度的一个正系数。自主投资是实际利率为 0 时 的投资,与自主消费类似,作为既定的外生变量,由给定社会、技术、心理等决定。

简单的投资函数主要反映实际利率和自主投资对投资的影响，而忽略其他因素，或者说将其他因素作为外生变量。利率受货币市场的影响，从而货币供给将影响投资。在简单国民收入决定模型中，将暂不予考虑利率的变化，而利率在 IS-LM 模型中则是重要的。自主投资由一系列的外生变量（例如预期、投资的税收和补贴政策等）决定，是引起投资波动的重要因素。

5.2.3.3　托宾 q 理论

除了凯恩斯的简单投资函数，投资决定的理论还有很多，其中托宾 q 理论经常被提到。托宾（James Tobin）提出，衡量企业资产价值有两种方法，一种是市场价值衡量方法，比如用企业在股票市场上的总体价值衡量，是企业资产的市场价值；另一种是用企业资产的重置成本衡量，重置成本即当前建造一个同样企业需要花费的支出。那么，q 是企业市场价值和重置成本的比值，即：

$$q = \frac{\text{企业市场价值}}{\text{企业资产的重置成本}} \tag{5.9}$$

如果当前企业市场价值大于重置成本，$q > 1$，企业将追加投资，投资增加；如果企业市场价值小于重置成本，$q < 1$，企业将减少投资支出。在经济中，企业资产的重置成本相对稳定，而企业市场价值受股票市场影响而波动较大，从而 q 并不稳定，导致企业投资的波动。托宾 q 理论显示这样一个事实：如果股市繁荣，企业市场价值上升，投资将增加，经济繁荣；反之，股市走低，企业市场价值下降，投资也将低迷，经济萎缩。

5.2.4　政府购买性支出

政府购买性支出包括政府的消费支出和投资支出。但是，政府购买性支出是政策变量，是经济体系的外生变量，由政府财政决策程序决定，是政治决策。这为政府直接干预经济提供了基础。此外，与政府购买性支出对应的是政府转移性支出，转移性支出是对家庭部门或者企业部门的收入转移，从而影响家庭部门或者企业部门的消费支出和投资支出，但转移性支出本身不是总支出计划的组成部分。政府通过税收或者发行债务筹集用于支出的财政收入，税收和发行债务将影响消费和投资，这些内容将在后面深入探讨。

5.2.5　净出口

净出口是本国出口额减除进口额后的差额。就进口而言，本国进口受资源禀赋决定，存在自主进口，即与本国收入无关的进口额（M_o）；同时，进口还包括受本国国民收入影响的引致进口，收入越高，进口越多，这个关系用边际进口倾向（γ）表示。边际进口倾向为国民收入增加 1 元带来的进口增加量。所以，进口方程为：

$$M = M_o + \gamma Y \tag{5.10}$$

就出口而言，本国出口受外国的禀赋和外国国民收入的影响。为简便，不考虑外国收入的变化，出口额为一个固定量，记为 X。基于上述，净出口方程为：

$$NX = X - M = X - M_o - \gamma Y = m - \gamma Y \tag{5.11}$$

其中，$m = X - M_o$，为自主净出口。上式表明，净出口为净自主出口减除引致进口。简单国民收入决定模型不考虑价格因素。但是应当注意到，国内外产品价格的差异是决定进口和出口的直接因素。如果本国价格（P）比较高，则出口少而进口多；如果国外价格（P^f）高，则出口增加而进口减少，所以，净出口与本国价格成反比、与国外价格成正比。进一步讲，汇率也影响进口和出口。考虑汇率（E）是1元钱本币的外币价格，汇率越高，相当于本国产品价格高，出口减少。考虑上述因素，净出口方程为：

$$NX = m - \gamma Y - \sigma E \frac{P}{P^f} \tag{5.12}$$

其中，σ 为一个正系数。在简单国民收入决定模型中，不考虑价格因素和汇率，进出口方程如式5.11所示。本书第9章将专门分析国际经济问题。

5.2.6 总支出函数与产品市场均衡总产出的决定

仅考虑产品市场，分析总产出（总收入）如何决定，这是简单国民收入决定理论的核心内容。该模型假定货币市场能够提供合适的货币供应量并保持价格和利率不变，产品市场均衡反映了宏观经济总体均衡。

5.2.6.1 总支出函数和总支出曲线

按照简单国民收入决定模型的假设，不考虑货币市场和利率，也不考虑价格水平，将各项支出计划加总，得到计划的总支出。计划的总支出将取决于总收入（即国民收入 Y），这就是总支出函数，其数学表达式如下：

$$\begin{aligned} PAE &= C + I + G + NX = a + b(1-t)Y + e + G + m - \gamma Y \\ &= (a + e + G + m) + [(b(1-t) - \gamma]Y \end{aligned} \tag{5.13}$$

以总收入（Y）为横轴，以计划的总支出（PAE）为纵轴，可以画出总支出曲线，其斜率为 $b(1\text{-}t\text{-}\gamma)$，且小于1。当国民收入为0时的计划的总支出为自发支出，表示为总支出曲线的纵截距，其数值为（a+e+G+m），如图5.2所示。

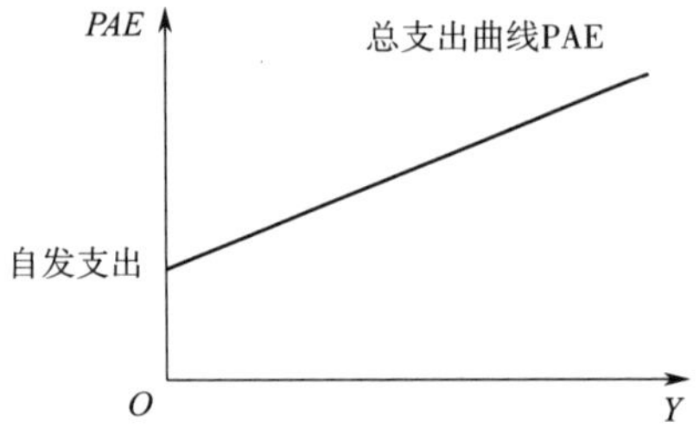

图 5.2 总支出曲线

前述消费支出、投资支出、政府购买支出和净出口是总支出的组成部分，而影响总支出各个组成部分的因素，也将影响总支出水平，表5.1概括了这些影响总支出的各种因素。

表 5.1 影响总支出的因素

影响因素	总支出增加的因素	总支出下降的因素
消费支出		

续表

影响因素	总支出增加	总支出下降
·实际利率	实际利率下降	实际利率上升
·财富效应	财富增加	财富减少
·经济预期	预期乐观	预期悲观
·家庭负债	负债下降	负债上升
·税收负担	税收下降	税收增加
投资支出		
·实际利率	实际利率下降	实际利率上升
·预期回报	预期回报上升	预期回报下降
·税收或者补贴	税收减少或者补贴增加	税收增加或者补贴减少
政府购买性支出		
政府购买性支出	增加	减少
净出口		
·其他国家收入	增加	减少
·本国收入	减少	增加
·汇率	本国货币贬值	本国货币升值
·国际经济环境	良好	恶化

5.2.6.2　产品市场均衡条件和均衡线

只有在某一总产出水平（总收入）下，计划的总支出恰好等于总收入，总产出创造的总收入恰好能够满足总支出的需要，而总产出恰好能够被全部购买，使总支出计划得以实现，产品市场能够实现均衡，这就是产品市场均衡条件：

$$Y = PAE = C + I + G + NX \tag{5.14}$$

在 $Y\text{-}PAE$ 坐标图中，用横轴表示总产出（总收入），纵轴表示计划的总支出及其组成部分，如图 5.3 所示。对应不同的计划总支出，会有相应总收入（即总产出），这是不同条件下的产品市场均衡，构成产品市场均衡线。如果不是这样，总产出就会发生调整，直到均衡。图 5.3 坐标图中的 45° 线，就是总量产品市场的均衡线。

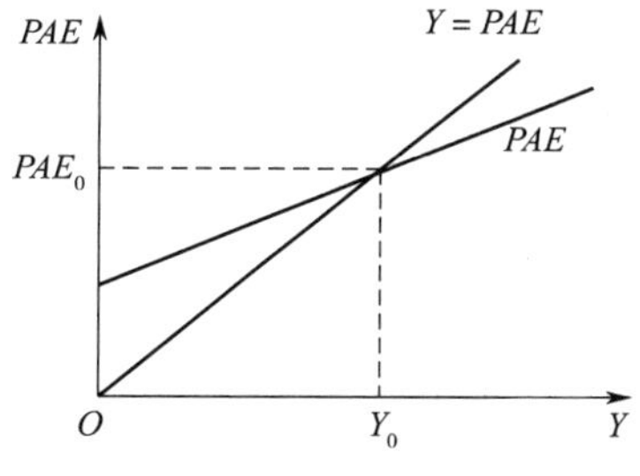

图 5.3　凯恩斯交叉线与均衡国民收入决定

5.2.6.3 产品市场均衡和国民收入决定

在产品市场上，总支出曲线和产品市场均衡线构成交叉线，称为凯恩斯交叉线，如图 5.3 所示。总支出曲线与产品市场均衡线的交点决定了产品市场均衡总产出（总收入），表示给定计划总支出时的产品市场均衡以及相应的均衡总产出。

对于一般情况，根据均衡条件，计划的总支出等于总收入，则：

$$Y=(a+e+G+m)+[b(1-t)-\gamma]Y \tag{5.15}$$

进而可以得到的均衡总产出为：

$$Y=\frac{a+e+G+m}{1-b(1-t)+\gamma} \tag{5.16}$$

在两部门经济中，没有政府购买、税收和进出口，则：

$$Y=\frac{a+e}{1-b} \tag{5.17}$$

在三部门经济中，没有进出口，则：

$$Y=\frac{a+e+G}{1-b(1-t)} \tag{5.18}$$

5.2.6.4 产品市场均衡的示例

考虑一个两部门经济，消费支出计划为 $C=200+0.8Y$，自主投资为 $e=100$，计划的总支出为 $PAE=300+0.8Y$，则均衡总产出即均衡总收入为：

$$Y=\frac{a+e}{1-b}=\frac{200+100}{1-0.8}=1500$$

其均衡示意图见图 5.4。

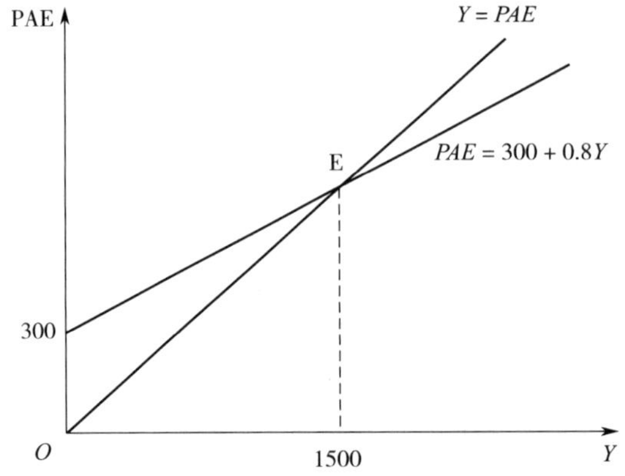

图 5.4 均衡国民收入决定示意图

如果总支出以及均衡总产出不在 1 500 的水平上，总收入不满足总支出计划，经济将调整总产出。如表 5.2 所示，当总产出低于 1 500 时，总收入低于总支出，经济将增加生产，使总收入增加；当总产出高于 1 500 时，总收入高于总支出，经济将减少生产，使总收入减少。在实际经济中，各个企业发现存货减少时，将增加生产；当存货增加时，将减少生产，以满足经济计划总支出的需要。

表 5.2　总量产品市场均衡的调整

总产出=总收入	计划总支出和相关部分				Y-PAE	Y=PAE?
	总支出	消费	投资	储蓄		
1 000	1 100	1 000	100	0	-100	否
1 200	1 260	1 160	100	40	-40	否
1 500	1 500	1 400	100	100	0	是
1 700	1 660	1 560	100	160	40	否
2 000	1 900	1 800	100	200	100	否

可以对该经济做进一步刻画。该经济均衡时,实现的消费支出为:

$$C = 200 + 0.8 \times 1500 = 1400$$

当期没有消费的收入为储蓄,则储蓄为:

$$S = Y - C = 1500 - 1400 = 100$$

实现的总支出为消费支出和投资之和,即:

$$AE = C + I = 1400 + 100 = 1500$$

总支出正好等于总收入,满足总量产品市场均衡条件。注意,总量产品市场均衡时,储蓄全部转化为投资,即:

$$S = I = e = 100$$

在产品市场均衡时,储蓄全部转化为投资,这对其他情形也成立,并视为总量产品市场均衡条件(式 5.14)的另一种表示方法,即:

$$S = I \tag{5.19}$$

5.2.7　支出乘数

在简单国民收入决定模型之下,还可以进一步发现计划总支出决定国民收入的机制及其数量关系,其中最重要的是支出乘数。

5.2.7.1　支出乘数的概念

为描述均衡总产出变化与计划的总支出及其构成部分变化的关系,引入支出乘数(expenditure multiplier, K_E)的概念。支出乘数,指均衡总产出变化(ΔY)与引起其变化的计划总支出变化(ΔPE)的倍数关系:

$$K_E = \frac{\Delta Y}{\Delta PE} \tag{5.20}$$

式中 K_E 表示支出乘数,ΔPE 表示任何总支出计划的变动,比如自主消费、自主投资、政府购买性支出、自主进出口的变动。

考虑前面两部门经济的例子,其中 $a = 200$,$b = 0.8$,$e = 100$,均衡总产出为 $Y = 1\,500$。现在假定自主投资增加,$\Delta e = 100$,则自主投资变为 $e = 200$,其他条件不变,此条件之下,均衡总产出为 $Y = 2\,000$。也就是说,均衡总产出增加了 500,是自主投资增加额的 5 倍,这就是自主投资的支出乘数。

5.2.7.2 支出乘数的形成机制

为什么形成支出乘数效应呢？总体上，这是收入提供支出、支出决定收入的循环强化的结果。在上面的例子中，最初总量产品市场的均衡状态为：$a=200$，$b=0.8$，$e=100$，$Y=1\ 500$。当自主投资增加 100 后，将引起一系列反应。①自主投资增加 100，即 $\Delta e=100$ 个单位时，计划总支出将随之增加 100 个单位，达到 1 600 个单位；企业为满足投资支出而增加生产 100 个单位，总收入也将增加 100 个单位而达到 1 600 个单位，使收入增加了 100 个单位。②根据消费函数，收入增加 100 个单位后，下期的消费支出将按照边际消费倾向增加 $100b=80$ 个单位；这将扩大计划总支出，使之增加了 80 个单位。为此，经济将增加生产 80 个单位的消费品以满足消费支出的需要，并使均衡总产出和均衡总收入达到 1 680 个单位。③这仍然不是最后的结果，由于总收入新增加了 80 个单位，消费将又将随之增加 $80b=64$ 个单位，使总支出继续增加到 1 744 个单位，均衡总收入因此增加到 1 744 个单位。这个过程将持续进行。

一般来说，用 ΔPE 表示任何自主支出的变化，最终导致总支出变化为 ΔPAE，其关系为：

$$\begin{aligned}\Delta PAE &= \Delta PE + b\Delta PE + b^2\Delta PE + \cdots + b^{n-1}\Delta PE + \cdots \\ &= \Delta PE(1 + b + b^2 + \cdots + b^{n-1} + \cdots) = \Delta PE\frac{1-b^n}{1-b}\end{aligned}$$

其中边际消费倾向 $0<b<1$，当 $n\to\infty$ 时，$b^n\to 0$，所以有：

$$\Delta PAE = \Delta PE \times \frac{1}{1-b}$$

变换后得到：

$$\frac{\Delta PAE}{\Delta AE} = \frac{1}{1-b}$$

当产品市场均衡时，总支出增加与总收入增加相等，$\Delta PAE=\Delta Y$，可以得到支出乘数与边际消费倾向的关系：

$$K_E = \frac{\Delta Y}{\Delta PE} = \frac{1}{1-b} \tag{5.21}$$

这被称为简单支出乘数，在本例中具体体现为两部门经济中自主投资的支出乘数。之所以称为简单支出乘数，实际上是指最大可能的乘数，主要需要具备两个条件，一是两部门经济，没有政府和国外部门，收入和支出的循环作用基于简单的国民经济循环模型；二是假设计划支出总能够得到充分实现，而新增收入又能按照支出计划产生新的支出。如果模型复杂一些，在三部门经济中存在税收，在四部门经济中存在进口，支出和收入将产生流出，支出乘数的作用将削弱；如果新增收入不能全部转化为支出，经济循环就会存在障碍，支出乘数也将削弱。

5.2.7.3 支出乘数的不同情形

在两部门经济中，总量产品市场均衡总收入为：

$$Y = \frac{a+e}{1-b} \tag{5.22}$$

均衡总收入对其中的自主消费或者自主投资支出求一阶导数，就可以得到自主投资消费支出乘数（K_a）或者自主投资支出乘数（K_e），即：

$$K_a = K_e = \frac{1}{1-b} \tag{5.23}$$

例如，边际消费倾向为 0.8，则自主投资消费支出乘数和自主投资支出乘数为 5。

下面考虑一些复杂情形下的支出乘数。在三部门经济中，总量产品市场均衡总收入为：

$$Y = \frac{a+e+G}{1-b(1-t)} \tag{5.24}$$

均衡总收入对其中的自主消费、投资支出、政府购买支出求一阶导数，就可以得到自主消费支出乘数、自主投资支出乘数和政府购买乘数（K_G），即：

$$K_a = K_e = K_G = \frac{1}{1-b(1-t)} \tag{5.25}$$

显然，三部门经济条件下的支出乘数比两部门经济条件下的支出乘数小，这是因为部分收入成为税收，不能按照消费函数而扩大消费。例如，边际消费倾向为 0.8，总体净税率为 25%，则自主投资消费支出乘数、自主投资支出乘数和政府购买支出乘数都降低为 2.5。

在四部门经济中，总量产品市场均衡总收入为：

$$Y = \frac{a+e+G+m}{1-b(1-t)+\gamma} \tag{5.26}$$

均衡总收入对其中的自主消费、自主投资支出、政府购买支出、自主进口支出求一阶导数，就可以得到自主消费支出乘数、自主投资支出乘数、政府购买乘数和进口乘数（K_m），即：

$$K_a = K_e = K_G = K_m = \frac{1}{1-b\left(1-t\right)+\gamma} \tag{5.27}$$

显然，四部门乘数比三部门的乘数进一步缩小，因为一部分收入用于进口支出，不能产生对国内的支出计划，支出创造减弱。例如，边际消费倾向为 0.8，总体净税率为 25%，边际进口倾向为 10%，则自主投资消费支出乘数、自主投资支出乘数和政府购买支出乘数降低为 2。

可见，影响支出乘数下列几个因素。①边际消费倾向越大，乘数越大。②总体净税率越高，乘数越小。因为税收降低了居民收入，不再创造新的消费支出计划；但如果政府用税收进行支出，也能够创造新的收入，进而创造新消费支出计划，也能在一定程度上扩大均衡总收入。③边际进口倾向越高，乘数越小。出口是对国外的支出计划，弱化了对本国产出的需求。

5.2.7.4　支出乘数的意义

支出乘数表明了宏观经济有内在加速或者减速的强化机制。假定原来经济处于均衡状态且达到潜在产出，如果自发支出、自发投资、自发净出口中任何一个因素增加或者边际消费倾向增加，都会导致均衡产出倍数增加，超过潜在产出，导致经济过热；反之，上述任何一个因素减少或者边际消费倾向降低，都会导致均衡产出低于潜在产出，经济进入衰退状态。

还需要注意的是，支出乘数发生作用，需要以新增收入不断产生新的引致消费、新增消费支出不断使生产扩大为条件，否则收入创造、支出计划创造将会削弱甚至终止。依照式 5.23、5.25、5.27 中的支出乘数公式计算的结果并不一定反映实际结果，支出计划扩张的实际效果并不一定那么理想。

5.2.8 节俭的悖论和储蓄转化为投资的重要性

5.2.8.1 节俭的悖论

一般的传统道德提倡勤俭持家,这对经济中的个体是美德。在宏观经济中,如果储蓄不能转化为投资,过多储蓄将降低总支出计划,从而降低均衡国民收入产出水平,最终消费水平也会下降,这就是"节俭的悖论"。宏观经济学中节俭的悖论,就是指在想获得更多储蓄的时候,储蓄反而会减少。因为储蓄增加可能导致国民收入减少,而在国民收入减少的条件下,即使使用更高的储蓄率,可能也达不到预期的储蓄增加数量。

中国明朝文人陆楫(1515—1552)也认识到崇奢黜俭的益处。他说:"予每观天下大势,大抵其地奢则民易生,其地俭则其民必不易生。"这与节俭的美德似乎相反,而与"节俭的悖论"一致。宏观经济运行是循环往复的过程,生产和收入的创造依靠消费、投资拉动;如果消费需求减少,而投资又没有增加,经济将降低产出水平和居民收入水平,居民收入水平下降将进一步导致产出减少和收入下降。单纯的节俭和储蓄对总体经济不一定是好事。

在前面的例子中,假定人们忽然变得节俭,将边际消费倾向从 0.8 降低为 0.6,而储蓄相应增加。这时,根据前期收入 1 500,消费支出计划变为 $C = 200 + 0.6 \times 1\,500 = 1\,100$,即消费从边际消费倾向 0.8 条件下的 1 400 降低为 1 100,而储蓄将由 100 提高到 400。假定自主投资没变,则 $PAE = 1\,100 + 100 = 1\,200 < 1\,500$,也就是说,计划的总支出低于总收入,宏观经济失衡,下一时期,宏观经济将不再创造没有列入支出计划的收入。在新的计划总支出下,均衡产出为 $Y = (200 + 100)/(1 - 0.6) = 750$,见图 5.5。也就是说,宏观经济减少了没有列入支出计划的生产,均衡国民收入减少一半,经济走向衰退。在新的均衡条件下,$C = 650$,$S = 100 = I$,300 的储蓄没有转化为投资而退出经济循环。

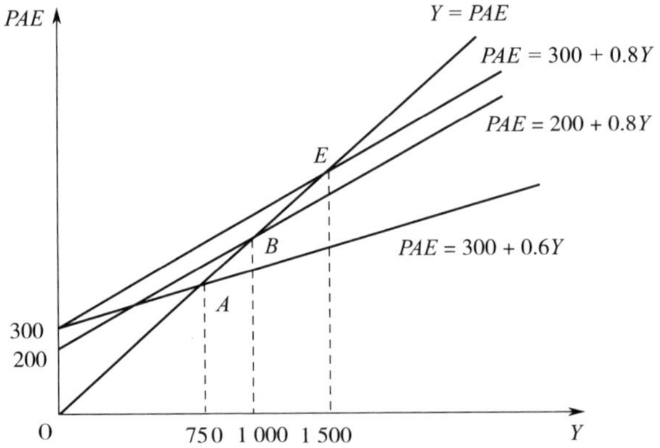

图 5.5 消费倾向和自主消费变化与均衡国民收入

假定人们忽然变得节俭或者为了应对未来不确定性,降低了自主消费,从 200 降低为 100,边际消费倾向不变,消费计划变为 $C = 100 + 0.8 \times 1\,500 = 1\,300$,即消费从 1 400 降低为 1 300,而储蓄由 100 提高到 200。企业部门的自主投资没变,此时,$PAE < Y$,$I < S$,宏观经济失衡。在新的计划总支出下,$Y = (100 + 100)/(1 - 0.8) = 1\,000$,见图 5.5。经济减少了没有列入支出计划的生产,经济走向衰退。新的均衡条件下,$C = 900$,$S = 100 = I$,100 的储蓄没

有转化为投资而退出经济循环，均衡国民收入减少了 500。

5.2.8.2　储蓄转化为投资的重要性

如果在居民变得节俭的同时，企业则有更高的投资热情，愿意扩大投资，则不一定导致均衡国民收入下降。例如自主消费减少 100、储蓄增加 100 的同时，自发投资增加到 400，则意愿储蓄正好转化为投资，均衡国民收入保持 1 500 的水平。

$$Y=\frac{a+e}{1-b}=\frac{200+400}{1-0.6}=1500$$

此时，储蓄转化了投资，均衡国民收入并没有降低；但是，消费降低了，从 1 400 降低到了 1 100，而储蓄和投资增加了，从 100 增加到 400。这就是国民收入的结构问题，也是长期经济增长问题。因为投资带来资本品增加，会提高潜在生产能力，未来产出和收入会增加。因此，从社会角度讲，即使增加储蓄，也不一定出现“节俭的悖论”，社会牺牲现在消费，可以换取未来更高收入和消费，但是有一个重要条件，那就是储蓄能够有效转化为投资。

经济学与经济制度：凯恩斯的总支出理论能解释大萧条吗

凯恩斯的《就业、利息和货币通论》出版于 1936 年，恰在大萧条发生后不久，而在凯恩斯写作期间，正经历大萧条。总支出-总收入模型是凯恩斯的重要思想，并被称为总需求管理理论，因为总支出就是不考虑价格变化的总需求。那么，凯恩斯的总支出理论能够解释大萧条吗？

大萧条是美国、英国等国近代史上最重大的事件之一，尽管当时还没有系统的宏观经济总量数据，但是很多人都感觉到经济出问题了。1929 年 8 月，美国经济达到经济周期的顶峰，生产开始萎缩。10 月，股票市场崩盘，数十亿美元财富蒸发，农场和工商企业破产，1 万多家银行倒闭，救济机构为数量持续增长的失业者提供食物，失业率从 1929 年的 3.2%上升到 20 世纪 30 年代初的 25%，悲观情绪在家庭和企业中蔓延。美国国会还在 1930 年 6 月通过了《姆斯特-霍利税收法案（Smoot-Hawley Tariff）》，引发国际贸易战，导致净出口萎缩。

凯恩斯总支出模型为认识大萧条提供了一个视角。1929 年，投资和储蓄超过 160 亿美元，占 GDP 的 15%左右。大萧条开始后，投资和储蓄快速下降，1933 年投资只有十几亿美元，减少了 91%，相应地，GDP 萎缩了近一半。政府购买支出基本维持不变，净出口尽管占比不高，但也减少了一半。显然，这里影响最大的是投资支出，投资支出的骤然下降导致了均衡产出的下降。股市崩盘、银行倒闭、企业破产无疑是企业家投资预期极其悲观的表现，投资支出波动在大萧条中扮演了主要角色。这与凯恩斯总支出模型相一致。

凯恩斯直言，除非某些事件的发生能够使投资和净出口增加，否则经济将很难走出萧条的泥潭。而在当时，世界其他国家也在遭受同样经济萧条的情况，指望增加净出口是不现实的。要恢复经济，需要消费支出、投资支出或者政府支出发挥拉动作用。事实是，美国罗斯福总统 1933 年实施“新政（The New Deal）”，推行一系列经济政策，其核心是“3R”：救济（Relief）、复兴（Recovery）和改革（Reform）。救济主要针对穷人与失业者；复兴则是将经济恢复到正常水准，主要针对金融系统；改革则试图预防再次发生大萧条。在增加支出以摆脱萧条方面的主要政策是：通过《全国工业复兴法》等防止盲目竞争引起的生产过剩；调整农业政策，给减耕减产的农户发放经济补贴，提高并稳定农产品价格；推行“以工代赈”措施；大力兴建公共工程，缓和社会危机和阶级矛盾，增加就业、刺激消费和生产；通过了《社会保障法》，建立社会保障体系，使退休工人可以得到养老金和保险，失业者可以得到保险金，子女年幼的母亲、残疾人可以得到补助。

1943 年，第二次世界大战进行期间，美国政府支出增加了近 10 倍，经济基本恢复，大萧条成为过去。

（资料来源：杰拉尔德·W. 斯通：《宏观经济学》，杨海涛、邢海礼等译，机械工业出版社，2013，第 83 页。）

5.3 货币市场与均衡国民收入的决定：IS-LM 模型

考虑货币市场利率对产品市场总支出的影响、产品市场总收入对货币市场利率的影响，研究产品市场和货币市场同时均衡的均衡国民收入如何决定，这就是 IS-LM 模型。这里的 IS 表示产品市场均衡，源于产品市场均衡条件 $I = S$；LM 表示货币市场均衡，源于货币市场均衡条件 $L = M$（见第 3 章）。该模型考虑货币市场和利率对均衡总产出的影响，抛弃了货币与实际经济的二分法，抛弃了货币中性，在经济学史上具有重要地位。所谓货币中性，是说货币数量的多少、货币利率的高低不影响实际经济总产出的多少。

5.3.1 利率与均衡总产出：IS 曲线

IS 模型的分析框架如图 5.6 所示。如前所述，在货币市场上，货币需求和货币供给决定利率。进一步说，消费支出和投资支出都是利率的函数，受货币市场利率的影响，计划的总支出也受货币市场及利率的影响。最后，货币市场将影响均衡国民收入。

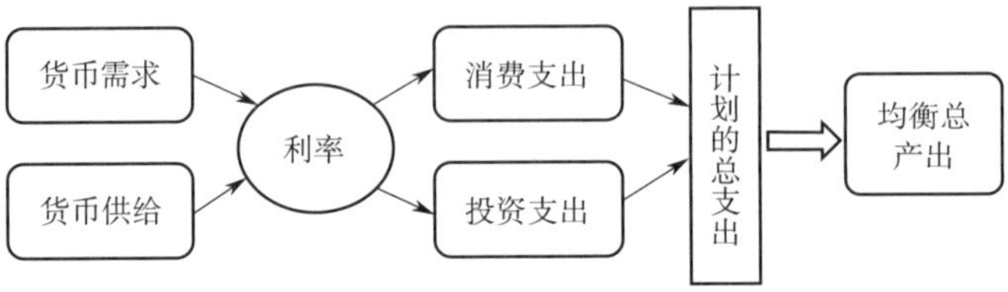

图 5.6 货币市场利率与产品市场均衡总产出的关系

在产品市场上，投资支出和消费支出都随实际利率（r）上升而下降，是利率的减函数。考虑一个四部门经济体，消费支出是收入和利率的函数：

$$C = 640 + 0.8(Y - T) - 400r \tag{5.28}$$

为简化，假定 $T = 250$，则消费支出函数为：

$$C = 440 + 0.8Y - 400r \tag{5.29}$$

投资支出函数为：

$$I = 250 - 600r \tag{5.30}$$

再假定政府购买支出为 $G = 300$，净出口为 $NX = 20$，则计划的总支出为：

$$PAE = 1010 - 1000r + 0.8Y \tag{5.31}$$

当实际利率为 0.05 时，计划的总支出为 $PAE = 960 + 0.8Y$，产品市场均衡时有 $PAE = Y$，则均衡国民收入为 $Y = 4\ 800$；当实际利率为 0.1 时，计划的总支出为 $PAE = 910 + 0.8Y$，均衡国民收入 $Y = 4\ 550$。可以看到，货币市场利率越高，产品市场均衡总产出越少，这种关系表明了产品市场均衡总产出与货币市场利率的关系，被称为 IS 曲线，如图 5.7 所示。

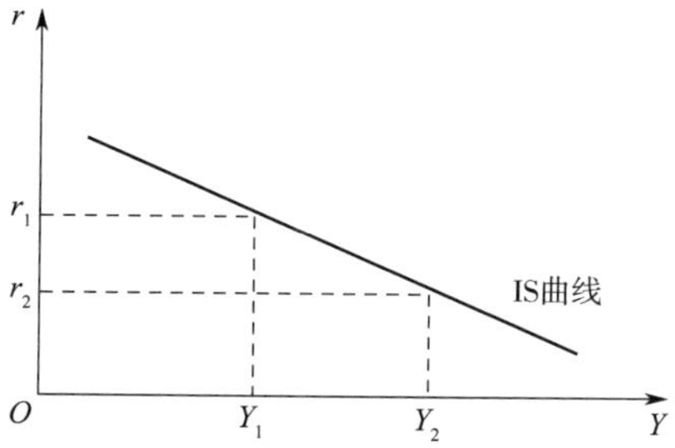

图 5.7　IS 曲线

这里 IS 表示 $I = S$，这与产品市场均衡条件 $Y = PAE$ 是一致的。储蓄是可支配收入中没有用于消费的部分，提供给企业用于购买投资品，是投资支出的来源。IS 曲线表明，均衡国民收入与货币市场利率反向变化。实际利率由货币市场决定，并影响总支出，进而决定均衡总产出；货币市场有一个实际利率水平，产品市场就有一个均衡总产出。IS 曲线反映了货币市场利率对产品市场均衡的影响。

对于式 5.31 表示的计划的总支出，产品市场均衡时，有：

$$PAE = 1010 - 1000r + 0.8Y = Y \tag{5.32}$$

得到表示 IS 曲线的方程式：

$$Y = 5050 - 5000r \tag{5.33}$$

图 5.7 中的 IS 曲线就是一个示意图。对于一般情况，考虑投资方程为 $I = e\text{-}dr$，并加入到式 5.13 中，则计划的总支出函数为：

$$PAE = (a + e + G + m) + [b(1 - t) - \gamma]Y - dr \tag{5.34}$$

根据产品市场均衡条件 $PAE = Y$，得到均衡国民收入与货币市场利率之间的关系：

$$Y = \frac{a + e + G + m}{1 - b(1 - t) + \gamma} - \frac{d}{1 - b(1 - t) + \gamma}r \tag{5.35}$$

这是 IS 曲线一般的情形。尽管影响 IS 曲线位置和斜率的因素增加，但它表明，均衡总产出与市场利率成反向变化，从而使 IS 曲线向右下方倾斜。

5.3.2　产品市场对货币市场均衡的影响：LM 曲线

IS 曲线反映了货币市场即利率对产品市场均衡的影响，有一个货币市场的利率水平，就有一个产品市场均衡国民收入。另外，货币市场均衡利率也受产品市场均衡国民收入的影响。在货币市场上，国民收入 Y 是外生变量，由产品市场决定；那么，产品市场均衡总产出（Y）变化时，货币市场均衡利率也将变化。LM 曲线是表示货币市场均衡利率与产品市场均衡总产出关系的函数，LM 表示货币市场均衡条件 $L = M$。

假定其他条件(如货币供给量)给定,如果产品市场均衡总产出上升,交易性货币需求将增加,货币需求曲线将向右移动,货币市场均衡利率将上升。均衡利率随均衡总产出上升而上升,LM 曲线向右上方倾斜,如图 5.8 所示。

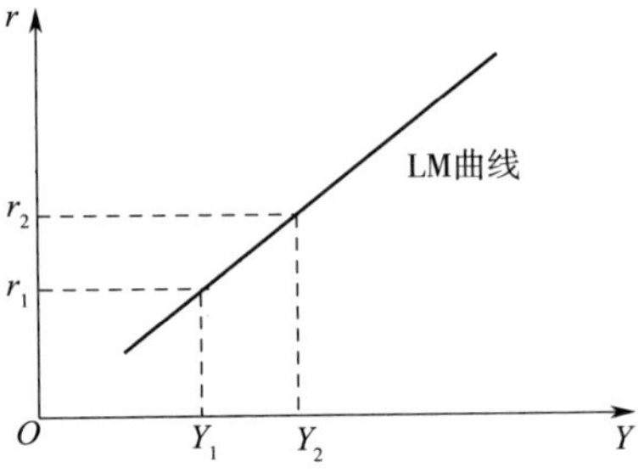

图 5.8　LM 曲线

考虑简单的线形货币需求曲线:

$$L = kY - hr \tag{5.36}$$

其中 k 为反映货币需求量对国民收入敏感性的正系数, Y 为产品市场均衡国民收入, r 为实际利率, h 是反映货币需求量对利率敏感性的正系数,货币需求量与国民收入成正比,与利率成反比。

货币供应量为 M,一般物价水平为 P,实际货币供给为 M/P,货币市场均衡时,有:

$$\frac{M}{P} = kY - hr \tag{5.37}$$

变换之后,就可以得到相应的 LM 曲线:

$$r = -\frac{M}{hP} + \frac{k}{h}Y \tag{5.38}$$

它表明,货币市场均衡利率与产品市场均衡国民收入成正比,均衡国民收入增加,货币市场均衡利率将上升。

5.3.3　IS-LM 模型

只有一个(Y_0, r_0)水平,处于 IS 曲线和 LM 曲线相交的位置上,使产品市场和货币市场同时达到均衡,并决定了均衡总产出和均衡利率,如图 5.9 所示,这是 IS-LM 模型的核心。产品市场或者货币市场上任何变动,都将影响到产品市场均衡和货币市场均衡,影响国民收入决定。

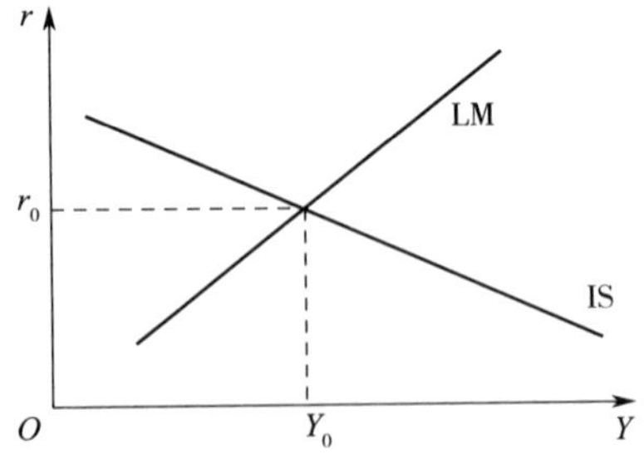

图 5.9　产品市场与货币市场同时均衡的均衡国民收入决定

假设某经济体系，消费函数 $C = 600 + 0.8Y$，投资函数 $I = 400 - 50r$，政府支出为 $G = 200$，货币需求函数为 $L = 250 + 0.5Y - 125r$，中央银行控制的货币供给是 $M = 1\,250$，价格水平为 1，货币和价格之外的经济量均为实际量。对此，可以写出该经济体系的 IS 曲线和 LM 曲线，并计算出均衡国民收入和利率。

根据产品市场的均衡条件，将条件代入方程 $Y = PAE = C + I + G$，得到：$Y = (600 + 0.8Y) + (400 - 50r) + 200$，简化得到：$Y = 6\,000 - 250r$，即为 IS 方程。

根据货币市场均衡条件：$M/P = L$，得到：$1\,250 = 250 + 0.5Y - 125r$，简化得：$Y = 2\,000 + 250r$，即为 LM 方程。

将 IS、LM 方程联立求解，得到均衡总产出 $Y = 4\,000$，以及均衡利率 $r = 8$。这里的利率指百分数，$r = 8$ 的意思是利率为 8%。

5.4　总需求、总供给与总供求模型

总供求模型考察潜在产出给定条件下均衡国民收入和一般价格决定，也属于短期分析。但是，与简单国民收入决定理论、IS-LM 模型不同的是，总需求-总供给模型考虑了价格水平变化及其影响。

5.4.1　总需求曲线

5.4.1.1　总需求量

总需求量（aggregate demand quantity）表示在给定价格水平条件下，国民经济各部门（家庭、企业、政府和国外部门）想要购买并且能够购买的物品和服务数量。从计划总支出的定义来看，考虑价格水平的变化时，产品市场的计划的总支出（*PAE*）就是总需求量，不过它与一个特定的价格水平相对应。所以，总需求量就是特定价格水平下的计划总支出，而计划总支出则是不考虑价格水平的总需求量。不过，总需求量虽然指产品和服务总量，但只能用相应的价值量加总并用价值量表示。同时，宏观经济学中的总支出核算计算的是最终产品和服务的价值，是 GDP 核算的一种方法。所以，总需求量也称为总产出需求或实际 GDP 需求。

基于上述，与总支出构成类似，总需求量（*AD*）也由消费支出、投资支出、政府购买支出和净出口构成：

$$AD = PAE = C + I + G + NX \tag{5.39}$$

5.4.1.2　总需求曲线

总需求曲线（aggregate demand cueve）反映总需求量与物价水平变化之间的关系，或者说，总需求曲线表示不同物价水平下的总需求量。在宏观经济中，总需求曲线描述短期宏观经济的需求方面、需求侧、需求端。与微观经济学中的市场需求类似，给定的一条总需求曲线称为一个总需求，反映总需求量与价格水平之间的关系，而影响总需求量的其他因素将导致总需求曲线移动。

物价水平可以用一般物价指数衡量，也可以用通货膨胀水平（通货膨胀率）衡量，标在纵轴上，而总需求量标在横轴上，这也与微观经济学类似。在数学上，总需求曲线表现为总需求函数，表示其他条件不变的条件下，总需求量随物价水平（或者通货膨胀率）变化而变化的函数关系，即：

$$AD = AD(P) \tag{5.40}$$

式中的 P 表示物价水平。

5.4.1.3 总需求曲线的形状

总需求曲线是向右下方倾斜，总需求量与物价水平呈反向变化，如图 5.10 所示，其中垂直线表示潜在产出（Y_0）。

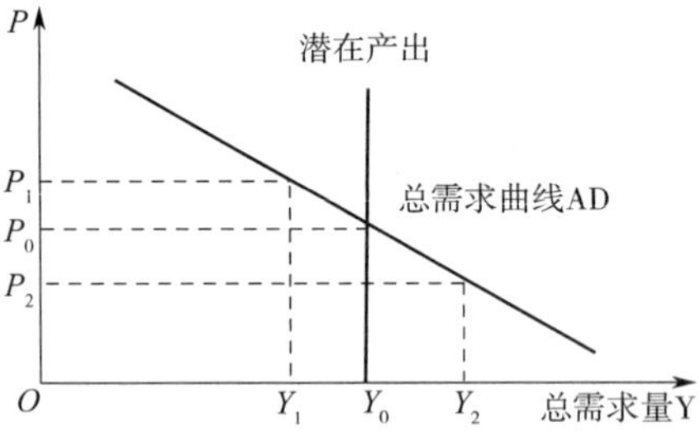

图 5.10 总需求曲线

之所以总需求量与物价水平呈现反向变化，可以从几个方面解释。

（1）实际余额效应（财富效应）。物价水平下降而货币供应量不变时，持有货币以及其他资产的购买力（实际价值）相对增加，消费将上升，导致总需求量增加。

（2）利率效应。物价水平下降而货币供应量不变时，实际货币供给量（M/P）将增加，实际利率下降，导致投资和消费增加，从而导致总需求量增加。

（3）税率效应。物价水平下降导致名义收入减少，而诸如个人所得税等税收适用税率降低，税负减轻，居民可支配收入增加，消费支出增加，导致总需求量增加。

（4）汇率效应。本国物价水平下降，实际汇率降低，净出口将增加，从而导致总需求量增加。

5.4.1.4 总需求冲击与总需求曲线的移动

总需求量及其组成部分、通货膨胀率（价格水平）之外的因素导致的总需求量的变化，称为总需求冲击（aggregate demand shock）。增加总需求量的，称为正向总需求冲击，总需求曲线右移；减少总需求量的，称为负向总需求冲击，总需求曲线左移。

导致总需求曲线移动的市场因素有以下几种。

（1）消费者信心（预期）。消费者对未来预期变好、乐观，将增加现期消费。

（2）家庭财富价值。家庭财富包括股票等金融资产、房地产、储蓄存款等。家庭财富价值上升（比如房地产价格上升）将导致消费支出增加。

（3）投资者信心（投资预期）。企业对未来预期乐观，将增加投资，投资方程中的自发投资增加。

（4）新技术出现（技术进步）或者其预期。技术进步带来新的投资机会，企业投资将增加，新的技术产品也带来消费增加。

（5）国外需求（本国出口）。国外对本国进口增加，导致本国出口增加；反之，外国对本国进口减少，将导致本国出口减少。这些导致总需求曲线移动的因素就是导致总需求冲击的因素。这些因素与总支出影响因素类似（表 5.1）。

政府因素也导致总需求曲线移动，包括政府控制的财政收支和货币供应量（利率）的变化，形成对总需求的冲击。政府购买支出扩大、减少税收，将扩大总需求，总需求曲线右移，而政府购买支出减少、税收增加，将减少总需求，总需求曲线左移。中央银行增加货币供给量，降低实际利率，将扩大总需求，总需求曲线右移，而中央银行减少货币供给，提高实际利率，将降低总需求，总需求曲线左移。政府对总需求的影响机制，正是政府实施宏观经济政策的依据，是总需求管理的财政政策和货币政策的重要内容。

5.4.2　总供给曲线

5.4.2.1　总供给量

总供给量（aggregate supply quantity）指一定价格水平下，一国所有企业愿意生产和销售的产品和服务数量。根据国民经济核算，总供给量体现为最终产品和服务总量。从结果上看，总供给量是所有企业愿意提供的实际 GDP，所以总供给量也可以称为实际 GDP 供给。

总供给量没有类似于总需求量通过消费、投资、政府购买支出、净出口加总的核算方法，而是各个行业所有企业利润最大化产量的加总，直接决定于各企业的行为。当然，与总需求量为计划总支出相对应，总供给量可以理解为所有企业计划的总产出。

5.4.2.2　总供给曲线

总供给曲线（aggregate supply curve）表示在其他条件不变的条件下，总供给量与价格水平（或通货膨胀率）之间关系的曲线，即描述总供给量如何随着价格水平的变化而变化。总供给曲线描述短期宏观经济的供给方面、供给侧、供给端。与微观经济学中的市场需求类似，给定的一条总供给曲线称为一个总供给，反映总供给量与价格水平之间的关系，而影响总供给量的其他因素将导致总供给曲线移动。

在数学上，总供给曲线表现为总供给函数，表示在其他条件不变的条件下，总供给量（AS）如何随物价水平（P）变化而变化的函数关系，即：

$$AS = AS(P) \tag{5.41}$$

5.4.2.3　总供给曲线的形状及其形成机制

短期内，总供给量与物价水平呈现同向变动关系，物价水平上升，总供给量将增加，总供给曲线向右上方倾斜。但是，对这种关系的形成机制有不同的解释，包括货币幻觉模型、黏性价格模型、预期模型等。

（1）货币幻觉模型。在短期，工资等生产要素的价格与物价水平变动出现不一致时，不同物价水平导致不同的总产出，形成总供给曲线。在劳动力市场上，劳动供给量决定于实际工资，与实际工资同向变化，而劳动需求量与实际工资呈反向变化。工资和物价水平都上涨的时候，工人更多看到了工资上涨，而没有看到物价水平更快上涨，因而增加了劳动供给和消费支出，导致产出增加，即总供给量增加；同时，企业由于价格上涨而工资等生产要素上涨缓慢，利润上升，将雇用更多工人，也使产出增加。这样，总产出即总供给量随着物价水平上升而上升。这里的关键是，工人看到了工资上涨而没有看到更快的物价水平上涨，而实际工资并没有上涨甚至有所下降，故称为货币幻觉。

（2）黏性工资和黏性价格模型。新凯恩斯主义经济学指出，在短期内，工人的名义工资（W）调整缓慢，存在黏性工资（stick wage）。当物价水平上升时，实际工资（W/P）已经下降，企业将增加生产，这与货币幻觉的原理相同。同时，在短期内，如果一般价格水平已经上升，一些企业迅速调整了价格，而另外一些企业因为调整价格需要成本（菜单成本①）而没有及时调整，存在黏性价格（stick price），意味着这些企业产品价格相对下降了，市场需求将增加，企业也将增加供给量，从而总供给量增加。因此，黏性工资和黏性价格导致总供给量随价格水平上升而上升。

美国经济学家罗伯特·索洛于 1979 年就职美国经济学会主席时发表演讲，提出工资黏性的六点原因，确立了新凯恩斯主义的地位。①相对工资。工人反对名义工资变化，即使价格水平已经下降，工人还是反对货币工资下降，从而导致失业率上升。工人之所以反对货币工资下降，是因为他们关心自己的相对地位。②效率工资（efficiency wage）。效率工资指超过市场出清工资水平的工资。企业为提高生产率宁愿支付效率工资，因为这样可以使工人努力工作和使企业留住需要的人才。③公平工资与局内人-局外人模型。公平工资指就业者（局内人）和失业者（局外人）都认可的一种工资，虽然降低工资符合失业者的短期利益，但是社会认可的惯例使工资降不下来，要求降低工资的工人被认为是害群之马。④隐性合同。雇主和雇员之间存在一种非正式的、含义不清的约定，雇主愿意支付更高的工资作为应付可能失业的一种保险，而工人工作时得到较高的工资，从而在被解雇的时候不埋怨雇主。⑤长期合同和非完全指数化。集体讨价还价后订立的长期合同并不能完全适应物价水平变动，指数化不完整，物价下降时，实际工资因为没有完全指数化而上升，导致失业增加。⑥交易成本与制衡力量。雇主和雇员都害怕工资改变之后再难以调整，与其将来难以调整，不如现在就不调整，因此双方都习惯于安于现状，形成工资黏性。

黏性工资导致黏性价格，这在现代宏观经济学中具有重要地位。正是因为工资和价格调整缓慢，价格不能使市场出清，表明了政府干预的必要性。黏性工资和黏性价格是新凯恩斯主义经济学的立论基础。

（3）预期模型。宏观经济中存在通货膨胀惯性，源于人们的适应性预期，公众用过去的经验预测未来，如果上一年的通货膨胀率是 2%，企业和工人会达成一致，将明年工资提高 2%。因此，通货膨胀率在一定程度上取决于预期通货膨胀。如果总供给量保持正常，即处于潜在产出（Y_0）水平上，通货膨胀率（或者价格水平）与预期一致。如果总供给量与潜在供给不一致，通货膨胀率与预期也不一致，将出现产出缺口，物价水平也会偏离预期。如果总供给量大于潜在产出，出现扩张型产出缺口，很多企业超过了最优产量（成本最低的产量）进行生产，将要求提高产品价格，导致价格水平趋于上升，超过预期；如果总供给量小于潜在产出，存在衰退型产出缺口，企业产量低于其最优生产能力，企业愿意降低价格以增加销售量，价格水平将下降，并低于预期水平。

因此，当前物价水平（P）等于预期的物价水平（P^e）与产出缺口造成的物价变化之和：

① 菜单成本（menu cost）指调整价格时所花费的成本，具体包括研究和确定新价格的成本、重新编印价目表的成本、通知销售点更换价格标签的成本以及调整价格导致失去顾客的损失等。

$$P = P^e + k(Y - Y_0) \tag{5.42}$$

式中的 $Y - Y_0$ 表示产出缺口即总产出与潜在产出的差额，k 为一个正系数。这里的总产出反映总供给量，是不同条件下的意愿的总产出。进一步分析，通过变换可以得到，总供给量与物价水平同方向变动，这就是总供给曲线：

$$Y = Y_0 + \frac{1}{k}(P - P^e) \tag{5.43}$$

当物价水平超过预期时，总供给量随物价水平上升而增加；当物价水平低于预期时，总供给量随物价水平下降而减少。相应的总供给曲线的形状如图 5.11 所示。

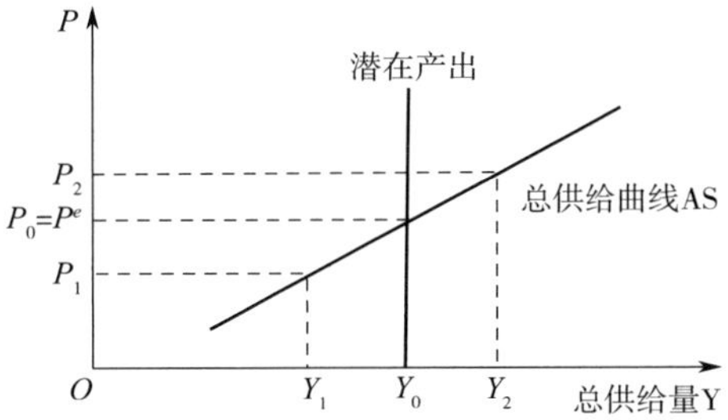

图 5.11　预期与总供给曲线

5.4.2.4　总供给曲线的不同情形

总需求是短期的，而总供给有不同情形，其与价格水平的关系也有不同情形。

（1）古典情形。古典经济学认为，价格变动充分灵活，物价水平和工资同步变动，劳动力市场总能使愿意就业的劳动者就业，仅存在自然失业，实际总产出将始终保持在潜在产出水平上，而与物价水平无关，因此，总供给曲线是一条垂直线，如图 5.12 所示。这体现了古典经济学关于实际经济与货币无关的理念，也就是说货币是中性的，因此也被称为实际经济与货币的二分法。

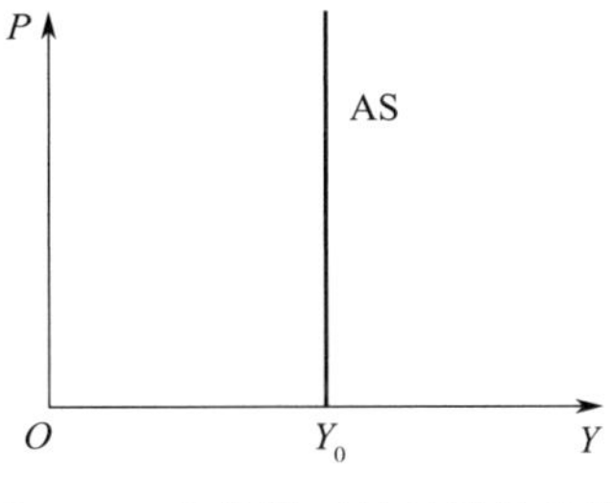

图 5.12　古典情形的总供给曲线

（2）凯恩斯萧条模型。简单国民收入决定模型中，价格水平不变，企业在现有价格水平提供社会需要的产品和服务数量，相当于总供给曲线是水平线，见图 5.13。这种情形发生在经济衰退时期，实际产出没有达到潜在产出，故称凯恩斯萧条模型。至于价格水平不变则被解释为由于资源（含劳动力）闲置，使用更多的资源但并不引起价格水平上涨。

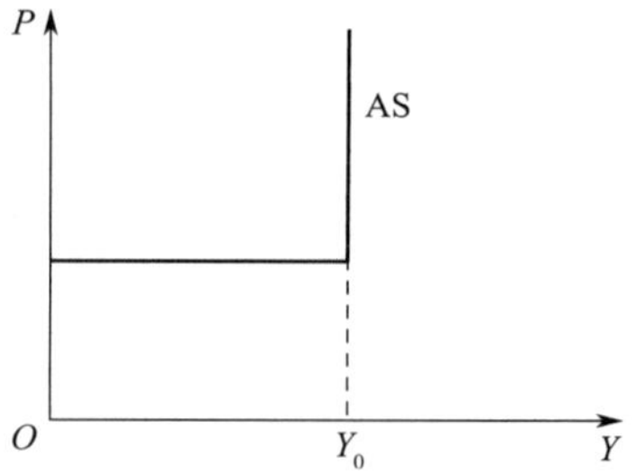

图 5.13　总供给曲线的萧条模型

（3）长期中的总供给曲线。时间跨度为长期，潜在产出将增长，表现为垂直总供给曲线的移动。总供给曲线的位置即潜在产出完全由总量生产函数决定，即由技术和投入决定，因此属于长期总供给曲线（LAS），如图 5.14 所示。在不同的潜在产出水平，实际产出始终与潜在产出保持一致，与通货膨胀率、价格水平无关。

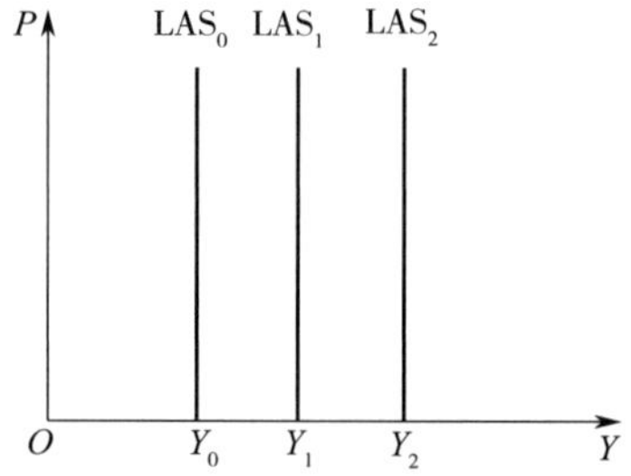

图 5.14　总供给曲线与经济增长

（4）一般短期总供给曲线。一般情况下，短期总供给曲线经历平缓到陡峭甚至垂直的不同阶段，见图 5.15。在资源没有充分利用时，增加供给并不会使价格水平上升，或者增加供给时价格水平缓慢上升，总供给曲线平缓变动，这与凯恩斯萧条区域类似；随着总供给量扩大，价格水平上升更快；达到潜在产出之后，增加总供给量会导致价格水平大幅上升，或者说，只有价格大幅上升才能提供更多产出，这时总供给曲线变得陡峭，也就是说，总供给曲线越来越趋向古典情形。

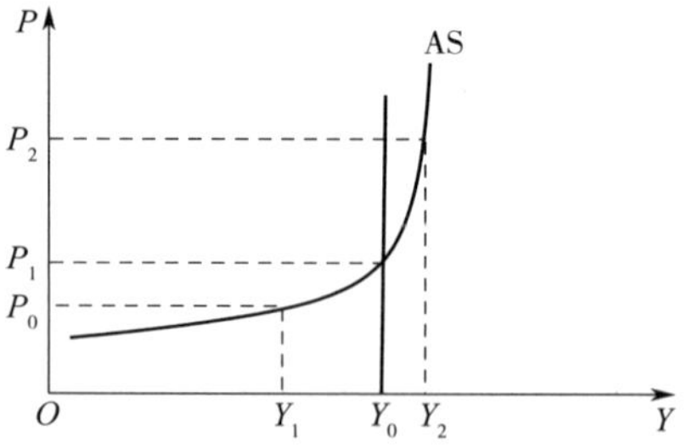

图 5.15　短期总供给曲线的一般形状

5.4.2.5　总供给冲击与总供给曲线的移动

物价水平之外因素导致每一个物价水平上的总供给量变化，表现为总供给曲线的移动，称为总供给冲击(aggregate supply shock)。增加总供给量的,总供给曲线右移,称为正向总供给冲击,总供给增加;减少总供给量的,总供给曲线左移,称为负向总供给冲击,总供给减少。这里所谓导致总供给量的变化,是在不同价格水平上的总供给量的变化,所以体现为总供给的变化,即总供给曲线的移动。

总供给冲击的决定因素有以下几种。①资源存量变化。比如劳动力数量更多、劳动参与率提高将产生正向总供给冲击,总供给曲线右移。②技术进步。技术进步提高生产率,产生正向总供给冲击,总供给曲线右移。③通货膨胀预期。预期价格水平上升将产生负向总供给冲击,总供给曲线左移。④通货膨胀冲击。与产出无关的、对物价水平产生的突然影响,称为通货膨胀冲击。例如,世界石油价格上涨,将导致负向总供给冲击,总供给曲线左移。

总供给有长期和短期之分,总供给冲击也有短期冲击和长期冲击之分,上述总供给冲击因素分析侧重于短期冲击。长期冲击与短期冲击的作用不同,但形成短期冲击的因素也可以影响长期冲击。长期总供给冲击导致长期供给曲线的移动,表现为生产函数变动、潜在产出变动。技术进步在短期内有产生正向总供给冲击的作用,短期总供给曲线右移,这是成本变化机制作用的结果;但技术进步更重要的作用是产生长期总供给冲击,即由于生产函数变动导致潜在产出增加,长期总供给曲线右移。劳动力数量和劳动参与率提高也具有长期总供给冲击,使总供给曲线右移。但是,通货膨胀预期和通货膨胀冲击属于短期总供给冲击。

5.4.3　总供求均衡与均衡国民收入

5.4.3.1　总供求均衡与总产出决定

在某个物价水平上,总需求量等于总供给量,实现总供求均衡,决定了均衡国民收入(均衡总产出、实际 GDP)。如图 5.16 所示,总需求曲线(AD)和总供给曲线(AS)相交于 E 点,总需求与总供给达到供求均衡,均衡总产出为 Y_e,均衡价格水平为 P_e。

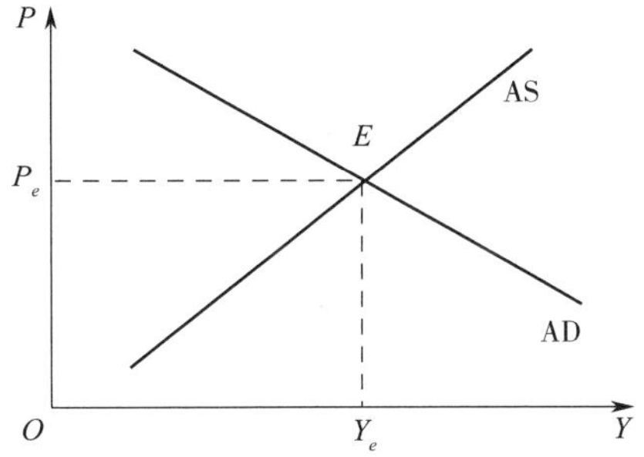

图 5.16　总需求—总供给模型与均衡总产出

5.4.3.2　合意的总供求均衡

如果总供求均衡决定的总产出处于潜在产出水平上,总需求和总供给依靠价格调节充分发挥了社会生产能力,资源得到有效率运用,是合意的总供求均衡,如图 5.17 所示。其中,均衡总产出(Y_e)等于潜在产出(Y_0),均衡恰好在这个长期总供给的位置上,是合意的总供求均衡。

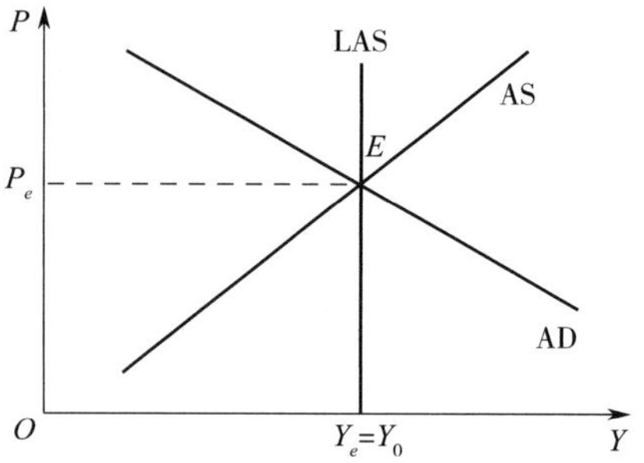

图 5.17 合意的总供求均衡与潜在产出

但并不是说,均衡总产出一定在潜在产出水平上,总供求调节一定能够达到长期总供给的位置上。这是宏观经济的重要问题,甚至也是最有争论性的问题。如果均衡总产出必然在潜在产出的位置上,则表明市场机制能够实现合意的宏观经济均衡,则无需政府干预。如果均衡总产出经常偏离潜在产出尤其是低于潜在产出,表明总供求均衡是不合意的,政府是否干预以及如何干预就成为重要问题。

5.4.3.3 总需求冲击与均衡总产出的变动

一般认为,短期总供给相对稳定,而总需求容易变动,总需求是决定总产出水平和物价水平(通货膨胀)的主要因素。如图 5.18 所示,最初总需求曲线为 AD,相应的总供求均衡位于潜在产出(Y_0)上,达到合意的总供求均衡。如果发生负向的总需求冲击,总需求曲线左移至 AD_1,均衡总产出为 Y_1,低于潜在产出,$Y_1 < Y_0$,形成衰退型产出缺口,总需求水平越低,均衡总产出越低,衰退型产出缺口越大。如果发生正向的总需求冲击,总需求曲线右移至 AD_2,均衡总产出为 Y_2,高于潜在产出,$Y_2 > Y_0$,形成扩张型产出缺口,总需求水平越高,均衡总产出越高,扩张型产出缺口越大。相应地,总需求变动也影响物价水平,总需求增加,物价水平上升;总需求减少,物价水平下降。

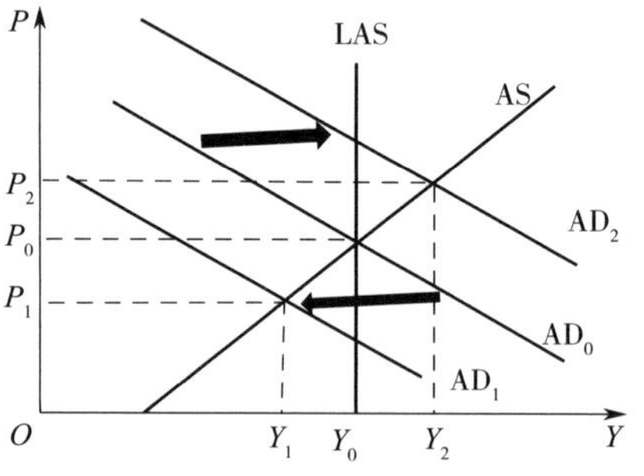

图 5.18 总需求冲击与产出缺口

5.4.3.4 总供给冲击与均衡总产出的变动

在总需求-总供给模型框架内,总需求和总供给并非具有均等地位,很长一段时间内,总需求被认为是易变的,并且对均衡总产出起决定性的作用,均衡国民收入被认为主要由总需求决定。但是,在总供给方面,除物价水平影响总供给量之外,短期总供给冲击也逐渐受到重视，例如通货膨胀预期冲击、通货膨胀冲击、技术进步冲击等。如图 5.19 所示，最初总供求均衡由总需求曲线和总供给曲线 AS_0 决定，达到了潜在产出(Y_0)。如果发生负向的总供给冲击，总供给曲线左移到 AS_1，均衡总产出为 Y_1，$Y_1 < Y_0$，形成衰退型产出缺口，总供给水平越低，均衡总产出越低，衰退型产出缺口越大。相反，如果发生正向向总供给冲击，总供给曲线右移至 AS_2，均衡总产出为 Y_2，将高于潜在产出，$Y_2 > Y_0$，形成扩张型产出缺口，总供给水平越高，均衡总产出越高，扩张型产出缺口越大。因此，短期总供给冲击也影响均衡产出的合意性。同时，总供给变动也影响物价水平，总供给增加，物价水平下降；而总供给减少，物价水平上升，这与总需求的影响正好相反。

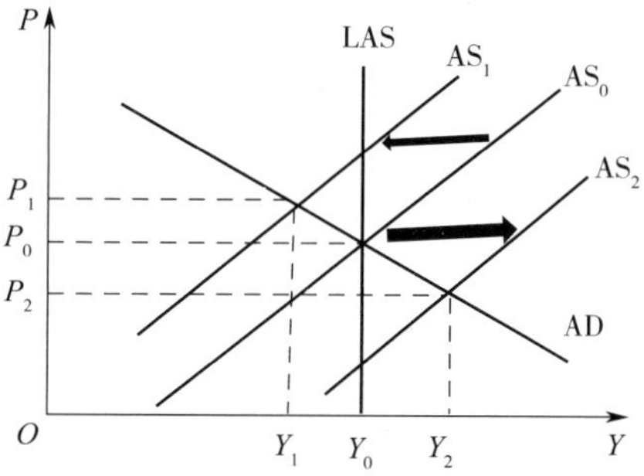

图 5.19　短期总供给冲击与均衡总产出

5.4.4　产出缺口、价格变动与总供求均衡机制

理想的总供求均衡为均衡总产出等于潜在产出，而均衡总产出与潜在产出存在的差额，称为产出缺口(output gap)。均衡总产出高于潜在产出的，为正向缺口、扩张型缺口、通货膨胀型缺口；均衡总产出低于潜在产出的，为负向缺口、衰退型缺口、通货紧缩型缺口。

在简单国民收入决定模型、IS-LM 模型下，假定物价水平不变，价格没有发挥供求调节作用，产出缺口没有市场消除机制。建立了总需求-总供给模型后，将考虑价格水平的调节作用。价格水平能否调节总需求和总供给从而消除产出缺口仍然存在争论，也成为政府是否需要实施宏观经济稳定政策的重要考虑。

凯恩斯宏观经济学认为，价格是刚性的，尤其是在没有达到潜在产出之前的经济萧条状态下，企业愿意在现有价格水平上提供任何总供给量，相应的短期总供给曲线是水平的，而在达到潜在产出后，短期总供给曲线变成垂直的，如图 5.13 所示，这种总供给曲线被称为凯恩斯总供给曲线、凯恩斯萧条模型。在这种条件下，市场机制无法消除产出缺口，尤其是无法摆脱衰退型缺口，只有政府实施总需求管理政策，移动总需求曲线。如图 5.20 所示，当总需求曲线处于 AD_1 位置时，相应均衡总产出低于潜在产出，$Y_1 < Y_0$，需要通过政府实施总需求管理政策，使总需求曲线右移至 AD_2，才能达到潜在产出，实现合意的总供求均衡。

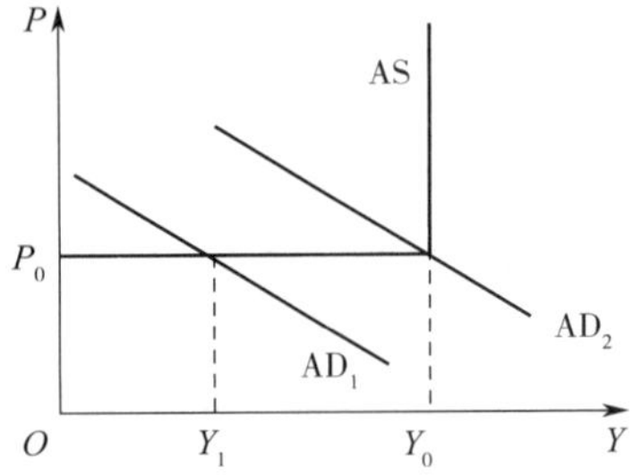

图 5.20　总供给曲线的萧条模型与总需求管理

新古典宏观经济学(包括货币主义学派和理性预期学派)认为,价格是灵活的,公众也能感受到价格变化的影响,价格水平将根据总需求和总供给的对比关系而变化,像价格调节产品市场和要素市场一样,价格水平也能调节宏观经济的总需求和总供给。假定宏观经济处于衰退状态,存在部分工人失业,如图 5.21 所示,总供给曲线处于 AS_1 位置,均衡总产出(Y_1)低于潜在产出(Y_0)。那么,失业工人愿意降低工资,企业将增加雇用工人,物价水平下降的预期导致总供给曲线右移,直至回到 AS_0 的位置,总产出达到潜在产出,消除产出缺口。

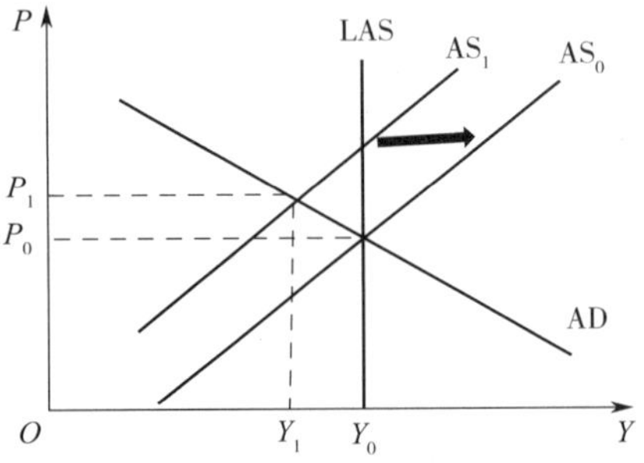

图 5.21　经济衰退时的工资、物价变动与均衡总产出调整

新凯恩斯主义经济学认为,价格可以调整但是变动缓慢,工资和价格都是黏性的,依靠价格(包括要素市场价格例如工资)调节宏观经济需要的时间太长,效率过低,仍然需要政府实施宏观经济稳定政策加以干预,及时走出经济衰退或者经济过热的失衡状态。

无论是简单国民收入决定理论、IS-LM 模型还是 AD-AS 模型,短期均衡总产出决定理论表明,存在均衡总产出偏离潜在产出的情形,如何认识和处理这个问题是宏观经济政策要探讨的课题。

经济学与经济制度:用 AD-AS 模型分析美国 2007—2009 年的大衰退

2009 年,美国实际 GDP 比潜在 GDP 低约 8%,核心通货膨胀率从 2007 年的 2.7%下降到 2009 年的-0.7%。可以使用 AD-AS 模型解释大衰退。其中,关于大衰退的诱因有三个主要事件:始于 2006 年中期的房地产价格下跌,从 2007 年初到 2008 年中期的石油价格飙升,以及 2008 年秋季全世界范围的金融动荡。

假定起初美国宏观经济位于附图的均衡点 E,处于潜在产出水平上,均衡总产出等于潜在产出(Y_0)。上述三个典型事件对相应的总需求、总供给产生影响。

（1）房地产泡沫破裂。2006 年 7 月开始的 18 个月中，房价下跌了 30%，财富效应使居民支出减少，总需求曲线左移至 AD_1，形成负向总需求冲击，均衡总产出下降至 Y_1，物价水平下降，导致经济衰退。

（2）石油价格冲击。2008 年夏天，汽油价格达到历史最高水平，美国汽油达到 4 美元/加仑（1 加仑=0.003 79 立方米），总供给曲线左移至 AS_1，形成负向总供给冲击，均衡总产出进一步下降至 Y_2，但价格水平有所上升。

（3）全球性实际利率飙升。美国的房地产次贷危机和金融危机波及全球，危机期间，利率上升，企业找不到合适的资金，投资支出减少，总需求曲线左移至 AD_2，形成负向总需求冲击，均衡总产出降低到 Y_3，衰退型产出缺口进一步扩大，2009 年实际 GDP 比潜在产出低 8%；同时物价水平下降至 P_3，2009 年的通货膨胀率下降 0.7%。

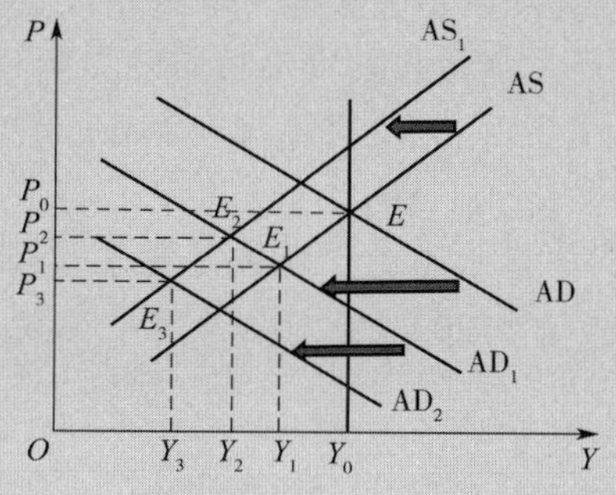

附图：用 AD-AS 模型解释美国 2007—2009 年的大衰退

（参考资料：罗伯特·H. 弗兰克，本·S. 伯南克：《宏观经济学原理（第 5 版）》，潘艳丽、吴秀云译，清华大学出版社，2013，第 351-353 页。）

复习思考题

1. 辨析以下概念。价格刚性、价格黏性和价格灵活性，宏观经济的长期、短期与超短期，古典经济学、凯恩斯经济学与新古典宏观经济学，IS 曲线与 LM 曲线，产出缺口，理性预期，货币幻觉，边际消费倾向，持久收入。

2. 什么是价格黏性？为什么存在价格黏性？价格黏性具有什么宏观经济意义？

3. 什么是支出乘数？哪些因素决定支出乘数的大小？

4. 为什么总需求曲线向右下方倾斜？它与市场需求曲线向右下方倾斜有什么不同？

5. 萨伊定律认为，供给一定会创造自己的需求；换句话说，储蓄一定会转化为投资。实际经济中，制约萨伊定律成立的因素有哪些？

6. 什么是总需求冲击？有哪些总需求冲击？

7. 什么是总供给冲击？有哪些总供给冲击？如何区分短期总供给冲击与长期总供给冲击？

8. 为什么短期总供给曲线向右上方倾斜而长期总供给曲线是垂直的？

9. 计算机和互联网目前已成为改变经济的重要力量，信息技术（IT）提高了生产率。请使用总需求-总供给模型分析 IT 产业对宏观经济的影响。

10. 如何理解消费者信心对决定均衡总产出的重要性？

11. 假设一国经济中，消费支出函数为 $C=100+0.75Y_d$，投资支出函数为 $I=125-600r$，政府购买支出为 $G=50$，税收函数为 $T=20+0.2Y$，其中 Y 表示国民收入，Y_d 为可支配收入，r 表示市场利率。解答下列问题：①推导出 IS 曲线方程；②$r=15\%$时，产品市场均衡的国民收入是多少？③如果充分就业的国民收入是 $Y_f=465$，需要增加多少政府支出才能实现充分就业？

12. 假定某经济中的消费函数是 $C=0.8(1-t)Y$，其中税率 $t=0.25$，Y 表示国民收入；投资函数 $I=900-50r$，政府购买 $G=800$，货币需求函数为 $L=0.25Y-62.5r$，实际货币供给 $M/P=500$，其中 r 表示市场利率，M 表示名义货币供给量，P 表示一般物价水平。试求：①IS 曲线方程；②LM 曲线方程；③产品市场和货币市场同时均衡时的国民收入和利率。

13. 假定一国的宏观经济模型为：消费函数 $C=100+0.75Y$，投资函数 $I=20-2r$，货币需求函数 $L=0.2Y-0.5r$，货币供给 $M=50$，价格水平 P。其中 Y 表示国民收入，r 表示市场利率。试求：①总需求函数；②价格水平为 5 时的总需求；③如果存在政府支出 50，求此时的总需求函数；④如果货币供给增加 20，求此时的总需求函数。

第6章

宏观经济波动

正像微观经济学表明市场均衡有时因效率低而需要政府干预一样，宏观经济学也认识到，市场机制作用下的宏观经济均衡也存在不合意状态，需要政府通过宏观经济政策等宏观经济管理手段加以干预。本章介绍关于宏观经济波动的经济周期、失业问题、通货膨胀等宏观经济问题的基本概念、表现、影响，以及一些关于这些问题成因的认识，为后续宏观经济政策理论打下基础。

6.1 宏观经济波动和经济周期

6.1.1 潜在产出、产出缺口与经济周期

潜在产出（potential output），也称潜在 GDP 或充分就业条件下产出，是经济所能达到的可持续的、最大的产出。潜在产出代表一种正常的产出能力，但不表示单纯的最大可能产出，一个国家宏观经济可能达到超过潜在产出的实际产出，但不具有可持续性。比如，一国某年的潜在产出是 100 万亿元，但实际产出达到了 105 万亿元，表明该年经济在潜在产出之上运行。当然，一国宏观经济的实际总产出也可能低于潜在产出，表明现有生产能力没有充分利用。宏观经济总产出高于或者低于潜在产出，都可以理解为宏观经济波动。

潜在产出是动态变化的，决定于资本、劳动投入以及劳动生产率，是经济增长的结果。这种经济增长的结果，称为长期趋势（long-run trend），即潜在产出不断上升的过程，这种上升是由于资本和劳动投入增加以及技术进步、制度创新导致的。经济增长理论研究的就是潜在产出的增长问题。

经济周期（business cycles），即一种周期性的宏观经济波动，指许多宏观经济指标以一种反复出现的方式共同扩张或者收缩。经济紧缩（contraction）是总产出以及其他经济活动下降的时期，从一个波峰（peak）下降到波谷（trough），其中总产出低于潜在水平的状态，称为萧条（depression）。经济扩张（expansion）是总产出以及其他经济活动上升的时期，从波谷爬上波峰，其中从衰退开始上升的时期，为经济复苏，而高于潜在产出水平的状态称为繁荣（boom）。图 6.1 给出了一个经济周期与潜在产出的长期趋势之间关系的示意图。

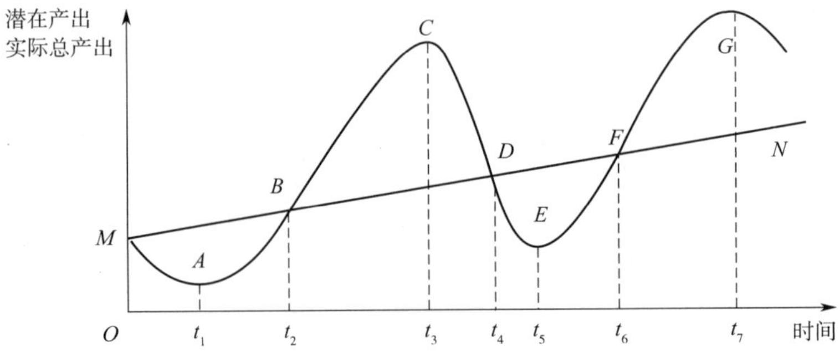

图 6.1　潜在产出与经济周期

在图 6.1 中，MN 线表示潜在产出的长期趋势，ABCDEFG 曲线表示实际总产出水平，呈现波动性、周期性。开始时，实际总产出 M 位于长期趋势上，之后从潜在产出水平下降至 A，属于经济萧条。经济下行到 A 达到谷底后，转而上行，达到新的潜在产出水平 B，这个过程称为经济复苏。经济继续上升达到一个新的波峰 C，这个过程称为经济繁荣。经济从波峰 C 开始下行，逐渐在 D 点回到潜在产出水平，这个过程称为经济衰退。上述四个环节，经济从 M 到 D，构成一个经济周期。其中包含了萧条、复苏、繁荣、衰退四个阶段，或者说包含了紧缩（含衰退和萧条）和扩张（含复苏和繁荣）两个阶段。接下来，经济从 D 开始下行，在 E 点达到谷底，是一个新的经济周期的经济萧条。

产出缺口（output gap）表示实际产出与潜在产出（长期趋势）不一致。产出缺口一般用实际产出（Y）与潜在产出（Y_0）的差额占潜在产出的比率表示：

$$GAP = \frac{Y - Y_0}{Y_0} \times 100\% \tag{6.1}$$

产出缺口有以下三种情形：①衰退型缺口。实际产出低于潜在产出，资源没有充分利用，此时产出缺口为负值，也称为“通货紧缩缺口”。②扩张型缺口。实际产出高于潜在产出，资源过度使用，此时产出缺口为正值，也称为“通货膨胀缺口”。③无产出缺口。实际产出等于潜在产出，资源充分使用，此时产出缺口为 0，被认为是理想的宏观经济状态，也是宏观调控要达到的目标。

经济周期强调的是产出缺口，即实际产出相对于潜在产出的偏离，存在扩张性经济波动或者衰退性经济波动。在这种情形下，不考虑潜在产出本身的变化，宏观经济波动是短期的，这是宏观经济学研究的重要内容。

当然，从历史上看，潜在产出的变化即经济增长也存在波动，经济增长有时快一些，有时慢一些，并不像图 6.1 中的长期趋势那样具有同一增长率，甚至有时出现潜在产出的减少，这多是由于自然灾害、流行病、战争等因素引起。也就是说，经济的长期趋势并不意味着一直稳定增长，第 2 章介绍的实际经济周期和总供给冲击就是这方面的情况。

经济周期理论涉及上述潜在产出增长的波动和实际产出偏离潜在产出的波动这两个方面，前一个方面属于长期问题，后一个方面属于短期问题。宏观经济政策强调宏观经济稳定政策，侧重短期宏观经济波动问题。

6.1.2 经济周期及其表现

通过对历史上产出、就业、物价、利率、银行结算、工资、对外贸易等经济数据的时间序列的研究，得出关于经济周期及其表现的不同概括。这里的经济周期实际上包括上述两种宏观经济周期性波动。

6.1.2.1 经济周期的类型

按照周期的长短，有不同的经济周期类型。

(1)长周期。苏联经济学家尼古拉· D. 康德拉季耶夫(Nikolai D. Kondratiev)1925 年提出的一种由生产力发展决定的经济周期，是周期为 50 年左右的大经济周期，也称长波、康德拉季耶夫周期。

(2)库兹涅茨周期。美国经济学家西蒙·史密斯·库兹涅茨(Simon Smith Kuznets)1930 年提出的一种经济周期。他基于对历史统计资料的整理和分析，发现许多生产部门尤其是基础工业部门的经济增长率呈现约 15~22 年为周期的有规则的波动，该周期主要是以建筑业的兴旺和衰落为标志加以划分的，也被称为"建筑周期"。这种周期被归结为长周期理论，其平均周期长度约 20 年。

(3)中周期。法国经济学家克里门特·朱格拉(Clèment Juglar)1862 年提出，他认为市场经济存在以 9~10 年为周期的波动，这种周期波动是经济自动发生的现象，与人们的社会行为、储蓄习惯、人们对资本与信用的运用方式等有直接联系，而政治、战争、农业歉收以及气候恶化等因素并非周期波动的主要根源。这种周期被称为中波、朱格拉周期。

(4)短周期。1923 年，美国经济学家约瑟夫·基钦(Joseph Kitchen)通过分析美国和英国的物价、生产和就业统计资料，发现资本主义经济的发展会出现有规律的上下波动，这种波动体现为企业发现存货过多时将减少产量的变化。这种经济周期长为 40 个月左右(3~4 年)，被称为短波、基钦周期。

6.1.2.2 经济活动与经济周期的关系

为描述经济周期，可以从两个方面进行，一是经济变量的相关变化，二是经济变化的时间顺序。

随着时间变化，许多经济活动同时扩张和收缩，相应宏观经济变量之间这种关系称为协动性。协动性表现为三种情况。①顺周期(pro-cyclical)。该变量在扩张时期上升，在收缩时期下降，与经济周期变动方向一致。就业、物价、利率都是顺周期变量，在扩张时上升、在收缩时下降。②逆周期(counterpro-cyclical)。该变量在扩张时期下降，在收缩时期上升，与经济周期变动方向相反。失业率、进口是逆周期变量。③非周期(acyclical)。该变量变动与经济周期活动不相关。凯恩斯认为消费是顺周期变量，而弗里德曼认为消费比较稳定，具有非周期性，自然失业率也是非周期性的。

经济变量根据顺序性的不同，也可以分为三种。①领先变量(leading variables)。该变量率先变化，在经济周期达到转折点之前，率先达到波峰或者波谷。领先指标(leading index)，指经济预测工作中选择作为衡量总体经济变化趋势的指标。采购经理指数(Purchasing Managers Index，PMI)是一种领先指标，PMI 指数 50 为荣枯分水线。②滞后变量(lagging variables)。该变量滞后变化，在经济周期达到转折点之后达到波峰或者波谷。③同步变量(coincident variables)。该变量与经济周期同步到达波峰或者波谷。

6.1.3 经济周期成因：早期理论

上述各种经济周期的提出已经蕴含着对经济周期成因的解释，将经济周期与生产力变化、人口变化、信用扩张和紧缩、存货变动、创新等联系起来。此外，还有一些假说将经济周期与天文活动、货币、投资、消费、乐观与悲观的心理联系起来。

6.1.3.1 太阳黑子理论

太阳黑子是天文现象，其呈现有规律的周期活动。太阳黑子活动影响农业生产，进而影响工业、商业、工资、利率、消费、投资等，导致经济周期性波动。太阳黑子活动周期约 10 年，经济周期也是 10 年。类似地，也有认为太阳热力等存在周期性变化，并产生经济周期。

6.1.3.2 纯粹货币理论

这种理论认为，经济周期纯粹是货币现象，货币数量增加和减少引起了经济波动。经济上升是银行货币和信用扩张的结果，此时利息率下降，投资增加，产量和就业扩大，经济走向繁荣；经济下行是信用扩张受到限制而紧缩的结果，此时利息率上升，投资减少，生产和就业减少，经济走向衰退。

这种认识在现代经济学中也有影响。弗里德曼认为，政府推行凯恩斯主义需求管理的货币政策造成了短期经济波动：经济萧条由于货币量急剧减少造成，经济高涨由于货币量过度增加造成，不适当的货币政策导致短期经济波动，但货币供给不影响长期经济。

6.1.3.3 投资过度理论

该理论认为，经济周期的根源在于生产资料生产过多，即资本品投资过度并引起经济波动。投资增加引起资本品需求的增加以及资本品价格上升，并进一步刺激了投资，出现经济繁荣；但是，消费品产业没有得到重视，出现经济比例失调，生产资料生产过多后经济减速，形成经济波动。

后来，英国经济学家凯恩斯也强调投资波动对经济涨落的影响，但进一步将投资波动归结于企业家的预期和冲动。

6.1.3.4 消费不足理论

18 世纪法国经济学家西斯蒙第，让·沙尔·列奥纳尔·西蒙·德(Sismondi, Jean Charles Leonard Simonde de)、英国经济学家托马斯·罗伯特·马尔萨斯(Thomas Robert Malthus)等都提出了消费不足对经济波动的影响。经济危机或萧条是由于消费的需求赶不上消费品生产的增长，形成生产过剩。消费不足的根源主要是国民收入分配不平等造成的富者储蓄过度，解决的办法是实行收入分配均等政策。这些观点对后来凯恩斯主义经济学产生了重要影响。

6.1.3.5 心理理论

英国经济学家阿瑟·塞西尔·庇古(Arthur Cecil Pigou)等认为，人们心理情绪的周期性变化导致经济周期。人们心理上有一种“自生的周期”，造成人们的情绪在乐观和悲观之间反复交替出现。乐观时，增加消费，生产者投资增加，经济扩张，走向繁荣；悲观时，消费和投资减少，经济由繁荣转向萧条。人们的心理影响在凯恩斯主义经济学以及现代经济学中也有体现，认为信心、预期影响经济行为和产生经济波动。

6.1.4　创新周期理论

美国经济学家瑟夫·阿洛伊斯·熊彼特（Joseph Alois Schumpeter）于 1939 年提出了创新周期理论。他认为，创新是关于生产要素和生产条件的新组合，包括产品创新、技术创新、市场创新、资源配置创新和组织创新，是企业家职能的体现。创新包括技术革命和技术进步，也包括企业家精神带来的组织管理进步和新制度建立。创新是一种创造性的破坏（creative destruction），它带动了新的经济繁荣，但随着创新的扩散，经济便开始下行，直至出现新的创新及其带来的经济繁荣，形成经济周期。这些周期是由于创新导致的，故称为创新周期。

熊彼特认为，创新不是连续平稳的，而往往集中在一个较短时期。某一创新出现时，会有许多企业模仿，形成创新高潮，投资增加，信用扩大，经济走向繁荣。创新扩散和普及后，盈利机会逐渐减少，投资下降，信用收缩，经济走向萧条。创新具有多样性和复杂性，形成了多种经济周期。

创新周期首先是以创新活动为中心的长周期。历史上看，以火力为能源的技术革命持续了 60 年（1790—1850），以蒸汽机为动力的技术革命持续了 50 年（1850—1900），电气化动力持续了 50 年（1900—1950），之后进入晶体管时代。因此，创新周期总体上属于长周期，周期长达 50~60 年。

但是，重大的技术革命阶段中还有中小规模的技术革命以及组织、制度创新，由于创新水平和程度的不同，从而形成持续时间不同、程度不同的经济周期，长周期中包含中周期、短周期，长周期包含 6 个中周期、18 个短周期，短周期长约 40 个月，中周期长约 9~10 年。相比之下，短周期的创新影响较小，长周期的创新影响深远。

6.1.5　凯恩斯的资本边际效率崩溃理论

凯恩斯从投资的波动分析宏观经济的波动，其中涉及一个核心概念，即资本边际效率（Marginal Efficiency of Capital，MEC）。一般来说，一项资本未来预期收益的现值（PV）是未来一系列净收益（R_i）的现值：

$$PV = \sum_{i=1}^{n} \frac{R_i}{(1+\delta)^i} \tag{6.2}$$

其中 δ 为贴现率。资本边际效率则指一个贴现率（δ_0），正好使按照该贴现率计算的资本在使用期内预期收益的现值（PV）等于资本当前的供给价格或者重置成本（P）。资本边际效率（δ_0）由下列等式决定：

$$P = \sum_{i=1}^{n} \frac{R_i}{(1+\delta_0)^i} \tag{6.3}$$

现代经济学将资本边际效率称为内部贴现率、内部收益率，是使投资项目可行的必要贴现率，即投资项目能够接受的最高贴现率。如果实际贴现率更高，则项目不再可行，而如果贴实际现率较低，则项目可以盈利更多。换句话说，资本边际效率相当于投资项目的预期利润率，也就是说，当一个经济中高资本边际效率的投资项目很多时，经济将繁荣，否则经济将衰退。资本的重置成本表示当前资本供给价格，也就是资本供给方愿意接受的最低价格，这与一般商品的供给价格类似。对于投资者来说，资本供给价格意味着购买资本品的支出，也就是投资支出。投资者取得资本品后进行经营，每期（一般指每年）的净收益（R_i）即每期的预期利润，其净现值是一定期间的预期利润的现值，可以用来衡量计划投资的收益。

经济中各投资项目的资本边际效率高低不同，要求的资本边际效率越高，相应投资项目的数量就越少，所以，如果 $\delta_{01} > \delta_{02}$，则相应的资本数量 $K_1 < K_2$。因此，可以得到一条向右下方倾斜的资本边际效率曲线（MEC），如图 6.2 所示。

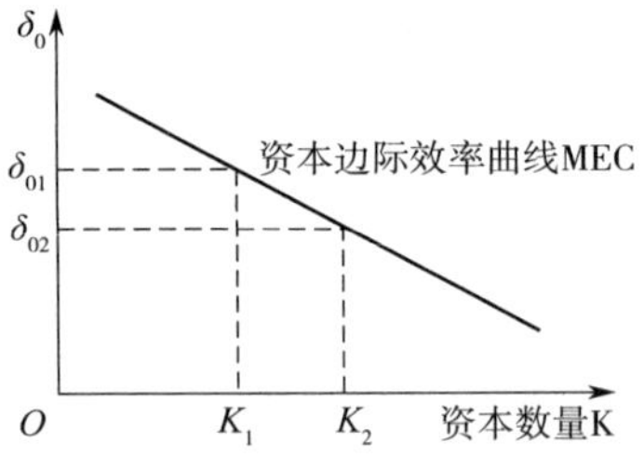

图 6.2　资本边际效率曲线

既定的预期收益和资本供给价格决定了资本边际效率，资本边际效率高，说明可以承受更高的投资成本。投资成本一般用市场利率（r）衡量，并称为资本成本。如果资本边际效率高于资本成本，$\delta_0 > r$，则投资具有经济可行性，否则投资不可行。如图 6.3 所示，给定资本成本（市场利率）r，资本边际效率曲线位于资本成本以上的部分（例如资本边际效率为 δ_{01} 的投资项目），具有投资可行性，反映可以增加的资本数量；资本边际效率曲线位于资本成本以下的部分（例如资本边际效率为 δ_{02} 的投资项目），不具有投资可行性，是无法形成的资本数量。

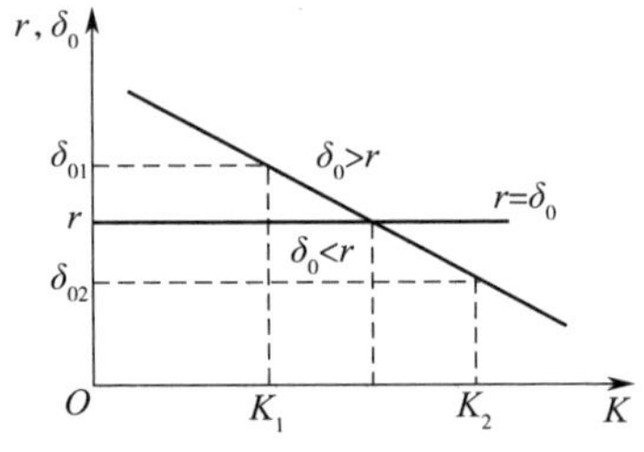

图 6.3　资本成本与投资项目的可行性

投资形成资本，也就是说，投资体现为资本数量的变化。上一期的资本数量为 K_{t-1}，经过投资后，本期资本数量为 K_t，则投资（I_t）为资本数量的变化量，即：

$$I_t = K_t - K_{t-1} = \Delta K \tag{6.4}$$

给定资本边际效率曲线，资本成本（市场利率）越低，可以投资的项目也就越多。反之，资本成本越高，可以投资的项目也就越少。如果市场利率上升，可投资的资本数量也就越少。因此，投资与市场利率呈反向变化，从资本边际效率曲线可以推导出投资曲线，即投资是市场利率的减函数，如图 6.4 所示。

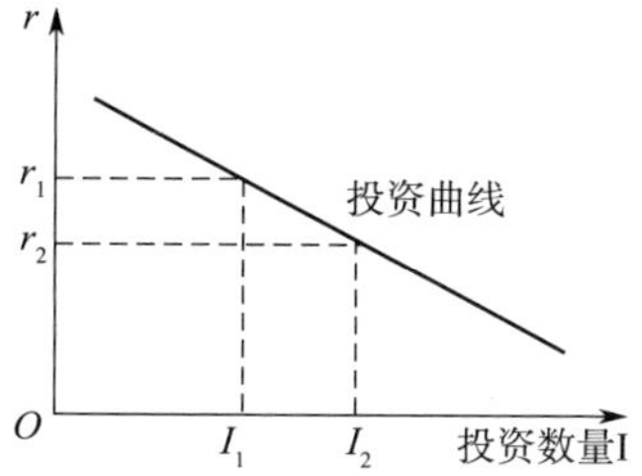

图 6.4　投资曲线

凯恩斯从资本边际效率曲线阐述投资的波动。给定资本成本（市场利率），投资项目的多少（即资本的多少）决定于资本边际效率。如果预期收益下降，资本边际效率曲线左移，投资将下降，资本数量增加减缓。如图 6.5 所示，受预期下降的影响，原来的资本边际效率曲线 MEC_1 移动到 MEC_2，在任何一个资本边际效率水平下的资本数量都减少，意味着投资将减少。也就是说，预期收益变差将导致一些投资项目变得不可行，投资下降，资本数量增加缓慢甚至减少。

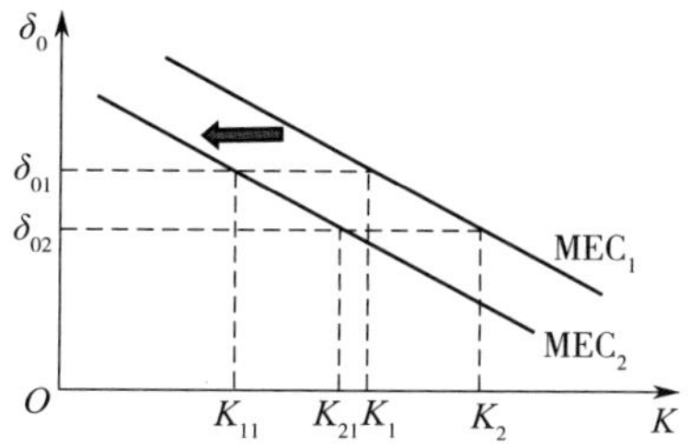

图 6.5　预期与资本边际效率曲线的移动

凯恩斯指出，预期收益很大程度上由企业家的心理因素确定。预期收益越高，资本边际效率就越高，投资越多；预期收益越低，资本边际效率越低，投资下降。资本边际效率是一个心理规律。当企业家对未来经济前景不看好的时候，资本边际效率下降，投资减少，而过度悲观的预期使资本边际效率崩溃，企业投资锐减。按照国民收入决定理论，投资支出是计划总支出的组成部分，投资支出大幅下降，均衡国民收入也将大幅下降，从而导致经济衰退，投资衰退是经济衰退的直接原因。

6.1.6　乘数-加速数模型

乘数-加速数模型是美国经济学保罗·A. 萨缪尔逊（Paul A. Samuelson）创立的。该模型解释了经济周期中衰退和扩张的持续以及二者之间的转换。

企业扩大产量需要更多的资本，产量（Y）和资本（K）之间保持一定比例关系，这个比例关系称为资本-产量比率（v）：

$$K = vY \tag{6.5}$$

其中 $v > 1$。这个关系对于一个经济体也成立，并被称为资本系数。产量的增加需要扩张资本，也就是增加投资（I），其关系是：

$$I_t = K_t - K_{t-1} = \Delta K = v(Y_t - Y_{t-1}) = v\Delta Y \quad (6.6)$$

在这里，资本-产量比率 v 被解释为加速数，表示产量增加与导致产量增加的资本存量增加即投资之间的倍数关系：

$$v = \frac{\Delta K}{\Delta Y} = \frac{I}{\Delta Y} \quad (6.7)$$

加速数是说，产量增加带来投资的增加和资本扩张。例如，一个经济体增加了 100 万元的产量，就需要增加 200 万元的投资，加速数是 2，才能保证经济正常运行。

支出乘数原理已经在第 5 章介绍，其表示支出增加导致总产出的倍数增加，而投资的支出乘数为：

$$K_I = \frac{\Delta Y}{I} \quad (6.8)$$

投资乘数表明，经济体投资增加导致总产出以投资的一个倍数增加，例如，投资乘数是 3，表明投资 200 万元，将导致均衡总产出增加 600 万元。

乘数-加速数模型将经济系统的外部因素与内部因素结合起来分析经济波动的机制。首先，假定由于一个外部因素导致投资增加（如 100 亿），投资导致均衡总产出（国民收入）按照投资乘数（如 3）增加（如 300 亿）；新增国民收入导致投资按照加速数（如 2）继续进行（600 亿）；新增加投资继续按照支出乘数导致国民收入增加，如此导致宏观经济出现扩张过程。其次，经济扩张不可能无限持续下去，受资源有限的约束，导致国民收入不能持续支撑新的投资，投资将下降。而一旦投资下降，国民收入将按照投资乘数下降，国民收入下降则进一步导致投资按照加速数下降，经济进入衰退阶段。最后，经济衰退也不是无止境的，当企业发现存货不足的时候将开始增加投资，导致国民收入以乘数倍数增加，并进一步导致投资按加速数增加，使经济开始复苏和扩张。这样，经济体由于外部冲击和经济体系本身的乘数-加速数机制，使宏观经济周期性运行，形成经济周期。

以凯恩斯 1936 年出版的《就业、利息和货币通论》一书为标志的宏观经济学产生以来，经济学家对经济周期的起因，尤其是经济衰退进行了解释。除了上述经济周期的成因理论，其他相关章节也涉及经济周期成因的理论，例如，第 2 章的实际经济周期理论。

经济学与经济制度：美国的国家经济研究局（NBER）和经济周期研究

美国联邦政府建立了很多统计变量以监控宏观经济运行，但是，联邦政府没有正式决定什么时候开始经济繁荣或者衰退。实际上，大多数经济学家接受美国国家经济研究局（National Bureau of Economic Research，NBER）的经济周期测定委员会的决策。NBER 的官方网站中，在单位名称之下写着其愿景和使命“Conducting and disseminating nonpartisan economic research（致力于研究和传播无党派之争的经济研究）”（见附图）。

附图：美国国家经济研究局官网截图

美国国家经济研究局建立于 1920 年，是一个私人的、非营利、无党派分歧的研究机构，总部设在马萨诸塞州的波士顿市，专注于更好地理解经济运行状态。NBER 致力于在经济政策制定者、商业专家和科研院所之间传播无偏见的经济研究。NBER 以研究美国的经济问题为己任，对美国的宏观经济、经济周期、长期经济发展等问题进行了深入的研究。NBER 有 600 多名经济学家和商学教授作为其研究人员，同时在美国各大学执教，或者在其他经济研究机构、商界、贸易组织等任职，并拥有多名美国诺贝尔经济学奖获得者。NBER 的第一个研究项目是国民收入及其分配，现代国民收入核算的创立者库兹涅茨（Simon Kuznets）曾经在这里工作。NBER 的重要成果是研究人员的工作论文，每两个星期就会有一批成果公开发表出来。

NBER 认为，经济按一种循环模式运行，繁荣、衰退、萧条和复苏，每一个阶段都是前一阶段不可避免的结果，每一个阶段跟随着出现下一个阶段的迹象。当经济衰退时，经济活动呈现持续至少数月的明显下降，可见于生产、就业、实际收入和批发零售贸易中。NBER 研究了 1854—2020 年的经济波动，如附表所示。从总体上看，经济紧缩经历的时间变短，1854—1919 年期间曾经长达 21.6 个月，而 1945—2020 年期间则减少为 10.3 个月，而经济扩张经历的时间变长，从 26.6 个月扩大到 64.2 个月；同时，无论从谷底到谷底计算，还是波峰到波峰计算，经济周期总长度变长，从 48.2 个月或者 48.9 个月变为 74.5 个月或者 75 个月。

附表：美国经济周期的紧缩、扩张和周期长度的变化（1854—2020 年）

年份	波峰到谷底的紧缩期间（月）	谷底到波峰的扩张期间（月）	谷底到谷底的周期期间（月）	波峰到波峰的周期期间（月）
1854—2020	17	41.4	58.4	59.2
1854—1919	21.6	26.6	48.2	48.9
1919—1945	18.2	35	53.2	53
1945—2020	10.3	64.2	74.5	75

如何定义经济衰退？经济衰退所言的经济增长率低于正常水平又如何确认？美国

官方将 NBER 经济周期测定(dating)委员会的认定作为权威数据。经济周期测定委员会采用四个最为重要的指标:①工业产出,衡量工矿企业的产出;②制造业总销售额、批发贸易额和零售贸易额;③非农就业情况;④减除社会保险缴费等转移支付以后家庭得到的税后收入。这四个方面的指标被认为是经济周期的同步指标。例如,在 2007—2009 年的经济衰退中,非农就业和税后收入在 2007 年 12 月达到波峰,工业产出在 2008 年 1 月达到波峰,制造业总销售额和批发、零售额在 2008 年 6 月最后达到顶峰。据此,NBER 经济周期测定委员会认为,2007 年 12 月开始经济衰退。

参考资料:① R. 格伦·哈伯德,安东尼 P. 奥布莱恩:《经济学(宏观)》,王永钦、丁菊红、许海波译,机械工业出版社,2007,第 221-222 页。

②美国国家经济研究局网站: https: //www.nber.org/research/data/us-business-cycle-expansions-and-contractions,2024-11-13.

③罗伯特·H. 弗兰克,本·S. 伯南克:《宏观经济学原理(第 5 版)》,潘艳丽、吴秀云译,清华大学出版社,2013,第 258-260 页。

6.2 失业的成因和失业问题

第 1 章已经介绍了失业的概念和测度,本节主要介绍失业的成因理论和失业的经济影响。失业问题经常发生在经济衰退之时,但失业问题不仅是一个经济问题,还是一个社会问题,除了经济周期的原因之外,还有其他原因。

6.2.1 总量劳动力市场、自愿失业与非自愿失业

在劳动力市场上,失业是经常存在的,包括自愿失业和非自愿失业。自愿失业,指工人所要求的实际工资超过其边际生产率,或者说工人不愿意接受现行的工资水平和工作条件而未被雇用造成的失业。按照古典经济学,市场价格和工资是充分灵活的,如果没有就业的工人愿意以更低的工资就业,市场出清时就只有自愿失业。在图 6.6 中,总量劳动力市场在总量劳动需求曲线(L_D)和供给曲线(L_S)的交点 E 达到均衡,就业人数为 L_E,有就业能力而且愿意就业的工人都已经就业。但是,现有愿意就业的劳动力人数为 L_0,而 $L_0 > L_E$,一部分工人没有就业而处于失业状态,是因为其在现有工资条件下不愿意就业,属于自愿失业。之所以称之为自愿失业,是因为 $L_0 - L_E$ 这部分工人的劳动供给价格(位于劳动供给曲线上)高于劳动需求价格(位于劳动需求曲线上),该部分劳动的边际产品价值低于劳动成本,如果工人降低工资要求即成本,则将有部分劳动得到就业。

非自愿失业,指工人愿意接受现有工资水平,但是仍然找不到工作而处于失业状态。按照古典经济学,工资灵活条件下的出清市场上可能存在非自愿失业,例如摩擦性失业、结构性失业,但不存在持久的非自愿性失业。所谓存在非自愿失业是一些特殊情形,比如有的工人找工作需要较长时间,而在没有找到工作期间(超过了一定时间)就被统计为失业,这种失业不会持久存在,一个找工作的工人不会持久处于非自愿失业状态。但是,凯恩斯以及后来的新凯恩斯主义经济学认为,工资并不是充分灵活的,而黏性工资,尤其是劳动力市场的

工资甚至是向上刚性的，工资只能上涨而不能下降，市场均衡工资有时会高于市场出清的均衡工资，这将导致持久性存在非自愿失业。图 6.7 中，均衡工资停留在高于市场出清工资 W_E 的 W_1 水平上，就业人数为 L_1，导致存在（L_2-L_1）数量的非自愿失业，他们在现有工资水平 W_1 下愿意就业但是没有就业。这样，整个经济中，存在（L_2-L_1）的非自愿失业和（L_0-L_2）的自愿失业，失业总量为（L_0-L_1）。

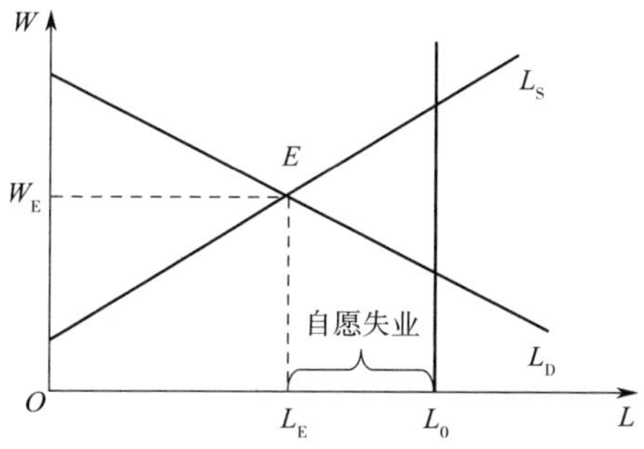

图 6.6　总量劳动力市场与自愿失业

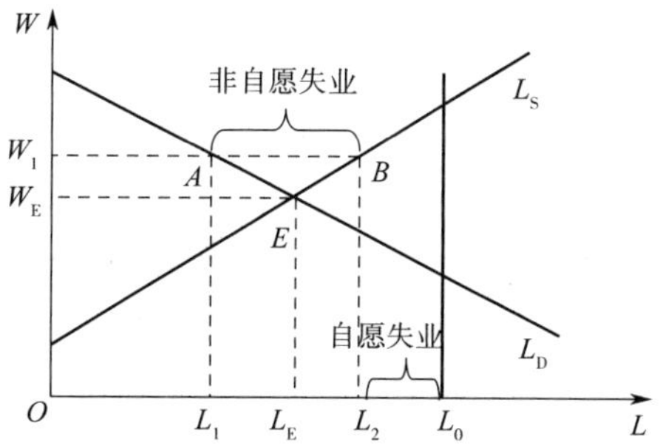

图 6.7　工资刚性与非自愿失业

6.2.2　自然失业、周期性失业与其他类型的失业

6.2.2.1　自然失业

自然失业是正常经济运行中客观存在的失业，是经济在潜在 GDP 上运行的失业，包括自愿失业、摩擦性失业和结构性失业，与经济衰退或者扩张没有直接关系。摩擦性失业指在生产和就业活动中，由于难以避免的劳动力供求之间的摩擦（如找工作、工作本身的季节性等）导致的短期的、局部的、暂时的失业。结构性失业指由于经济结构（产业结构、技术结构）变动导致劳动力市场需求和供给不匹配而出现的失业。劳动力的非充分流动性是结构性失业的基础。经济结构变动导致劳动需求变化，但劳动者需要学习新技能、适应新岗位，在这个过程中，将出现结构性失业。自愿失业、摩擦性失业、结构性失业构成自然失业率。

6.2.2.2　周期性失业

周期性失业（cyclical unemployment）则与经济扩张或者收缩相关。周期性失业指在经济衰退时，因为劳动力需求下降而导致的失业。周期性失业率是失业率（u）与自然失业率（u^*）的差额。经济衰退时，周期性失业率为正值；经济扩张时，周期性失业率为负值。

$$\text{周期性失业率} = u - u^* \tag{6.9}$$

6.2.2.3　其他类型的失业

此外，还有其他特殊类型的失业。

（1）缺口性失业。指劳动力增长超过经济增长，劳动者多、就业机会少而形成的失业。这是经济发展不足导致的失业，发展中国家经常存在这种失业。

（2）隐藏性失业。指工人表面上有工作，但工作对产出并没有作出产出贡献的就业；也就是说，这些工作人员的边际生产力为零，虽然工作但并没有产出贡献，从总体经济角度看，也属于失业。

（3）就业不足（unde remployment）。指工人虽然在工作，但实际工作时间少于他们能够并愿意工作时间。包括如下情形：伪装就业不足（disguised underemployment），看起来在全时工作，但实际上只需要更少的时间就能够完成工作；过早退休（prematurely retired），这些工人本来可以就业较长时间，但却提前退出劳动力市场；就业无望的劳动者（discouraged workers），即丧志工人，他们本来愿意工作，但对找到工作丧失信心而没有找工作，因而没有统计在失业者中。

6.2.3 自然失业率假说与奥肯定律

自然失业率的概念由美国经济学家弗里德曼提出，其认为市场经济具有其内在的稳定性，会趋向于一个自然失业率（nature rate of unemployment），该失业率是客观存在的，试图降低自然失业率将导致通货膨胀。在这个基础上，经济学上的自然失业率一般指经济在潜在产出上运行时的失业率，包括自愿失业、摩擦性失业和结构性失业等导致的失业率。美国的自然失业率一般认为是3%~5%，经济已经达到潜在GDP水平，不存在周期性失业。在仅存在自然失业率时，政府不必使用稳定政策进行干预以减少失业率，但可以对相应问题进行其他处理，例如失业救助等社会保障政策。

周期性失业与均衡总产出密切相关，与产出缺口相联系，这被概括为奥肯定律（Okun's law）。奥肯定律建立在就业与产出缺口之间关系之上，表示周期性失业率和产出缺口之间关系的函数，具体地，周期性失业率上升1个百分点，产出缺口上升2个百分点；也就是说，失业率每高于自然失业率1个百分点，实际GDP便低于潜在GDP 2个百分点。

$$\frac{Y-Y^*}{Y^*}\times 100\% = -2(u-u^*) \quad (6.10)$$

奥肯定律揭示了失业的原因，也揭示了经济衰退的危害。失业不仅意味着工人不能就业和失去获得工资收入的机会，还意味着经济资源和生产力的浪费，意味着经济衰退。

6.2.4 失业的社会经济影响

失业是经济问题，也是社会问题。

6.2.4.1 失业的经济影响

失业的经济影响表现在以下几方面。

（1）经济资源的巨大浪费。失业的经济影响可以从机会成本来理解。当失业率上升时，经济中本应由失业工人生产出来的产品和劳务就消失了。衰退期间的损失，就好像是将众多的汽车、房屋、衣物和其他物品都销毁掉了。

（2）经济的产出下降。从总产出核算角度看，失业者收入总损失等于生产的损失。这个关系也可以从奥肯定律看出，失业率上升1%，衡量经济总产出的GDP将减少2%。

（3）不利于经济增长。从失业对长期经济影响看，失业者失去收入，也就减少了消费和储蓄，一方面降低当前总需求，另一方面也不利于形成储蓄和资本形成，减少了投资，不利于经济增长。

6.2.4.2　失业的社会影响

失业的社会影响也不容忽视。虽然失业的社会影响难以估计和衡量，但它最易为人们所感受到。

（1）失业威胁着作为社会单位和经济单位的家庭的稳定。没有收入或收入遭受损失，家庭就不能起到应有的作用。家庭需要得不到满足，家庭关系将因此而受到损害。

（2）失业危害个人心理。心理学研究表明，工人遭解雇造成的创伤不亚于亲友的去世或学业上的失败。一个失业者会失去自尊和影响力，面临着被同事拒绝的可能性。最终，失业者在情感上受到严重打击。

（3）失业带来社会的不稳定。失业状态下的工人甚至其家庭成员缺乏安全感，甚至基本生活需要得不到满足，或者生活水平急剧下降，部分人铤而走险，犯罪率上升，社会安全受到威胁。

2021 年，世界各国处于新型冠状病毒感染疫情防控之中，经济不乐观，失业率较高（表 6.1）。其中，南非失业率高达 28.8%，巴西、西班牙、土耳其失业率也超过 10%，分别达到 13.2%、14.8%、12%，其他国家如埃及、加拿大、阿根廷、法国、意大利的失业率也较高，超过 7%。比较而言，中国、日本、韩国、新加坡、墨西哥、美国、德国、荷兰、新西兰、澳大利亚的失业率保持在 5%左右。在疫情之下遭受失业打击，无疑是雪上加霜。

表 6.1　世界若干国家的失业率（2021 年）

国家	失业率（%）	国家	失业率（%）
中国	5.1	美国	5.4
文莱	4.9	阿根廷	8.7
以色列	4.8	巴西	13.2
日本	2.8	法国	7.9
哈萨克斯坦	0	德国	3.6
韩国	3.6	意大利	9.5
菲律宾	3.4	荷兰	4.2
新加坡	4.6	俄罗斯	4.7
埃及	7.4	西班牙	14.8
南非	28.8	土耳其	12
加拿大	7.5	新西兰	3.8
墨西哥	4.1	澳大利亚	5.1

资料来源：转引自《中国统计年鉴》（2023 年）。

6.3 物价水平波动:通货膨胀和通货紧缩

6.3.1 通货膨胀和通货膨胀问题

通货膨胀(inflation),指一般物价水平相当幅度的持续上升。一般认为,当物价上涨达到一定程度并产生破坏性后果时,才构成通货膨胀问题。①通货膨胀不是少数几种商品价格上涨,而是价格普遍上涨。②物价上涨持续一段时间。③物价上涨达到一定幅度,一般认为涨幅超过3%才构成通货膨胀。④物价上涨造成很大的消极影响,影响了宏观经济稳定。所以,通货膨胀问题作为一个宏观经济问题,只有当物价上涨到一定程度,形成对经济秩序的明显破坏,引起社会的紧张、不安、不稳定的时候,才认为发生了通货膨胀。

1979—2023年的45年间,我国以居民消费物价指数衡量的通货膨胀率总体比较稳定,多数年份通货膨胀率维持在5%以下,如表6.2和图6.8所示。但是,也有通货膨胀率较高的年份,出现通货膨胀问题,甚至严重的通货膨胀问题。1980年、1985年、1986年、1987年、1988年、1989年、1992年、1993年、1994年、1995年、1996年和2008年的通货膨胀率超过5%,尤其是1988年、1989年通货膨胀率分别达到18.76%、17.99%,而1993年、1994年、1995年分别达到14.7%、24.13%、17.08%。从时间上看,通货膨胀率较高的年份主要发生在前20年,进入21世纪后只有2008年通货膨胀率超过5%,但也只有5.9%。

表6.2 我国的通货膨胀率(1979—2023年)

年份	通货膨胀率(%)	年份	通货膨胀率(%)
1979	1.90	2002	-0.80
1980	7.46	2003	1.20
1981	2.47	2004	3.90
1982	1.96	2005	1.80
1983	2.01	2006	1.51
1984	2.74	2007	4.80
1985	9.34	2008	5.90
1986	6.48	2009	-0.71
1987	7.31	2010	3.29
1988	18.76	2011	5.39
1989	17.99	2012	2.60
1990	3.10	2013	2.60
1991	3.42	2014	2.00
1992	6.39	2015	1.40
1993	14.70	2016	2.00
1994	24.13	2017	1.59

续表

年份	通货膨胀率(%)	年份	通货膨胀率(%)
1995	17.08	2018	2.10
1996	8.31	2019	2.92
1997	2.79	2020	2.48
1998	-0.79	2021	0.90
1999	-1.39	2022	2.01
2000	0.39	2023	0.20
2001	0.69		

资料来源:国家统计局:国家数据,https://data.stats.gov.cn/。

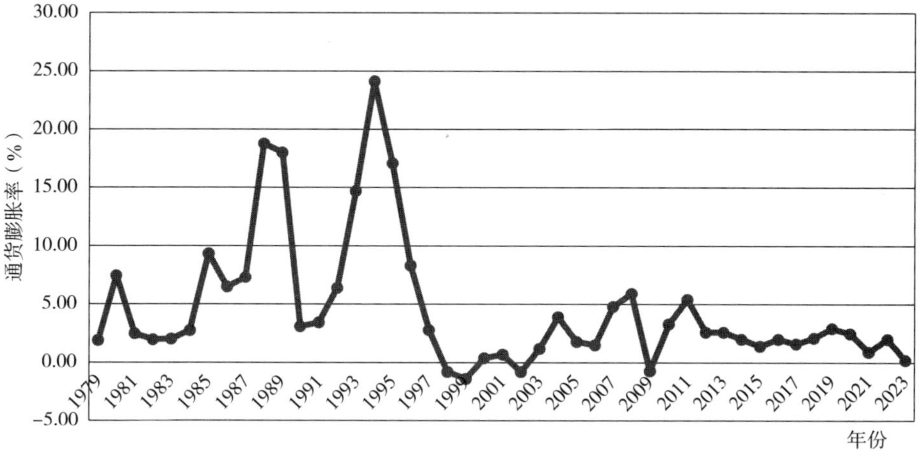

图 6.8　我国的年通货膨胀(1979—2023 年)

6.3.2　通货膨胀的类型

按照通货膨胀程度分类,分为多种类型。①潜行的通货膨胀,年通货膨胀率 3%以下,没有产生物价进一步上升的预期,没有严重的经济危害,没有形成通货膨胀问题。②温和的通货膨胀,一般指通货膨胀率 3%到 6%,有消极的经济影响,但是没有严重影响经济秩序。③严重的通货膨胀,一般指物价年上涨率 6%到 9%,对经济生活造成比较严重的消极影响。④飞奔的通货膨胀(galloping inflation),指物价年均上涨率达到两位数以上,严重影响人民生活和经济秩序。⑤恶性通货膨胀(hyper inflation),指物价年上涨 100%以上,货币供应量迅速增长,货币购买力急剧下降,物价水平加速度上升,人们对货币丧失了信心,货币完全丧失了价值贮藏职能,也在很大程度上丧失了交易媒介功能,经济秩序被严重破坏。

按照不同商品价格变动的均衡性,通货膨胀分为均衡的通货膨胀和非均衡的通货膨胀。均衡的通货膨胀,指不同种类商品价格按基本相同的幅度上涨,生产要素价格与产品价格也基本同比例上涨;非均衡的通货膨胀,指不同种类商品价格上涨幅度差别较大,或者产品价格和生产要素价格变动不同步。

按照通货膨胀与预期的关系，通货膨胀分为预期的通货膨胀和非预期的通货膨胀。预期的通货膨胀，指公众在通货膨胀之前已经预计会发生通货膨胀，从而可能进行了经济行为的调整，其消极影响相对较小；非预期的通货膨胀，指公众没有预计到会发生的通货膨胀，或者发生的通货膨胀比预期高得多，这类通货膨胀的消极影响相对更大。

6.3.3 通货膨胀的影响

通货膨胀影响收入分配、总产出、资源配置效率和国际收支等多方面。

6.3.3.1 通货膨胀的收入效应和财富再分配效应

通货膨胀影响人们之间的收入分配关系，通货膨胀有利于名义收入增长速度高于价格水平上涨速度的人，而不利于名义收入增长速度低于价格水平上涨速度的人。同时，通货膨胀还产生一定的再分配效应，它有利于债务人而不利于债权人；因为政府经常作为债务人，所以，通货膨胀有利于政府而不利于公众。不同群体对通货膨胀的反应灵活性不同，产品价格可以更快适应通货膨胀变化而调整，而工资等生产要素价格调整相对缓慢，因此，通货膨胀经常有利于雇主而不利于雇员。

6.3.3.2 通货膨胀的产出效应

由于物价水平的上升速度快于货币工资的上升速度，或者存在货币幻觉，企业利润增加，会刺激企业扩大再生产，从而发生减少失业、增加国民产出的效应，这也是短期总供给曲线的内涵之一。当然，这是有前提的：社会上要有闲置资源；闲置资源流动无结构刚性或瓶颈现象约束；通货膨胀必须是温和的。尤其是，物价上涨带来的产出增加效应一般认为只是短期的，长期来说，通货膨胀只是货币供应与总产出关系的反映，而不能影响实际总产出。

6.3.3.3 通货膨胀的资源配置和宏观经济稳定效应

通货膨胀对资源配置带来不利影响，降低经济效率，这是最重要的影响。

(1)通货膨胀导致正常的经济秩序、活动原则和经济核算遭到破坏而失去有效性。任何社会经济活动是以物价水平基本稳定为前提的，协议、契约、制度、税收、会计、核算等在通货膨胀时都要发生调整和不断修正，这将增加经济活动成本。

(2)通货膨胀影响社会储蓄。发生通货膨胀时，实际利率降低，人们将减少储蓄，激励人们提取存款、抢购商品、囤积居奇，这将加剧经济不稳定和价格上涨。

(3)通货膨胀削弱和破坏市场机制对经济活动的调节功能。价格变化速度快而规模大，导致价格信息不灵，不确定性和风险增加。

(4)通货膨胀阻碍技术革新和进步。严重通货膨胀之下，技术革新成本增加，累进税导致资金缺乏，价格体系扭曲使技术应用前景不明朗，不利于研究和开发活动，不利于技术应用。

(5)通货膨胀导致货币职能弱化。通货膨胀导致货币支付能力不稳定，货币的价值储藏功能严重丧失，甚至信用会出现危机。

(6)通货膨胀影响政府信誉。货币是政府控制和发行的，严重通货膨胀导致公众对政府的不信任。

6.3.3.4　通货膨胀的国际收支效应

本国物价上升，出口产品成本会提高，这会削弱出口产品在国际市场上的竞争力，出口减少而进口增加，净出口降低，形成国际收支赤字或者赤字增加。

6.3.4　通货膨胀的成因

对通货膨胀成因的解释，可以分为货币论、供求物价论和经济结构论。

6.3.4.1　货币论

货币论认为，通货膨胀是货币供应过多导致的，也就是说，货币供应量增长超过了经济实际增长导致通货膨胀，通货膨胀是货币现象。

1911 年，费雪（Irving Fisher）提出交易方程，表示名义收入与货币数量（M）、货币流通速度（V，也称货币周转率）的关系。其中，货币流通量为货币数量与货币流通速度的乘积，名义收入为物价水平（P）与实际收入（Y，即实际 GDP）的乘积。交易方程式如下：

$$M \times V = P \times Y \tag{6.11}$$

交易方程表明，货币数量乘以周转率一定等于名义收入。费雪认为，货币流通速度取决于人们的交易习惯，在一定时间内是稳定的；那么，交易方程可以显示货币需求（demand for money），即对于给定的名义收入（或者总产出），人们需要多少货币，货币需求决定于：

$$M = \frac{1}{V} \times P \times Y \tag{6.12}$$

实际货币需求则为：

$$\frac{M}{P} = \frac{1}{V} \times Y \tag{6.13}$$

所以，实际货币需求与实际收入成正比，这里 k 是一个正值系数。

后来，人们用交易方程解释价格变化的原因，这时的交易方程式被称为货币数量论。给定货币流通速度，名义收入唯一地取决于货币数量，如果货币数量翻倍，名义收入也翻倍，并通过价格翻倍实现，即：

$$P \times Y = M \times V \tag{6.14}$$

长期看，产出由总量生产函数决定，实际总产出是给定的，价格水平则决定于货币数量：

$$P = \frac{M}{Y} \times V \tag{6.15}$$

也就是说，实际总产出由总量生产函数决定，而价格水平由货币数量决定，这种看法就是古典二分法（classical dichotomy），或者说，货币是中性的（neutrality of money），即货币数量仅影响价格，而总量生产函数决定实际产出。

根据货币数量论，可以进一步推导出通货膨胀率决定方程。将式 6.14 写成变化量形式，即：

$$\frac{\Delta M}{M} + \frac{\Delta V}{V} = \frac{\Delta P}{P} + \frac{\Delta Y}{Y} \tag{6.16}$$

在货币流通速度不变的条件下，$\Delta V/V = 0$；同时，定义通货膨胀率为价格变化率：

$$\pi = \frac{\Delta P}{P} \tag{6.17}$$

可以得到：

$$\pi=\frac{\Delta M}{M}-\frac{\Delta Y}{Y} \tag{6.18}$$

所以，通货膨胀率为货币数量增长率超过实际经济增长率的部分，即所谓的货币超发导致通货膨胀。在正常情况下，中央银行发行货币数量应当满足经济增长需要，货币增长率等于经济增长率，通货膨胀率为 0。

根据货币数量论，发生通货膨胀，尤其是恶性通货膨胀一定是货币超发的结果。经常发生的情况是，货币快速增长并导致价格水平上涨，其由政府预算赤字推动。税收难以提高来满足政府支出的需要，有时是战争，有时是政治动荡，也有时是政府的奢欲，政府只能通过发行货币筹资。历史上类似事件已经有很多，而现今世界仍然存在。21 世纪初期，津巴布韦对农庄进行征用，分配给总统的支持者，农业产出和税收锐减，出现财政赤字。经济萧条时期，很难通过增加税收的方式弥补赤字，而政府信用缺失，发行政府债务也不可行。在这种条件下，政府只有开动印钞机，发行货币给政府自己用，货币供给迅速增加，通货膨胀螺旋上升，2007 年 3 月，津巴布韦通货膨胀率达到 1 500%，2008 年达到百分之两百万。2008 年 7 月，中央银行发行面值 1 000 亿元的新钞，但这样的一张钞票连一瓶啤酒都买不到。

6.3.4.2 供求关系论

供求关系论从总供求关系分析通货膨胀的成因。物价上涨有需求拉动的通货膨胀、成本推进的通货膨胀、通货膨胀螺旋式上升三种情形。

（1）需求拉动的通货膨胀。指总需求超过总供给所引起的一般价格水平的持续显著上升。需求拉动的通货膨胀是一个起点，甚至经常存在，但是其能否持续则取决于一系列经济活动，例如政府预算政策、货币政策等。如图 6.9 所示，总需求上升导致总需求曲线右移，均衡总产出增加，同时物价水平上升，发生通货膨胀。

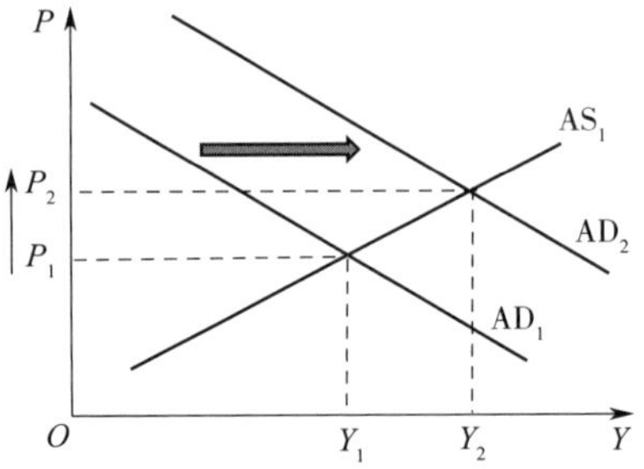

图 6.9 需求拉动的通货膨胀

（2）成本推进的通货膨胀。指在没有需求增加的情况下由于供给成本的提高所引起的一般价格水平持续和显著的上涨。如图 6.10 所示，总需求不变，供给成本上升（例如能源价格上涨）导致总供给曲线上移（左移），均衡总产出下降，同时物价水平上升，发生通货膨胀。

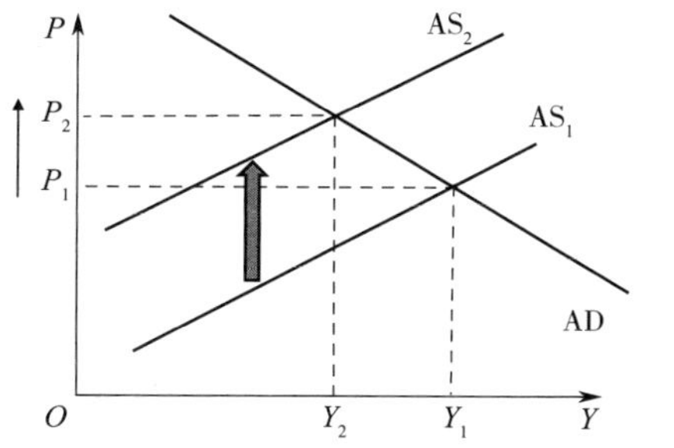

图 6.10 供给推动的通货膨胀

（3）通货膨胀螺旋式上升。需求拉动的通货膨胀和成本推进的通货膨胀相互作用引起通货膨胀的螺旋式上升。上述需求拉动的通货膨胀如果没有总供给变动或者货币供应量变动的配合，成本推进的通货膨胀如果没有总需求变动和货币供应量变动的配合，很难维持通货膨胀持续存在。持续通货膨胀存在的通常情况是，物价首先由于总需求增加而上升，工人在发现物价上涨后，要求提高工资，总供给曲线左移（上移），物价进一步上涨。如图 6.11 所示，宏观经济最初由总需求曲线 AD_0 和总供给曲线 AS_0 决定、在 E 点均衡，物价水平为 P_0；现在由于总需求冲击而使总需求曲线右移到 AD_1，总供求均衡位于 A 点，物价水平上升到 P_1，这是需求拉动的通货膨胀，同时总产出有所增加；产出增加导致成本上升，或者工人意识到物价上涨而要求提高工资，会导致总供给曲线左移到 AS_1，总供求均衡位于 B 点，物价水平进一步上升到 P_2，这是成本推进的通货膨胀。因此，通货膨胀是总需求拉动和成本推进交互作用的结果。

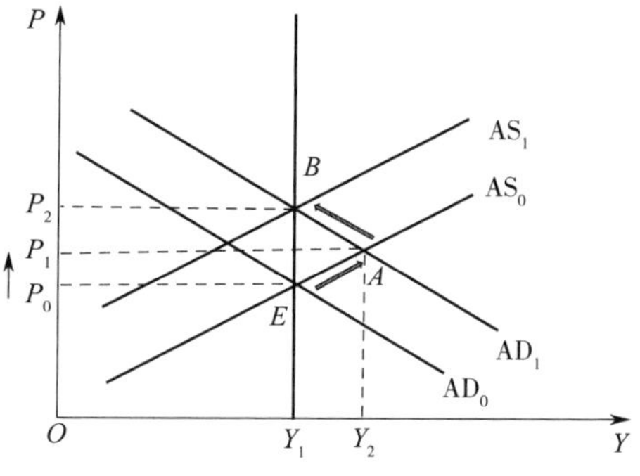

图 6.11 通货膨胀的螺旋式上升

6.3.4.3 经济结构论

经济结构论认为在经济结构尤其是产业结构变动过程中，引起通货膨胀。结构性通货膨胀，指在没有需求拉动和成本推动的情况下，经济结构因素的变动引起一般价格水平的持续上涨。例如，生产率提高慢的部门、正在趋向衰落的部门和非开放部门在工资和价格问题上都要求“公平”，即要求向生产率提高快的部门、正在迅速发展的部门和开放部门“看齐”，工资上涨率超过了劳动生产率的增长率，结果导致了一般价格水平的上涨。

假定 A、B 分别为生产率提高不同的两个部门，二者的产量相等。A 的生产增长率$(\Delta Y/Y)_A$ 为 3.5%，工资增长率$(\Delta W/W)_A$ 也为 3.5%。B 的生产增长率$(\Delta Y/Y)_B$ 是 0.5%，而工资增长率$(\Delta W/W)_B$因向部门 A 看齐，也是 3.5%，社会平均工资增长率是：

$$\frac{\Delta W}{W}=\left[\left(\frac{\Delta W}{W}\right)_A+\left(\frac{\Delta W}{W}\right)_B\right]\div 2=3.5\%$$

而全社会平均的生产增长率只有：

$$\frac{\Delta Y}{Y}=\left[\left(\frac{\Delta Y}{Y}\right)_A+\left(\frac{\Delta Y}{Y}\right)_B\right]\div 2=2\%$$

全社会工资增长率超过了生产增长率，因而发生通货膨胀。

6.3.5 通货紧缩的成因和影响

通货紧缩，指物价水平的持续下跌。通货紧缩往往有三个现象共存：物价水平的持续下跌，货币升值；货币供应量减少；经济衰退。通货紧缩与经济衰退共存的问题尤其值得关注。

如表 6.2 和图 6.8 所示，1979—2023 年间，我国也发生过居民物价指数负增长的情形，出现了通货紧缩，1998 年、1999 年、2002 年和 2009 年居民消费物价指数分别比上一年下降了 0.79%、1.39%、0.8%和 0.71%。同时，进入 21 世纪以来，物价水平一直处于低水平状态，24 年间只有 5 年（2004 年、2007 年、2008 年、2010 年和 2011 年）的物价水平上涨超过 3%。这也是值得关注的问题。

通货紧缩的原因可以用货币论进行解释，即货币供应量减少导致通货紧缩，物价水平下跌。费雪（Irving Fisher）认为，通货紧缩是一个债务—通货紧缩过程。通货紧缩是经济周期上升阶段结束的转折点，是纠正经济过度繁荣的必要过程。在经济繁荣阶段，技术进步、经济体制创新等推动过度投资、信用过度扩张，出现了过度负债。债务过度意味着没有足够利润支撑继续投资，没有足够流动性清偿到期债务，资产价格下跌，信用收缩，企业甚至银行都可能破产。反过来，这导致信用进一步收缩，货币供应量减少，社会购买力下降，物价水平下跌，出现通货紧缩。现代经济中，货币供应量由政府控制，货币管理成为是否会发生通货紧缩的重要根源。1929—1933 年大萧条期间，美国发生的通货紧缩与货币供给减少有关。

通货紧缩也可以用物价供求论解释。如果总需求下降，总需求曲线左移，导致物价水平下跌，将发生通货紧缩，同时均衡总产出减少。在面临经济衰退阶段，国民收入下降，总需求减少，将产生相应的通货紧缩，通货紧缩与经济衰退相伴随。如果总供给增加，总供给曲线右移，也会导致通货紧缩，同时均衡总产出增加。但是，总供给增加意味着生产力提高，将促进总需求，不会形成持续的通货紧缩。因此，从供求关系角度看，比较而言，通货紧缩主要由总需求下降导致，并且与经济衰退相伴随。

通货紧缩对经济运行产生巨大消极影响。①通货紧缩使实际利率上升，投资减少，企业经营环境恶化。②通货紧缩使债务人和投资者的实际债务增加，债务负担加重。③通货紧缩使公众产生悲观预期，导致总需求下降，通货紧缩经常与经济衰退相伴随。④通货紧缩使金融不良资产增加，流动性降低，也加剧经济衰退。实际上，通货紧缩往往伴随经济紧缩，需要综合考虑经济周期、货币管理、政府财政收支等多方面的因素，选择合适的宏观经济稳定政策加以治理。

复习思考题

1. 辨析以下概念。潜在产出与产出缺口，衰退型产出缺口与扩张型产出缺口，经济的长期趋势与经济周期，自然失业与周期性失业，摩擦性失业与结构性失业，自然失业率，奥肯定律，温和的通货膨胀与恶性通货膨胀，通货紧缩，加速数。

2. 什么是经济周期？为什么会形成经济周期？

3. 如何理解凯恩斯提出的资本边际效率？

4. 什么是通货膨胀？通货膨胀对宏观经济运行有什么影响？

5. 什么是通货紧缩？为什么会形成通货紧缩？通货紧缩对宏观经济运行有什么影响？

6. 一种观点认为，通货膨胀是一种货币现象，控制了货币供给就能控制通货膨胀，请评价这种观点。

7. 一种观点认为，轻微的通货膨胀是经济发展的润滑剂，请评价这种观点。

8. 相比需求拉动的通货膨胀，为什么成本推进的通货膨胀对政策制定者更加麻烦？

9. 美国克林顿政府时期的美国联邦储备委员会副主席布林德曾经写道：“达到美国和其他工业化国家所经历的低而温和的通货膨胀率看来是非常合适的，重感冒总比癌症好，作为理性的个人不愿意为了治疗头痛而做手术。但是，作为一个整体，我们在常规上是用经济上相等的手术（高失业）来治疗通货膨胀这种感冒。”如何理解这段话的意思？布林德主张的政策含义是什么？

10. 假定失业率与 GDP 之间存在如下关系：$(Y-Y^*)/Y^*=-3(u-u^*)$，其中 Y^* 表示潜在 GDP，Y 表示实际产出，u^* 表示充分就业时的自然失业率，u 表示实际失业率。回答以下问题：（1）假定自然失业率为 6%，1995、1996、1997 年的实际失业率分别是 4%、5%和 6%，分别计算各年的 GDP 缺口；（2）如果 1996 年的实际 GDP 是 2 500 亿元，计算当年的潜在 GDP 水平。

第7章 总需求管理政策

宏观经济政策理论的建立是从总需求管理政策开始的,其着眼于解决短期宏观经济失衡即均衡总产出偏离潜在产出问题,并试图从总需求方法寻找原因和解决问题。总需求管理政策即通常所说的财政政策和货币政策。为了更好地认识宏观经济政策和总需求管理政策,本章首先回顾关于政府与经济关系的思想的历史演变,再介绍凯恩斯经济学的总需求管理政策。总需求管理政策不是现代宏观经济政策理论的全部,其他宏观经济政策理论将在第8章介绍。

7.1 政府与经济关系思想的历史演变

凯恩斯宏观经济学产生之前,经济学也有一些关于政府是否干预经济的思想。1936年,凯恩斯宏观经济学诞生,形成了比较系统的主张政府干预经济的宏观经济政策理论。

7.1.1 重商主义:早期主张政府干预经济的思想

西方历史上也有重义轻利之辩。11世纪初,西方宗教统治倾向轻利思想。罗马教皇声称,商人永远不能升入天堂。12世纪末期,事情开始发生变化,教皇将商人封为圣人,贫困才能接近上帝的思想开始烟消云散。耶稣曾说,一个人不能同时听从上帝的教旨和金钱的摆布。逐渐地,商人认为自己可以一仆二主。1253年,一个意大利公司的账簿上写道,“以上帝和利益的名义”,显示宗教与商业世界开始交融。

欧洲中世纪之后,商人和贵族、政府与经济开始结盟,商人帮助贵族、政府筹集钱财,贵族、政府为商人提供航行等保护,这种关系被称为重商主义(mercantilism)。重商主义经济学者探讨国家如何更好地管理财富,认为财富就是金银,而国家要富有,须限制黄金外流,限制进口,通过出口获得金银。

国家与商人结合的典型是英国的东印度公司。英国东印度公司(British East India Company)是一家股份公司。1600年12月31日由英王伊丽莎白一世授予皇家许可状,授予其在印度贸易的特权,公司的全名是“伦敦商人在东印度贸易的公司”。它由一群有创业心和影响力的商人组成,获得了对东印度15年贸易特许权。公司共有125个持股人,资金7.2万英镑。随着时间变迁,公司从一个贸易企业变成印度的实际主宰者。1609年,英王詹姆士一世向东印度公司发出了一张不设期限的许可状,但在连续3年没有盈利的情况下会被取消。到1858年被取消为止,它还起到了资助政府和军事的作用。1773年,东印度公司在孟加拉国取得了鸦片贸易的特许权。清政府一直禁止鸦片入口，1799年重申禁烟,但东印度公司仍透过贸易商和中介走私鸦片到广州等地。1838年,输入中国的鸦片数量高达1 400吨。清政府派出钦差大臣林则徐监督禁烟,英国政府以此为借口发动了1840年鸦片战争。

7.1.2 重农主义:放任主义的先声

重商主义之下,产生了工商税负轻、农业税负重的结果,法国尤为明显。法国经济学家弗朗斯瓦·魁奈(Francois Quesnay)等人于18世纪提出新学说,认为财富是指农产品的价值,农业才能创造净产品和价值,且依据自然法则孕育,对农民和农产品课税和课重税将阻碍农业发展,不利于国家经济。魁奈认为,工业无法创造盈余,只是对自然物的一种转变,是一种惰性(sterile)活动,而银行家更是经济的寄生虫。重商主义使工商业者获得特权,农民承受苛捐杂税,谷物出口也受到限制,导致谷贱伤农,是错误的经济主张。为此,在政策方面,应当倡导自然放任(laissez-faire),政府最好不要干预经济,国家应当将农业从令人窒息的控制中解放出来,废除商人特权。

7.1.3 古典经济学:看不见的手、自由企业和放任政策

1776年,苏格兰人亚当·斯密(Adam Smith)出版了《国民财富的性质和原因的研究》一书,提出了一个基本问题:个人利益能否和良好社会协调相处?斯密认为,个人出于自身利益采取行动时,社会将实现良性运转;个人为自身利益而努力,会使更多人受益;个人利益会成就社会和谐而非导致混乱,这就是市场即所谓的看不见的手(invisible hand)调节的结果。斯密对财富作出新解释,认为财富是所有有用产品的总和,但最重要的是为人们提供的消费品,而不是获得更多金银。在政策上,针对英国政府、行会对企业的干预,认为应当减少干预,让市场调节经济。政府的职责是做好“守夜人”,承担国防、司法行政和提供道路、桥梁、学校等之类设施的责任。斯密的思想后来被发扬光大,在西方统治了160年,贯穿自由资本主义时期。斯密提出“看不见的手”和“放任政策”后,自由企业快速发展,加之技术革命和产业革命的推动,资本主义经济迅速发展。

古典经济学,指19世纪之前的经济学,其代表人物包括了阿尔弗雷德·马歇尔(Alfred Marshall)之前的大多数经济学家,除了斯密外,还有大卫·李嘉图(David Ricardo)、让-巴蒂斯特·萨伊(Jean-Baptiste Say)等。西方经济学经过边际效用革命产生新古典经济学,但对政府是否应当干预经济的主张并没有改变,不过使经济学的科学性得到强化而已,甚至马歇尔第一次使用了经济学一词,而放弃了政治经济学。正是在这个意义上,凯恩斯将古典经济学和新古典经济学统称为古典经济学。

古典经济学的主要思想观点是:①实际总产出取决于资源的供给和生产率;②供给会创造出自己的需求,不会存在持久经济衰退,潜在的生产能力一定能够通过市场机制发挥出来,这就是萨伊定律;③当一部分收入用于储蓄的时候,必定会通过资本市场[①]的一个合适利息率使之转化为投资,资源不会闲置;④不会存在持久性的非自愿的失业,愿意工作的人

① 这里的资本市场是新古典经济学的储蓄-投资市场,并不是现代所言的长期金融市场。

都会找到工作；⑤货币是中性的，货币只影响价格水平而不影响实际产出，这可以通过货币交易方程式得到说明；⑥市场是和谐的，不会出现经济持久衰退和危机，政府不应该干预经济，而应采取“自由放任”政策。法国经济学家弗雷德里克·巴师夏（Frederic Bastiat）写就的《经济和谐论》，表达了这一思想。

7.1.4 大萧条、凯恩斯经济学革命与政府干预

大萧条（The Great Depression）对西方经济学思想演变产生了根本性影响。从 1921 年开始，英国出现了两位数的失业率，而 1930—1933 年间，失业率估计为 20%，1926 年的生产指数是 1920 年的一半。美国的失业率从 1929 年的 3%迅速上升到 1933 年的 25%，经济产出减少了 1/3，工资和消费品价格下降了约 30%。1929 年 11 月，美国主要工业股票平均价格为 9 月份的一半；1932 年 7 月，道琼斯指数比 1929 年 9 月下降了 90%。

当时美国纽约流行一首儿歌唱道：Mellon pulled the whistle，Hoover rang the bell，Wall Street gave the signal and the country went to hell！也就是：“梅隆[①]拉响汽笛，胡佛[②]敲响钟，华尔街发出信号，国家往地狱冲。”

但是，经济危机开始之初，人们仍然充满乐观情绪，沉浸在 1929 年 9 月的股市繁荣带来的巨大财富之中。在思想方面，基于对新古典经济学的信仰，人们没有理由认为经济会长期衰退，经常谈论的是“复苏在望”。对此，也有不同意见。凯恩斯在 1930 年就提出警告说：“今年我们正生活在现代史上最大的一场经济灾难的阴影之中，这一点是世人难以理解的。”“如果我们的贫困是由于地震、饥饿或战争，如果我们缺乏物质产品和生产它们的资源，我们可以努力工作，节约、发明，就可以实现富裕的目的。但是，我们的处境明摆着是另外的问题，它根源于无形的思想方法上某些失误和动机作用的方式，这些动机和决策本应该产生好的决策和决心把我们已有的资源和技术利用起来。这就好像两个司机在道路上相遇，由于没有可用的交通规则，谁也无法通过。这时，他们的臂力用不上，汽车工程师也帮不了忙，路再好也没有用。其实，什么都不需要，什么也没有用，需要的和有用的只是一些深入的思考。”

1936 年，凯恩斯的《就业、利息和货币通论》一书出版，标志着经济学革命和宏观经济学的诞生。凯恩斯对古典经济学关于经济总能在潜在产出水平上达到均衡提出疑问，认为价格变化需要很长时间才能使经济在潜在产出上达到均衡，而“在长期，我们都将死去”；经济学应当关注短期经济波动，并通过政府干预实现宏观经济稳定。凯恩斯及其追随者的思想和主张被称为凯恩斯主义（Keynesian）。凯恩斯对宏观经济问题思考的起点之一是价格并不总能出清到潜在产出的水平上，存在刚性价格（rigidity price）。后来的新凯恩斯主义经济学则放松了这个假设，提出黏性价格（stick price），认为通过价格变动使经济达到潜在产出仍需要有一个较长时间过程，在这个过程中的总产出等经济变量可能是不合意的，仍然需要政府干预。

美国等资本主义国家在大萧条期间为挽救经济危机的做法，也促进了宏观经济思想的

① 梅隆（Andrew W. Mellon）是美国金融家，曾任财政部长。

② 胡佛（Herbert Clark Hoover）于 1929 年 4 月至 1933 年 3 月任美国总统，之前曾在中国天津工作。

转变和宏观经济政策理论形成。1933 年，富兰克林·罗斯福任美国总统后实行了一系列经济政策，其核心是救济(Relief)、复兴(Recovery)和改革(Reform)构成的“3R”新政，即“罗斯福新政”(The Roosevelt New Deal)，新政增加了政府对经济直接或间接干预，缓解了大萧条带来的经济危机与社会矛盾。美国国会制定了《紧急银行法令》《国家工业复兴法》《农业调整法》《社会保障法案》等法案。罗斯福宣称，一个政府，“如果对老者和病人不能给予照顾，不能为壮者提供工作，不能把年轻人注入工业体系之中，听任无保障的阴影笼罩每个家庭，那就不是一个能够存在下去或是应该存在下去的政府”。罗斯福新政与凯恩斯理论一起，改变了大萧条后的美国甚至资本主义世界的经济进程。

经济学与经济制度:凯恩斯及其马戏团

凯恩斯的“马戏团”指 20 世纪 30 年代凯恩斯在英国剑桥大学的同事们组成的一个班子或者说团队，其对发展和宣传《就业、利息和货币通论》所提出的思想起到了重要作用，这个团队在现代经济学中留下了持久和深刻的烙印，值得回顾。

凯恩斯 1936 年出版标志宏观经济学诞生的《就业、利息和货币通论》。凯恩斯从小在剑桥大学城长大，其父是一名顶尖的经济学家，他进入剑桥大学的伊顿和国王学院学习。第一次世界大战期间，凯恩斯曾经就职于英国财政部，但他坚持反对对德国的严厉惩罚，遂辞去财政部的职务，并写下《凡尔赛和约的经济后果》(*The Economic Conseuences of the Peace*)一文，显示了其才华。当他被问及有什么时期能与大萧条相比时，他回答说，只有持续 400 年的黑暗时代(Dark Age)。针对 20 世纪 20–30 年代英国的高失业率，他在《通论》中写道：“我认为古典经济学的假设条件仅适用于一种特殊情况，而不适用于一般情况。此外，古典经济学所假设的特殊情况恰好并不是我们现在所生活的世界面临的经济状况。”凯恩斯强调总支出决定经济总产出和就业，当总支出很低时，工商企业无法卖出存货，将减少投资和生产，经济将步入衰退。

凯恩斯的《通论》阐述了政府支出对促进总产出和总收入作用的思想。他写道：“如果财政部把钞票塞进旧瓶子，以适当的深度埋进废弃的煤矿，然后用城市的垃圾填平，根据切实可行的自由放任原则，任由私人企业再把这些钞票挖出来……那就没有失业了，而且通过这些活动的影响，社会的实际收入，还有它的资本财富，也会比原来大得多。当然盖房子之类的事情比干这个明智一些，但是如果有政治上和实际工作上的困难和阻碍，那么上述做法总比什么都不干好些。”古代埃及建造金字塔就有这种效果，然而现代国家由于政治上的保守以及所谓“健全财政”和“平衡预算”学说的影响，阻碍了政府做这些事情。

理查德· F. 卡恩(Richard F.Kahn)是凯恩斯团队的核心人物之一，他正式提出支出乘数概念，指出了政府支出增加将产生对国民收入更大幅度的增加，对凯恩斯总需求管理思想提供了支持。乘数原理强调了资本投资与就业之间的关系，资本投资的增加不仅直接增加雇佣工人，而且会间接增加雇用生产这些资本品部门工人衣食所需要的消费品，从而带动消费品部门的生产和就业。如果私人部门的投资不足，政府可以来投资。

琼·罗宾逊(Joan Robinson)是凯恩斯团队的另一位成员，他以能言善辩著称，在就业不足论、经济增长论、资本理论、经济学史等领域有卓越贡献。她不掩饰对古典经济学的敌意，在英国的剑桥学派和美国马萨诸塞剑桥学派之间点燃了著名的“两个剑桥之争”。她以犀利的语言表明了凯恩斯经济学立场：“我们必须说，任何花费都比不消费强。在地上挖洞，然后再填起来；把德国西南部的黑森林涂成白色也好。如果不能支付工资让人们做些有意义的事，那就花钱让他们做一些蠢事吧。”

丹尼斯·霍尔姆·罗伯逊（Dennis H.Robertson）是凯恩斯的学生和亲密朋友，他们共同建立了剑桥学派的货币理论。但是，罗伯逊与凯恩斯在学术思想上分道扬镳，凯恩斯坚持其革命思想，而罗伯逊则认为《通论》的思想能与古典的资本市场理论相融合。

意大利经济学家皮耶罗·斯拉法（Piero Sraffa）对《通论》的发展也起到重要的作用，特别是斯拉法提出的利息率概念被凯恩斯作为《通论》的价值理论的基石。斯拉法著有《用商品生产商品》一书，阐述了与古典经济学不同的思想。

尔夫·乔治·霍特里（Ralph George Hawttery）是一个投机商人，根据其投机经历，搞出了一套扎根于金融与信用市场的宏观经济理论，对凯恩斯写作《通论》具有启发意义，尤其是在凯恩斯写作期间，两人保持了频繁的通信联系。

尼古拉斯·卡尔多（Nicholas Kaldor）从伦敦经济学院来到剑桥大学，很早就抓住了《通论》的核心主题思想，自认为是站在英国剑桥学派凯恩斯主义高度对古典经济学进行批判的学者，对投机进行了分析，建立了收入分配总量理论，探索规模报酬递增的经济理论，在剑桥大学讲授经济增长和资本理论。他还是英国工党的顾问，对撒切尔首相的货币主义政策提出批评。

詹姆斯·爱德华·米德（James Edward Meade）精通数学，其论文的技术性强，深耕于经济增长、国际贸易和经济计划理论。米德在将凯恩斯经济学带入英国工党中发挥了重要作用。

（资料来源：①詹姆斯·K. 加尔布雷思，小威廉·戴瑞提：《宏观经济学》，孙鸿敞、刘建洲译，经济科学出版社，1997 年，第 35-39 页。②杰拉尔德·W. 斯通：《宏观经济学》，杨海涛、邢海礼等译，机械工业出版社，2013，第 68 页。）

7.2 宏观经济均衡的合意性与总需求

总需求管理理论认为，宏观经济波动尤其是均衡总产出偏离潜在产出是由于总需求不足或者过度导致的，为实现宏观经济稳定（达到潜在产出），需要调节总需求，总需求管理的基本手段是财政政策和货币政策。

7.2.1 短期宏观经济均衡的合意性

简单国民收入决定理论、IS-LM 模型、总供求模型表明，在总量产品市场达到均衡的时候，总产出可能偏离潜在产出，存在产出缺口，尤其可能存在衰退型缺口。凯恩斯及后来的新凯恩斯主义经济学都认为，应当进行总需求管理，以使经济达到潜在产出水平。

7.2.1.1 简单国民收入决定模型与均衡总产出的合意性

考虑一个经济体，自主消费为 620，边际消费倾向为 0.8，净税收 $T=250$，消费函数为：

$$C = 620 + 0.8 \times (Y - T) = 420 + 0.8Y$$

投资（I）、政府购买（G）、净出口（NX）是固定量，分别为：$I = 200$，$G = 300$，$NX = 20$，则计划的总支出（PAE）为：

$$PAE = C + I + G + NX = 960 + 0.8Y$$

在产品市场均衡时，$PAE = Y$，有：

$$960 + 0.8Y = Y$$

所以，均衡总产出为 $Y_0 = 4\ 800$。假定潜在产出正好是 4 800，产品市场的均衡产出恰好是潜在产出。如图 7.1 所示，计划的总支出曲线与均衡线在 E 点相交，均衡总产出正好在潜在产出水平上。

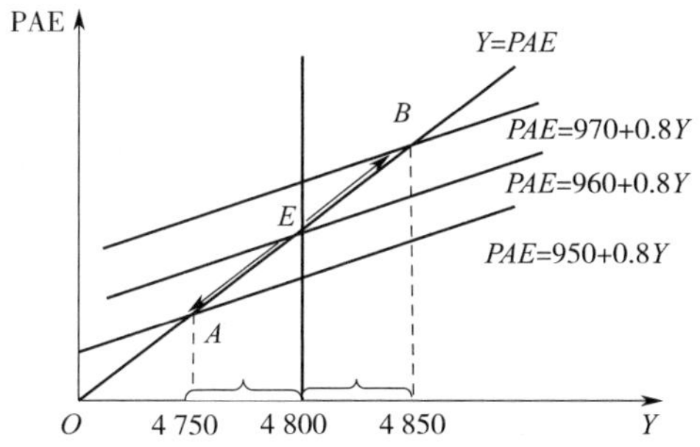

图 7.1　总量产品市场均衡与产出缺口

但是，假定一段时间后，人们预期经济不乐观，降低了自主消费，从 620 降低到 610，那么，消费函数变为：

$$C = 610 + 0.8 \times (Y - T) = 410 + 0.8Y$$

计划的总支出变为：

$$PAE = C + I + G + NX = 950 + 0.8Y$$

产品市场达到均衡时，均衡产出为 $Y_1 = 4\ 750$，产生了衰退型产出缺口。在图 7.1 中，计划的总支出曲线下移，与均衡线在 A 点相交，均衡总产出下降，产生衰退型产出缺口。

类似地，假定人们预期乐观，增加了自主消费，从 620 提高到 630，消费函数变为：

$$C = 630 + 0.8 \times (Y - T) = 430 + 0.8Y$$

相应地，计划的总支出变为：

$$PAE = C + I + G + NX = 970 + 0.8Y$$

产品市场达到均衡时，均衡产出为 $Y_2 = 4\ 850$，产生了扩张型产出缺口。在图 7.1 中，计划的总支出曲线上移，与均衡线在 B 点相交，均衡总产出扩大，产生扩张型产出缺口。

可见，当计划的总支出下降时，均衡产出将低于潜在产出，形成衰退型缺口；当计划的总支出增加时，会导致扩张型产出缺口。问题在于，即使存在产出缺口，总量产品市场已经均衡，市场自身并不能摆脱。为此，凯恩斯经济学主张政府应当干预宏观经济，实施总需求管理。比如，政府通过扩大购买性支出（G）、减少税收（T）都可以扩大总支出，从而扩大均衡总产出。

7.2.1.2　IS-LM 模型与均衡总产出的合意性

在 IS-LM 模型中，给定货币供给量和物价水平（即给定实际货币供给），货币市场的货币需求受产品市场均衡国民收入的影响，因而形成LM曲线，均衡利率随产品市场均衡国民收入变化而变化；同时，产品市场的消费和投资支出乃至计划的总支出受货币市场均衡利率的影响，因而形成IS曲线，均衡国民收入随货币市场均衡利率变化而变化；货币市场与产品市场同时均衡时，确定一个均衡国民收入和均衡利率。但是，IS-LM模型的决定均衡总产出并非一定是潜在产出，而只是与给定货币供应量和物价水平相适应的均衡总产出。如图7.2所示，给定价格水平P，与货币供应量M_0相对应的均衡总产出处于潜在产出上，而与较少的货币供应量M_1相对应的均衡总产出低于潜在产出，存在紧缩型产出缺口；与较多的货币供应量M_2相对应的均衡总产出高于潜在产出，存在扩张型产出缺口。这样，货币供应量将影响均衡总产出水平和产出缺口，并非产品市场和货币市场同时均衡的均衡总产出一定达到潜在产出。

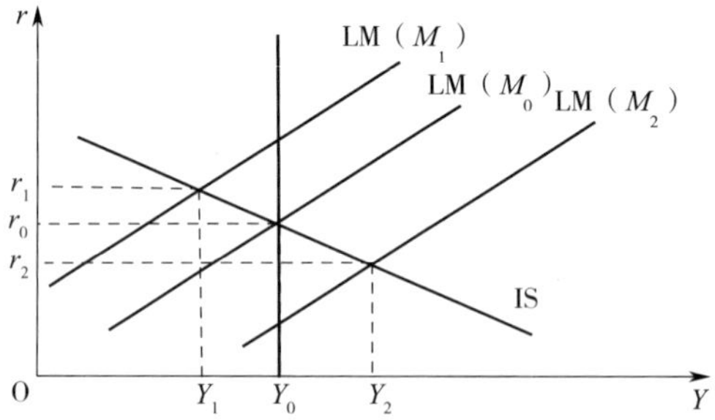

图7.2　产品市场与货币市场同时均衡与产出缺口

7.2.1.3　总供求模型与均衡总产出的合意性

在总需求-总供给模型中，均衡总产出可能低于或者高于潜在产出，形成产出缺口。图7.3表示，总需求曲线AD_0和总供给曲线AS_0决定的均衡总产出处于潜在产出（Y_0）的水平上。但是，由于负向总需求冲击，总需求曲线移动到AD_1，均衡产出降低到Y_1，低于潜在产出，形成不合意的紧缩型缺口；由于正向总需求冲击，总需求曲线移动到AD_2，均衡产出（Y_2）高于潜在产出，形成扩张型缺口，而且物价水平上升到P_2，也是不合意的宏观经济均衡。

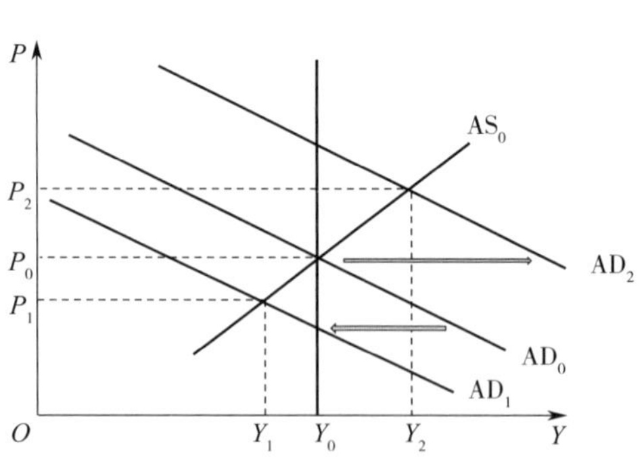

图7.3　总供求均衡与产出缺口

7.2.2　不合意短期宏观经济均衡的总需求方面的原因

第 6 章关于经济周期成因的阐述已经涉及总产出偏离潜在产出的情形，这里强调导致不合意均衡总产出的总需求方面的原因，即总需求不足或者过度导致均衡总产出偏离潜在产出，尤其是总需求不足是衰退型产出缺口的产生原因。进一步的问题是，为什么会导致总需求不足呢？

7.2.2.1　消费不足

消费是总需求量（计划总支出）的主要部分，消费支出不足将导致总需求量不足。具体表现如下。

（1）边际消费倾向递减的制约。按照凯恩斯的解释，随着收入增加，消费也增加，但不如收入增加得多，这就是边际消费倾向递减，导致总需求量（计划总支出）减少。同时，低收入者虽然边际消费倾向高，但没有收入用于消费，而高收入者有收入但边际消费倾向低，收入差距大不利于形成消费、总支出和总需求。

（2）悲观预期的影响。消费者对未来预期变得悲观时，自发消费降低，将减少当期消费而增加储蓄，而且储蓄不能转化为投资，导致经济总需求量降低。

（3）金融市场的财富效应影响。如果股市低迷，资产价格下降，家庭财富减少，消费者将减少当期消费。

（4）高税率。税率过高会降低居民可支配收入，将抑制消费。

7.2.2.2　投资不足

投资支出是总需求量（计划的总支出）的另外一个重要组成部分，投资不足也是导致总需求量不足的重要原因。具体表现如下。

（1）资本边际效率递减和企业家的悲观预期。按照凯恩斯的解释，企业家投资决策决定于其对投资收益的预期和资本边际效率的估计，但充满情绪化冲动，往往受乐观或者悲观情绪支配，容易波动。投资是面向未来的，预期利润降低，投资将减少。在技术革命和产业革命后期，投资收益下降，缺乏可以投资的项目，投资将下降，往往是投资下降的重要原因。

（2）市场利率上升。在市场利率上升时，要求更高的资本边际效率（内部贴现率），可投资项目减少，投资减少。

（3）流动性陷阱。按照 IS-LM 模型，市场利率非常低的时候，债券价格足够高，债券需求下降，公众持有货币而不购买债券，形成流动性陷阱，企业不能获得用于投资的资金，投资减少。

（4）高税收。税收过多增加了企业成本，降低资本的边际效率，使投资减少。

7.2.2.3　外部冲击

出口是总需求量的组成部分，在开放经济条件下，外部经济变化也会对本国总需求造成冲击。

（1）出口下降。在开放经济条件下，国外对本国进口（本国出口）减少，导致计划的总支出降低。如果国外经济衰退，会通过进出口变动传导到国内，对本国总需求产生负向冲击。

（2）国外直接投资下降。在开放经济条件下，本国投资收益率降低，国外直接投资减少,降低国内总需求。

(3)货币贬值。在开放经济条件下,本国货币预期贬值,资本外逃,将降低国内总需求。

7.2.2.4 货币供给不足和利率上升

金属货币时代,在经济增长较快时,货币不足会导致通货紧缩,不利于经济增长。信用货币时代,货币供给不足会导致利率上升,对总需求产生负向冲击,也不利于宏观经济稳定。表 7.1 给出了大萧条时美国的货币供给情况,其中,美国公众持有现金增加,从 1929 年 12 月的 38.5 亿美元增加到 1933 年 12 月 48.5 亿美元;银行准备金率提高,从 1929 年 12 月的 7.5%上升到 1933 年 12 月的 13.3%。而美联储虽然增加了基础货币,但仅从 1929 年 12 月 70 亿美元增加到 1933 年 12 月的 83 亿美元,力度明显不够,导致货币供给量从 1929 年 12 月的 459 亿美元逐步下降到 1933 年 12 月的 308 亿美元,这促进了经济衰退或者是导致经济衰退的原因之一。

表 7.1 美国大萧条时期的货币供给(单位:10 亿美元)

时间	现金	存款准备金率	准备金	基础货币	货币供给量
1929 年 12 月	3.85	7.5%	3.15	7.00	45.9
1930 年 12 月	3.79	8.2%	3.31	7.10	44.1
1931 年 12 月	4.59	9.5%	3.11	7.70	37.3
1932 年 12 月	4.82	10.9%	3.18	8.00	34.0
1933 年 12 月	4.85	13.3%	3.45	8.30	30.8

资料来源:[美]弗兰克,伯南克:《宏观经济学原理》(第 5 版),潘艳丽、吴秀云译,清华大学出版社,2013 年,第 309~310 页。

注:表中的基础货币是本书作者计算后添加的。

7.2.2.5 价格刚性和价格黏性

市场经济运行的有效性取决于价格的有效性,如果价格不能适应供求关系而调整,将影响经济运行。在价格刚性(以及工资刚性)或价格黏性(以及工资黏性)的条件下,价格不能及时有效调节供求关系,不能实现市场出清,市场会在偏离潜在产出的位置达到均衡。凯恩斯认为,在经济衰退、存在闲置资源的条件下,增加劳动等生产要素的使用并不引起要素价格上升从而使产品价格上升,在经济萧条时价格是刚性的。后来的新凯恩斯经济学认为,价格黏性也导致宏观经济在不合意的状态下运行,需要政府干预。

7.3 总需求管理的财政政策

为实现宏观经济稳定,使均衡产出达到潜在产出,需要政府调节总需求,这就是总需求管理。总需求管理包括财政政策和货币政策。本节先介绍财政政策。

7.3.1 财政收支概览

财政指政府为履行提供公共物品和服务的职能,通过非市场手段进行的财政收入、财政支出、财政管理等活动。中国实行分级财政制度,一级政府、一级财政,形成中央财政和省级、市级、县级和乡镇级四级地方财政，四级地方财政统称地方财政。同时，中国财政预算有四本预算，即由一般公共预算、政府性基金预算、社会保险预算和国有资本经营预算构成[①]。

财政收入包括税收收入和非税收入，税收收入是财政收入的主体。2023 年，中国一般公共预算收入 216 784 亿元，其中税收收入 181 129 亿元，占 83.49%；非税收入 35 655 亿元，占 16.51%。按照中央和地方划分，中央一般公共预算收入 99 566 亿元，占 45.94%；地方一般公共预算本级收入 117 218 亿元，占 54.06%。其中，主要税种有：国内增值税 69 332 亿元，企业所得税 41 098 亿元，国内消费税 16 118 亿元，个人所得税 14 775 亿元。一般公共预算收入占当年 GDP（1 260 582 亿元）的 17.2%。除了一般公共预算之外，中国还有政府性基金预算，社会保险基金预算和国有资本经营预算，2023 年的预算收入分别为 70 705 亿元、111 500 亿元和 6 744 亿元，分别占 GDP 的 5.61%、8.85%、0.54%，以上四本预算收入总计 405 734 亿元，占 GDP 的 32.19%[②]。

财政支出分为购买性支出（purchase expenditure）和转移性支出（transfer expenditure）。购买性支出是政府用于购买为执行财政职能所需要的商品和劳务的支出，包括政府消费支出（即购买政府进行日常政务活动所需要的商品与劳务的支出）和政府投资支出（即购买政府进行投资所需要的商品与劳务的支出），前者如用于国防、外交、行政、司法、教育、文化等方面的支出，后者如用于道路、桥梁、港口、码头等方面的支出。转移性支出是政府按照一定方式，把一部分财政资金无偿地、单方面转移给居民、企业、事业单位和其他经济主体的支出。政府财政购买性支出是计划总支出、总需求的组成部分，主要体现财政的资源配置和稳定宏观经济职能，而政府财政转移性支出主要体现再分配职能。2023 年，中国一般公共预算支出 274 574 亿元，分中央和地方看，中央一般公共预算本级支出 38 219 亿元，占 13.92%；地方一般公共预算支出 236 355 亿元，占 86.18%。全国一般公共预算支出占 GDP 的 21.78%。此外，中国财政预算支出还有政府性基金预算支出、社会保险预算支出和国有资本经营预算支出，2023 年分别为 101 339 亿元、99 281 亿元和 3 345 亿元，分别占 GDP 的 8.04%、7.88%和 0.27%，以上四本预算支出总计 478 539 亿元，占 GDP 的 37.96%。

我国一般公共预算和政府性基金预算没有购买性支出和转移性支出的明确划分，在一些支出项目（例如社会保障和就业支出、教育支出）中有一定的转移性支出，而社会保险预算支出全部属于转移性支出。考虑社会保险预算支出（99 281 亿元）作为转移性支出，加上一般公共预算中的社会保障和就业支出（39 883 亿元）作为转移性支出，2023 年转移性支出达到 139 164 亿元，占全部财政支出的 29.08%。

财政平衡关系指政府财政收入与财政支出的平衡关系。图 7.4 简单概括了财政收支和平衡关系。财政盈余（financial surplus）指年度财政支出低于经常性财政收入，财政收入出现结余，而财政赤字（financial deficit）指年度财政支出超过经常性财政收入，财政收入不能满足财政支出需要，需要政府借债，依靠债务收入才能满足支出需要。这里的经常性财政收入不包含债务收入，因为算上债务收入，财政收支总是平衡的。

---

① 《中华人民共和国预算法》（2018 年）第三条、第五条。

② 财政部：《关于 2023 年中央和地方预算执行情况与 2024 年中央和地方预算草案的报告》，财政部网站，http://www.mof.gov.cn/zhengwuxinxi/caizhengxinwen/202403/t20240314_3930581.htm。

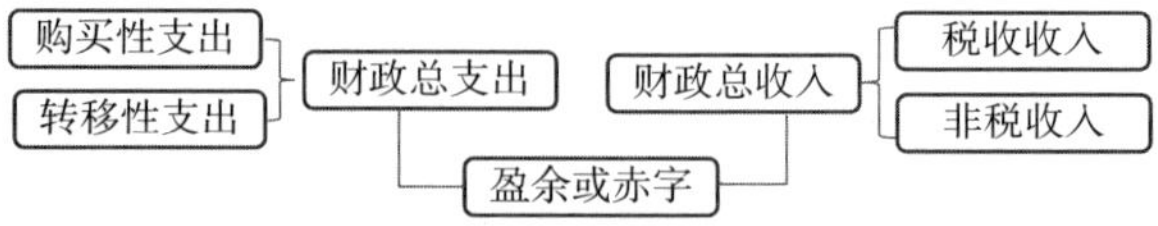

图 7.4 财政平衡关系示意图

按照《中华人民共和国预算法》相关规定，中央一般公共预算可以列赤字，通过举借国内和国外债务等方式筹措资金，实行债务余额管理，余额的规模不得超过全国人民代表大会批准的限额。地方各级预算按照量入为出、收支平衡的原则编制，除另有规定外，不列赤字。经国务院批准，省级预算中用于建设投资的资金可以通过发行地方政府债券的方式筹措，实行债务余额管理，举借债务的规模由国务院报全国人民代表大会或者全国人民代表大会常务委员会批准。政府性基金预算实行以收定支的原则编制。国有资本经营预算应当按照收支平衡的原则编制，不列赤字。社会保险基金预算应当做到收支平衡。实践中，地方政府可以发行一般地方政府债券和专项债券，一般债务纳入地方政府一般公共财政预算，用于弥补赤字；而专项债务则纳入政府性基金预算，为公益性项目建设筹集资金，不列入赤字。

2023 年末，中国国债余额 300 325.5 亿元，地方政府债务余额 407 372.93 亿元，包括一般债务余额 158 687.48 亿元、专项债务余额 248 685.45 亿元。以上中央和地方法定债务规模为 707 698.4 亿元，占当年 GDP 的比率（即政府债务率）为 56.14%。

7.3.2 财政收支及其对宏观经济影响的机制

在简单国民收入决定模型、IS-LM 模型、AD-AS 模型中，政府财政收支是重要的变量之一。在现代经济条件下，政府财政规模大，财政支出和收入对均衡总产出具有重要影响。

7.3.2.1 财政收入、财政支出对总支出、总需求的影响

财政收入、财政支出以及财政平衡关系影响总支出、总需求，从而影响均衡总产出。

（1）政府购买支出。政府购买支出（G）是政府购买物品和劳务的支出的总和，包括政府购买消费品和劳务的支出，也包括政府购买资本品的支出即政府投资支出。政府购买支出本身就是总支出的组成部分，也直接影响总需求。

（2）税收。对居民个人和企业征税，影响居民可支配收入，进而影响消费和总支出，从而影响总需求；税收也影响企业利润和投资，从而影响投资支出和总需求。

（3）财政转移性支出。转移性支出是政府对个人或者企业的单方面给付，例如对个人的收入转移、对企业的财政补贴。转移性支出影响居民可支配收入，从而影响消费和总支出、总需求；转移性支出也影响企业利润和投资行为，从而影响总支出、总需求。

因此，政府可以通过调整预算收支及其平衡关系影响总需求，进而影响均衡总产出，这为政府管理总需求从而使均衡总产出达到潜在产出水平提供了依据。

7.3.2.2 财政平衡思想

传统的财政预算思想是年度平衡预算（annually balanced budget），要求年度财政支出与财政收入平衡，没有盈余或者赤字。在经济衰退时，总产出、总收入和就业都会下降，导致财政收入下降，而政府支出由于社会救助、失业保险支出的增加而增加，维持预算平衡是困难的，而要维持预算平衡，势必需要减少财政支出或者增加税收，无疑将进一步促进经济衰退。

现今很少有经济学家坚持年度平衡预算。

考虑年度平衡预算的顺周期性，经济学家提出周期平衡预算（cyclically balanced budget），主张财政支出和财政收入在一个经济周期内保持平衡，在经济繁荣时期，财政制度会自动或者主动减少支出、增加税收，而在经济衰退时自动或者主动增加财政支出、减少税收，利用经济繁荣期间的盈余抵消经济衰退时期的赤字，在一个经济周期内保持财政收支平衡。

凯恩斯宏观经济学提出了新的财政预算思想，这就是功能财政预算（functional finance budget），财政的目标首先是实现宏观经济稳定、物价稳定和充分就业，政府财政盈余或者赤字是次要的，需要盈余就盈余，而需要赤字就安排赤字。这种财政预算思想还认为，政府的经济职责是为居民提供公共物品和服务，包括国防安全、良好的法律环境和普遍公共服务，如果政府提供了这些公共物品和服务，盈余或者赤字不再重要，而且高速经济增长和充分就业将逐渐削减赤字形成的政府债务。

还有一种新的财政预算思想，称为充分就业的财政预算。这里的充分就业与宏观经济在潜在 GDP 水平上运行是一致的。在这种预算思想下，需要测算潜在 GDP 以及与此相应的自然失业率，财政收入按照现行税法测算并据此安排财政支出，财政预算保持平衡。如果，宏观经济出现繁荣，则将出现财政盈余；如果出现衰退，则将出现财政赤字，而财政盈余或者财政赤字恰好可以对宏观经济进行调节，相当于在经济繁荣时减少了财政支出而在经济衰退时增加了财政支出。美国政府于 20 世纪 60 年代曾经执行这种财政预算政策，联邦预算发挥刺激经济增长的功能，既不追求年度平衡，也不追求周期平衡，而以实现充分就业为目的，但是盈余和赤字应控制在一定范围之内，即使短期内产生赤字，也会随着经济的扩张而逐渐实现平衡。充分就业财政预算在很大程度上仍然属于功能预算，但力图避免无节制的功能预算。

7.3.3　财政政策

7.3.3.1　财政政策及其调节总需求的原则

财政政策，指政府根据短期产出缺口状况，调整政府购买支出、税收、转移性支出政策，影响总支出和总需求，以消除产出缺口，达到潜在产出，实现充分就业，抑制通货膨胀或者通货紧缩。财政政策一般指相机抉择的财政政策（discretionary financial policy），按照“逆经济风向行事”的规则实施，从而划分为扩张性、紧缩性和中性财政政策。广义而言，某些财政制度本身也具有自动调整财政收支并达到稳定宏观经济的效果，称为财政自动稳定器，也属于财政政策范畴。

7.3.3.2　扩张性财政政策

扩张性财政政策，指在存在衰退型产出缺口的条件下，政府通过增加财政购买支出、增加转移性支出、减少税收等手段，扩大总支出，提高总需求水平，从而提高均衡产出水平，消除周期性失业。图 7.5 展示了在简单国民收入模型条件下的扩张型财政政策的运作机制。此外，存在衰退型产出缺口时，财政收入本来就已经下降，增加政府财政支出或者减税将导致财政赤字或者财政赤字扩大，需要配合实施赤字预算，政府债务规模将扩大。

图 7.5　扩张性财政政策的作用机制

7.3.3.3　紧缩性财政政策

紧缩性财政政策，指在存在扩张型产出缺口的条件下，政府通过减少政府购买支出、增加税收、减少转移支付等手段，减少总支出，降低总需求水平，从而降低均衡产出水平和抑制通货膨胀。图 7.6 显示了在简单国民收入模型中紧缩型财政政策的作用机制。一般地，存在扩张型产出缺口时，往往伴随通货膨胀，而紧缩性财政政策也有利于降低总需求，降低通货膨胀。

图 7.6　紧缩张性财政政策的作用机制

7.3.3.4　中性财政政策

中性财政政策，指在不存在产出缺口条件下，政府不主动调整财政收支以影响总支出，但可以通过调整财政支出结构影响经济结构和实施社会政策。比如，政府在财政总支出不变的条件下，压缩行政管理经费开支或者投资性支出，增加转移性支出，力图使总支出更加健康、有持续性，并进一步促进经济结构转变。

7.3.3.5　财政自动稳定器

财政自动稳定器，指一些法定的财政制度在经济衰退时会自动增加政府转移性支出，降低税收，扩大总支出；在经济过热时自动减少转移性支出、增加税收，紧缩总支出，从而稳定经济。财政自动稳定器包括个人所得税制度、社会保障制度、农产品价格支持制度等，社会保障制度又进一步包括社会保险（养老保险、医疗保险和失业保险等）、社会救助等制度。图 7.7 显示了作为社会保障制度之一的失业保险的财政自动稳定器功能。当面临经济衰退时，失业人口增加，他们将获得一段时间的失业保险金，从而维持一定的收入水平，与没有失业保险相比，收入、消费更加稳定，从而在一定程度上稳定了总支出和总需求。

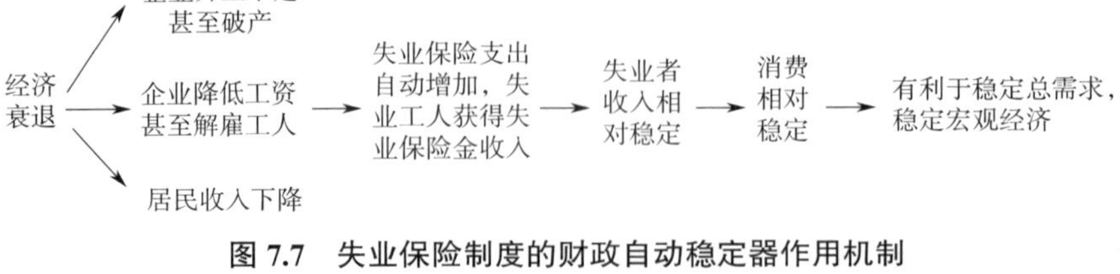

图 7.7　失业保险制度的财政自动稳定器作用机制

一般来说，财政自动稳定器只能对经济衰退和过热起到一定的抑制作用，而不能完全消除产出缺口。为此，通常说的财政政策指相机抉择的财政政策，财政自动稳定器对稳定宏观经济起到辅助作用。

7.3.4　财政政策的两个问题

实施总需求管理的财政政策一般面临两个需要考虑的问题，即财政政策发挥作用的条件和扩张性财政政策导致的政府债务。

7.3.4.1　财政政策发挥作用的条件

相机抉择财政政策发挥作用需要一定条件。扩张性财政政策需要以存在过剩生产能力为条件。经济衰退时，表明经济中存在过剩生产能力，资源没有充分利用，扩张性财政政策可以使生产能力更好地被利用。如果经济已经达到潜在产出，没有闲置资源，则不适合实施扩张性财政政策。同时，制定和实施财政政策需要进入政治议程，导致财政政策的时机可能出现偏差。实施财政政策需要调整财政收支、发行政府债务。美国的财政预算变化需要国会审议通过才能实施，行动较慢，缺乏灵活性。因此，美国的宏观经济稳定政策更主要依靠货币政策，因为货币政策的执行者美联储的决策没有那么烦琐的立法程序。后来，货币主义经济学家将这种问题称为"政策时滞"，认为政策时滞将影响政策效力。

7.3.4.2　扩张性财政政策下的赤字和政府债务

扩张性财政政策导致的财政赤字怎么解决？经济衰退时实施扩张性财政政策需要增加政府支出、减少税收，必然形成财政赤字，使政府债务增加。但从整个经济周期看，经济衰退时期的财政赤字可以通过经济扩张时期的盈余来弥补，使一个经济周期内的财政是平衡的，这就是财政的周期性平衡。当然，实际做到周期性平衡也比较难，很多国家面临长期赤字。政府的长期财政赤字将吸收国民储蓄，降低投资和经济增长。如果债务过大，甚至产生主权债务危机。为此，政府债务的可持续性成为一个重要研究课题，需要进行赤字管理乃至金融市场管理。

2009 年 6 月，英国《经济学人》(*The Economist*)期刊发表彼特·古德曼(Peter Goodman)的一篇论文，该论文认为，从算术上来说，如果一个政府不通过借债就能支付利息，那么，它的债务负担就是可持续的，否则，这个政府最终将陷入债务困境，需要借入更多的债务以支付之前债务的利息。假定债务与 GDP 比例即政府债务率为 100%，债券年利息率为 3%，如果年经济增长率也能达到 3%，这时保证年度财政预算平衡，政府债务率将保持不变；但是，如果利息率上升，要保持政府债务率不变，政府就需要减少其他项目支出以抵消利息支出的增加。想象一个政府债务率超过 200%的国家，债务利息将占财政预算中的很大部分，3%的经济增长率无法保证 3%的利息支出，政府需要发行更多的债务支付债务利息，但是要使债券发行成功，要么支付更高的利息率比如 5%，这使政府债务负担继续加大；要么这个国家只能通过中央银行增加发行货币用于政府还债，这将引发超级通货膨胀(恶性通货膨胀)，政府财政将破产。

7.4　总需求管理的货币政策

本节介绍总需求管理的货币政策。

7.4.1 货币政策及其传导机制

货币政策，指政府或者中央银行为实现其特定的经济目标，操作各种货币政策工具，控制和调节货币供应量，影响市场利率，进而影响总支出、总需求，最终达到潜在总产出、治理通货膨胀、降低失业率等最终目的。

中央银行通过货币政策工具控制货币供应量，影响货币市场利率，进而影响投资、消费和总需求，这是货币政策发挥作用的基本机制，如图 7.8 所示。货币政策的作用机制包括以下各个环节。

（1）货币政策工具。这是中央银行可以操作的变量，包括公开市场业务、法定准备金率、贴现贷款利率等。通过操作这些政策工具，中央银行直接控制货币供应量。例如，中央银行进行公开市场正操作，在二级市场买入政府债券，增加基础货币和货币供应量。

（2）货币政策的中间变量。市场利率是货币政策的中间变量和中间目标。货币供应量变化后，货币市场利率相应变化，例如在货币供应量增加的条件下，市场利率下降。

（3）从货币市场向产品市场的传导。货币市场利率影响投资支出、消费支出，从而影响计划的总支出和总需求。例如，在利率下降的条件下，投资支出增加，当期消费增加，带动计划的总支出、总需求增加。

（4）货币政策的最终目标。计划总支出、总需求影响均衡总产出、就业和通货膨胀。例如，计划总支出增加、总需求增加，将导致均衡总产出增加、就业增加和通货膨胀率上升。

图 7.8 货币政策的作用机制

7.4.2 货币政策的主要工具

货币政策的主要工具包括公开市场操作、调整法定准备金率、调整贴现利率等。实际上，还衍生了一些创新的货币政策工具，实现与公开市场操作、贴现贷款类似的作用。关于货币政策工具的操作与影响，在第 3 章中已经作了介绍，这里不再重复。

中国的货币政策除了运用法定准备金率工具外，还运用一些类似于公开市场操作、贴现贷款利率的工具。中国人民银行发行央行票据（简称“央票”）来调节货币供应量。央票是一种债券，具有票面利率。中央银行并不缺少资金、无需融资，其发行央票的目的是减少货币供应量，减少基础货币投放，而央票回购则相当于投放基础货币。央行票据的发行和回购是公开市场操作的补充。如果中央银行意图紧缩货币供应，则向商业银行增发央票，使商业银行在央行的准备金增加，减少货币供应量。如果中央银行意图扩大货币供应，则可以回购央票、到期不再发行或减少央票发行，减少在央行的准备金，增加货币供给。

中国人民银行于 2013 年初创设常备借贷便利（Standing Lending Facility，SLF），其作用类似于贴现贷款。常备借贷便利以抵押方式发放，合格抵押品包括高信用评级的债券类资产及优质信贷资产等。常备借贷便利是中国人民银行正常的流动性供给渠道，主要功能是满足金融机构期限较长的大额流动性需求，对象主要为政策性银行和全国性商业银行，期限为 1~3 个月，利率水平根据货币政策调控、引导市场利率的需要等综合确定。

7.4.3 货币政策类型

与财政政策类似，货币政策也分为扩张性、紧缩性和中性货币政策，如表 7.2 所示。货币政策也采取逆经济风向的原则，存在紧缩型缺口时，采用扩张性货币政策，包括公开市场正操作、降低法定准备金率、降低再贴现贷款利率等方法；在存在扩张型缺口时，采用紧缩性货币政策，包括公开市场逆操作、提高法定准备金率、提高再贴现贷款利率等方法。如上所述，在扩张型货币政策中，还可以增加常备借贷便利投放、央票回购等政策工具，而在紧缩型货币政策中，可以减少常备借贷便利的投放、发行央票等政策工具。中性货币政策不扩张或者紧缩货币供应量，而是进行一些结构性定向调整，如在保持货币供应量与经济增长相适应的条件下，定向降低法定准备金率、支持小微企业贷款等。

表 7.2 货币政策的类型和工具及其操作方法

类型	适用条件	公开市场操作	法定准备金率	贴现贷款利率	其他创新工具
扩张型	紧缩性缺口	正操作	降低	降低	增加常备借贷便利投放
中性	无缺口	总体上不扩张也不紧缩，适应经济增长需要提供货币供应量，但可以定向调控			
紧缩型	扩张性缺口	逆操作	提高	提高	减少常备借贷便利投放

7.4.4 货币政策的有效性

7.4.4.1 流动性陷阱与货币政策的无效

流动性陷阱是凯恩斯提出的概念，指利率非常低的时候，货币需求对利率弹性非常大，LM 曲线为水平线，即使增加货币供给，也全部为公众以货币形式持有，利率无法进一步下降。在这种情形下，扩大货币供给量无法起到促进投资的作用，移动后的 LM 曲线与原曲线重合，不能增加总支出以及总需求，货币政策是无效的（图 7.9）。基于此，经济衰退之时，如果企业对未来预期悲观，家庭存在金融恐慌心理，依靠扩张性货币政策可能缺乏积极反应，应当选择扩张性财政政策，这也是凯恩斯的主张。

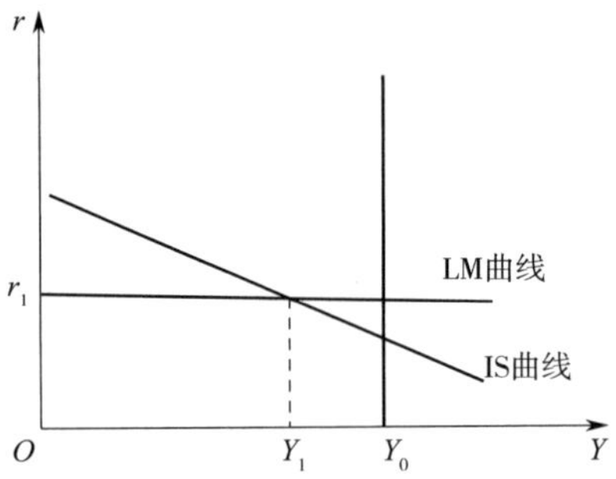

图 7.9　流动性陷阱与货币政策无效

7.4.4.2　总需求冲击与货币政策的有效性

如果经济衰退是由于负向总需求冲击引起的，扩张性货币政策将是有效的。如图 7.10 所示，负向总需求冲击使总需求曲线从 AD_0 移动到 AD_1，均衡总产出 Y_1 低于潜在产出 Y_0；假定采取扩张性货币政策使总需求曲线右移，重新回到 AD_0 的位置，总产出和物价都恢复到合意的水平。

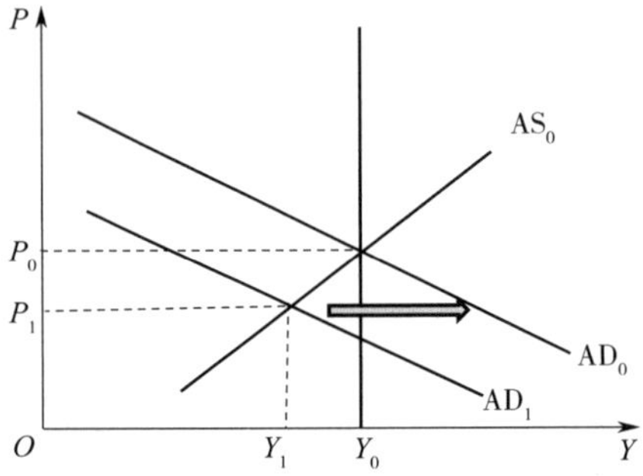

图 7.10　总需求冲击与货币政策的有效性

7.4.4.3　总供给冲击与货币政策的有效性

如果经济衰退是由于负向总供给冲击引起的，存在紧缩型产出缺口，同时存在严重通货膨胀，则扩张性货币政策虽然能够扩大总产出，但使物价水平进一步上升，难以两全。如图 7.11 所示，负向总供给冲击使总供给曲线从 AS_0 移动到 AS_1，均衡总产出 Y_1 低于潜在产出 Y_0，且物价水平上升。采取扩张性货币政策使总需求曲线右移，从 AD_0 移动到 AD_1，虽然均衡总产出回到潜在产出水平，但是物价水平进一步上升到 P_2，而难以恢复到原来的水平，表明这种条件下的货币政策效果存在问题。

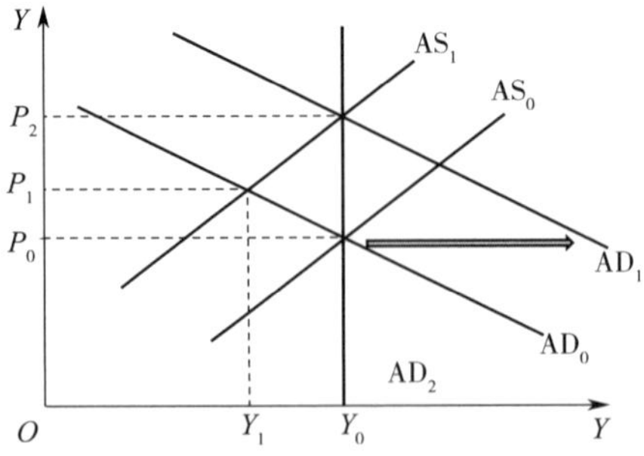

图 7.11　总供给冲击与货币政策的有效性

7.5 财政政策和货币政策的配合

7.5.1 财政政策的挤出效应

扩张性财政政策需要以存在过剩生产能力为条件。如果经济已经达到潜在产出，没有闲置资源，则不适合实施扩张性财政政策。此时实施扩张性财政政策，政府需要通过发行债务筹资，导致市场利率上升，投资支出减少，而且投资支出减少数量可能完全抵消政府支出增加的效果，这被称为挤出效应。如图 7.12 所示，LM 曲线是垂直的，开始时经济处于 IS_1 与 LM 决定的位置，均衡产出为 Y_1，利率为 r_1。政策制定者认为均衡总产出低于潜在产出（Y_0），采取扩张性财政政策，增加政府购买支出，IS 曲线右移到 IS_2，结果均衡产出仍然维持在原水平（Y_1），而利率上升到 r_2。之所以发生这种情况，是因为尽管政府支出增加扩大了总支出，但利率上升导致投资支出减少又降低了总支出，政府支出完全挤出了投资，均衡产出并没有改变，结果只有利率上升。比较而言，如果在增加政府购买支出时，货币市场利率维持不变（r_1），均衡总产出可以达到 Y_0；但是，利率实际上升了，导致投资支出等量的减少，就是政府支出挤出了投资支出，发生了挤出效应，而且是完全挤出，这里的挤出效应用总产出衡量就是（Y_0-Y_1）。

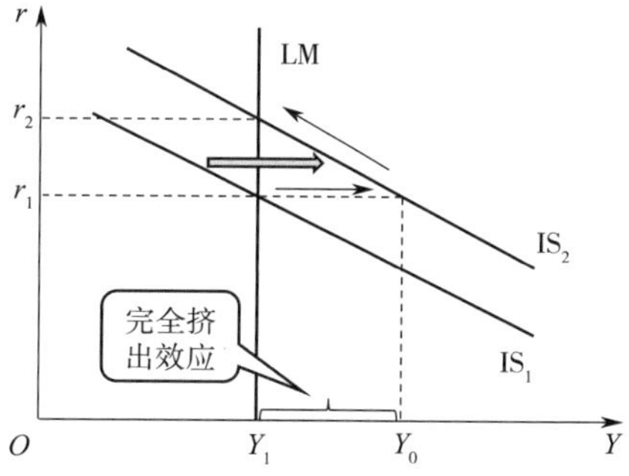

图 7.12　财政政策的挤出效应：完全挤出

完全挤出被认为是在均衡总产出已经达到潜在产出、不存在闲置生产能力条件下进行扩张的结果，这时 LM 曲线是垂直的。但是，即使存在闲置生产能力和经济处于衰退状态，LM 曲线也不是垂直的，如图 7.13 所示，如果采取扩张性财政政策，也会使货币市场利率上升，从而减少投资，也存在一定的挤出效应。实施扩张性财政政策后，如果市场利率不变（r_1），产出将达到 Y_0；但利率上升到 r_2，均衡产出仅达到 Y_2，表明存在挤出效应即 Y_0 与 Y_2 的差额部分（Y_0-Y_2）。

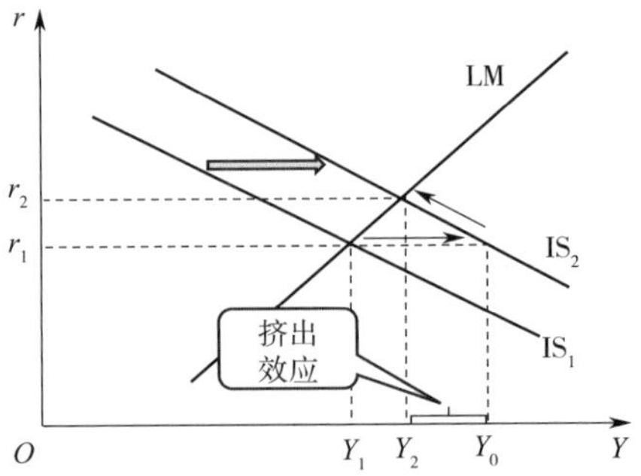

图 7.13　财政政策的挤出效应：部分挤出

7.5.2　财政政策与货币政策的搭配

在 IS 曲线和 LM 曲线非严格水平或者垂直的条件下，如果经济存在衰退，在采取扩张性财政政策以扩张计划总支出的同时，配合扩张性货币政策以维持利率不变，能够减少甚至消除挤出效应，更有利于达到潜在产出。如图 7.14 所示，初始均衡由 IS_1、LM_1 决定，均衡总产出 Y_1 低于潜在产出 Y_0。如果仅仅实施扩张性财政政策，右移 IS 曲线，利率将上升到 r_2，均衡总产出仅能达到 Y_2；如果，同时实施扩张性货币政策，使 LM 曲线右移到 LM_2，维持市场利率在 r_1 的水平，而在产品市场和货币市场同时均衡时，均衡总产出达到了潜在产出。

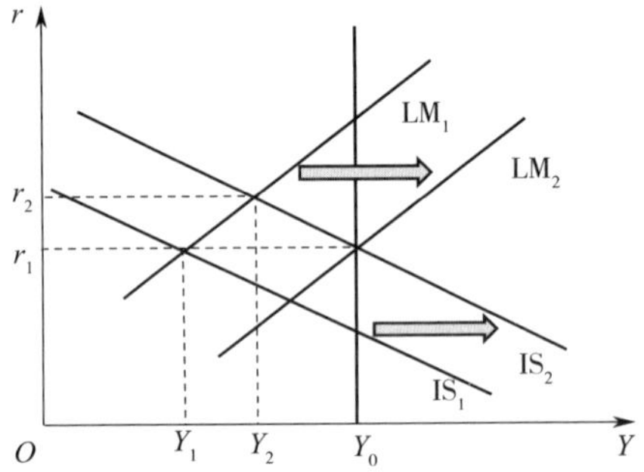

图 7.14　财政政策与货币政策的搭配使用

7.6　总需求管理政策、赤字与通货膨胀

7.6.1　总需求管理政策与赤字管理

总需求管理政策经常与财政赤字联系在一起，财政赤字和政府债务增加带来新的宏观经济问题，需要加强财政赤字管理和政府债务管理。

如果政府债务过大，甚至会产生主权债务危机。主权债务危机（sovereign debt crises），指一国政府债务市场崩溃。当政府债务与 GDP 比率（政府债务率）不断上升，投资者认为政府将不能偿还债务时，将抛售现有政府债券，债券价格下降；而政府为筹集资金，需要以更高的利息率发行债券，预算赤字进一步扩大，导致政府债务率进一步上升，违约可能性加大，并最终导致违约，如图 7.15 所示。

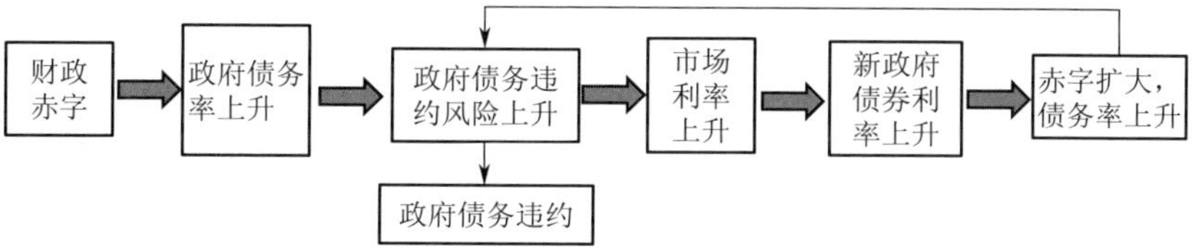

图 7.15　主权债务危机的形成过程

受 2007—2009 年世界金融危机影响，政府税收收入减少，希腊 2009 年 9 月拟安排 6% 赤字率，债务与 GDP 比率预计达到 100%。10 月新政府上台后，赤字率需要达到 16%，导致利息率高达 40%，政府债务率在 2012 年达到 160%。爱尔兰、葡萄牙、西班牙等国家也有类似情况，经济衰退，失业率有的高达 25%。

为此，需要对政府债务进行控制，一般控制两个指标。①财政赤字率控制。赤字率（deficit-to-GDP ratio），指年度赤字（新增债务）占当年 GDP 的比重。一般控制在 3%以内。②政府债务率控制。政府债务率（debt-to-GDP ratio），指累积到当前未清偿还债务占当年 GDP 的比重。一般控制在 60%以内。当然，实际上，日本、美国等国家的政府债务率已经达到 100%以上。政府赤字管理和债务管理是宏观经济学需要进一步研究的重要课题。

7.6.2　总需求管理政策与物价变化、菲利普斯曲线

如果在总供求模型的框架内考虑总需求管理政策，只要总需求曲线是向右下方倾斜的，扩张性政策将导致物价上升，而紧缩性政策将导致物价下降。所以，总需求管理政策会对通货膨胀产生影响。总需求管理政策的目标是增加或者减少均衡总产出以消除产出缺口，而均衡总产出与失业率存在密切关系。如果实行扩张性政策，均衡产出扩大，失业率将降低；如果实行紧缩性政策，均衡产出将缩小，失业率将上升。

菲利普斯曲线描述宏观经济中失业率（与总需求管理政策及均衡总产出相关）和通货膨胀率（也与总需求管理政策及均衡总产出相关）之间的此消彼长的相关关系，物价水平上升伴随着失业率下降，而物价水平下降伴随着失业率上升。物价水平用通货膨胀率（π）表示，周期性失业率为实际失业率（u）减除自然失业率（u_0），则有：

$$\pi = -\alpha(u - u_0) \tag{7.1}$$

如图 7.16 所示，如果失业率高于自然失业率，例如 $u_2 > u_0$，周期性失业率上升，实际上表明经济衰退或者政府采取了紧缩性总需求管理政策，均衡总产出减少，而物价水平将下降，通货膨胀率处于较低的位置（π_2）；如果失业率低于自然失业率，例如 $u_1 < u_0$，周期性失业率下降，实际上表明经济高涨或者政府采取了扩张性总需求管理政策，均衡总产出增加，而物价水平将上升，通货膨胀率处于较高的位置（π_1）。

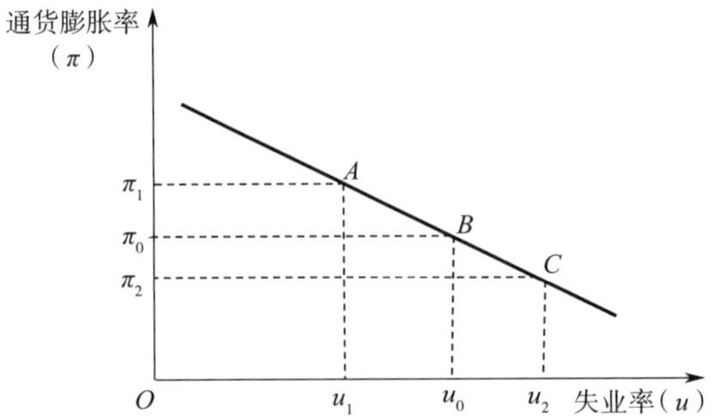

图 7.16　菲利普斯曲线

7.6.3　经济安全区域、痛苦指数与总需求管理政策的评估

美国经济学家保罗·A. 萨缪尔森（Paul A. Samuelson）是新古典综合派的代表人物，其将新古典经济学和凯恩斯宏观经济学结合起来，认同凯恩斯总需求管理政策，并用菲利普斯曲线描述了宏观经济政策的一个选择方式。政府应当在失业和通货膨胀之间进行一个取舍权衡，要么实施扩张性政策，失业率较低，但通货膨胀率较高；要么实施紧缩性政策，失业率较高，而通货膨胀率较低。也就是说，菲利普斯曲线为政府实施总需求管理政策提供了一个方向。一个社会可以确定能够接受的失业率（例如 4%）和通货膨胀率（例如也是 4%），形成一个所谓的经济安全区域。如果通货膨胀率率超过 4%，就实行紧缩性政策；如果失业率超过 4%，就实行扩张性政策。在图 7.17 中，假定经济处于 A 点，通货膨胀过高，可以通过紧缩总需求调整到 B 点，进入安全区域，但是失业率有所上升。

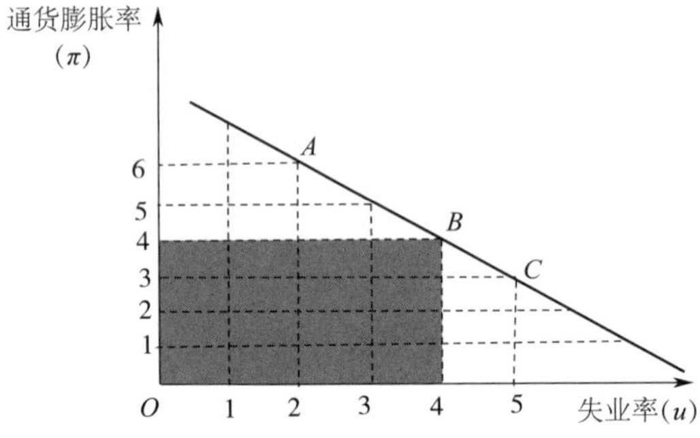

图 7.17　经济的安全区域：通货膨胀与失业的权衡取舍

通货膨胀与失业率或者经济增长率之间的替代关系，称为牺牲率。综合权衡，将一定时期的失业率与通货膨胀率之和称为痛苦指数：

$$痛苦指数 = u + \pi \tag{7.2}$$

总体上，总需求管理政策的目标是降低痛苦指数。

7.7　我国的财政政策和货币政策

改革开放后，我国逐渐建立中国特色社会主义市场经济体制，也逐渐开始实施包括财政政策和货币政策在内的宏观经济政策，进行宏观经济调控。与西方国家不同，我国宏观经济政策并不限于财政政策和货币政策，但限于篇幅，这里仅介绍财政政策和货币政策。

7.7.1　我国财政政策的演变

7.7.1.1　1982 年的宽松财政政策

1982 年，我国国民经济出现下滑，开始实施宽松的财政政策和货币政策，放松银根，对企业实行利（上缴利润）改税（课征税金），调动企业和地方积极性，以增加有效供给，缩小供给与总需求之间的差距。这里所谓宽松的政策，就是扩张性政策。

7.7.1.2　1988 年的紧缩财政政策

从 1984 开始，我国经济出现过热迹象，投资和消费高速增长，价格水平攀升。为满足固定资产投资增长要求和解决企业流动资金短缺，政府扩大了财政赤字，导致货币超发。从 1988 年开始，我国实行紧缩财政政策和货币政策的双紧政策，比如压缩基建投资项目，开征投资项目调节基金，限制非生产性的楼堂馆所建设，控制集团消费增长，限制奖金等工资外收入增长等。

7.7.1.3　1993 年适度从紧财政政策

1988 年实行紧缩政策后，经济增长速度回落，居民收入增长减缓，市场疲软，财政困难加剧。1992 年，邓小平同志南方谈话后，经济建设热情高涨，出现投资增长过猛、物价上涨过快的现象。为此，我国进行了一系列财税改革，同时采取适当从紧的财政政策，比如严格控制项目投资规模、清理在建项目、严格控制新开项目，发行国债，压缩会议经费 20%，控制出国和招展活动，控制地方债券发行等。1996 年，实现经济软着陆，达成了高增长、低通胀的预期目标。这里所谓适度从紧的政策的实质是紧缩性政策。

7.7.1.4　1998 年的积极财政政策

1997 年 7 月，亚洲金融危机爆发，我国外贸遭受打击。同时，国内产业结构不合理、低水平产能过剩、城乡差距大、区域不协调问题突出。1998 年 7 月起，我国宣布实施积极财政政策。在具体政策措施上，一是增发国债，加强基础设施建设；二是调整税收政策，支持出口、吸引外资和减轻企业负担；三是增加社会保障、科教支出；四是调整工资以提高城市居民消费水平等。这里所谓积极财政政策，就是扩张性财政政策。

7.7.1.5　2004 年的稳健财政政策

1998 年扩大内需的政策之后，出现投资需求膨胀、贷款规模大、能源紧张和通货膨胀压力大的情况，而农业、交通、能源薄弱环节和中小企业、服务业投入不足，结构性问题突出。2004 年起，实施有保有压的稳健财政政策。在具体的政策措施上，一是控制赤字；二是调整国债资金投向；三是推后预算内建设资金的支出时间，减缓建设速度；四是财政支出的结构性调整，支持农业、社会保障、科教文卫支出；五是税收改革，比如免征农业税等。这里所谓稳健的政策,总体上是一种中性政策,既不扩张也不紧缩,但注重结构调整,并不是无所作为。

7.7.1.6 2008 年开始的积极财政政策

2007 年,美国金融危机爆发,影响世界经济。我国于 2008 年下半年实施政策转向,重回积极财政政策。最典型的措施是启动 4 万亿元财政性投资资金,其他措施还有结构性减税、增加居民收入促进消费、增加财政赤字和国债等配套措施。

积极财政政策方向至今未变。2020 年中央经济工作会议指出,将继续实施积极的财政政策,积极的财政政策要大力提质增效,也要更加注重结构性问题,压缩一般性支出,关注一系列短板、弱项、乘数效应高的项目。2023 年中央经济工作会议提出,积极的财政政策要加力提效。保持必要的财政支出强度,优化组合赤字、专项债、贴息等工具,在有效支持高质量发展中保障财政可持续和地方政府债务风险可控。2024 年中央经济工作会议提出,要强化宏观政策逆周期和跨周期调节,继续实施积极的财政政策和稳健的货币政策,加强政策工具创新和协调配合。积极的财政政策要适度加力、提质增效。要用好财政政策空间,提高资金效益和政策效果。优化财政支出结构,强化国家重大战略任务财力保障。合理扩大地方政府专项债券用作资本金范围。落实好结构性减税降费政策,重点支持科技创新和制造业发展。严格转移支付资金监管,严肃财经纪律。增强财政可持续性,兜牢基层"三保"底线。严控一般性支出。党政机关要习惯过紧日子。

7.7.2 我国货币政策的演变

7.7.2.1 1993—1996 年适度从紧的货币政策

1988 年,我国发生严重通货膨胀,居民消费价格上涨 18.8%,发生抢购潮。为此,我国进行严厉治理整顿,紧缩投资和货币投放,使 1989 年和 1990 年价格迅速下降,但经济增长也大幅降低。为扭转经济下滑的不利局面,政策随即放松, 1991 年经济增长加快。1992 年邓小平南方谈话发表后,地方和企业表现出很大积极性,虽然没有采用积极的财政政策,但实质性采取了扩张性货币政策,支持了铺摊子、划开发区,经济迅速过热, 1993 年居民消费价格上升 14.7%。为此,1993 年 7 月,我国开始采取紧缩性货币政策,严控资金流向房地产、基建项目,相关项目收归中央审批。提高利率,甚至禁止银行间拆借等。紧缩性货币政策取得成效,但是也面临通货紧缩的风险, 1997 年物价水平出现负增长。这里的适当从紧的政策,就是紧缩性政策,也是我国第一次明确使用货币政策。

7.7.2.2 1998—2002 年稳健的货币政策

1998 年开始,在实施积极财政政策的同时,实施稳健的货币政策。稳健货币政策是适度从松的,比如增加贷款和货币供应量,降低利率,推广消费信贷,商业银行开展对中小企业贷款等。在积极财政政策与稳健货币政策支持下, 1998—2002 年我国经济仍保持了年均 7.8%的较快增长。这里稳健的货币政策总体上是中性政策,但在具体实施上有适度从紧或者适度从松的不同选择,并且注重结构调节。

7.7.2.3 2003—2004 年有松有紧的货币政策

2003 年,我国经济出现一些不稳定因素:一是粮食产量下降,供求关系紧张;二是投资增长过猛，产能过剩，能耗高、技术低、污染重；三是投资膨胀导致信贷增长快、通货膨胀压力大。2003 年，我国采取了加强土地管理、控制房地产投资和提高法定准备金率、提高投资项目资本金比率等紧缩措施，采取了降低农业税、增加农业补贴等积极措施。在宏观经济政策上采取稳健财政政策的同时，货币政策取向是保持货币供应量稳定增长，推进利率市场化进程，称为有紧有松的货币政策。

7.7.2.4　2005—2007 年稳健的货币政策

2004 年底，针对物价上升压力大的情况，中央经济工作会议决定在实施稳健财政政策的同时，实施稳健的货币政策，但其取向是稳中趋紧，比如提高法定准备金率、实行差别准备金制度、提高贷款基准利率，适当控制信贷规模和增长速度等。最终，通货膨胀预期得到抑制，物价比较平稳。

7.7.2.5　2008—2010 年适当宽松的货币政策

我国于 2008 年下半年实施政策转向，重回积极财政政策，货币政策也从稳健走向宽松。2008 年下半年四次降低法定准备金率，同时下调基准利率，取消银行信贷规划，加大信贷投放，货币供应量比实际 GDP 增长和通货膨胀之和高 3~4 个百分点。所谓适当宽松的货币政策，实质是扩张性货币政策。

7.7.2.6　2011 以来稳健的货币政策

2008 年后，双宽松的宏观经济政策导致通货膨胀压力较大，2011 年在继续实施积极财政政策的同时，货币政策转向稳健，即中性。一是加强通货膨胀预期管理，防范资产泡沫；二是调整信贷结构，有保有压，合理引导消费和投资，优化经济结构；三是注重防范金融风险；四是加强流动性管理，保持货币供应量合理增长等。稳健货币政策的提法至今仍在使用。

稳健货币政策的具体内容是变化的。2020 年中央经济工作会议提出，继续实施稳健的货币政策，但要灵活适度，关注宏观杠杆率稳定、社会融资成本降低、流动性的充裕和弹性空间扩大等几个方面的核心目标。货币政策要同消费、投资、就业、产业、区域等政策形成合力，引导资金投向供需共同受益、具有乘数效应的先进制造、民生建设、基础设施短板等领域，促进产业和消费“双升级”。2023 年中央经济工作会议提出，稳健的货币政策要精准有力。要保持流动性合理充裕，保持广义货币供应量和社会融资规模增速同名义经济增速基本匹配，引导金融机构加大对小微企业、科技创新、绿色发展等领域支持力度。保持人民币汇率在合理均衡水平上的基本稳定，强化金融稳定保障体系。2024 年中央经济工作会议提出，稳健的货币政策要灵活适度、精准有效。保持流动性合理充裕，社会融资规模、货币供应量同经济增长和价格水平预期目标相匹配。发挥好货币政策工具总量和结构双重功能，盘活存量、提升效能，引导金融机构加大对科技创新、绿色转型、普惠小微、数字经济等方面的支持力度。促进社会综合融资成本稳中有降。保持人民币汇率在合理均衡水平上的基本稳定。

复习思考题

1. 辨析以下概念。财政购买性支出与转移性支出,财政平衡预算与功能预算,扩张性财政政策与紧缩性财政政策,中性财政政策,扩张性货币政策与紧缩性货币政策,中性货币政策,相机抉择的财政政策与财政自动稳定器,凯恩斯流动性陷阱,财政政策的挤出效应,政府赤字率与债务率,菲利普斯曲线,宏观经济痛苦指数。

2. 总需求不足的一般成因有哪些方面?

3. 简述个人所得税作为财政内在稳定器的基本原理。

4. 美国前总统林肯曾经说:"公民既作为国债的债权人又作为国债的债务人的优势是显而易见的,人们容易觉察到他们不可能被他们欠他们自己的债务所压迫。"你同意林肯的观点吗?

5. 如何理解政府采取增加支出的扩张性财政政策的挤出效应?

6. 什么是公开市场业务? 这一货币政策工具有什么优点?

7. 什么是菲利普斯曲线? 菲利普斯曲线向右下方倾斜的原因是什么?

8. 当宏观经济面临总需求不足而导致的衰退时,可以采取扩张性财政政策,具体包括增加政府购买支出和减税两种政策手段选择,那么,这两种政策手段有什么差别?

9. 假设一个经济中存在的菲利浦斯曲线是:$\pi=\pi_{-1}-0.5(u-0.06)$,其中π表示通货膨胀率(π_{-1}表示前一时期的通货膨胀率),u表示失业率。回答以下问题:①该经济的自然失业率是多少? ②为了使通货膨胀减少5%,必须有多少周期性失业? ③如果现在通货膨胀率是10%,并试图降低到5%,请设计两种方案。

10. 设一经济体系的消费函数为:$C=600+0.8Y$,投资方程是:$I=400-50r$,政府购买性支出为$G=200$,货币需求方程是:$L=250+0.5Y-125r$,中央银行控制的货币供给是$M^s=1\,250$,一般物价水平$P=1$。除一般物价水平和利率外的单位均为亿元。回答以下问题:①写出IS和LM方程;②求解均衡的国民收入和利率;③假定充分就业的国民收入是5 000亿元,如果通过增加政府购买支出实现充分就业,应该增加多少政府购买支出? ④如果通过增加货币供给实现充分就业,需要增加多少货币供给? ⑤做出③和④问题的图解。

第 8 章 宏观经济政策理论的发展和争论

总需求管理政策是宏观经济政策的重要内容，曾经在稳定宏观经济政策中扮演主要角色。但是，总需求管理理论和政策也遇到挑战，尤其是遇到无法解释和处理滞胀问题的挑战。经济学家不再满足于从总需求方面认识和解决宏观经济问题，而是研究总供给、货币、价格等在决定宏观经济总产出和物价水平中的作用，出现了一系列新的宏观经济政策理论，包括供给学派及其减税政策、货币主义学派及其单一规则、理性预期学派及其宏观经济稳定政策无效观点、新凯恩斯主义经济学及其政策等。

8.1 供给学派的财政政策

供给学派宏观经济学提出，对于宏观经济中的滞胀，应当从供给方面认识和处理，而核心政策是减税和减少政府支出。

8.1.1 财政政策的需求方面和供给方面

按照凯恩斯经济学，财政政策指政府通过财政收支的调整影响总支出和总需求，进而影响均衡总产出、物价水平和就业。这种思想和政策着眼于总需求方面，而总供给处于被动地位，被称为总需求管理。但是，财政政策也影响总供给。在实施扩张性财政政策时，政府投资支出扩张了当前总需求，也扩大了短期总供给，形成了物质资本，如公路系统，提高了生产率，增加了潜在产出，从而扩大了长期供给。在实施紧缩性财政政策时，高税收或者增加税收降低了短期总需求，也降低了资本品供给。所以，财政政策也影响短期总供给和长期总供给，忽视总供给在理论上是站不住脚的。

关注总供给方面还来自现实的挑战，即总需求管理对滞胀束手无策。所谓滞胀，即经济衰退与高通货膨胀率并存。此时，采取总需求管理政策时，增加均衡总产出和抑制通货膨胀不可兼得。20 世纪 70 年代，英国、美国等经济衰退，同时存在较严重通货膨胀，对总需求管理政策提出挑战。一些经济学家提出，滞胀由于总供给曲线左移引起，无法仅从总需求管理方面解决问题，而需要从供给方面着手思考。图 8.1 显示，宏观经济均衡原处于总需求曲线 AD_0 和总供给曲线 AS_0 决定的位置，并处于潜在产出水平（Y_0）上。现在由于负向的总供给冲击，总供给左移至 AS_1，物价水平上涨到 P_1，均衡总产出下降到 Y_1，产生通货膨胀和衰退型缺口。如果采取扩张性总需求管理政策，总需求曲线右移至 AD_1，均衡总产出回复到潜在产出，可以消除衰退型缺口，但是物价水平继续上涨到 P_2；如果采取紧缩性总需求管理政策，总需求曲线左移到 AD_2，可以消除通货膨胀，物价水平回落到 P_0，但是均衡总产出进一步下降到 Y_2，衰退型产出缺口扩大了。

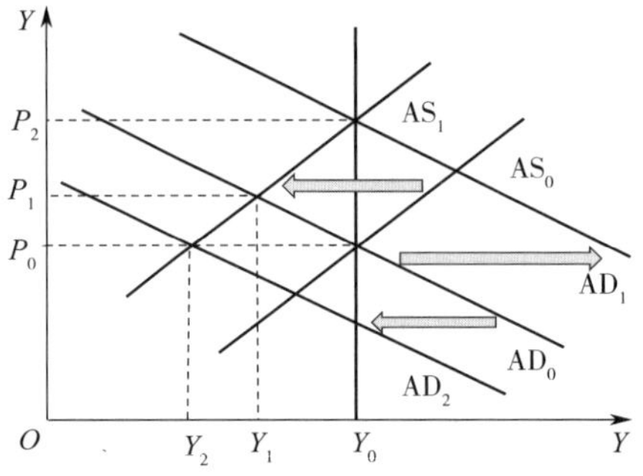

图 8.1　滞胀与总需求管理的困境

8.1.2　供给学派经济学

供给学派经济学（Supply-Side Economics）是 20 世纪 70 年代在美国兴起的一个经济学流派。该学派强调经济的供给方面，认为需求会自动适应供给的变化，宏观经济政策的重点应放在供给方面，通过财政政策刺激供给，以促进经济增长，摆脱滞胀。在图 8.2 中，由于负向总供给冲击（$AS_0 \rightarrow AS_1$），导致衰退型缺口和通货膨胀；那么，应对的办法就是使通过着眼于供给的财政政策，例如减税，使总供给曲线右移以回到原来的水平（$AS_1 \rightarrow AS_0$），从而达到潜在产出并且降低通货膨胀。

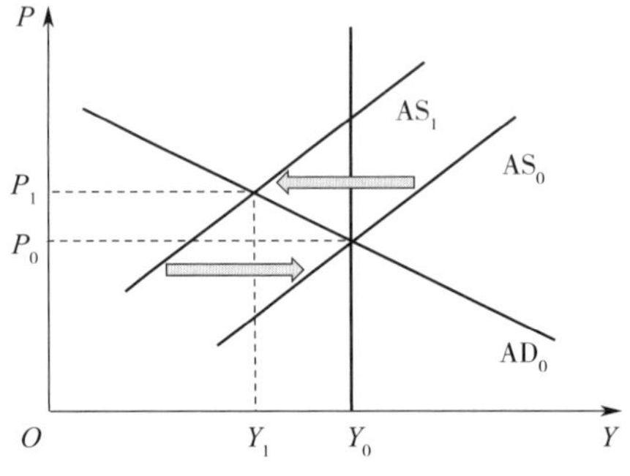

图 8.2　供给学派的财政政策：减税应对滞胀

如何使总供给曲线右移呢？供给学派经济学认为，1929—1933 年的世界经济危机的原因并不是有效需求不足。就全部经济看，购买力永远等于生产力，经济具有足够购买力购买它生产的全部产品，不可能由于需求不足而发生产品过剩。经济增长缓慢和衰退是因为供给不足，尤其是政府税收过度导致供给不足。美国经济学家拉弗（Arthur Betz Laffer）指出，随着税率提高，开始时，国家税收随之增加，但达到一个最高可行税率（t_0）后，税收将随税率提高而减少。这种税收随税率提高先增加后减少的规律，后来被称为拉弗曲线，成为供给学派经济学的重要理论基础，如图 8.3 所示。拉弗曲线表明，过高税率和过度税收抑制了投资和劳动积极性，减少了总供给，是导致总产出减少和经济衰退的原因；由于产出和税基减少，即使税率提高，税收也将减少。那么，使总供给曲线右移的办法是减税。

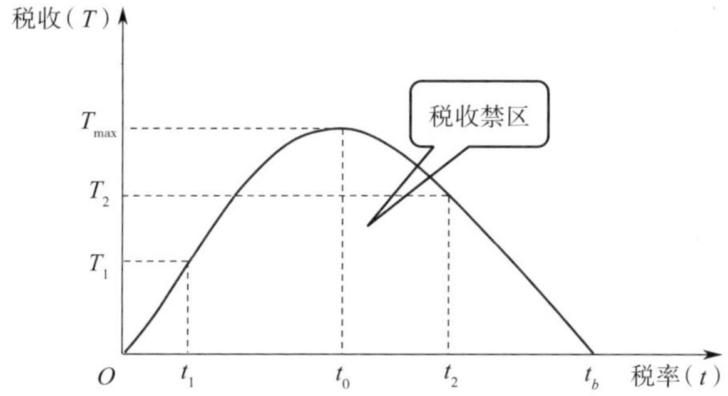

图 8.3　拉弗曲线

一些经验数据表明，税收负担高低的确影响供给。表 8.1 给出了 1993—1996 年一些国家的工人人均工作时间指数（美国为 100）与最高边际税率。可以看到，最高边际税率越高的国家，例如法国和意大利的边际税率达到 59%和 64%，其工作时间指数也最低；而日本和美国的边际税率最低，只有 37%和 40%，其工人年均工作时间指数最高，因此，高税收抑制了劳动供给，低税收有利于激励劳动供给。当然，欧洲国家工人工作时间相对短也与其社会保障水平较高等因素有关。

表 8.1　一些国家的工人年工作时间和边际税率

国家	年均工作时间（美国=100）	最高边际税率（%）
日本	104	37
美国	100	40
英国	88	44
加拿大	88	52
德国	75	59
法国	68	59
意大利	64	64

资料来源：罗伯特·H. 弗兰克、本·S. 伯南克：《宏观经济学原理（第 5 版）》，潘艳丽、吴秀云译，清华大学出版社，2013，第 374 页。

8.1.3　供给学派的财政政策

供给学派经济学强调萨伊定律的重大意义。萨伊定律指出，供给会创造自己的需求。拉弗认为，萨伊定律不仅概括了古典学派的宏观经济理论，而且表明供给是总需求得以维持的唯一源泉。政府不应当刺激需求，而应当刺激供给，以消除不利于生产要素供给和资源利用的因素，而首要的就是降低税收，减少政府不必要的支出。减税和降低政府支出是供给学派财政政策的核心内容。

除了拉弗曲线表明高税率的弊端外，还可以用税收的额外负担反映过高税率的问题。税率过高不仅无助于税收增加，而且具有消极的经济产出效应，造成高额的税收额外负担，扭曲资源配置。如图 8.4 所示，税收在市场需求曲线（DD）和市场供给曲线（SS）之间打入一个楔子（T），产生税收额外负担，其大小如图 8.4 中的 CDE 的面积。而且，税率越高，税收额外负担越大。高税率使企业微利甚至无利，投资和产出减少，甚至税收比低税率时更少，表明税率进入了税收禁区。如果税收已经过高，首先要做的就是减税。

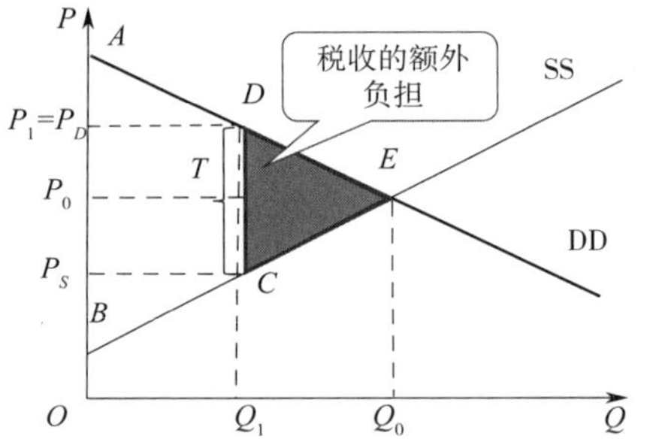

图 8.4　税收的额外负担

供给学派的财政政策得到了当时美国总统里根的支持。1980 年的美国总统竞选中，里根将拉弗曲线理论作为"里根经济复兴计划"的重要理论之一，形成"里根经济学"。里根执政期间，其主要经济措施包括削减政府预算以减少社会福利开支，控制货币供给量以降低通货膨胀，降低个人所得税和企业所得税以刺激投资，放宽企业管理规章条例以减少生产成本。这一计划反映了里根经济学的基本设想：摒弃总需求管理对工资、物价的控制和相机抉择的货币政策；推行减税和紧缩政府开支，实行预算平衡和货币供应量的稳定增长；放松政府对企业的限制和干预，通过刺激供给、自由竞争，使美国经济达到自动复兴和发展。这些政策与美国 20 世纪 80 年代后期经济持续繁荣是相关的，尽管其因果关系有待研究。

8.2　货币主义学派与货币政策规则

货币主义学派强调货币的重要性，但反对相机抉择的货币政策，认为中央银行应当按照规则行事，为经济提供与经济增长相适应的货币供应量，而不是刺激经济。

8.2.1　货币主义学派产生

以萨缪尔森为代表的新古典综合派在第二次世界大战后居于统治地位。20 世纪 60 年代后期，通货膨胀开始爬升，直至 20 世纪 70 年代美国和英国等国出现滞胀（stagflation），高通胀率和高失业率如影随形，菲利普斯曲线失效，凯恩斯主义经济学和新古典综合派面临挑战。

弗里德曼是反对凯恩斯主义尤其是总需求管理政策的重要人物。他于 1962 年出版了《资本主义与自由》一书，对政府干预经济提出批评。他认为，菲利普斯曲线只是短期有效，长期将变成一条垂直曲线，总需求管理是无效的；货币最重要，货币供应量变动是对经济活动和物价水平变动起支配作用的原因。他反对凯恩斯主义的相机抉择的货币政策，认为应当制定单一规则，即根据经济增长的需要提供相应的货币供应量，避免货币供应量成为经济波动的原因和经济稳定的破坏力量。

8.2.2　货币主义学派的主要观点

货币主义学派的主要观点包括以下几个方面。

（1）货币最重要。根据交易方程式，货币供给量对名义国民收入具有决定性的影响，货币数量是名义收入波动的主要原因，货币最重要。

（2）货币政策短期内有效是因为存在货币幻觉。短期内，货币供给量可以影响实际国民收入、就业率，货币政策的确可以发挥作用。所谓短期，指预期通货膨胀给定。在实践中，劳资双方通过谈判作出通货膨胀预期，作为调整名义工资的方法。在不同的预期通货膨胀水平下，有不同的菲利浦斯曲线，称为附加预期的菲利浦斯曲线（PC），也就是短期菲利浦斯曲线。菲利普斯曲线方程式为：

$$\pi = \pi^e - \alpha(u - u_0) \tag{8.1}$$

这里的 π^e 是预期的通货膨胀，u 表示实际失业率，u_0 表示自然失业率，α 是一个正系数。附加预期的 PC 有一个重要性质，就是当通货膨胀与预期通货膨胀一致（$\pi = \pi^e$）的时候，实际失业率等于自然失业率（$u = u_0$）。

在短期，当预期通货膨胀低于实际通货膨胀时，失业率与通货膨胀率仍然存在替代关系，总需求管理政策有效。此时，工人存在货币幻觉（money illusion），虽然价格已经上涨，但并没有要求涨工资，因此总产出增加了。图 8.5 中给出了两条附加预期的菲利普斯曲线，相应的预期通货膨胀率分别为 π_1 为和 π_2。附加预期的菲利普斯曲线表明，在短期内，失业率与通货膨胀率之间存在替代关系。

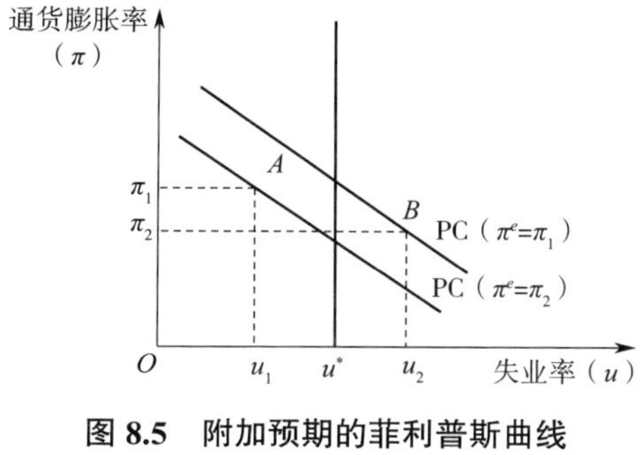

图 8.5　附加预期的菲利普斯曲线

（3）货币政策长期内无效。长期内，货币供给量的作用主要在于影响名义国民收入和其他名义量，而不能影响实际国民收入、就业率等。通货膨胀就是一种货币现象。

长期内，工人将根据实际发生的物价水平（通货膨胀率）调整预期，使预期通货膨胀与实际通货膨胀一致，要求改变名义工资以使实际工资不下降，菲利浦斯曲线成为一条垂直线，而不存在失业率与通货膨胀率之间的替代关系。图 8.6 中的垂直线就是长期菲利普斯曲线，失业率稳定在自然失业率上，总产出也始终位于潜在产出上，货币政策仅影响通货膨胀率。例如,在预期通胀 3%的条件下,经济位于相应的菲利普斯曲线的 A 点,政府实施扩张性政策使 A 沿着 PC 移动到 B,失业率下降(均衡总产出相应增加)而通货膨胀上升至 5%。但是,这是以工人的通货膨胀预期没有调整(存在货币幻觉)为前提的。如果工人发现通货膨胀率已经上升到 5%,将调整预期,短期菲利普斯曲线(PC)上移到新的位置,即预期通货膨胀率为 5%的菲利普斯曲线,失业率将恢复到原来的水平(u^*),均衡总产出相应缩减,而只有通货膨胀率上升到 5%,货币政策最后只影响物价,而不影响均衡总产出。

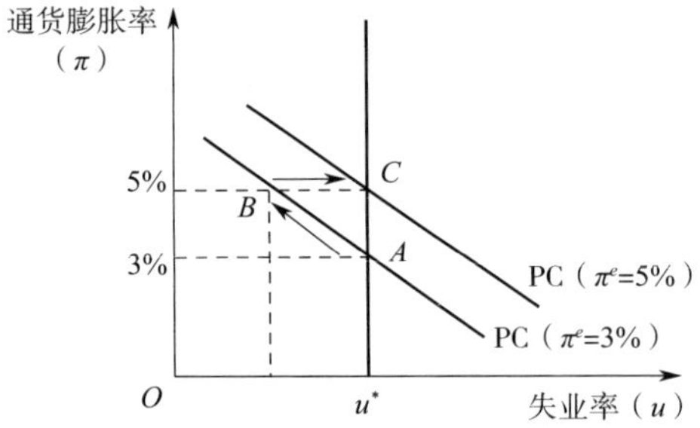

图 8.6 长期菲利普斯曲线

(4)资本主义经济具有内在稳定性而无需干预。资本主义经济具有趋向于自然失业率的自行调节机制,能够消除随机波动,走向长期均衡。相反,相机抉择的货币政策导致了经济波动,政府干预经济尤其是凯恩斯的需求管理政策是不可取的。试图将失业率降低到自然失业率之下,只能导致通货膨胀,制造经济波动。政府干预才是经济不稳定的来源。

8.2.3 货币主义学派的时滞理论

货币主义学派反对凯恩斯主义的相机抉择财政政策,认为政府开支会挤出私人投资,非生产性投资替代了生产性投资,降低了资源配置效率,过度的政府开支带来了通货膨胀。货币主义学派也反对凯恩斯主义的货币政策,一个重要理由是货币政策具有滞后性,即存在政策时滞(time-lag),从而造成经济波动。

政策时滞,指政策从被需要之时到真正实施并发生效力之时的时间间隔,包括内在时滞和外在时滞。内在时滞指政策从被需要到真正实施之时的时间间隔。内在时滞包括三个方面。①数据时滞(data lag)。指政策制定者收集有关经济运行数据所需要的时间。②认知时滞(recognition lag)。指政策制定者认识到经济运行数据所反映的经济形势和问题所需要的时间。③立法时滞(legislative lag)。指政策制定者提出的议案得以通过成为法律所需要的时间。外在时滞指政策从被实施到政策对经济影响大部分实现之时的时间间隔。外在时滞包括两个方面。①执行时滞(implementation lag)。政策执行者改变政策工具所需要的准备时间。②效力时滞(effectiveness lag)。政策被执行后产生预期作用所需要的时间。

货币主义学派认为,由于政策时滞的影响,人们以现有知识为基础的预测会产生相当大的误差。人们的预期只能是适应性的,随着不断变化的情况调整自己的预期和行为。由于政策时滞，相机抉择的货币政策经常对政策效果作出错误的解说，也往往导致错误决定，比如经济已经走出萧条的时候，扩张性政策才开始发挥作用，成为经济波动的根源。

8.2.4　货币主义学派的单一规则

货币主义认为，货币政策的任务是防止货币本身成为经济混乱的根源，为经济提供稳定的环境。具体的做法被概括为单一规则，即根据人均国民收入增长率加人口增长率确定一个货币供应增长率，并宣布于世，把货币供应量作为唯一的控制指标。实际经济中，有时考虑稳定通货膨胀预期，设立一个目标通货膨胀率，这时的单一规则用公式表示为：

$$\frac{\partial M}{\partial t}/M=\frac{\partial Y}{\partial t}/Y+\frac{\partial P}{\partial t}/P \tag{8.2}$$

上式 M 表示货币供应量，Y 表示潜在产出，P 表示一般价格水平；左边为货币增长率，右边第一项为潜在产出增长率，第二项为目标通胀率。假定潜在产出增长率为 3%，目标通货膨胀率为 1%，则货币供应量增长率为应当确定为 4%，以满足潜在产出增长和预期通货膨胀为目标。

8.3　理性预期学派及其宏观经济政策思想

8.3.1　理性预期学派

预期（expectation）在宏观经济学中是有传统的，凯恩斯的《通论》明确使用了预期的概念，尤其是分析预期在投资决策中的作用。但是，凯恩斯认为预期是被人们的心理和情绪控制的，比如股票市场上投资者在没有了解市场动态的条件下就决定入市，企业投资者也受乐观或者悲观情绪支配。弗里德曼使用了适应性预期的概念，假设人们从过去的经验做出推断，例如工人将过去一段时间经历的通货膨胀率作为预期。

与适应性预期不同，1961 年，约翰·穆斯（Jhon Muth）提出了理性预期（rational expectation）的概念，理性预期是根据所有可获得信息作出的最优预测。例如，张某开车上班，如果天气正常，平均需要 20 分钟，但根据交通状况，最短需要 15 分钟、最长需要 25 分钟；如果遇有雨雪等恶劣天气，张某的最佳估计是 25 分钟。如果张某采用适应性预期方法，而过去三天是正常天气，他会预期明天开车上班需要 20 分钟；如果采用理性预期方法，他看了明天的天气预报，预报说明天有大雨，他会预期明天上班需要 25 分钟。当然，理性预期并不保证每次结果都与预期一致，预料之外的交通事故可能使他路上花费 30 分钟或者更长。理性预期是说，在给定条件下作出最佳预测。

理性预期学派（Rational Expectation School）是 20 世纪 70 年代出现的西方经济学派之一，主要代表人物有美国的经济学家罗伯特· E. 卢卡斯（Robert E. Lucas, Jr.）、托马斯· J. 萨金特（Thomas J. Sargent）和罗伯特· J. 巴罗（Robert J. Barro）等。他们认为，各个经济行为主体在做出当前的行动决策时，除考虑到当前有关经济变量（如物价、工资率及资产收益率等）的情况以外，还要对这些变量将来的情况作出“预期”，是理性预期。理性预期，指预期与依据可得信息做出的最优预测相一致，这个预测并不一定准确无误，但已经充分利用了现有信息。各经济主体在做出经济决策之前，会根据掌握的各种信息对与当前决策有关的经济变量的未来值进行预测，这种预期影响经济中所有参与者的行为，并对经济活动产生重大影响。

卢卡斯指出，经济学家长期使用宏观计量模型预测经济活动以及评估政策的潜在影响，但这存在错误。例如，假设当前美国联邦基金利率为5%，美国联邦储备系统希望评估改变利率的影响，于是将不同的利率（例如4%或者6%）带入计算机模型，从而预测诸如失业率、通货膨胀率如何发生变化。但是，这种利用模型的评估没有纳入理性预期，也就是说，如果利率提高到6%，就会改变公众对未来利率水平的预期，公众会在新的预期下决策，而这一点被忽视了。广而言之，公众的宏观经济政策预期将影响政策效果。例如对于刺激消费的宏观经济政策（例如减税）而言，其政策效果取决于公众的预期，如果公众认为减税是暂时的，消费支出的增加就会很小；如果公众认为减税是永久的，消费支出的增加就会很多。因此，公众对宏观经济政策的预期影响政策效果。

理性预期学派试图恢复古典经济学的地位，因此也被称为新的古典宏观经济学。在政策倾向上，理性预期学派坚持市场有效的观念，反对政府干预经济，认为凯恩斯主义的宏观经济稳定政策是无效的。因此，他们反对政府干预经济，要保持经济稳定，就应该听任市场经济的自动调节，反对任何形式的国家干预宏观经济。

8.3.2 宏观经济稳定政策无效

理性预期学派认为，政府为了把失业率压低到自然失业率以下，以承受一定程度的通货膨胀为代价而扩大货币供应量的政策措施将是无效的，而只能导致货币工资率和一般物价水平的上涨，失业率则始终会保持在自然失业率的水平上。

在图8.7中，初始宏观经济均衡位于由总需求曲线AD和总供给曲线AS决定的（Y_0，P_0）上，均衡总产出已经达到潜在产出（Y_0），仅存在自然失业率。但是，政府试图进一步降低失业率，并采取扩张性货币政策。货币政策导致总需求冲击，总需求曲线右移（$AD \rightarrow AD_1$），均衡总产出扩大到Y_1，产生扩张型产出缺口，失业率有所下降而价格有所上升（P_1），这是价格与工资不同步导致，物价水平上涨和总产出增加以工资没有完全调整为前提，是存在"货币幻觉"的结果。但是，具有理性预期的工人最终发现，物价水平高于工资上涨，而实际工资已经下降，将要求工资上涨，从而导致总供给曲线上移（$AS \rightarrow AS_1$），均衡总产出将回到潜在水平（Y_0），失业回到自然失业率水平，而物价进一步上涨到P_2。因此，如果工人是理性预期的，扩张性货币政策最终仅导致物价水平上涨而不能增加均衡总产出和降低失业率，扩张性货币政策是无效的。

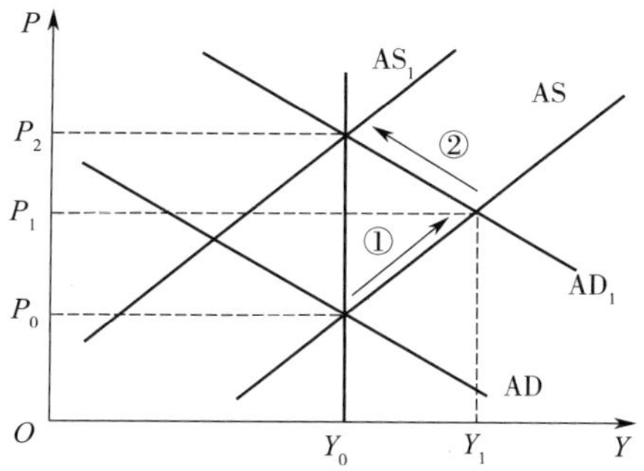

图 8.7　理性预期学派与货币政策的无效性

货币主义认为，人们的预期是适应性预期，在不同的通货膨胀预期（ π^e ）水平下，通货膨胀率和失业率之间存在因为货币幻觉而导致的短期替代关系，与不同通货膨胀预期相对应，存在不同的短期菲利普斯曲线，例如预期通货膨胀率为 3%、5%的菲利普斯曲线，货币政策在短期内有一定效果。与货币主义学派不同，理性预期学派认为，政府扩张性政策在理性预期的条件下将不存在“货币幻觉”，扩张性货币政策将导致工资和物价水平的同时上涨，而不改变自然失业率（ u^* ），失业率与通货膨胀率没有替代关系，如图 8.8 所示，菲利普斯曲线是垂直的，货币政策是无效的。

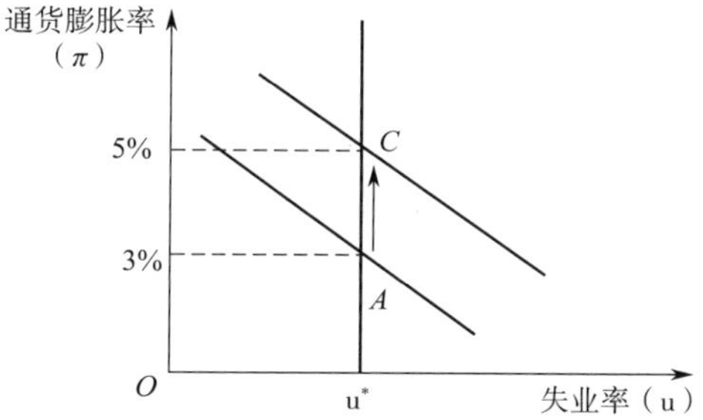

图 8.8　理性预期学派的垂直菲利普斯曲线

8.3.3　理性预期思想对制定宏观经济稳定政策的影响

理性预期学派认为，应当根据理性预期理论构建新的政策模型，改变政策制定者拥有调整政策以适应新变化的灵活性政策做法，而应当遵守规则（rules），即指明政策如何应对变化及其显示的数据（如失业率和通货膨胀率）做出反应。相机抉择（discretion）是一种政策制定者对未来没有任何承诺的政策，是根据实际情况制定他们认为最合理的政策。理性预期学派提出时间不一致性问题（time inconsistence problem）以分析相机抉择政策的缺陷。在政策制定中，时间不一致问题指短期政策背离长期最优计划的倾向。一个计划长期看有好处，但是计划制定不久，计划制定者发现短期还有其他事情更有好处，将无法控制自己而改变计划，最终可能导致计划破产。如何保持政策的一致性呢？这就要制定规则并严格遵守和执行。就此而言，货币主义学派提出的单一货币规则就是关于制定规则的一个典型例子。

作为宏观经济政策的新理念，理性预期学派的思想也为新凯恩斯主义学派所吸收，成为现代西方宏观经济政策理论的重要基础。在此思想影响下，产生了诸如货币政策的通货膨胀目标（inflation targeting）等规则。通货膨胀目标包括以下方面：①公开宣布通货膨胀的中期数量目标；②以制度性的方式承诺物价稳定是货币政策的主要长期目标，并承诺会努力实现通货膨胀目标；③重视信息收集和使用，在制定货币政策时，使用多个变量而不是仅仅使用货币总量；④与公众、市场沟通货币政策制定者的计划和目标，增强货币政策的透明度；⑤提高中央银行实现其通货膨胀目标的责任。许多国家采用了通货膨胀目标方法，尤其是过去控制通货膨胀不成功的国家。采用通货膨胀目标方法之后，通货膨胀率下降，通货膨胀预期更加稳定，

经济学与经济制度：伯南克和美国联邦储备系统的通货膨胀目标管理

本·S. 伯南克（Ben S.Bernanke）是美国普林斯顿大学教授，2002—2005 年任美联储理事会成员，也曾任总统经济顾问委员会主席，2006 年任美联储主席。伯南克在通货膨胀目标管理领域有大量著述，其思想受到理性预期观念的影响。

伯南克的著述表明，他强烈支持通货膨胀目标制和增加中央银行的透明度。在 2004 年的一次演讲中，伯南克描述了美联储如何通过宣布长期通货膨胀目标的名义值和调整通货膨胀目标。他强调，宣布通货膨胀目标与稳定物价、最大化就业的双重使命是一致的，所以通货膨胀目标可以称为使命一致的通货膨胀目标。通货膨胀目标可以设置在大于 0 的水平，一方面可以避免对就业产生负面影响的通货紧缩，另一方面也由于测度的通货膨胀可能是高估的。此外，货币当局也不大可能以较高的失业波动为代价，换取短期内通货膨胀目标的实现。

担任美联储主席之后，伯南克强调，通货膨胀目标的相关举措，必须在美联储内部达成共识，并且与美联储的双重使命一致。他建立了一个子委员会讨论有关事宜，包括宣布通货膨胀目标的具体数值。接着，2007 年 11 月，他公布了沟通策略，提供公开市场委员会各参与方对未来的通货膨胀预测。因为各参与方的长期通货膨胀预测都接近 2%，公开市场委员会最终通过单一数值的通货膨胀目标，即将个人消费支出平减指数设为 2%。同时，美联储公开市场委员会也明确表示，其将追求灵活通货膨胀目标，以与其双重使命一致，不仅要实现通货膨胀目标，还要尽可能促进就业。

当然，在伯南克之前，美国就曾经有过通过建立中央银行公信力的方法抗击通货膨胀的实践，最典型的例子是 1979 年 8 月美国总统任命保守派的中央银行家保罗·沃尔克（Paul Volcker）担任美联储主席。当时正值通货膨胀严重时期，1979 年 8 月，CPI 年增长率有望达到 11.8%。沃尔克就职不久，1979 年 10 月，联邦公开市场委员会大幅提高利率，到 1984 年 4 月，联邦基金利率已经从 8%提高到接近 20%的水平。其间，经济从 1980 年 1 月开始步入严重衰退，沃尔克叫停了有关政策，允许联邦基金利率在 7 月降至 10%，经济开始复苏，但通货膨胀率依然很高，CPI 高达 13%，沃尔克显示其反通胀的鹰派本色，1981 年 1 月，将联邦基金利率提高到 20%，并保持到 7 月。1981 年 7 月经济再次面临衰退，失业率接近 10%，联邦基金利率有所下调，但直到 1982 年 7 月，仍然维持在 15%左右。最终，通货膨胀率开始下降，1983 年已经降至 4%以下，并且一直保持到 1987 年沃尔

克从美联储主席的职位上退休。从预期的角度看，沃尔克重建了美联储治理通货膨胀的公信力，促使公众的通货膨胀预期稳定。

（资料来源：弗雷德里克·S. 米什金：《宏观经济学：政策与实践（原书第 2 版）》，杨澄宇译，机械工业出版社，2018，第 400-401 页）。

8.4　新凯恩斯主义经济学与宏观经济政策的必要性

8.4.1　新凯恩斯主义经济学

20 世纪 70 年代兴起的供给学派、货币主义学派和理性预期学派认为，凯恩斯主义经济学在理论上是不恰当的，建立在凯恩斯主义之上的新古典综合派，尤其是其总需求管理政策是无效的，宏观经济学必须建立在微观经济的基础上，应当用建立在市场始终出清和经济行为者始终实现最优化的假定（理性预期）基础之上的宏观经济理论来取代凯恩斯主义经济学，并被统称为新古典宏观经济学。

一些凯恩斯主义的支持者在吸收了新古典宏观经济学的方法论以及经济学的新进展（例如信息经济学）的基础上，重申了宏观经济政策和政府干预的必要性，拓展了宏观经济政策和政府干预方法，形成了新凯恩斯主义经济学。

8.4.2　新凯恩斯主义经济学的理论基础

新凯恩斯主义经济学产生了一些重要的理论创新，涉及经济学多个领域。除了本书第 5 章阐述的黏性工资理论外，还涉及黏性价格理论、信贷配给和利率黏性理论，表明市场经济需要政府干预，稳定经济的宏观经济政策是必要的。

8.4.2.1　价格黏性理论

新凯恩斯主义认为，价格黏性（stick price）是普遍现象。从成因上看，主要表现在四个方面。

（1）风险与不完全信息。在不完全竞争的市场上，企业制定和调整价格时获得的信息有限，面临调整价格的风险。一个企业降价能否扩大销售量取决于作为竞争对手的其他企业和顾客的反应，每个企业都想在观察到其他企业和顾客的反应后再调整价格，而没有一个企业有足够的信息单独调整价格。企业调整价格的时间有先有后，形成一个交错调整价格的时间系列，价格总水平的变动缓慢甚至停滞。

（2）寡头的共谋定价。寡头面临一条向右下方倾斜的、折弯的需求曲线，把价格定在折弯点上最有利。如果它将价格提高到折弯点以上，其他企业将不会跟进提价，它将因价格过高而减少销售；如果它将价格降到折弯点以下，其他企业将跟进降价，其从降价中也不会得到好处。在这种机制之下，寡头企业之间产生了一种协调共谋的行为，进行公开或者不公开的合作定价，共同遵守而不轻易变动，导致价格黏性。

（3）成本加成定价。市场经济条件下，企业经常性的定价方式是在估算成本的基础上加上一个固定百分比的利润率，即成本加成的定价方法。这种定价方式一般对成本变动的反应较快，而对需求变动的反应较慢。在加成比例确定的情况下，价格随边际成本的变动而变动。由于工资成本由长期劳动合同决定，原材料等其他成本则由企业之间的价格协议决定，总成本相对稳定，企业的边际成本也就变动不大。因此，产品价格变动也将很小，即价格黏性。

（4）菜单成本论。菜单成本（menu cost）指企业为调整价格所支付的成本，包括实际增加的成本和机会成本，前者包括研究和确定新的价格、重新编印价目单、向顾客传达价格变化信息所支出的费用和时间，后者指因资源和时间投入变动价格而放弃的其他最佳选择的收益。企业只有在调整价格所带来的收益大于菜单成本时才会调整价格。也就是说，菜单成本阻滞了企业的价格调整。

8.4.2.2 信贷配给和利率黏性理论

新凯恩斯主义学派提出了信贷配给理论。信贷配给（credit rationing）可以从宏观和微观两个角度理解。就宏观而言，指在确定的利率条件下，信贷市场上的贷款需求大于供给，银行使用配给机制。就微观而言，指在所有贷款申请人当中，一部分人的贷款申请被接受，而另一部分人即使愿意支付高利率也得不到贷款，或者贷款人的贷款申请只能部分被满足，比如 100 万元的贷款申请只能贷到 50 万元。

信贷配给产生于信贷市场上的信息不对称性及其引起的道德风险和逆向选择。在信息不对称的信贷市场上，银行采用统一的利率水平发放贷款，而当银行提高利率水平时，最愿意贷款的是那些还款可能性最低、风险最高的借款人，而项目风险较低的借款人由于其项目收益低而不愿承担较高的利息成本，从而退出信贷市场，出现逆向选择。这样，信贷市场上借款人的平均违约风险上升，银行的预期收益反而下降。同样，在信息不对称的信贷市场上，借款人拥有资金的控制权和使用权，存在着借款人损害贷款人的机会主义行为，借款人借款之后改变可能投资方向，从事高风险高收益的项目。如果其高风险项目成功，则其收益在给定的银行贷款利率水平下相对于不改变其投资项目大大提高，而如果高风险项目失败，借款人的成本是有限的，更多的成本会转嫁给银行。为避免这种情况发生，商业银行宁愿实行信贷配给，也不愿意提高利率满足所有的贷款请求。

因此，在不完全信息和高风险的信贷市场上，依靠利率调节来实现信贷市场均衡反而可能是低效率和高风险的，高利率反而使信贷市场降低了效率，增加了风险。在面临超额信贷需求时，银行一般不是选择提高利率而是实行信贷配给，把有限的贷款按较低利率贷给那些只愿接受较低利率、但有良好还款能力和信誉的借款者。结果，当信贷资金需求大于供给时利率并不上升，信贷配给机制的作用使利率具有黏性。信贷配给理论否定了利率自主调节、市场自动出清的假说，为政府的市场干预提供了理论依据。信贷配给机制的作用使信贷市场失灵，那些从事高风险投资的厂商由于银行“惜贷”而难以获得贷款。但是，如果社会不能保证高风险的科技创新活动有足够的资金投入，将不利于经济的发展。新凯恩斯主义学派认为，政府干预信贷市场，实行贷款担保等是必要的。

基于上述理论，新凯恩斯经济学认为，存在很多市场失灵以及宏观经济不稳定情形，需要政府干预，宏观经济政策是必要的。

8.4.3 新凯恩斯主义的货币政策规则

经济学家对货币单一规则有不同的态度。赞同此规则的经济学家认为，人们对经济周期的原因及货币在形成周期中的作用尚缺乏科学的说明，不具备成功执行反周期货币政策所需要的技术知识，且多重货币政策目标难以兼顾，相机抉择会导致过头的政策，单一规则是可取的。

反对单一规则的经济学家也提出一些理由。第一，单一规则忽视供给突然发生变化对货币需求的影响，例如石油提价和农业歉收都会破坏这一规则，这时仍然需要相机抉择的货币政策进行干预。第二，虽然货币政策时滞会降低反周期效果，但不会使其效果归零。货币当局可以吸取经验教训，提高货币政策的效果，而不是取消货币政策。因此，货币主义的单一规则是消极的规则，应当实施积极的规则。

泰勒规则是斯坦福大学教授约翰·泰勒(John Taylor)提出的一种关于货币政策的积极规则，其坚持政府干预经济原则，借鉴货币主义学派单一规则思想，认为货币政策应当根据实际产出、通货膨胀与目标的偏离情况，设定一个合理的联邦基金利率。联邦基金利率与货币供给量密切关联，用以替代货币供应量。泰勒规则内容表示如下：

$$i = r^* + W_1\left(\frac{Y - Y^*}{Y^*} \times 100\%\right) + W_2(\pi - \pi^*) \tag{8.3}$$

这里 i 为联邦基金名义利率，是美联储能够直接控制的政策变量；r^*为中性的实际联邦基准利率；Y 为实际产出，Y^*为潜在产出；π 为实际通货膨胀率，π^*为目标通货膨胀率；W_1、W_2 为权重，由政策制定者测度和设定，但其和为 1(100%)。这里，如果存在负向产出缺口，联邦基金利率将更低一些，反之，如果存在正向产出缺口，联邦基金利率则更高一些，货币政策将对总产出发挥稳定性调节作用。同时，如果实际通货膨胀率高于目标通货膨胀率，利率将定得高一些，反之，如果实际通货膨胀率低于目标通货膨胀率，利率将定得低一些，货币政策对通货膨胀起到稳定性调节作用。

假定潜在产出为 10，而实际产出为 9.8，存在 2%的负向产出缺口；实际通货膨胀率与目标通货膨胀率均为 1%，无缺口；中性的实际联邦基金利率为 2%，权重均设为 0.5。那么，联邦基金利率应当设定为 1%，并据此提供货币供应量。具体的计算如下：

$$i = 2\% + 0.5 \times \left(\frac{9.8 - 10}{10} \times 100\%\right) + 0.5 \times (1\% - 1\%) = 1\%$$

显然，该利率低于目标利率，目的是发挥货币政策的扩张性作用，消除负向产出缺口，以稳定宏观经济，表明泰勒规则具有新凯恩斯主义主张干预经济的倾向。

8.5 宏观经济政策争论

宏观经济政策的一个核心问题是产品价格和工资能否自动灵活调整使市场出清，使总需求和总供给在潜在产出(自然失业率)位置上达到均衡。对价格调整可能性和灵活性的不同认识是导致宏观经济政策取向分歧的重要原因。

8.5.1 古典经济学和新古典宏观经济学的观点

如图 8.9 所示，总需求 AD_0 和总供给 AS_0 决定的均衡总产出处于潜在产出（Y_0）位置上。假定宏观经济由于总需求冲击，总需求曲线移动到 AD_1，在与 AS_0 交点（A）达到均衡，均衡总产出降低为 Y_1，$Y_1 < Y_0$，存在衰退型产出缺口。市场经济能自动消除这个缺口吗？古典经济学和新古典宏观经济学都认为能。在存在衰退型缺口时，总需求小于总供给，产品卖不出去，企业将降价销售；同时，由于存在失业，劳动力市场需求降低，工人将愿意接受降低的工资，这将导致总供给曲线向下移动，直到移动到 AS_1，在与 AD_1 相交的 B 达到均衡，均衡总产出回到潜在产出水平，物价水平下降。物价水平下降调节供求关系，使宏观经济总产出在潜在产出达到均衡。

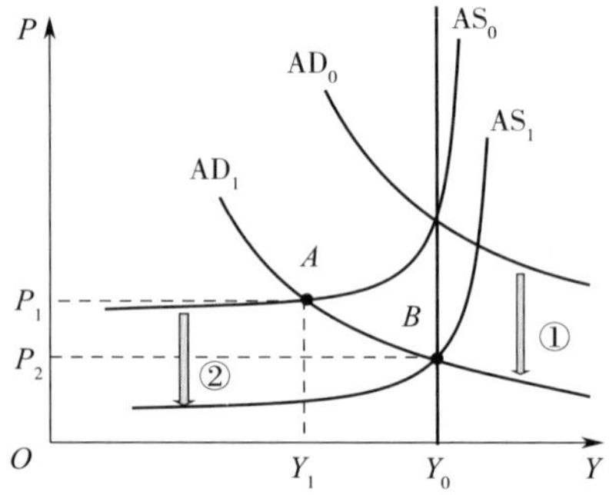

图 8.9　价格灵活与总供给变动消除紧缩型产出缺口

再假定由于正向总需求冲击，总需求曲线右移至 AD_2，宏观经济在 AD_2 与 AS_0 相交的位置（C）达到均衡，存在扩张性产出缺口，$Y_2 > Y_0$，如图 8.10 所示。市场经济能自动消除这个缺口吗？古典经济学和新古典宏观经济学认为能。在存在扩张型缺口时，总需求大于总供给，企业将涨价销售；同时，工人也要求工资上涨，总供给曲线将上移到 AS_2，在与 AD_2 相交的 D 达到均衡，均衡总产出回到潜在产出，同时物价水平上升。这样，物价水平的上升抑制了过高的总需求，使均衡总产出恢复到潜在产出水平。

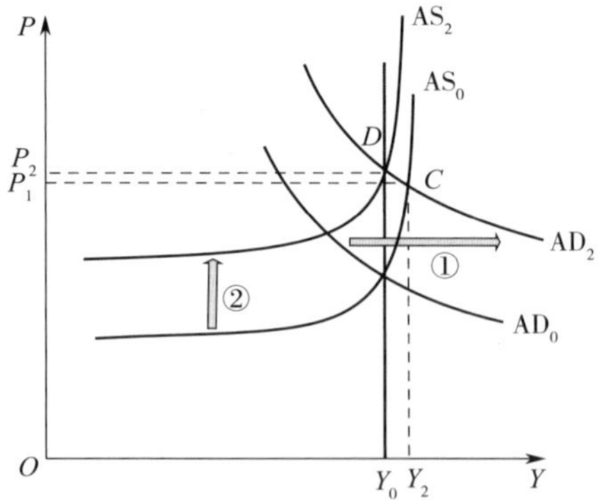

图 8.10　价格灵活与总供给变动消除扩张型产出缺口

因此，如果价格灵活，市场能够出清，不会持久存在产出缺口和周期性失业，无需政府干预。如前所述，理性预期学派试图恢复古典经济学的地位，与古典经济学的主张一致，反对政府实施宏观经济政策进行干预。

8.5.2　凯恩斯主义经济学和新凯恩斯主义经济学的观点

凯恩斯主义经济学认为经济衰退期间存在价格刚性，价格不能调整供求关系。在简单国民收入决定理论（即总支出-总收入模型）中，均衡总产出决定于计划的总支出，即使存在产出缺口，经济也无法自动调整而达到潜在产出，因此需要政府干预，实施稳定宏观经济的财政政策。在产品市场和货币市场同时均衡的国民收入决定模型（IS-LM 模型）中，均衡产出同样可能偏离潜在产出，除了财政政策之外，还可以采用稳定宏观经济的货币政策，财政政策和货币政策都是总需求管理政策。如前所述，新凯恩斯主义经济学认为，市场经济存在工资黏性和价格黏性，市场均衡存在很多不合意的情形，需要政府干预。

8.5.3　究竟要不要宏观经济稳定政策

宏观经济学争议最大的问题就是是否需要政府实施宏观经济稳定政策、是否需要政府干预经济，各种经济学学派可以划分为古典学派（包括新古典宏观经济学）和凯恩斯学派（包括新凯恩斯主义学派），前者不主张干预，后者主张干预。

从政策实践看，即使市场经济能够通过产品价格和工资的自动调整以消除产出缺口，但并不意味着宏观经济政策就没有任何用途。宏观经济政策是否可以使用要看宏观经济自调整的速度。如果宏观经济自调整长期不能达到充分就业水平，则使用相机抉择的宏观经济稳定政策就是必要的。新凯恩斯主义经济学认为，经济中存在诸如长期合同和市场不完善等问题，价格和工资是黏性的，自调整缓慢，需要政府政策帮助经济恢复到正常水平。如果宏观经济出现小的波动，经济自调整迅速，政策干预可能就没有必要。

应当看到，政府干预还是不干预，以及干预是不是能达到预期效果，并不一定能科学决策。政府的宏观经济稳定政策并不总是科学准确的，而有时是艺术的。总体上看，尽管存在争议，作为凯恩斯学派的新凯恩斯主义经济学在西方国家属于主流经济学，政府干预经济仍然占主导地位。

8.5.4　经济学学派及其宏观经济稳定政策主张

图 8.11 对经济学学派及其宏观经济稳定政策主张进行一个总结和梳理。从思想根源上看，西方经济学各学派分别发轫于自由主义的古典经济学和政府干预经济思想。

（1）古典经济学和新古典经济学。从亚当·斯密开始，西方经济学持古典经济学思想，倡导价格调节的市场经济。经过边际效用革命，并由于马歇尔的贡献而发展为新古典经济学，主要探讨价格调节的市场经济，并认为市场经济是和谐的，无须政府干预。

（2）凯恩斯经济学。由于资本主义经济危机尤其是 1929—1933 年大萧条的影响，政府干预经济的思想受到重视，凯恩斯强调了西方经济学中关注经济的需求方面并从需求方面认识经济的不稳定性，建立了凯恩斯宏观经济学，提出政府干预经济的总需求管理政策。

（3）新古典综合派。萨缪尔逊将新古典经济学与凯恩斯经济学综合起来，形成新古典综合派，总体上坚持政府干预经济思想，并在第二次世界大战到20世纪70年代占统治地位。

（4）新古典宏观经济学。20世纪70年代，凯恩斯经济学和新古典综合派遇到滞胀的挑战，经济自由主义思想兴起，产生了供给学派、货币主义学派、理性预期学派，坚持古典经济学的基本思想，反对相机抉择的总需求管理政策，形成新古典宏观经济学。

（5）新凯恩斯主义经济学。在受到新古典宏观经济学挑战后，凯恩斯经济学派的学者吸收新古典宏观经济学的合理思想，从微观经济中的价格黏性和市场的不合意性论证政府干预经济的必要性，形成新凯恩斯主义经济学。

（6）后凯恩斯学派。也有一些经济学家坚持原教旨主义凯恩斯经济学，论证政府干预经济的必要性，被称为后凯恩斯学派。

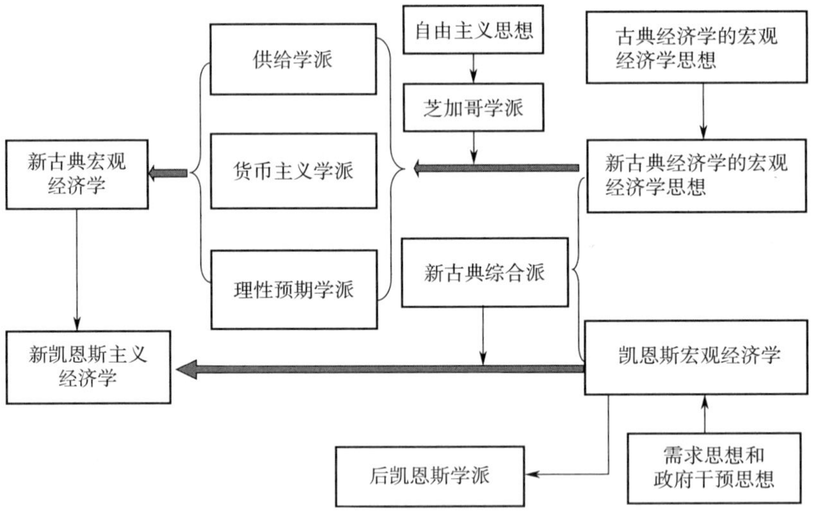

图8.11　宏观经济学流派概览

总体上看，新凯恩斯主义经济学是当代西方经济学的主流，并在国家政策制定中起主导作用，而新古典宏观经济学更多表现为理论探讨，后凯恩斯学派无论在政策上还是在理论上的影响相对较小。当然，尽管各学派在国家政策制定中的地位和作用不同，但其在理论发展上都有很大成就，都值得学习、研究和借鉴。

8.6　失业和通货膨胀问题的其他解决对策

解决失业和通货膨胀问题与宏观经济稳定政策是一致的，但也有一些特殊措施。

8.6.1　解决失业问题的对策

就业是民生之本，实施失业保障、促进就业，是社会建设的重要工作。宏观经济稳定政策在稳定总产出的同时，有利于消除偏离自然失业率的周期性失业。除了针对周期性失业采取扩张性宏观经济政策外，还需要解决其他失业问题。

（1）应对缺口性失业，发展经济创造就业机会。发展中国家尤其面临缺口性失业问题，经济发展不能提供充分的就业机会。针对缺口性失业，应有针对性地采取鼓励投资、吸引外资、发展生产等办法发展经济，以增加就业。还可以考虑采取发展劳动密集型产业和服务业的方法，促进就业。

（2）发展劳动力市场，促进就业。经济中客观存在由于寻找工作、用人单位和工人信息不对称导致的摩擦性失业，以及经济结构转换导致的结构性失业，针对于此，政府和其他社会组织可以建立发展劳动力市场、促进就业的相关制度，具体手段包括：政府提供一定的教育和培训服务，增强工人就业能力；建立就业指导机构，为工人就业提供咨询、信息服务和指导；设置面向失业者的公益就业岗位，促进再就业；积极完善劳动力市场，鼓励就业中介机构发展，促进就业。发展中国家还经常面临城乡分割的局面，城市化过程中劳动力转移不足导致的隐蔽性失业，针对于此，应改革户籍制度，增加劳动力的流动性，促进劳动力向高生产力部门转移。

（3）建立相关社会保障制度。针对客观存在的自然失业，建立失业社会保险制度、最低生活保障制度等社会保障制度，保障失业者基本生活，促进社会稳定。失业保险是政府组织的强制要求工人参加的一种社会保险，由工人和用人单位缴费筹资，失业工人获得一定时间的失业保险金。最低生活保障制度也称收入支持（（income support））制度，是国家社会救助制度的组成部分，对于家庭收入低于一定水平（贫困线）的实行社会救助，使之获得满足基本生活需要的收入。此外，建立个人所得税的劳动所得税收抵免（Earned Income Tax Credit，EITC）制度，对低收入者进行一定税收返还，激励工人在较低工资水平上就业，是一项将税收与社会保障相结合的社会制度，值得实行。

8.6.2　解决通货膨胀问题的对策

宏观经济稳定政策在稳定总产出的同时，尤其是实施总需求管理政策，有利于消除通货膨胀或者通货紧缩。但是，除了在应对经济过热导致的通货膨胀、经济萧条导致通货紧缩以及滞胀的对策外，针对通货膨胀或者通货紧缩，还有其他方面的相关理论和政策。

（1）凯恩斯主义治理通货膨胀政策的不同路径。凯恩斯主义主张用紧缩总需求的办法降低通货膨胀，即采用紧缩的财政政策和货币政策，治理通货膨胀。但是，有所谓渐进主义和激进主义的不同路径选择。渐进主义路径主张不进行大幅度紧缩，以避免宏观经济大幅波动，而是缓慢紧缩，期望对总产出和就业的消极冲击较小；激进主义的路径主张降低通货膨胀的速度要快，应当大幅度紧缩，这样才能产生抑制通货膨胀的效果。

（2）货币主义学派治理通货膨胀的政策。货币主义学派认为，通货膨胀一定是由于货币供给量过大造成的，应当采取紧缩性货币政策治理之。从总体上看，为避免通货膨胀，应当始终采取单一规则，即中央银行确定和公布一个货币增长率并实施之。货币增长率为经济增长率和目标通货膨胀率之和，宏观经济在自然失业率上运行，也就无须实施相机抉择货币政策，从而避免经济波动。

（3）供给学派治理通货膨胀的政策。供给学派认为，通货膨胀尤其是滞胀是由于总供给下降导致的，需要从总供给方面入手解决滞胀问题，具体政策就是减税和减少政府开支，使总供给曲线右移，降低通货膨胀率，同时增加产出。

（4）新凯恩斯主义经济学治理通货膨胀的政策。除了采取凯恩斯主义总需求管理政策之外，新凯恩斯主义经济学还提出一些新办法。①收入政策。对工资进行控制，避免工资与物价螺旋式上升。②道义劝说。政府及监管机构劝说工会等经济组织不要轻易涨价，避免通货膨胀。政府根据当年经济发展调控目标，向企业发布年度工资增长水平的指导意见，是市场经济条件下政府宏观调控国民收入分配的方式之一。工资指导线对企业没有强制性，但其作用是为企业与工会开展工资集体协商及确定工资增长水平提供重要依据，有利于工资增长与经济增长相适应和稳定物价。③改变预期。预期对形成通货膨胀具有重要作用。政府通过行政指导、道义劝说等办法，降低公众关于通货膨胀的预期，有利于预防和减低通货膨胀。单一货币政策规则、通货膨胀目标制等也有利于稳定通货膨胀预期。

复习思考题

1. 辨析以下概念。拉弗曲线，政策时滞，货币主义的单一规则，泰勒规则，货币幻觉，附加预期的菲利普斯曲线，垂直的菲利普斯曲线，理性预期，信贷配给，菜单成本，收入政策。
2. 总需求管理的减税政策与供给学派的减税政策有何不同？
3. 供给学派财政政策的主要主张是什么？
4. 你同意货币主义学派提出的“货币最重要”的观点吗？
5. 为什么会形成价格黏性？
6. 简述政策时滞理论并说明其意义。
7. 评述泰勒规则的内涵和意义。
8. 宏观经济政策理论的主要分歧是什么？
9. 治理通货膨胀有些方面的政策选择？

第9章

国际贸易、国际金融与开放条件下的宏观经济

前面章节已经涉及诸如进出口、国外资金流入流出、汇率等国际经济概念，本章专门介绍国际贸易、国际金融、国际收支等国际经济学基本概念和理论，介绍这些国际经济活动的基本原理，分析开放经济条件下国内总产出的决定以及宏观经济政策问题。

9.1 国际经济与国际收支记录

9.1.1 国际经济的构成

9.1.1.1 国际经济活动的划分

一国的国际经济活动分为国际贸易活动、收入活动和国际金融活动，见图 9.1。其中，国际贸易包括货物贸易、服务贸易和技术贸易，即一般所说的商品和服务的进口和出口。收入活动指从国外获得初次分配收入和从国外获得收入转移，这些收入允许被带回母国，是国际经济活动的一部分，但其规模不大。国际贸易和收入二者在国际收支统计中统称为经常项目。国际金融指官方和非官方进行的实物资产转移和金融资产交易。其中，实物资产往来（资本往来）项目指国家间的实物资产的无偿转移，其规模很小，不是国际金融的主要部分。金融资产交易包括直接投资、证券投资和国际借贷，是国际金融的主要活动。国际金融相关收支在国际收支统计中称为资本和金融项目（或者称为资本项目、金融项目），并从官方和非官方的角度进行划分，官方的金融活动结果主要表现为一国储备资产的变化。

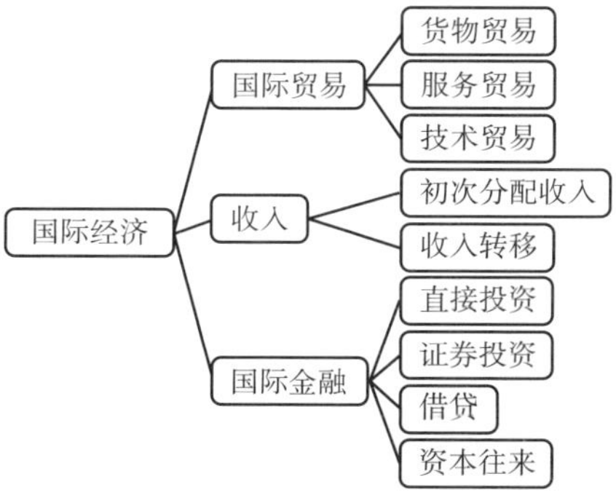

图 9.1　国际经济活动的主要内容

9.1.1.2 国际化的衡量指标

有一些衡量一国经济的国际化程度的指标，如对外贸易依存度、经济自由度指数、跨国公司规模和全球产业链等。

(1)对外贸易依存度。其又称对外贸易系数，指一国进出口总额与其国内生产总值或国民生产总值之比。从改革开放开始，我国对外贸易依存度曾经大幅上升。近年来，随着我国经济发展，国内经济水平提升，尽管进出口规模仍然上升，但对外贸易依存度下降。2008年，我国进出口总额 321 229.5 亿元，占 GDP 的 56.36%；2018 年，我国进出口总额 305 008.13 亿元，占 GDP 比重为 33.18%。2023 年，我国进出口总额 417 568.30 亿元，占 GDP 比重为 33.13%。

(2)跨国公司的数量。跨国公司(multinational Corporation)，指通过直接投资、转让技术等活动，在国外设立分支机构或与当地资本合股拥有企业的国际性公司。跨国公司是经济全球化的重要力量。一国跨国公司越多，其国际经济影响力越大。

(3)全球产业链的份额和地位。全球产业链指在全球范围内为实现某种商品或服务的价值而连接生产、销售、回收及处理过程的跨企业网络组织，它包括所有生产和销售活动的组织及其价值、利润的分配。由于经济全球化，一些重要的技术、原材料和中间产品、服务广泛深入到各国的产业链，一些国家控制了产业链的关键环节。

9.1.2 国际经济活动中的资金流动

不同的国际经济活动导致的资金在国家间的流动方向不同，这些资金流动作为一国国际收支统计的内容。

(1)国际贸易与资金流向。国际贸易，指国家之间的商品和服务的市场交易。国际贸易中，出口、向国外提供服务和技术的活动，使本国获得资金流入、获得收入，而进口、接受服务和技术则导致本国资金流出、发生支付。

(2)收入与资金流向。收入项目中，初次分配收入指由于向国外提供劳务、金融资产和出租自然资源而获得的回报，包括雇员报酬、投资收益等，为本国资金流入，相反则发生资金流出。收入转移指本国居民或非居民从国外无偿获得的收入，资金流入本国，相反则发生资金流出。

(3)国际金融与资金流向。国际金融，指发生在居民与非居民之间、涉及金融资产与负债的各类交易。金融账户分为非储备性质的金融项目和官方储备资产变动。非储备性质的金融账户包括直接投资、证券投资、金融衍生工具和其他投资。对外直接投资、对外贷款、证券投资等，发生本国资金流出，而形成资产；接受外国投资、接受贷款和证券投资等，发生本国资金流入，但形成负债。官方储备资产增加，表示资金流出，但形成本国储备资产，因为需要用资金购买储备资产(例如外国货币、黄金等)，而官方储备资产减少，则表示资金流入，因为此时需要卖出储备资产。

9.1.3 国际收支账户及其平衡关系

9.1.3.1 国际收支账户

为统计一国国际经济活动,建立国际收支账户体系。通常而言,一国国际收支账户按照经常项目、资本和金融项目(简称为金融项目)划分,而净误差和遗漏是对记录的国际收支不平衡的调整,因为原则上一国国际收支应当是平衡的,不平衡是由于净误差和遗漏导致的。国际收支账户体系构成见表 9.1。

表 9.1 国际收支账户体系的主要项目

序号	名称	解释
1	经常项目	本国与外国在一定时期内进行商品交易而经常性发生的收入和支出项目
	(1)货物和服务	指实物商品的进出口交易、服务的进出口交易
	(2)一次收入	指由于提供劳务、金融资产和出租自然资源而获得的回报
	(3)二次收入	指居民与非居民之间的经常转移,包括现金和实物。贷方记录我国居民从非居民处获得的经常转移,借方记录我国向非居民提供的经常转移
2	资本和金融项目	指借贷、证券投资和直接投资等金融活动引起的资金在国家间的流入和流出
	(1)资本账户	指居民与非居民之间的资本转移,以及居民与非居民之间非生产非金融资产的取得和处置
	(2)金融账户	发生在居民与非居民之间、涉及金融资产与负债的各类交易
	非储备性金融账户	包括直接投资、证券投资、金融衍生工具和其他投资
	储备资产	指中央银行拥有的对外资产。包括外汇、货币黄金、特别提款权、在基金组织的储备头寸。
3	净误差和遗漏	统计遗漏和误差导致的国际收入不平衡的调整

9.1.3.2 国际收支账户记录方法

与国民收入账户类似,通过对国际收支进行记录和计算,形成国际收支账户。国际收支账户有一些记账方法,主要是各项目的资金流入和流出的记录规则。在经常项目和金融项目中,分为贷方和借方,贷方表示资金流入、负债增加或者资产减少,记为“+”;借方表示资金流出、负债减少或者资产增加,记为“–”。同时,国际收支账户采取复式会计报表方法,同时记录资产变动和负债变动。为省略,有时仅表示资金的流入和流出的平衡关系。

9.1.3.3 国际收支账户平衡关系

国际收支平衡包括经常项目平衡、非官方金融项目平衡、国际收支平衡、存在遗漏和误差下的国际收支平衡。

(1)经常项目平衡。经常项目平衡用经常项目余额衡量,即:

$$\text{经常项目余额}=\text{经常项目收入}-\text{经常项目支出} \tag{9.1}$$

如果经常项目余额为正数,表明经常项目有资金净流入,存在经常项目收支盈余、顺差,否则为资金净流出,存在赤字、逆差。

（2）非官方（非储备性）金融项目平衡。非官方金融项目平衡关系用非官方金融项目余额衡量，即：

$$非官方金融项目余额 = 非官方金融项目收入 - 非官方金融项目支出 \tag{9.2}$$

如果非官方金融项目余额为正数，表明该项目有资金净流入，存在盈余、顺差，否则为资金净流出，存在赤字、逆差。

（3）国际收支平衡指包括经常项目、非官方金融项目和官方金融项目的平衡关系。此时，国际收支一定是平衡的，经常项目与金融项目的不平衡相互抵消，比如经常项目赤字需要用金融项目盈余来弥补，所以有：

$$经常项目余额 + 非官方金融项目余额 + 官方储备资产变动 = 0 \tag{9.3}$$

这是国际收支平衡的基本关系。

（4）存在遗漏和误差的国际收支平衡关系。如果考虑存在遗漏和误差，则国际收支平衡关系为：

$$经常项目余额 + 非官方金融项目余额 + 官方储备资产变动 - 差错和遗漏 = 0 \tag{9.4}$$

9.1.3.4 官方储备的平衡作用

官方储备资产变动来源于经常项目、非官方金融项目的余额，如果存在逆差，则官方储备减少，也就是说，官方将为其提供融资，例如用外汇储备为其提供融资，官方储备变动为负值；如果经常项目、非官方金融项目存在顺差，则官方储备增加，也就是说，官方将向相关本国企业购买外汇，相关企业将外汇卖给外汇管理机构，使外汇储备增加，官方储备变动为正值。所以，官方储备资产变动起到平衡作用。例如，假定没有遗漏和误差，一国某一年内经常项目余额为 100 亿元，非官方金融项目余额为-80 亿元，存在顺差 20 亿元。相应地，官方储备将增加 20 亿元，官方将为此支出以获得顺差带来的外汇，在官方储备资产变动中记为-20 亿元，这样才能平衡国际收支。这里，官方储备变动是一个平衡项目，即如下式所示。

$$100亿元 + (-80亿元) + (-20亿元) = 0$$

表 9.2 为 2020 年中国国际收支平衡表。这里，经常项目顺差为 2 488 亿美元，其中货物和服务顺差 3 586 亿美元，初次收入逆差 1 182 亿美元，二次收入顺差 85 亿美元；资本和金融项目逆差为 901 亿美元，其中资本项目逆差 1 亿美元，金融项目逆差 900 亿美元，而金融项目中，非储备性金融项目逆差为 611 亿美元。这样，除官方储备账户外，国际收支顺差为 1 876 亿美元，即为经常账户顺差减除资本和金融账户中的资本账户逆差（1 亿美元）和金融账户中非储备账户逆差（611 美元）。官方储备账户的储备资产变动为减少 289 亿美元，平衡了 1 791 亿美元顺差的一部分。但是，上述收支还是不平衡的，之所以如此，实际上还有官方没有统计到的 1 588 亿美元的遗漏和误差，这部分已经流出到国外，但没有记录到。

表 9.2　中国 2020 年国际收支平衡表(单位:亿美元)

序号	项目	贷方(+)	借方(-)	差额
1	经常账户	30 204	27 716	2 488
	1.1 货物和服务	27 389	23 803	3 586
	1.1.1 货物	25 100	19 989	5 111
	1.1.2 服务	2 289	3 814	-1 525
	1.2 初次收入	2 455	3 637	-1 182
	1.2.1 雇员报酬	147	145	2
	1.2.2 投资收益	2 279	3 483	-1 204
	1.2.3 其他初次收入	28	8	20
	1.3 二次收入	360	276	85
2	资本和金融账户	—	—	-901
	2.1 资本账户	2	2	-1
	2.2 金融账户	5 852	6 752	-900
	2.2.1 非储备账户	5 852	6 463	-611
	2.2.2 储备账户	—	—	-289
3	净误差和遗漏	—	—	-1 588

资料来源:国家外汇管理局网站,《中国国际收支平衡表时间序列(BPM6)》, http://www.safe.gov.cn/safe/2019/0627/13519.html, 2024-11-16。

注意:部分数据由于四舍五入而表现出某些差额不等于借贷的差额。

9.1.4　官方国际储备及其意义

国际储备(reserve assets),指一国货币当局持有的国外储备资产和对外债权。国际储备的形式包括外汇、黄金、国际货币基金组织(IMF)的特别提款权等。2020 年 12 月,我国官方储备资产总计 33 565.29 亿美元,主要储备资产是美元外汇,占官方储备的 95.83%;而黄金储备占 3.5%。表 9.3 是 2020 年 12 月我国的官方储备资产的构成情况。

表 9.3　中国 2020 年 12 月的官方储备资产构成(单位:亿美元)

项目(Item)	金额(亿美元)
1. 外汇储备(Foreign currency reserves)	32 165.22
2. 基金组织储备头寸(IMF reserve position)	107.65
3. 特别提款权(SDRs)	114.95
4. 黄金(Gold)	1 182.46(6 264 万盎司)
5. 其他储备资产(Other reserve assets)	-4.99
合计(Tota)	33 565.29

资料来源:国家外汇管理局网站:《官方储备资产》,http://www.safe.gov.cn/safe/2020/0207/22230.html,2024-11-16。

国际储备的作用主要体现在,一国货币当局可以通过对国外储备的调整(即买入和卖出外汇)影响外汇市场,从而影响汇率,实现稳定汇率和宏观经济的目标。具体地说,第一,一国政府尤其是实行固定汇率制度的国家的外汇管理部门通常将国际储备资产作为管理外汇和汇率的手段而使用。第二,实行浮动汇率的国家,政府对汇率干预少,一般不持有外汇或者很少持有外汇,其官方储备资产规模小。美元是世界货币(结算货币),美国当然很少有国际储备。第三,也有一些国家为了掌握国际经济主动权而避免被动,持有国际储备资产。第四,持有国际储备是有成本的。持有国际储备,需要在国内市场投放本币,增加了本币供应量,可能造成国内货币贬值。第五,持有其他国家货币(外汇)的,也可以进行投资获得收益,但是也有贬值的风险。

9.2 汇率、汇率形成和汇率制度

汇率是国际经济的特殊课题,也是一个重要的经济学课题。国际经济并不需要新的货币,但是不同国家使用不同的货币,需要不同货币之间的交换和结算。货币之间需要兑换,这个兑换关系就是汇率。

9.2.1 外汇

国际经济交往中,通常涉及不同的货币。中国人要购买美国生产的汽车,虽然直接向中国进口商、销售企业支付人民币,但中国进口商、销售企业要通过经营外汇的商业银行将人民币兑换成美元支付给美国汽车企业,当然这一般也会通过美国出口商、经营外汇的商业银行。无论如何,中国人要购买美国生产的汽车,总要有一个用人民币兑换美元进行支付的过程,因为中国人首先支付的是人民币,而美国汽车生产企业最后需要的是美元。

外汇(foreign exchange)指用于不同国家之间进行货币交易部分的货币。也可以说,外汇是一国进行国际贸易和国际金融活动所需要的货币。任何有国际经济交往国家的货币都可以成为外汇。中国持有或者需要兑换的美元对中国是外汇,而人民币对美国也是外汇。原则上,中国企业和美国企业进行交易,可以用美元结算,也可以用人民币结算,还可以用第三方货币结算。但是,无论如何,都需要进行货币兑换。实际上,有的国家货币成为结算货币,有的则不是。当今世界,美元被作为主要的结算货币。结算货币(settlement currency)是国际贸易和信贷合同中规定用作计价单位和支付手段的货币。

9.2.2 名义汇率

名义汇率(nominal exchange rate),即通常说的汇率,是两种货币兑换的比率,是一种货币用另一种货币表示的价格。汇率有两种标价方法。

9.2.2.1 间接标价法

间接标价法,也称卖出汇率、收入汇率,指 1 单位本币的外币价格,也就是 1 单位本币能够兑换外币的数量。这时候,外币处于货币的位置,而本币这时类似于商品。以人民币为本币,则 0.16 美元/人民币就是间接标价。这时,相当于买卖人民币(商品),0.16 美元是 1 元人民币的价格,人民币是交易标的。这种标价之下汇率的高低直接体现了人民币的购买力,类似于商品价格水平的高低，汇率越高，本币越有购买力。

9.2.2.2　直接标价法

直接标价法，也称买入汇率、支付汇率，指 1 单位外币的本币价格，是购买 1 单位外汇需要的本币数量。以人民币为本币，则 6.14 人民币/美元就是直接标价。这时，相当于美元是商品，而人民币是货币，1 美元的价格是 6.14 元人民币。在这种标价之下，汇率越高，则本币的价值越低。我国官方公布的汇率，经常采用这种标价方法（直接标价法），但是通常公布 100 美元的人民币价格，例如 100 美元兑换 614 元人民币。

9.2.2.3　外汇交易的中介机构

在汇率市场上，外汇买卖通过商业银行等外汇交易机构进行，有买入价和卖出价之分，都以商业银行等外汇交易机构为中心而言。买入价指商业银行等外汇交易机构的买入价格，卖出价指其卖出价格。卖出价高于买入价，以使其赚取差价。此外，外汇交易中，买入价格还有现钞和现汇之分。现钞买入价格低于现汇买入价格，因为商业银行等外汇交易机构收取现钞不如收取现汇方便。现钞和现汇的卖出价格则一致。

外汇还有一个中间价即基准价（standard price），由商业银行根据国际金融市场各币种买卖情况制定。我国外汇管理局负责发布一些币种的中间价，如美元、欧元等对人民币的中间价，其他币种各行自行计算。表 9.4 是国家外汇管理局公布的 2020 年 1 月 23 日的人民币汇率中间价。

表 9.4　外汇中间价（2024 年 11 月 15 日）

序号	100 单位外币	人民币数量（元）
1	美元	719.92
2	欧元	761.31
3	日元	4.4634
4	港元	92.499
5	英镑	915.6
6	澳元	466.79
7	新西兰元	423.45
8	新加坡元	537.09
9	瑞士法郎	812.04
10	加元	514.51

资料来源：国家外汇管理局官网：《人民币汇率中间价》，http://www.safe.gov.cn/safe/rmbhlzjj/index.html，2024-11-16。
*注：本表的汇率中间价均为直接标价法。

9.2.3　汇率制度：浮动汇率与外汇市场汇率决定机制

有两种基本的汇率制度，即浮动汇率和固定汇率制度。浮动汇率，指汇率由外汇市场的供求关系决定。浮动汇率制度进一步分为清洁的浮动和不清洁的浮动两种制度。清洁的

(clean)浮动制度指政府完全不干预外汇市场,也称自由浮动。不清洁的(dirty)浮动指政府对外汇市场进行一些干预,也称为有管理的浮动。

外汇市场的汇率是由外汇市场需求和外汇市场供给决定的,就是浮动汇率的基本形成机制。

9.2.3.1 外汇供给

以人民币作为外汇为例,采用间接标价法分析。人民币外汇供给是我国的家庭和企业因为需要支付购买外国产品和资产而在外汇市场用来兑换美元的人民币数量。例如,中国人要购买美国的产品或者服务,如美国汽车,价格为 10 万美元,这就需要用人民币兑换 10 万美元,从而提供了人民币,就是人民币外汇供给,例如, 61.4 万元人民币。再如,中国人要购买美国的资产,例如,购买美国境内发行的股票,中国人也需要用人民币兑换相应数量的美元,也提供人民币供给。

在实践中,外汇市场上存在大量投机行为,外汇交易并非主要用于进出口,进出口交易量相对于外汇交易量占比已经很小,比如美国外汇交易量是进出口总量的 25 倍,很多外汇交易具有投机性。因此,用资产的国际交易分析外汇的需求和供给更加符合实际,而资产交易又有很大成分的投机性质。但有时在表明浮动汇率调节进出口的功能时,忽略外汇的投机交易,这是一种模型。

外汇供给量与汇率(间接标价法)成正比,外汇供给曲线向右上方倾斜,如图 9.2 所示。汇率越高,用本国货币标价的外国商品和资产越便宜,进口和国外资产购买增加,从而为市场提供更多外汇。例如,人民币汇率从 0.1 美元/人民币上升到 0.2 美元/人民币,则 1 辆美国 10 万美元汽车的人民币价格从 100 万降低到 50 万元,中国将增加对美国汽车进口,增加人民币外汇供给。汇率变动改变了进口商品的相对价格,尽管美国产品价格并没有改变。

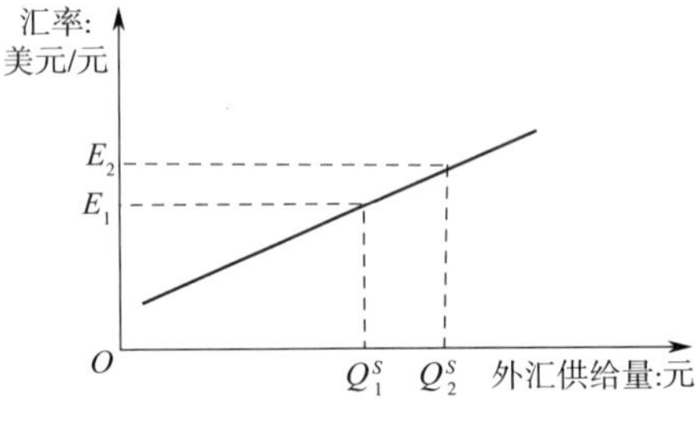

图 9.2 外汇市场供给曲线

9.2.3.2 外汇需求

外汇市场上的人民币需求是外国人需要进口中国的商品和购买中国资产或其他用人民币定价的资产,需要人民币进行支付,从而需要兑换一定数量的人民币。例如,美国人要购买中国的产品或者服务,如美国人要到中国旅游花费 1 万元人民币,就需要用一定数量的美元兑换 1 万元人民币,从而产生对人民币外汇的需求。再如,美国人要购买中国资产,如要购买浦发银行发行的股票,股票是用人民币定价的,美国人需要用美元兑换相应数量的人民币,产生对人民币外汇的需求。当然,也有各种投机者直接购买人民币进行外汇投机。

外汇需求量与汇率成反比,外汇需求曲线向右下方倾斜,如图 9.3 所示。因为汇率越高,相当于我国商品和资产价格越高,外国进口或者资产购买将减少。如北京旅游价格标价

1 万元人民币，汇率从 0.1 美元/人民币上升到 0.2 美元/人民币，相当于费用从 1 000 美元上升到 2 000 美元，美国人到中国旅游的人数会减少，从而减少对人民币外汇的需求。

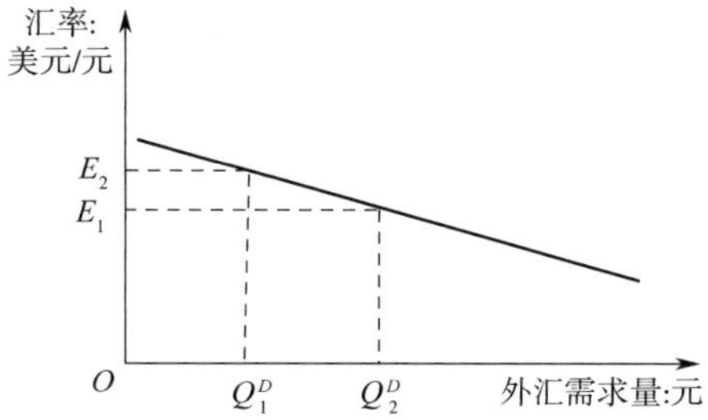

图 9.3　外汇市场需求曲线

9.2.3.3　外汇市场均衡与汇率决定

在某一个汇率水平，比如 0.14 美元/人民币，人民币外汇需求量等于供给量，达到外汇市场均衡。图 9.4 给出了外汇市场均衡的图示，外汇市场需求曲线和供给曲线相交于 E 点，相应的均衡汇率为 E_E，均衡外汇量是 Q_E。

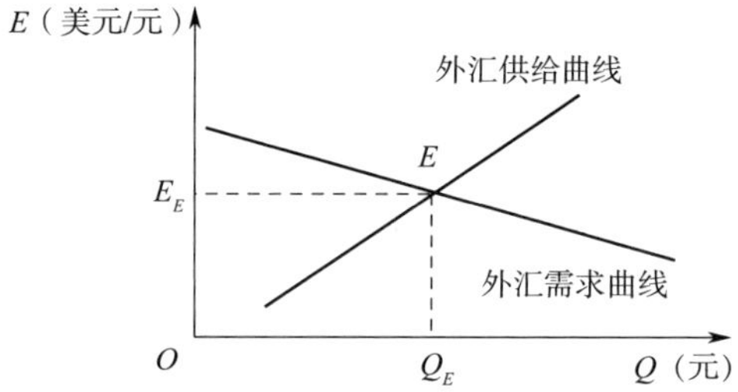

图 9.4　外汇市场均衡和汇率决定

9.2.3.4　汇率变动

影响汇率的其他方面，表现为外汇需求曲线或供给曲线移动。影响外汇市场的需求方面的因素有：中国商品市场价格相对于美国下降，美国人将进口更多的中国商品，对人民币外汇需求增加，外汇需求曲线右移；美国人对中国产品偏好增加，导致外汇需求曲线右移；美国收入增加，增加对中国产品和服务的进口，导致外汇需求曲线右移；中国资产的实际利率上升，美国人增加对中国资产的购买，导致外汇需求曲线右移。如果其他条件不变，外汇需求曲线右移，将导致汇率上升，均衡外汇数量增加，本币升值，如图 9.5 所示，由于外汇市场需求曲线右移，均衡汇率从 E_E 上升到 E_1。

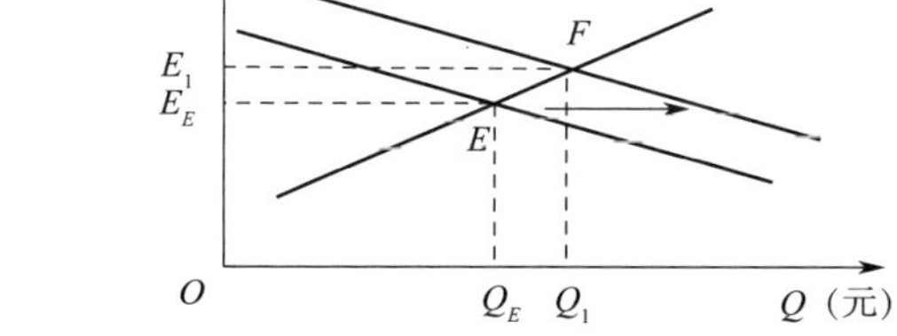

图 9.5　外汇需求扩大与外汇市场变动

影响外汇市场的供给方面的因素源于本国（中国）对外国（美国）进口、投资的变化，具体包括：美国商品市场价格相对于中国变得便宜，中国人将进口更多美国商品，外汇供给曲线右移，外汇供给增加；中国人对美国产品偏好增加，导致外汇供给曲线右移，供给增加；中国收入增加，增加对美国产品的进口，导致外汇供给曲线右移；美国资产的实际利率上升，中国人增加对美国资产的购买，导致供给曲线右移。如果其他条件不变，外汇供给曲线右移，将导致汇率下降，均衡外汇数量增加，本币贬值，如图 9.6 所示，由于外汇市场供给曲线右移，均衡汇率从 E_E 下降到 E_2。

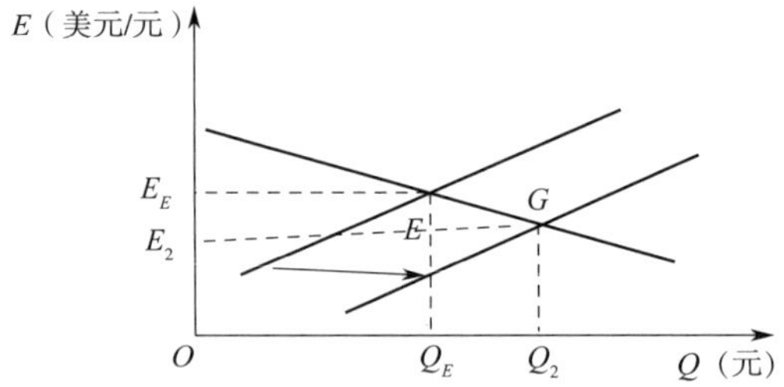

图 9.6　外汇供给扩大与外汇市场变动

9.2.3.5　浮动汇率与进出口平衡的调节

本国商品相对于国外价格越高，外国进口越少；本国货币汇率越高，相当于本国商品价格越高。所以，一国的出口与本国价格（P）成反比，与汇率（E）也成反比。如果一国的商品价格低于其他某一个国外价格（P^f），会引起出口。但是，在浮动汇率机制作用下，出口不可能不断扩大，而是将缩小，因为出口导致外汇市场上对本国货币作为外汇的需求上升，本国货币升值，而本国货币升值使包括汇率在内的本国商品相对价格即实际汇率（EP/P_f）上升，抑制出口，而外国商品的价格相对下降，本国进口增加。因此，在浮动汇率作用下，一国进出口将趋于平衡，并决定了一个均衡的汇率水平。这个过程和机制可以简要用图 9.7 反映。

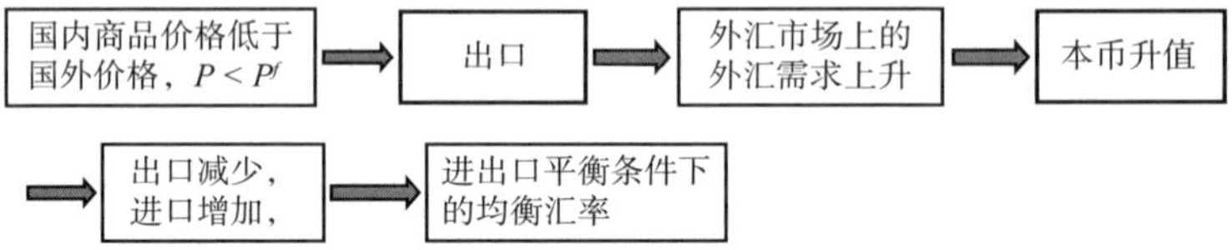

图 9.7　浮动汇率与进出口平衡

当然，实际上，在现代国际经济中，一国进出口并不是仅仅依靠汇率进行平衡的，进出口不平衡可以用金融账户进行平衡，包括非储备的金融账户和作为官方储备的金融账户进行平衡。

经济学与经济制度：近年我国人民币对美元的汇率

附表给出了 2004—2023 年我国人民币对美国美元汇率的变化。可以看到，2004 年以来，我国人民币对美元汇率总体上呈现先升值后贬值的两个阶段，前 10 年人民币贬值，后 10 年人民币升值。从 2004—2014 年，100 美元兑换人民币的数量从 827.68 元下降到 614.28 元，人民币呈现升值趋势。从 2014 年开始到 2023 年，从 100 美元兑换 614.28

元人民币上升到 704.67 元，人民币呈现贬值趋势，附图更加清楚表明了这种变化趋势。

附表：2004 年以来我国人民币对美元汇率（单位：元/100 美元）

年份	汇率	年份	汇率
2004	827.68	2014	614.28
2005	819.17	2015	622.84
2006	797.18	2016	664.23
2007	760.4	2017	675.18
2008	694.51	2018	661.74
2009	683.1	2019	689.85
2010	676.95	2020	689.76
2011	645.88	2021	645.15
2012	631.25	2022	672.61
2013	619.32	2023	704.67

注释：本表的汇率为年平均价。

资料来源：国家统计局：国家数据，https://data.stats.gov.cn/easyquery.htm? cn=C01，2024-11-16。

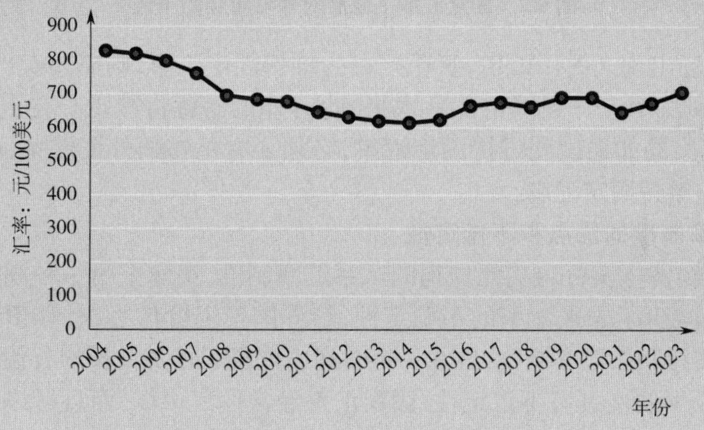

附图　我国人民币对美元汇率的变化（2004—2023 年）

9.2.4　固定汇率制度

9.2.4.1　固定汇率与固定汇率制度

固定汇率，指由一国法律规定或者政府干预所设定的汇率。当市场汇率偏离固定汇率的时候，货币当局通过在外汇市场买入或者卖出外汇进行干预，维持固定汇率。显然，这需要国家有足够的外汇储备。外汇储备（foreign exchange reserve），指本国货币当局所持有的、在外国银行的外汇存款等能够得到外国偿付的他国货币资产。当然，固定汇率也可以进行一定的调整，并非始终维持一个固定汇率水平。

9.2.4.2 固定汇率与政府干预

假定人民币实行固定汇率制度。在固定的汇率水平（例如 0.125 美元/元）上，人民币需求增加，外汇需求曲线右移，人民币外汇需求大于供给，出现市场升值，例如市场汇率上升为 0.2 美元/元。那么，为维持固定汇率，政府货币当局可以通过外汇市场进行干预，维持固定汇率，具体办法就是，货币当局在外汇市场上卖出人民币，增加人民币供给，使外汇供给曲线右移，直到汇率下降到固定汇率水平，如图 9.8 所示。同时，由于货币当局卖出人民币，其外汇储备将增加。

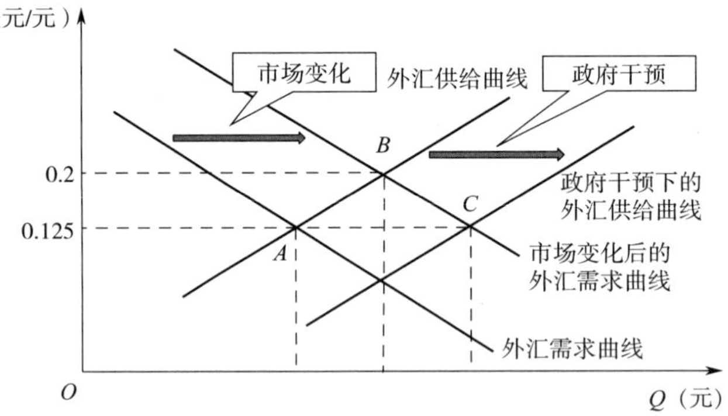

图 9.8 固定汇率下政府对外汇市场的干预

如果外汇市场出现人民币贬值，货币当局为维持固定汇率，则需要卖出美元外汇，增加人民币需求，直到汇率上升到固定汇率水平，此时外汇储备将减少。在汇率降低（本币贬值）的时候，货币当局如果试图维持固定汇率，必须要有足够的外汇储备，如果没有足够的外汇储备，则无法维持固定汇率。

9.2.4.3 固定汇率制度的优点和不稳定性

世界上一些经济体实行与美元挂钩的联系汇率制度，实际上是一种固定汇率。固定汇率制度的优势是减少了未来汇率的不确定性，给外国投资者信心，有利于利用外资。阿根廷、泰国等都曾实行联系汇率制度，也在一定时间内取得了经济增长的有益成效。

但是，固定汇率制度具有不稳定性，固定汇率经常偏离市场，而且最终可能因为不能维持而导致放弃固定汇率，产生巨幅波动尤其是货币贬值。1997 年泰国、2002 年阿根廷都经历了无力偿付债务、放弃固定汇率、货币贬值导致的金融危机和经济衰退。

由于固定汇率制度的优势和不稳定性并存，一些国家试图建立统一货币，比如欧元。欧元（Euro）是欧洲联盟中 20 个国家的通用货币。欧元区的 20 个成员国分别是德国、法国、意大利、荷兰、比利时、卢森堡、爱尔兰、西班牙、葡萄牙、奥地利、芬兰、立陶宛、拉脱维亚、爱沙尼亚、斯洛伐克、斯洛文尼亚、希腊、马耳他、塞浦路斯和克罗地亚。摩纳哥、圣马力诺、梵蒂冈、安道尔、黑山和科索沃地区等 6 个非欧盟成员国（地区）也将其作为货币。欧元由欧洲中央银行（European Central Bank，ECB）和各欧元区国家的中央银行组成的欧洲中央银行系统（European System of Central Banks，ESCB）负责管理。欧元使欧洲单一市场得以完善，欧元区国家间自由贸易更加方便，是欧盟一体化进程的重要组成部分。

9.2.4.4　金本位、布雷顿森林体系与世界货币体系

1870—1914 年间，世界主要国家货币在金本位（gold standard）下运行，各国货币都具有固定的含金量，各国货币之间也就维持一个固定的兑换比例，这实际上是一种固定汇率制度。

金本位有三个显著特点：①黄金在国家之间和个人之间自由流动，黄金是普遍接受的货币；②各国政府通过黄金维持本国货币的价值以及彼此之间的兑换；③没有一个国际协调组织来管理货币及其兑换。在金本位制下，各个国家都需要持有一定数量的黄金储备，以维持本币对于其他国家货币价值的稳定，实际上形成了固定汇率。如果一国进口超过出口，就需要政府动用黄金储备来平衡国际收支赤字。相应地，由于黄金流出，本国货币供应量将减少，从而导致本国总产出和总收入减少，这样会导致本国物价和工资下降，从而增加出口、减少进口，直至进出口平衡和停止黄金流出。

20 世纪 30 年代，美国联邦储备局实施货币紧缩政策，减少了进口，增加了美国的黄金流入，法国也采取了类似的紧缩政策。到 1932 年，美国和法国持有的黄金储备达到世界货币黄金的 70%。其他国家也试图变卖资产来保有黄金储备，带动了世界各国的货币紧缩政策，这导致银行经营困难，一些银行倒闭，甚至大萧条在资本主义国家蔓延。1934 年，美国宣布放弃金本位制，个人不能将美元货币兑换为黄金，但是实行金汇兑本位制，外国政府可以使用美元兑换黄金，也就是说，作为外汇的美元可以兑换黄金。

第二次世界大战以后，主要工业化国家一致同意维持固定汇率，这个协议由 1944 年布雷顿森林（美国新罕布什尔州的一个市镇）会议上达成，故称为“布雷顿森林体系（Bretton Woods System）”。布雷顿森林体系的实质是：美元确定一个含金量，而其他国家货币与美元保持一个固定汇率，并通过各国货币当局买入或者卖出本国货币来实现。为维持固定汇率，各国需要动用外汇储备进行干预。当一个固定汇率不能维持时，需要进行贬值重估，调整固定汇率值。这就是所谓的联系汇率制度。《布雷顿森林协定》还建立了国际货币基金组织（International Monetary Fund，简称 IMF），以帮助那些维持本国货币汇率困难的国家。之后的 1945 年，还成立了世界银行（World Bank），为发展中国家的经济发展提供贷款。

布雷顿森林体系建立在美国一国的经济基础之上，以美元一国货币作为主要的国际储备和支付货币。但是，如果让美元成为世界货币，一方面就需要美国保持经常项目下的贸易赤字，让美元流出美国，让其他国家获得足够的美元；另一方面，随着美元的流出和持续增长的赤字，则会影响美元持有国对于美元信心，一旦有任何波动，将会出现恐慌性的抛售。或者说，美元价值要稳定，它就不能作为国际货币；美元要作为国际货币，它的价值就难以稳定，这就是由美国耶鲁大学罗伯特·特里芬（Robert Triffin）教授提出的所谓特里芬两难（Triffin Dilemma），又称为“信心与清偿力两难”，指出了布雷顿森林体系存在的其自身无法克服的内在矛盾。该命题的结论是，世界货币体系的稳定不能依赖任何单一国家来保障。1971 年 8 月，美国政府宣布放弃金汇兑本位制，布雷顿森林体系瓦解，主要资本主义国家逐步实行浮动汇率。当然，也有一些国家继续实行联系汇率制度，但不再以黄金本位为基础。

9.2.5 实际汇率与购买力平价

9.2.5.1 实际汇率

实际汇率(real exchange rate),指本国产品和服务相对于外国产品和服务的相对价格,国内产品价格为 P,相应产品国外价格为 P^f,名义汇率为 E,用公式表示的实际汇率(e)为:

$$e=\frac{P}{P^f/E}=\frac{EP}{P^f} \tag{9.5}$$

例如,同样的计算机美国价格 2 400 美元,日本价格 242 000 日元,名义汇率为 110 日元/美元,实际汇率就是美国计算机的价格与日本计算机的价格之比,这里的实际汇率为:

$$\text{实际汇率}=\frac{EP}{P^f}=\frac{110\times 2400}{242000}=1.09$$

这表明,美国计算机相对于日本计算机的价格更高,美国一台计算机相当于日本的 1.09 台,或者说美国计划价格是日本的 1.09 倍。所以,实际汇率也就是不同国家产品的交换比率。

将单个产品扩展到一篮子产品甚至整个经济,P 表示本国物价水平,P^f 表示国外价格水平,用 e 表示实际汇率,式 9.5 也成立,即有:

$$e=\frac{EP}{P^f} \tag{9.6}$$

实际汇率表明一国商品相对于国外商品价格的高低。实际汇率大于 1,表明本国商品价格相对高;实际汇率小于 1,表明本国商品价格相对低。

9.2.5.2 实际汇率与进出口方程

决定进出口的因素有两个,一个是国内外商品的相对价格(P/P^f),另一个是名义汇率(E)。国内商品价格越低,相对价格也越低,则实际汇率越低,越容易出口;名义汇率越低,本国商品相对价格也越低,越容易出口。因此,实际汇率综合了相对价格和名义汇率两个因素。据此,可以写出净出口方程如下:

$$NX=X-M=q-\gamma Y-n\frac{EP}{P^f}=q-\gamma Y-ne \tag{9.7}$$

这里 q 表示自主净出口,γ 和 n 都是正系数。净出口与名义汇率成反比,与本国价格成反比,而与国外价格成正比,综合来说,净出口与实际税率成反比。

9.2.5.3 购买力平价

如果国际贸易在充分竞争的国际市场中进行,假定运输成本很低而忽略不计,则同一商品在各个国家的价格必然相同;尽管使用不同货币标价,但其价值应当相同,这就是不二价定律(一价定律)。比如说,1 千克大米在澳大利亚卖 5 澳元而在印度卖 150 卢比,5 澳元应当与 150 卢比等价。基于此,不二价定律意味着名义汇率应当等于同一商品在不同国家的价格之比。在上述例子中,理想的名义汇率为 30 卢比/澳元,即名义汇率:

$$E=\frac{150\text{卢比}}{5\text{澳元}}=30\text{卢比/澳元}$$

而实际汇率应当恒等于 1,即:

$$e=\frac{EP}{P^f}=\frac{30\text{卢比}/\text{澳元}\times 5\text{澳元}}{150\text{卢比}}=1$$

基于上述，人们提出购买力平价汇率（Purchasing Power of Parity，PPP）的概念，指一篮子商品在不同国家的价格比，是一种长期的理想的名义汇率，即：

$$PPP=\frac{P^f}{P} \tag{9.8}$$

在上述例子中，选择大米作为一篮子商品，澳元价格对卢比价格的比率为 30 卢比/澳元，就是一种购买力平价，即：

$$PPP=\frac{150\text{卢比}}{5\text{澳元}}=30\text{卢比}/\text{澳元}$$

国际货币基金组织（IMF）与世界银行（WB）公布的各国 GDP 有两种，一种是按照市场汇率计算出来的各国 GDP，用相同的货币（例如美元）计价，使之可比；另一种是按照购买力平价（PPP）计算出来的各国 GDP，也是使用相同的货币计价，但与市场汇率不同。2013 年，按照购买力平价计算，人民币对美元的市场购买力平价大致为 0.25 美元/元，而名义汇率为 0.15 美元/元，购买力平价更高，而按照购买力平价计算的中国 GDP 水平会更高。

9.2.5.4　购买力平价理论与汇率变化

两国货币之间的汇率，将根据两国商品价格水平变化进行调整。假定印度大米价格上升了 10%（达到 165 卢比），而澳大利亚大米价格不变，由于实际汇率趋向于 1，名义汇率将调整到 33 卢比/澳元，也上升 10%。也就是说，由于印度大米价格上升，澳元将升值，而卢比将贬值。

进一步说，根据购买力平价理论，经历过显著通货膨胀的国家，货币将贬值。假定印度发生了显著的通货膨胀，大米价格从 150 卢比上升到 300 卢比，而澳大利亚价格没有变化，则澳元对卢比的购买力平价上升为 60 卢比：

$$PPP'=\frac{300\text{卢比}}{5\text{澳元}}=60\text{卢比}/\text{澳元}$$

印度发生通货膨胀后，澳元升值，而卢比贬值。当然，这需要长期调整。所以，购买力平价被视为一种长期汇率。

经济学与经济制度：购买力平价与中国经济的世界地位

进行各国经济规模的比较时，通常用市场汇率进行换算。但是，购买力平价理论认为，用市场汇率换算的结果存在低估发展中国家经济规模的不足。为此，世界银行等一些国际组织试图用购买力平价估算各国的经济规模。但是，各国商品并非都是在世界范围内流通的，存在一些不可比的因素，用可比商品之间的比价关系推断不可比商品之间的比价关系，又会存在高估发展中国家经济规模的不足。对此，中国统计学会顾问许宪春的文章很有代表性，这篇文章针对 2024 年世界银行发布新一轮（2021 年轮）国际比较项目（ICP）计算的 2021 年世界各参与经济体本币对美元的比价、GDP 和人均 GDP 等数据进行评论，尤其指出“新一轮购买力平价结果并没有改变中国作为最大发展中国家的地位”，下面介绍其主要观点。

根据发布结果，以美元为基准，2021年中国购买力平价(PPP)值为3.99，相当于当年美元对人民币市场汇率的61.81%。因此，按PPP法换算的中国GDP及其支出项目和人均GDP等数据与按汇率法计算的相应数据之间的差异非常大。从中国和美国对比看，按PPP法计算，2021年中国GDP为28.82万亿美元，美国为23.59万亿美元，中国GDP比美国多出5.23万亿美元，排在世界第一位，超过美国GDP22.17%；中国占世界GDP的比重为18.91%，高于美国3.43个百分点。按市场汇率法计算，2021年中国GDP为17.81万亿美元，美国为23.59万亿美元，中国GDP比美国少5.78万亿美元，排在世界第二位，低于美国GDP 24.50%；中国占世界GDP的比重为18.52%，低于美国6.01个百分点。显然，按PPP法与按市场汇率法计算的结果相比，中国与美国GDP的前后排位调了个。附表给出了世界银行发布的经济规模(GDP)和人均GDP排名前十国家的名单。

附表:2021年按PPP法和汇率法计算的全球前10大经济体的GDP

按PPP法计算的GDP			按汇率法计算的GDP		
排名	经济体	GDP(万亿美元)	排名	经济体	GDP(万亿美元)
1	中国	28.82	1	美国	23.59
2	美国	23.59	2	中国	17.81
3	印度	10.96	3	日本	5.01
4	俄罗斯	5.73	4	德国	4.28
5	日本	5.57	5	英国	3.14
6	德国	5.15	6	印度	3.07
7	巴西	3.71	7	法国	2.96
8	法国	3.65	8	意大利	2.16
9	英国	3.54	9	加拿大	2.01
10	印度尼西亚	3.53	10	俄罗斯	1.84

观察发现，与按汇率法计算的GDP世界排名相比，发展中国家按PPP法计算的GDP世界排名都跃升了，而发达国家的排名都后移了。中国由第2位跃升到第1位，印度由第6位跃升到第3位，俄罗斯由第10位跃升到第4位，巴西由第13位跃升到第7位，印度尼西亚由第16位跃升到第10位；而美国由第1位后移到第2位，日本由第3位后移到第5位，德国由第4位后移到第6位，英国由第5位后移到第9位，法国由第7位后移到第8位，意大利和加拿大分别由第8位和第9位后移到第11位和第15位。与按汇率法计算的GDP相比，发展中国家按PPP法计算的GDP提高的幅度明显高出发达国家。中国、印度、俄罗斯、巴西和印度尼西亚分别高出61.80%、256.61%、210.94%、127.14%和197.56%；日本、德国、英国和法国分别高出11.21%、20.45%、12.74%和23.28%。上述发展中国家与发达国家排名的变化和提高幅度的差异存在不合理成分，这主要是由于发展中国家以建筑产品、服务项目为主要内容的不可贸易品占相当大的比重，这会导致按PPP法计算的发展中国家的经济规模被明显放大。

经过有关国际组织和国际专家的长期努力，国际比较方法不断改进，但是到目前为止，仍然存在许多不完善的方面。对中国而言，针对一些细分类项目，例如建筑品所采用的方法难以客观地反映中国的实际情况。在 2021 年轮国际比较项目中，我国所在的亚太地区建筑品 PPP 测算采用投入法（包括原材料费用、设备租赁费、人工成本等），而欧盟-OECD 地区建筑品 PPP 测算采用产出法，两种不同方法测算的建筑品 PPP 具有一定的不可比性。就中国来说，建筑品的投入价格低于产出价格。同时，由于建筑品支出在中国支出法 GDP 中的占比远高于国际平均水平，建筑品 PPP 的测算结果拉低了中国的 PPP，从而拉高了按 PPP 法计算的中国 GDP。

另外，衡量一个国家是发达国家还是发展中国家的指标不是 GDP，不论是按汇率法计算的 GDP 还是按 PPP 法计算的 GDP，都不能反映一个国家的发达程度。看一个国家是发达国家还是发展中国家主要应看人均经济发展水平即人均 GDP，包括按汇率法计算的人均 GDP 和按 PPP 法计算的人均 GDP。按 PPP 法计算的 2021 年中国 GDP 虽然很大，但中国人口众多，2021 年为 14.12 亿人，是同年美国人口的 4.25 倍。按 PPP 法计算，2021 年中国人均 GDP 为 20407 美元，相当于同年美国人均 GDP（70988 美元）的 28.75%，在世界银行公布的 192 个经济体中排在第 85 位，与 2021 年按 PPP 法计算的世界人均 GDP（20271 美元）大体相同。

（资料来源：许宪春："新一轮购买力平价结果并没有改变中国作为最大发展中国家的地位"，人民网，2024-05-31）

9.3　国际贸易理论与政策

国际贸易理论既解释国际贸易的原因，也解释存在不同的国际贸易政策的理由。

9.3.1　国际贸易和分工理论

国际贸易和分工的基础理论是绝对优势理论和比较优势理论。

9.3.1.1　绝对优势理论

绝对优势理论认为，导致国际分工和贸易的是绝对成本优势，简称绝对优势（absolute advantage）。绝对成本优势指生产同样产品仅需要更低的成本。绝对优势理论认为，绝对成本优势是贸易的原因，一国将专门生产和销售具有绝对优势的产品，并交换他国具有绝对优势的产品，双方都可以从分工和贸易中获得利益。在表 9.5 中，用劳动时间表示生产成本，A 国生产布匹的成本低，而 B 国生产葡萄酒的成本低，两国可以依此进行分工生产并进行交换，增加双方利益。

表 9.5　两国在布匹和葡萄酒生产上的绝对优势

	1 码布匹	1 桶葡萄酒
A 国的绝对成本	1 小时	4 小时
B 国的绝对成本	2 小时	3 小时

9.3.1.2 比较优势理论

绝对优势理论是自然的。但是,一些客观存在的国际贸易不能用绝对优势理论解释。在表 9.6 中,A 国在牛肉和土豆生产上都没有绝对优势,无法解释两国之间的贸易原因。

表 9.6 两国在牛肉和土豆生产上的绝对优势

	1 千克牛肉	1 千克土豆
A 国的绝对成本	1 小时	1/4 小时
B 国的绝对成本	1/3 小时	1/6 小时

运用经济学的机会成本理念,建立比较成本优势的概念,可以更好解释国际贸易的原因。比较优势(comparative advantage)即比较成本优势,指一国生产一种产品的机会成本比较低。机会成本用放弃的其他产品数量来衡量,比如, A 国生产 1 千克土豆需要 1/4 小时,机会成本是 1/4 千克牛肉,而 B 国生产 1 千克土豆仅需要 1/6 小时,机会成本是 1/2 千克牛肉,比较而言, A 国具有生产土豆的比较优势,如表 9.7 所示。比较优势理论认为,即使一国在两种产品生产上均无绝对优势,但只要有比较优势,仍然可以获得分工和贸易利益。A 国在土豆生产中有相对优势,B 国在生产牛肉上有相对优势。基于此,A 国可以与 B 国进行分工和贸易。

表 9.7 两国在牛肉和土豆生产上的比较优势

	1 千克牛肉	1 千克土豆
A 国的相对成本	4 千克土豆	1/4 千克牛肉
B 国的相对成本	2 千克土豆	1/2 千克牛肉

绝对优势理论和相对优势理论是解释国际贸易的基础理论,实际的国际贸易成因更加多样。比如在汽车贸易领域,汽车品牌、技术形成差异化,各国分别进口他国生产的差异化产品。

9.3.2 贸易利益理论

贸易利益理论进一步解释了国际贸易的好处,这种好处分为国际贸易的静态利益和国际贸易的动态利益。

9.3.2.1 国际贸易的静态利益

国际贸易的静态利益包括两个方面。从需求满足看,通过国际贸易,获得本国不能生产或生产成本高的产品,从而使消费者得到更高水平的满足。从供给和资源配置效率看,通过国际分工,各国专业化生产具有比较优势的产品,使本国资源得到最佳配置。

9.3.2.2 国际贸易的动态利益

国际贸易的动态利益包括三个方面:①通过国际分工和贸易,扩大了市场范围,更有利于扩大生产和降低成本,获得规模经济效应;②通过国际分工和贸易,为本国生产企业提供竞争压力和技术进步动力，获得竞争效应；③通过国际分工和贸易，本国可以学习、模仿、借鉴其他国家的技术、管理经验，获得学习效应。通过上述效应，国际贸易有利于促进本国就业和收入提高，推动产业升级换代和经济增长。

原中国一汽集团董事长竺延风提出，中国汽车要“耐得住寂寞 20 年”。我国汽车的发展历史和发展规模都无法与国际水平相比，需要沉住气，扎扎实实地做一些工作。耐得住寂寞，老老实实地打基础，要把自己的企业，通过十年、二十年，可能还要再长一点的时间，埋头苦干，把基础打好。很重要的是，这就是看重国际贸易的学习效应，通过市场换技术，提高自身的技术和管理能力，体现了动态贸易利益的理念。

9.3.2.3　国际贸易的经济福利效应

国际贸易利益还可以进行市场剩余（经济福利）分析。以进口为例，与没有国际贸易相比，国际贸易使本国产品价格下降，虽然生产者剩余有所减少，但消费者剩余大幅增加，总体上增加了市场总剩余，如图 9.9 所示。没有国际贸易时的国内某种商品的价格为 P_1，均衡数量为 Q_1，该商品的世界价格为 P_2，$P_2 < P_1$。假定没有进口国际贸易，市场总剩余为图中 ABE 的面积，其中消费者剩余为 AME 的面积，生产者剩余为 MBE 的面积，$ABE = AME + MBE$；而发生进口国际贸易后，并且假定世界市场足够大，国内价格与世界价格一致，国内均衡数量为 Q_2，进口数量为 M，该商品供给总量为 $Q_3 = Q_2 + M$，相应地，这时的市场总剩余为 $ABCD$ 的面积，其中消费者剩余为图中面积 $ANCD$，生产者剩余为面积 BNC，$ABCD = ANCD + BNC$。比较而言，进口后，市场总剩余增加了 CDE，其中消费者剩余增加了面积 $MNDE$，尽管生产者剩余减少了 $MNCE$。进口后，市场总剩余增加面积 CDE，就是进口国际贸易的经济福利效应。

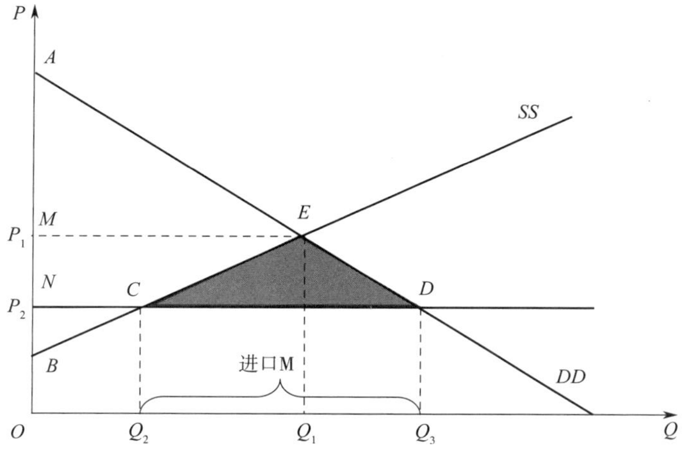

图 9.9　国际贸易的经济福利效应

9.3.3　自由贸易理论和政策

自由贸易与保护贸易相反，指在没有进口关税、出口补贴、国内生产补贴、贸易配额或进口许可证等政府干预下进行的国际贸易或商业活动。也就是说，自由贸易政策指国家不对进出口贸易进行干涉，不加以限制，允许商品自由地输入和输出的政策。

自由贸易政策的依据是市场和贸易利益理论。采取自由贸易政策的国家认为，自由贸易能够使各国获得利益，主张各国应致力于按照比较优势进行国际分工和贸易，建立全球自由市场，使各国都获得各自利益。鉴于已经存在的贸易保护政策，自由贸易政策的一种做法就是减少国家对贸易的干预。1995 年世贸组织（WTO）成立，经过八轮多边贸易谈判，发达国家加权平均关税从 1947 年的 35%降至 4%，发展中国家降至 12%左右。此外，还有各种双边、多边贸易协定，试图降低关税，以促进自由贸易。

9.3.4 贸易保护主义理论和政策

贸易保护主义（trade protectionism），指在对外贸易中实行限制进口以保护本国商品在国内市场免受外国商品竞争，并向本国商品提供各种优惠以增强其国际竞争力的主张和政策。

主张贸易保护政策的理由主要包括三个方面。①贸易保护政策的基本理由是通过限制进口，保持国际收支平衡，保护本国产业发展，增加就业或者减少进口导致的失业。②对于发展中国家来说，还存在避免不公平竞争和保护幼稚产业的理由，被称为幼稚产业理论（Infant Industry Theory）。③贸易保护有时作为应对经济危机的临时措施，例如采取货币贬值措施，增加出口。此外，有时贸易保护政策还作为对外扩张、争夺世界市场的手段，甚至有时为了增加政府财政收入，也可能采取贸易保护政策。

贸易保护的主要措施是限制进口，具体手段包括关税壁垒（tariff barriers）和非关税壁垒（non-tariff barriers），而发展中国家也可能将贸易政策的重点放在促进出口方面。

关税壁垒是传统的贸易保护手段。①课征进口关税。课征进口关税将提高进口商品和服务的价格，从而减少进口。②配额（quotas）。即进口配额，指对进口商品进行数量限制。与征收关税相比，进口配额对进口的限制更直接、更严厉、更易于控制，因此更有助于限制一国进口商品的数量。③关税配额。即对超出一定数量的进口商品课征高额关税。④反倾销税和反补贴税。这是针对外国关税和补贴政策的反制措施。倾销（dumping）是产品以低于其正常价值的价格出口到另一国家（地区）的行为，针对他国的倾销行为，本国可以征收反倾销税。反补贴是补贴的伴随，也是进口国反击出口补贴国家的行为。具体地说，反补贴是指进口国主管当局根据其国内相关产业的申请，为了保护受损的国内产业，调查进口商品的政府补贴情况，并通过征收反补贴税等抵消进口产品享受的补贴。

非关税壁垒是相对隐蔽的贸易保护措施，例如，技术标准、卫生检疫标准、歧视性政府采购、自愿出口限制、外汇管制以及进口许可措施等。技术标准是进口国为保证各种商品的进口质量符合一般的技术要求而作出的有关规定。卫生检疫标准是一国对进口的动植物及其制品等所实施的必要的卫生检疫，以免疾病或病虫害传入本国。歧视性公共采购是一国政府根据国家有关法律制度，按照国内商品优先原则，给予国内供应商优先获得政府采购订单的一种非关税壁垒措施。自愿出口限制指通过一定手段让进口企业自行进行数量限制，商品出口国在进口国的要求或压力下，自愿地限制某些商品在一定时期内的出口数量或出口金额。外汇管制指通过控制外汇使用以控制进口，这是着眼于国内进口行为的非关税壁垒。进口许可也是一种直接控制进口的措施，指必须通过审批程序才能获得的进口权利，可分为含数量限制的许可即进口配额管理和不含数量限制的许可即实行单一的进口许可证管理。进口配额管理中的贸易壁垒经常表现为：配额量不合理、配额发放标准不合理或分配不公正。在单一进口许可管理中，贸易壁垒主要表现为：管理程序不透明、审查及发放许可证的程序过于复杂或要求提供不必要的文件、审批时间过长等。

促进出口的政策主要是出口补贴，指一国政府为鼓励某种商品的出口，对该商品的出口所给予的直接补助或间接补助。当然，如上所述，其他国家对于补贴可能采取反倾销、反补贴措施，这样就会引起国际贸易纠纷甚至贸易战。

9.4　国际金融理论与政策

9.4.1　国际金融市场与国际资本流动

国际金融市场，指借方（资金供给方）和贷方（资金需求方）分别属于不同国家的居民、企业、政府的金融市场。国际金融市场与国内金融一样，是受管制的市场；而且国际金融受两个不同国家的法律管制，其所受监管更加复杂。国际金融不仅取决于不同国家之间的金融资源配置利益的需要，还取决于国家之间的经济合作关系甚至政治关系。

国际金融市场的作用表现在两个基本方面。一方面，从一国的国际收支平衡看，国际资本流动为经常项目（主要是国际贸易）融资，尤其是使经常项目赤字成为可能。美国在这个方面是典型，其经常性项目赤字依靠金融项目融资，以使国际收支平衡。另一方面，从国家间的金融资本资源配置看，缺乏资金的国家通过向国外融资的办法来弥补本国投资与储蓄之间的缺口，促进投资和经济增长；而金融资本丰富的国家利用国际金融市场拓展国际市场，抓住国外投资机会，获得投资利益。总体上看，与国际贸易一样，国际金融的借方和贷方获得各自利益，使金融资源在国家间进行配置，有利于提高国际市场的资源配置效率。当然，国际金融也带来一些新问题。

9.4.2　国际资本流动的影响因素

9.4.2.1　资本净流入和资本净流出

首先需要认识一国国际金融市场的收支平衡。资本流入，指本国居民、企业政府接受国外借贷、证券投资和直接投资而发生的资金流入，本国是资金的货入方。资本流出，指本国居民、企业和政府对国外放贷、证券投资和直接投资而引起的资金流出，本国是资金的借出方。资本净流入（KI）指资本和金融项目下的资本流入与流出的差额，用下式表示：

$$KI = 资本流入 - 资本流出 \tag{9.9}$$

如果 $KI > 0$，表示资本净流入，资本和金融项目顺差（盈余）；如果 $KI < 0$，表示资本净流出，资本和金融项目逆差（赤字）。有时用资本净流出（F）替代资本净流入，其等于资本流出与资本流入的差额，如下式所示：

$$F = 资本流出 - 资本流入 \tag{9.10}$$

相应地，如果 $F < 0$，表示资本净流入，资本和金融项目顺差（盈余）；如果 $F > 0$，表示资本净流出，资本和金融项目逆差（赤字）。

9.4.2.2 资本净流入的影响因素

从根本上看，资本净流入受国内实际利率（r）和国外实际利率（r^f）对比关系的影响。实际利率表示资本的基本收益率，国际资本是逐利的，会流向实际利率更高的地方。所以，资本净流入与本国实际利率同向变化，与国外利率反向变化。特别地，当两国实际利率相同时，没有国际资本流动，$KI=0$。这种关系如图 9.10 所示，在本国实际利率高于国外实际利率时，发生资本净流入，而本国实际利率低于国外实际利率时，发生资本净流出，这个关系形成资本净流入曲线。

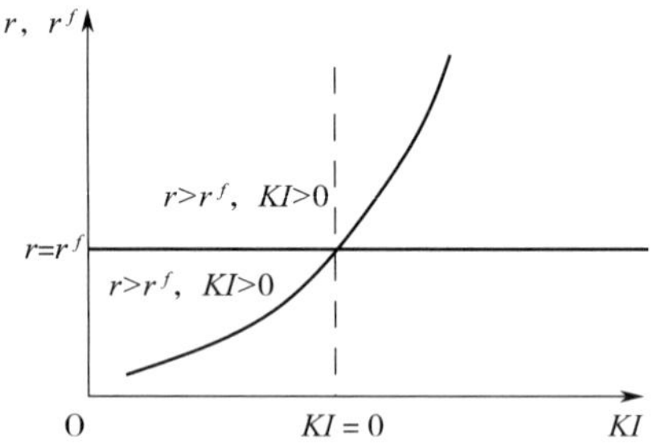

图 9.10 国际资本净流入曲线

影响国际资本流动的其他因素有如下几种。①国内投资风险。国内投资风险越高，需要的实际利率越高，KI 曲线向左移动，资本净流入将减少。②外汇管理政策。国际资本流动受本币的可兑换程度影响。有的国家对外汇兑换实行数量限制和审批管理，将减少资本自由流动，资本流动受利率影响减弱，KI 曲线左移。③资本市场的开放程度。有的国家对外开放程度不高，实行严格的直接投资限制和审批，或者对证券投资进行限制，将减少国际资本流入和流出。④本国货币的世界货币职能。本国货币的世界货币（例如作为结算货币）职能越强，国际资本流动越大。

9.4.3 国际收支平衡与国内经济

9.4.3.1 外部平衡条件：BP 曲线

考虑国际资本流动主要受国内外利率对比的影响，资本净流出（F）与国外利率（r^f）同向变化，与本国利率（r）反向变化；同时，资本净流出受本国对国际资本流动管理的影响，写出资本净流出方程如下：

$$F=\sigma(r^f-r) \tag{9.11}$$

其中 σ 表示国际资本流动程度，$\sigma=0$，表示无国际资本流动，这当然由本国资本流动管理政策的决定，$F=0$；$\sigma=\infty$，表示国际资本完全流动，并且必然最终导致 $r=r^f$；$\sigma>0$，表示国际资本有限流动。

国际收支平衡时，资本净流出（F）等于净出口（NX），经常项目差额通过资本和金融项目资金净流入进行平衡，有：

$$q-\gamma Y-ne=\sigma(r^f-r) \tag{9.12}$$

这就是表示一国国际收支平衡(balance of international payment)曲线，即 BP 曲线，也称外部平衡曲线。实际上，它表示在国际收支平衡条件下，国内市场利率与均衡国民收入之间的关系，即：

$$r = r^f - \frac{q}{\sigma} + \frac{n}{\sigma}e + \frac{\gamma}{\sigma}Y \tag{9.13}$$

该式表示，实际利率随着国内均衡国民收入上升而上升，BP 曲线向右上方倾斜，如图 9.11 所示。该曲线表示，开放条件下国内市场利率与均衡国民收入之间存在函数关系，其他条件不变，均衡国民收入增加，国内利率将上升。

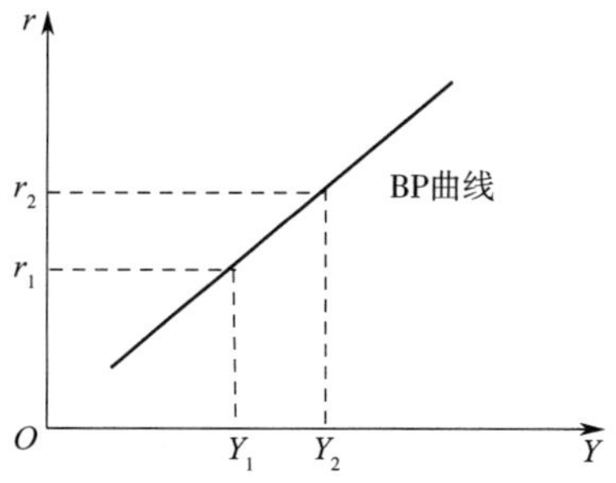

图 9.11　外部平衡条件：BP 曲线

9.4.3.2　产品市场、货币市场与国际收支三重均衡

考虑四部门经济的 IS 曲线：

$$Y = \frac{a+I+G+q}{1-b(1-t)+\gamma} - \frac{dr}{1-b(1-t)+\gamma} - \frac{ne}{1-b(1-t)+\gamma} \tag{9.14}$$

以及 LM 曲线：

$$r = -\frac{M}{hP} + \frac{k}{h}Y \tag{9.15}$$

结合上述式 9.13 的 BP 曲线，可以得到产品市场、货币市场与国际收支三重均衡的条件。如图 9.12 所示，上述 IS 曲线、IM 曲线和 BP 曲线三条曲线交于一点 E，得到达到三重均衡的均衡国民收入和均衡利率。

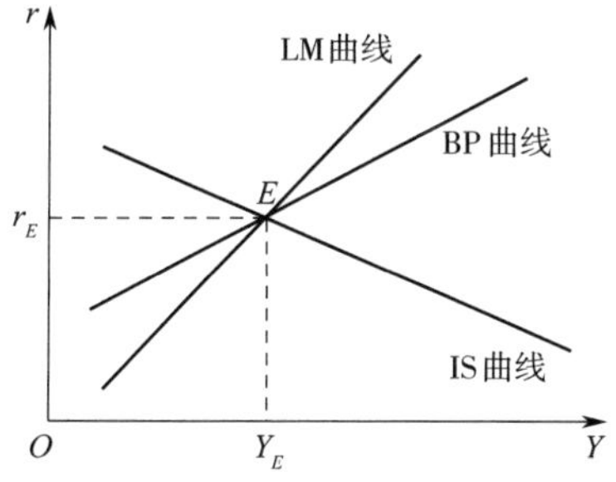

图 9.12　产品市场、货币市场和国际收支三重均衡

9.4.3.3　国际资本流动对长期经济的影响

国际资本流入增加了国内储蓄，从而增加了可以用于投资的资金，有利于促进本国经济

增长。比较而言，在封闭经济条件下，投资来源于国内储蓄，即：

$$I = S \tag{9.16}$$

而在开放经济条件下，根据国际收支平衡关系，资本净流入成为国内投资的新来源：

$$I = S + KI \tag{9.17}$$

发展中国家为实现经济增长，往往需要引入外资，促进国内投资，从而促进经济增长。中国改革开放后，非常重视引入外资，也对经济增长起到了重要作用。即使像美国这样的发达国家，由于国内储蓄低，长期存在贸易赤字，也需要资本净流入维持国际收支平衡和形成国内投资来源，弥补国民储蓄低的不足。

9.4.4 国际金融政策

国际金融政策涉及很多方面，既涉及国际金融管理政策，也涉及通过国际金融实现国内经济增长的政策，还涉及开放条件下的宏观经济稳定政策。

9.4.4.1 汇率制度选择和外汇管理政策

汇率制度包括固定汇率和浮动汇率制度，固定汇率的重要表现就是联系汇率制度，而浮动汇率则包括完全浮动和有管理的浮动汇率制度。我国过去长期实行人民币汇率盯住单一美元的联系汇率制度，自 2005 年 7 月 21 日起，开始实行以市场供求为基础、参考一篮子货币进行调节、有管理的浮动汇率制度，形成更富弹性的人民币汇率形成机制。

外汇管制，指政府通过行政手段直接控制外汇和外汇业务，防止资本外逃，保持币值稳定。结售汇制度是外汇管理的核心制度之一，有强制结售汇制度和意愿结售汇制度之分。强制结售汇制度是指所有的外汇必须卖给银行，所有的外汇支出向银行购买，而意愿结售汇制度是指除国家规定的外汇账户可以保留外，企业和个人必须将多余的外汇卖给外汇指定银行，外汇指定银行必须把高于国家外汇管理局头寸的外汇在银行间市场卖出。在这套制度里，央行是银行间市场最大的接盘者，从而形成国家的外汇储备。我国过去长期实行严格的结汇售汇制，全面实行严格的外汇管制。2008 年后，我国已经逐步放弃强制的结售汇制度。当前的外汇管制的框架是：区分资本项目和经常项目，放松经常项目下用汇审批，实现经常项目下人民币可自由兑换；对资本项目下的结汇售汇仍然实行严格管理，目的是避免国内企业直接向外举债，控制对外直接投资和证券投资，控制外币投入中国本币证券市场。例如，对于外币投入中国人民币证券市场实行合格的境外机构投资者（Qualified Foreign Institutional Investors，QFII）管理制度，对外资有限度地开放证券市场。QFII 之下，境外机构投资者被允许将一定额度的外汇兑换为人民币投资证券市场，包括股息及买卖价差等在内的各种资本所得，经审核后可转换为外汇汇出。

9.4.4.2 外商直接投资管理政策

利用外资是指一国各级政府、部门、企业和其他经济组织筹措在本国境内使用但所有权属于外国人的资本（现汇、设备、技术等）。利用外资分为三类：对外借款、外商直接投资和外商证券投资。对外借款包括外国政府贷款、国际金融机构（主要是国际货币基金组织、世界银行、国际开发协会和国际金融公司）贷款和商业贷款。外商投资包括合资经营、合作经营、合作开发和补偿贸易等形式。其中补偿贸易是指买方在信贷的基础上，从国外厂商进口机器、设备、技术以及某些原材料，约定在一定期限内，用产品或劳务等偿还的一种贸易方式。对缺乏技术和外汇的国家，利用这种贸易方式可以用外资买进先进技术和设备，促进本国经济发展，增强出口能力。

外商投资管理的目的：一是对跨境资本流动加以管理，防止资本流动形势的突然逆转对本国国际收支产生不利影响；二是对外资投入的领域加以管理，以实现调整国内产业结构、保护国内产业不受国外冲击。当前世界很多国家，特别是主流的发达国家采用负面清单模式的市场开放政策。中国国家发展和改革委员会、商务部联合印发了《自由贸易试验区外商投资准入特别管理措施（负面清单）（2018 年版）》（简称《清单》），自 2018 年 7 月 28 日起实施。《清单》的发布标志着我国全面实施市场准入负面清单制度。清单共包含 151 项禁止和许可类事项，其中 4 项为禁止事项，采矿业、农业、制造业等其余事项为需经政府批准的许可类事项；不在负面清单中的行业向各类投资者开放，无需经过行政许可。

9.4.4.3　对外投资管理政策

对外投资，指本国居民和企业到国外进行的直接投资和间接投资、生产投资和证券投资。中国实施的对外投资也称“走出去战略”。我国早期的对外投资实行严格的核准制，审批严格，与引进外资相比，对外投资的规模很小。2001 年，我国加入世界贸易组织（WTO），提出“走出去战略”，对外投资审批制度也逐渐改变。从 2004 年到 2014 年，我国逐渐将对外投资核准制转变为备案制，实行“备案为主、核准为辅”的原则，投资审批制度大幅简化，对外投资规模大幅增长，2016 年，成为海外直接投资第二大国。同时，我国也实行一定的对境外投资企业的监管，典型的如 QDII（Qualified Domestic Institutional Investors）制度，QDII 即合格境内机构投资者，是在国内设立的企业和其他结构，经有关部门批准，从事境外资本市场的股票、债券等有价证券投资业务的证券投资基金。

9.4.4.4　防范国际金融危机

1996 年前，泰国等东南亚国家实行联系汇率制度，将本国货币与美元挂钩，类似一种固定汇率制度，这种制度对于稳定投资者信心具有积极作用。同时，东南亚国家实行资本市场开放，货币可以自由兑换，金融市场管制较少，为国外投资者带来机会和信心。一段时间内，这些国家的确存在投资机会，外资进入和经济增长较快。随着经济增长，居民收入提高。但随之进口增加，出现贸易赤字，国际收支平衡靠资本项目顺差维持。在经济增长过程中，这些国家积极发展房地产业，货币发行较快，劳动力成本上升，产品竞争力下降，投资回报下降，货币贬值预期上升，投资者以及投机者抛售泰铢等货币，出现资本外逃。这些国家官方没有足够储备维持固定汇率，只能改行浮动汇率，泰铢等货币贬值，进一步导致资本外逃，是为金融危机。

东南亚金融危机的产生有三个原因。①实体经济发展不足。这些国家的实体经济乏力，缺乏竞争力，投资回报下降，无法真正吸引外资。②固定汇率无法维持。这些国家实行联系汇率制度，实际上属于一种固定汇率制度，而同时这些国家实行金融自由化，但缺乏外汇储备，在货币贬值时难以维护和稳定汇率。③国际投机资金炒作。这些投机机构早期借入泰铢，换入美元投资获利。当经济预期不好和泰铢预期贬值时，投机机构在外汇市场卖出泰铢，贬值压力增加，迫使泰国政府放弃联系汇率，实行自由浮动，泰铢贬值。投机机构这时用美元买入泰铢，偿还债务，获得泰铢贬值利益。

美国次贷危机是国际金融危机的另一个例子。2000 年前，美国居民中只有信用最好的个人才能获得贷款。计算机技术的发展据说能够对高风险贷款人住房抵押贷款进行定量评估，形成信用分数（FICO），据此发放贷款。同时，金融机构可以将大量的小额贷款捆绑，转换为标准债券，这种证券化（secritization）进一步将风险收益化。对信用较差的个人发放的贷款被称为次级贷款（subprime mortgages），主要基于贷款人的信用比较低。在次级贷款运行过程中，信息不对称问题突出。贷款经纪人只关心自己的佣金，而不关心投资者的利益，信用评级机构也有动机放弃谨慎评估以获得客户。住房抵押次级贷款有效运行依赖于房价，而房价下跌后，贷款人违约（不再还款），资产价格下降，进而导致一系列违约，形成金融危机。次级贷款的金融衍生品成为很多国家投资者投资的资产，受抵押证券资产价格下降的影响，相应资产价格缩水，资产负债表恶化。结果，不仅美国的雷曼兄弟证券投资公司破产，而且英国北岩银行也倒闭了。2007 年美国爆发金融危机后，美联储采取积极应对政策，通过宽松的货币政策降低利率，以抵消经济紧缩。2007 年 9 月到 2008 年 4 月，联邦基金利率降低了 325 个基点。2008 年夏天开始，美国金融危机开始波及其他国家，其他国家中央银行也开始降低利率，实施宽松货币政策，力度甚至比美国还大，美元开始升值。尤其是，美国和其他国家的投资者都希望将资金投资于比较安全的美国国债，也使美元升值。这种资产缩水和美元汇率变动，给很多国家投资机构和其他投资者造成重大损失，甚至危及金融稳定。

9.5 开放经济下的财政政策和货币政策

在开放经济条件下，实施财政政策或者货币政策不仅影响国内利率和总支出，从而调节均衡产出，而且会影响汇率、净出口、资本流入和流出，这些国际经济因素可能有助于一些宏观稳定政策的效力，也可能抵消一些宏观稳定政策的效力。下面假定开放经济条件下的国际资本是充分流动的，区分固定汇率制度和浮动汇率制度进行分析。

9.5.1 固定汇率制度下财政政策和货币政策的有效性

假定一国宏观经济面临衰退，根据总需求管理政策，采取扩张性政策，使总需求上升，导致均衡总产出增加和物价水平上升。如图 9.13 所示，原来的经济处于 AD_0 与 AS_0 相交的位置，均衡总产出处于潜在产出水平。现在由于负向总需求冲击，总需求曲线左移到 AD_1，均衡产出低于潜在产出，即 $Y_1 < Y_0$。在不考虑国际经济的条件下，通过扩大总需求，将总需求曲线从 AD_1 移动到 AD_0，均衡总产出达到潜在产出，物价也有所回升。

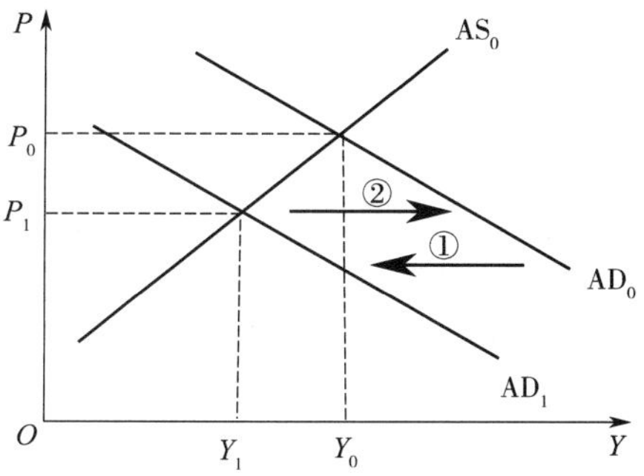

图 9.13　封闭经济条件下总需求管理治理经济衰退

那么,在开放经济条件下,并且采取固定汇率制度,货币政策或者财政政策效果如何呢?

9.5.1.1　固定汇率制度与货币政策的有效性

假定采取的是扩张性货币政策和中性财政政策,货币供应量增加,国内利率下降,使本国总需求向右移动和增加均衡总产出。但是,在开放经济条件下,国内利率下降导致资本流出,引起国际收支赤字,本国货币面临贬值的压力。为维持固定汇率,货币当局需要在外汇市场上用外汇储备买回本国货币,结果引起货币供给的减少,降低了本国货币供应量,这将导致总需求曲线左移。而且资本流动性越强,资本流出的力度和速度越快,增加的货币供应量与为抑制资本流出和货币贬值而减少的货币供应量相抵消,利率恢复到初始水平。这意味着,在固定汇率制度和资本完全流动条件下,总需求曲线可能回到原来的位置(AD_1),货币政策是无效的。如果用 IS-LM 模型反映,则这个结果更加明显。如图 9.14 所示,扩张性货币政策使 LM 曲线移动到 LM_1,期望获得均衡总产出 Y_1,但是由于利率下降、资本外流导致本币贬值,为维持固定汇率,需要货币当局在外汇市场上购买本币,减少了货币供应量,LM 曲线将回到起初的位置 LM_0,因此,货币政策最终没有扩大总需求的效果,以货币政策管理总需求与维持固定汇率是冲突的。

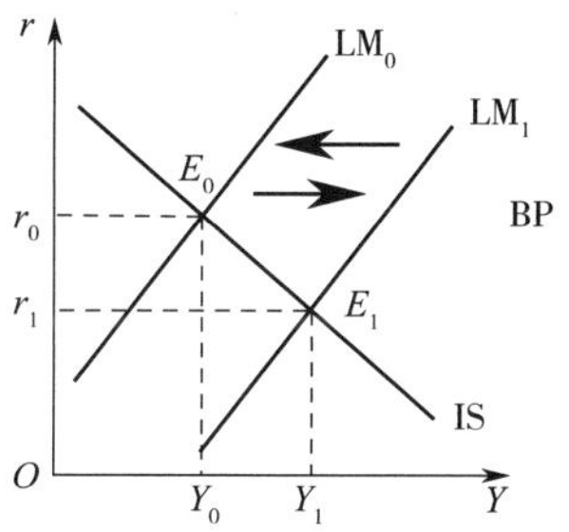

图 9.14　开放经济、固定汇率制度下货币政策的有效性

9.5.1.2　固定汇率制度与财政政策的有效性

假定采取的是中性货币政策和扩张性财政政策,计划的总支出增加,这使本国总需求向右移动,扩张性财政政策使均衡总产出增加,物价水平上升。同时,由于均衡总产出(总收入)增加,货币需求增加,在货币供应量不变条件下,国内利率上升,对投资产生一定的挤出效应。在开放经济条件下，高利率导致资本流入，一定程度上抵消了利率上升导致国内投资减少的挤出效应。同时，资本流入导致本币升值，为维护固定汇率，货币当局将在外汇市场上用本币购买外汇，相当于增加了货币供给量，这相当于进一步实施了积极的货币政策，使总需求曲线进一步右移，从而使最初的扩张性财政政策更加有效。如果用 IS-LM 表示，积极的财政政策将 IS 曲线移动到 IS_1，均衡总产出扩大。同时利率上升到 r_1，本币升值；为抑制本币升值，货币当局将在外汇市场上用本币购买外汇，这相当于增加了货币供应量，使 LM 曲线右移到 LM_1，利率回到原来的水平（r_0），但均衡产出更多。这意味着，在固定汇率制度和资本完全流动条件下，扩张性财政政策是有效的，因为其带动了货币供应量。

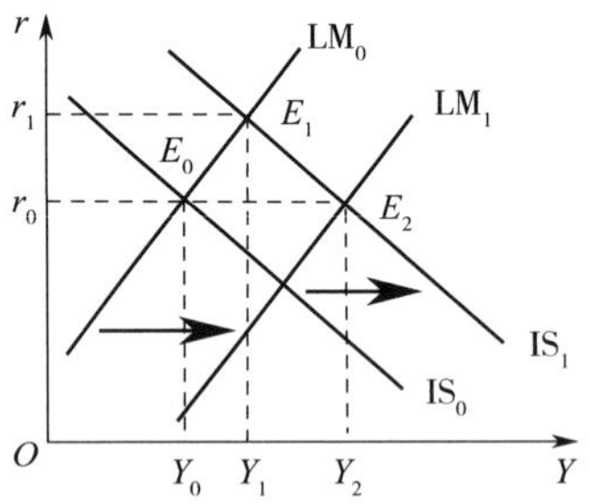

图 9.15　开放经济、固定汇率制度下的财政政策的有效性

9.5.2　浮动汇率制度下财政政策和货币政策的有效性

同样条件下，考虑浮动汇率制度下货币政策和财政政策的有效性。

9.5.2.1　浮动汇率制度与货币政策的有效性

先假定采取扩张性货币政策而财政政策不变。这时，增加了货币供应量，利率下降，增加了投资和消费，从而增加了总需求和均衡产出。同时，在开放经济和浮动汇率制度下，低利率导致资本流出，降低了对本币的外汇需求，汇率下降，这将导致出口增加，强化了增加总需求的作用，使扩张性货币政策的效果得以强化。在 IS-LM 模型中，扩张性的货币政策使 LM 曲线右移到 LM_1，利率下降到 r_1，均衡总产出扩大到 Y_1。利率下降、资本流出导致本币贬值、汇率下降，货币贬值和汇率下降导致进出口增加，IS 曲线右移至 IS_1，均衡产出扩大，直至利率回复到原来的水平（r_0）。因此，在浮动汇率制度下，扩张性货币政策是有效的，因为其带动了总支出。

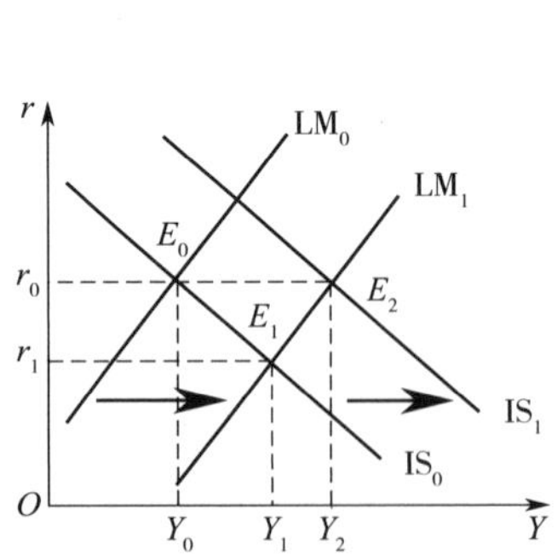

图 9.16　开放经济、浮动汇率制度下的货币政策的有效性

9.5.2.2 浮动汇率制度与财政政策的有效性

再看采取扩张性财政政策的效果。保持货币供应量不变,扩张性财政政策使总需求曲线右移,均衡总产出(总收入)增加。但是,均衡总产出增加导致货币需求也随之增加,利率上升,在封闭经济条件下产生一定的挤出效应。而在开放经济条件和浮动汇率制度下,利率上升导致资本流入,增加了对本币的外汇需求,汇率上升;汇率上升意味着出口减少,降低了总需求,使总需求曲线左移,这削弱了扩张性财政政策作用的效果,甚至完全抵消了扩张性财政政策的作用。在 IS-LM 模型中,扩张性财政政策使 LS 曲线右移到 LS_1,利率上升到 r_1,均衡总产出扩大到 Y_1。但是,利率上升导致资本流入,本币升值、汇率上升,导致进出口减少,IS 曲线向 IS_0 方向移动甚至回到 IS_0,同时均衡产出回到原来的水平,直至利率回复到原来的水平(r_0)。因此,在开放经济和浮动汇率条件下,财政政策效果将大打折扣,甚至是无效的。

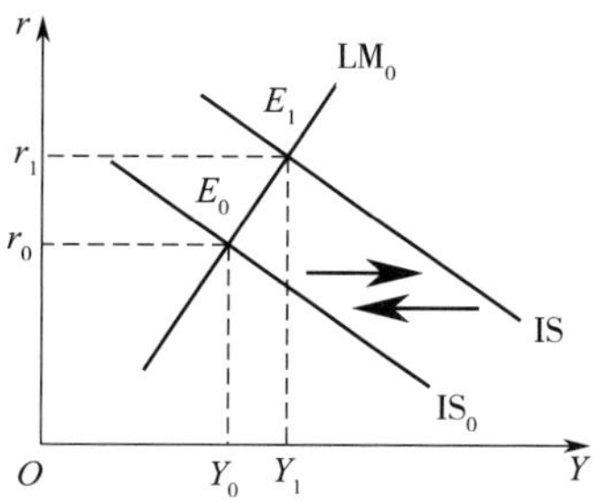

图 9.17 开放经济、浮动汇率制度下的财政政策的有效性

因此,在开放经济条件下,如果采取固定汇率制度,财政政策更加有效而货币政策无效;如果采取浮动汇率制度,货币政策更加有效而财政政策无效。另外,还应当注意到,在资本充分流动和浮动汇率制度之下,采取扩张性的货币政策,虽然是有效的稳定经济政策,但本国需求的增加是建立在减少对其他国家需求的基础之上的,一国增加货币供给的政策具有将本国萧条和失业"出口"到其他国家的作用,因此被称为"损人利己"或"以邻为壑"的政策。在世界经济一体化、经济开放程度加大的条件下,一国的宏观经济政策对其他国家也产生影响,并且反过来影响本国宏观经济政策的效果,这是政策制定者应当加以考虑的。

复习思考题

1. 辨析以下概念。经常账户和资本账户,名义汇率和实际汇率,固定汇率制度和浮动汇率制度,有管理的浮动汇率,购买力平价(PPP),金本位制度,联系汇率制度,绝对优势和相对优势,贸易壁垒、关税壁垒与非关税壁垒,自由贸易和贸易保护主义,BP 曲线。
2. 简述国际收支平衡表的构成。
3. 简述官方国际储备的形成机制和作用。
4. 自由贸易对经济发展有何好处?
5. 有哪些贸易保护政策?为什么允许实施贸易保护政策?

6. 国际资本流动对一国经济增长有何积极作用?

7. 国际经济如何影响一国均衡总产出和宏观经济稳定?

8. 经济学认为,开放经济的浮动汇率强化了货币政策的效果,你如何理解?

9. 19 世纪法国经济学家弗雷德里克·巴师夏(Frédéric Bastiat)曾经写道:"蜡烛生产商致国民议会的信:我们正在同国外对手进行一场令人难以忍受的竞争。这个对手生产光线的条件十分优越,可以用很低的价格占领我国的市场。这个对手不是别人,而是太阳。为此,我申请国家通过一项法律,关闭和堵塞所有可以透光线的窗户、通道和缝隙,使它无损于我们这个为国民谋福利的行业。"巴师夏以蜡烛生产商的名义写给国民议会的信表达了什么观点和主张?这种观点和主张成立吗?

10. 理论上,汇率和购买力平价应当是相同的,例如购买一个相同的笔记本电脑,在美国需要花费 500 美元,在中国需要花费 3 000 元人民币,那么美元与人民币的汇率应当是 6 元人民币/美元。但是,实际上,这只是购买力平价而不是汇率,解释为什么会导致汇率与购买力平价不一致。

11. 2018 年、2019 年、2020 年、2021 年、2022 年和 2023 年,我国进出口差额分别为 23 247.50 亿元人民币、29 119.90 亿元人民币、36 342.40 亿元人民币、41 095.90 亿元人民币、56 811.50 亿元人民币和 57 883.00 亿元人民币,也就是说,每年保持 2 万亿元以上的顺差。请解释我国进出口顺差存在的原因。

12. 分析经济全球化的必然趋势和当前形势。

13. 19 世纪法国经济学家巴师夏曾写道:"如果货物不能通过边界,士兵将通过。"你如何评价?

14. 一般来说,经济发达国家和地区的关税税率较低而发展中国家较高。这种情况合理吗?为什么?

15. 特朗普就任第 45 任美国总统(2017—2021)期间,在对外经济政策方面,将"美国优先(America First)"和"让美国再次强大(Make America Great Again, MAGA)"作为其核心施政理念,主张贸易保护,并采取了一系列实际行动,包括对从中国进口的商品大规模加征关税,并限制中国企业对美国的投资并购。请对特朗普这些对外经济政策的进行分析评价。

参考文献

[1] 陈通. 宏微观经济学[M]. 2 版. 天津:天津大学出版社,2006.

[2] 高鸿业. 西方经济学(宏观部分)[M]. 6 版. 北京:中国人民大学出版社,2014.

[3] 黎诣远. 西方经济学[M]. 2 版. 北京:高等教育出版社,2005.

[4] 林红玲. 制度、经济效率与收入分配[M]. 北京:经济科学出版社,2002.

[5] 孙敬水. 中级宏观经济学[M]. 上海:上海财经大学出版社,2008.

[6] 宋承先. 现代西方经济学(宏观经济学)[M]. 上海:复旦大学出版社,1994.

[7] 魏埙,蔡继明,刘俊民,等. 现代西方经济学教程(下)[M]. 天津:南开大学出版社,1992.

[8] 西方经济学编写组. 西方经济学[M]. 2 版. 北京:高等教育出版社,人民出版社,2019.

[9] 谢丹阳. 宏观经济学通识课[M]. 北京:中信出版集团,2020.

[10] 薛兆丰. 薛兆丰经济学讲义[M]. 北京:中信出版集团,2018.

[11] 姚洋. 发展经济学[M]. 2 版. 北京:北京大学出版社,2018.

[12] 袁志刚,欧阳明. 宏观经济学[M]. 2 版. 上海:格致出版社,上海人民出版社,2012.

[13] 袁志刚,宋铮. 高级宏观经济学[M]. 2 版. 上海:复旦大学出版社,2014.

[14] 张维迎. 经济学原理[M]. 西安:西北大学出版社,2015.

[15] 海思,勃特克,普雷契特科. 经济学的思维方式. [M]13 版. 史晨,译. 北京:机械工业出版社,2015.

[16] 沃尔夫. 市场或政府:权衡两种不完善的选择/兰德公司的一项研究[M]. 谢旭,译. 北京:中国发展出版社,1994.

[17] 克鲁肖. 货币金融学[M]. 丁志杰,等译. 北京:机械工业出版社,2012.

[18] 吉利斯,波金斯,罗默,等. 发展经济学 [M]. 4 版. 彭刚,杨瑞龙,等译. 北京:中国人民大学出版社,1998.

[19] 马杜拉. 金融市场与金融机构[M]. 北京:机械工业出版社,2010.

[20] 斯通. 经济学(宏观)[M].2 版. 杨海涛,邢祖礼,等译. 北京:机械工业出版社,2013.

[21] 凯恩斯. 就业、利息与货币通论[M]. 宋韵声,译. 北京. 华夏出版社,2005.

[22] 弗兰克,伯南克. 宏观经济学原理 [M]. 5 版. 潘艳丽,吴秀云,译. 北京:清华大学出版社,2013.

[23] 马歇尔. 经济学原理[M]. 廉运杰,译. 北京:商务印书馆,2005.

[24] 曼昆. 宏观经济学[M]. 9 版. 卢远瞩,译. 北京:中国人民大学出版社,2016.

[25] 曼昆. 经济学原理:宏观经济学分册[M]. 8 版. 梁小民,梁砾,译. 北京:北京大学出版社,2020.

[26] 基什特尼. 经济学通识课[M]. 张缘,刘婧,译. 北京:民主与建设出版社,2017.

[27] 哈伯德,奥布赖恩. 经济学(宏观)[M]. 王永钦,丁菊红,许海波,译. 北京:机械工业出版社,2007.

[28] 米什金. 宏观经济学政策与实践[M].2 版. 杨澄宇,译. 北京:机械工业出版社,2017.

[29] 萨缪尔森,诺德豪斯. 宏观经济学[M]. 19 版. 萧琛,译. 北京:人民邮电出版社,2012.

[30] 斯密. 国富论[M]. 郭大力,王亚南,译. 北京:商务印书馆,2015.

[31] 迈克易切恩. 宏观经济学[M]. 秦海英,何婧怡,译. 北京:机械工业出版社,2010.

[32] 熊彼特. 经济发展理论[M]. 叶华,译. 北京:中国社会科学出版社,2009.

[33] 加尔布雷思,戴瑞提. 宏观经济学[M]. 孙鸿敞,刘建洲,译. 北京:经济科学出版社,1997.